FORMAÇÃO DE FORMADORES

Reflexões sobre as experiências da Licenciatura em Educação do Campo no Brasil

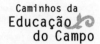

FORMAÇÃO DE FORMADORES

Reflexões sobre as experiências da
Licenciatura em Educação do Campo no Brasil

Mônica Castagna Molina
Maria de Fátima Almeida Martins
[Orgs.]

autêntica

Copyright © 2019 As organizadoras
Copyright © 2019 Autêntica Editora

Todos os direitos reservados pela Autêntica Editora. Nenhuma parte desta publicação poderá ser reproduzida, seja por meios mecânicos, eletrônicos, seja via cópia xerográfica, sem a autorização prévia da Editora.

COORDENADORAS DA COLEÇÃO CAMINHOS DA EDUCAÇÃO DO CAMPO
Maria Isabel Antunes-Rocha (UFMG),
Aracy Alves Martins (UFMG)

CONSELHO EDITORIAL
Antônio Júlio de Menezes Neto (UFMG), Antônio Munarim (UFSC), Bernardo Mançano Fernandes (UNESP), Gema Galgani Leite Esmeraldo (UFCE), Miguel Gonzalez Arroyo (Professor Emérito da FaE/UFMG), Mônica Castagna Molina (UnB), Salomão Hage (UFPA), Sonia Meire Santos Azevedo de Jesus (UFSE)

APOIO TÉCNICO
Andréia Rosalina Silva

EDITORAS RESPONSÁVEIS
Rejane Dias
Cecília Martins

REVISÃO
Lúcia Assumpção

CAPA
Alberto Bittencourt
(Sobre tela de Gildásio Jardim Barbosa, O povo do sertão em atividade)

DIAGRAMAÇÃO
Camila Sthefane Guimarães

 Universidade de Brasília
FUP | Faculdade de Planaltina

Dados Internacionais de Catalogação na Publicação (CIP)
(Câmara Brasileira do Livro, SP, Brasil)

Formação de formadores: reflexões sobre as experiências da Licenciatura em Educação do Campo no Brasil / Mônica Castagna Molina, Maria de Fátima Almeida Martins [Orgs.]. -- 1. ed. -- Belo Horizonte : Autêntica Editora, 2019. -- (Coleção Caminhos da Educação do Campo ; v. 9) Vários autores.

ISBN 978-85-513-0512-6

1. Educação 2. Educação rural 3. Escolas do campo 4. Prática de ensino 5. Professores - Formação I. Molina, Mônica Castagna. II. Martins, Maria de Fátima Almeida. III. Série.

18-21831   CDD-370.71

Índices para catálogo sistemático:
1. Professores : Formação : Educação 370.71

Maria Paula C. Riyuzo - Bibliotecária - CRB-8/7639

 GRUPO **AUTÊNTICA**

Belo Horizonte
Rua Carlos Turner, 420
Silveira . 31140-520
Belo Horizonte . MG
Tel.: (55 31) 3465 4500

São Paulo
Av. Paulista, 2.073, Conjunto Nacional, Horsa I
23º andar . Conj. 2310-2312
Cerqueira César . 01311-940 . São Paulo . SP
Tel.: (55 11) 3034 4468

www.grupoautentica.com.br

Sumário

PREFÁCIO

Celi Nelza Zulke Taffarel 9

PARTE I – Concepções e princípios da Educação do Campo

Capítulo 1 – Reflexões sobre o processo de realização e os resultados dos Seminários Nacionais de Formação Continuada de Professores das Licenciaturas em Educação do Campo no Brasil

Mônica Castagna Molina e Maria de Fátima Almeida Martins 17

Capítulo 2 – Cartografia das Licenciaturas em Educação do Campo no Brasil: expansão e institucionalização

Álida Angélica Alves Leal, Alisson Correia Dias e
Otávio Pereira Camargos 39

Capítulo 3 – Concepção de Educação do Campo: um guia de estudo

Roseli Salete Caldart 55

Capítulo 4 – Outro paradigma pedagógico de formação de educadores do campo?

Miguel Gonzalez Arroyo 77

Capítulo 5 – O campo brasileiro em disputa: a expansão do agronegócio e a resistência dos povos do campo no século XXI

Paulo Roberto Raposo Alentejano 99

Capítulo 6 – Educação do Campo e agroecologia

José Maria Tardin e Dominique M. P. Guhur 121

Capítulo 7 – A questão agrária, agroecologia e soberania alimentar

Irene Maria Cardoso............... 135

Capítulo 8 – Trabalho e emancipação:
reflexões a partir da Educação do Campo

Geraldo Márcio Alves dos Santos............ 151

Capítulo 9 – Educação do Campo e territórios/territorialidades
camponeses: terra, família e trabalho

Rodrigo Simão Camacho............ 165

Capítulo 10 – O lugar que habitam educadores(as) do campo

Manoel Fernandes de Sousa Neto............ 185

Capítulo 11 – Contribuições das Licenciaturas em Educação
do Campo para as políticas de formação de educadores

Mônica Castagna Molina............ 193

Capítulo 12 – Licenciatura em Educação do Campo na UFMG:
da luta à institucionalidade – que caminhos estamos construindo?

Maria Isabel Antunes-Rocha............ 217

Capítulo 13 – A Educação do Campo e sua institucionalidade: o
"fio da navalha" pela criação e institucionalização das
Licenciaturas em Educação do Campo

Maria do Socorro Silva............ 233

Capítulo 14 – A Educação do Campo e sua institucionalidade:
formação inicial dos docentes para a Educação Básica do Campo

Divina Lúcia Bastos............ 249

Capítulo 15 – Pedagogia da Alternância em movimento

João Batista Begnami............ 255

Capítulo 16 – Epistemologia da práxis na formação de professores

Kátia Augusta Curado Pinheiro Cordeiro da Silva............ 279

Capítulo 17 – A Licenciatura em Educação do Campo e a importância
do conhecimento na formação de professores

Natacha Eugênia Janata............ 299

PARTE II – Socialização e sistematização das experiências das Licenciaturas em Educação do Campo do Brasil

Capítulo 18 – Acesso e permanência de estudantes e a formação por área de conhecimento nos cursos de Licenciatura em Educação do Campo: experiências compartilhadas na formação dos formadores
Aline Aparecida Angelo e Daniele Cristina de Souza.................................. 319

Capítulo 19 – A alternância nas Licenciaturas em Educação do Campo no Brasil: concepções e práticas compartilhadas na formação dos formadores
Daniele Cristina de Souza e Aline Aparecida Angelo................................... 331

PARTE III – Repercussões do processo formativo vivenciado pelos docentes das Licenciaturas em Educação do Campo

Capítulo 20 – Páginas de um processo formativo em Educação do Campo: reflexões para educadores, estudantes e defensores do espaço campesino, em geral
Clarissa Souza de Andrade Honda e Monik de Oliveira Lopes Neves......... 349

Capítulo 21 – Repercussões do processo formativo vivenciado pelos docentes das Licenciaturas em Educação do Campo: depoimento de um professor aprendiz na Educação do Campo
Frederik Moreira dos Santos.. 363

Capítulo 22 – Reflexões sobre o Seminário de Formação Continuada de Professores das Licenciaturas em Educação do Campo – 2017-2018
Igor Simoni Homem de Carvalho... 367

Capítulo 23 – Caminhos da Educação do Campo
Anderson Henrique Costa Barros... 371

Capítulo 24 – Aprendizado nas Ciências da Natureza: os modelos 3DR como possiblidade na Educação do Campo
Welson Barbosa Santos e Denise de Oliveira Alves..................................... 377

Capítulo 25 – Vale que vale educar: o fluxo do trabalho coletivo docente
Ofélia Ortega Fraile... 385

Capítulo 26 – Amanhec(ser) girassol: narrativas de encontros com a esperança

Kyara Maria de Almeida Vieira 391

POSFÁCIO – Resistências e desafios na formação continuada dos educadores

Helena Costa Lopes de Freitas 397

Sobre os autores 413

Prefácio

Celi Nelza Zulke Taffarel

Trabalhadores!
É a vós que dedico uma obra na qual me esforcei por
apresentar [...] um quadro fiel de vossas condições de
vida, de vossos sofrimentos e lutas, de vossas esperanças
e perspectivas [...] Avante no caminho que escolhestes!
Muitas dificuldades terão que ser enfrentadas,
mas não vos deixai desencorajar – sede decididos,
porque certo é vosso triunfo e certo é que todo o passo
adiante em vossa marcha servirá à nossa causa comum,
a causa da humanidade!
(ENGELS, 2008, p. 39)

Para escrever o presente prefácio, ou prólogo, de uma obra que reúne um dos maiores elencos de profissionais que lidam com a Educação do Campo no Brasil, que teorizam, a partir de experiências concretas, sobre um dos maiores desafios da educação brasileira, que é a formação de professores para as escolas do campo, território eivado de conflitos históricos, entre povos e classes com interesses antagônicos, eu me reportei aos prólogos e prefácios escritos por Marx e Engels em suas obras traduzidas e publicadas pela Expressão Popular e pela Boitempo no Brasil.

E por que o fiz? Seria irresponsabilidade de minha parte – em tempos de barbárie, de retrocessos teóricos, de negação da razão, de negação da ciência, de aplicação de ajustes estruturais que retiram direitos, rasgam Constituições, desmontam o estado de direito para instalar o autoritarismo do Estado de exceção, em uma verdadeira ditadura do capital, sustentada por seus vassalos, que entregam riquezas, destroem patrimônio público, destroem forças produtivas – não considerar o que de melhor a humanidade produziu em termos de prefácios, ou prólogos, para anunciar uma obra importante.

Desde a origem dos prólogos na história do teatro grego, onde a tragédia era anunciada por uma personagem que em forma de diálogo ou monólogo fazia a exposição do tema da tragédia, ou a apresentação dos elementos precedentes ou elucidativos da trama a ser desenvolvida, até os sinônimos atuais de preâmbulo, prefácio, pródomo, prelúdio, proêmio, que aparecem em trabalhos de caráter científico, mantém-se uma regularidade que é considerar a lógica de raciocínio para tratar do objeto, do tema, da problemática na história, real e concreta. Entram aí os precedentes históricos.

Ao contrário do epílogo, que anuncia o final da trama, o prólogo tem a responsabilidade de anunciar o surgimento do escrito, e principalmente que contribuição ele traz para a luta de classes. É isso que encontramos no Prefácio de Marx à 2ª edição de 1869 da obra *O 18 de Brumário de Luís Bonaparte* (Marx, 2011).

Da mesma forma, Engels, ao escrever o Prefácio ao livro *A situação da classe trabalhadora na Inglaterra* (2008), escrito em 1845, inicia anunciando o objeto e o que foi obrigado a se dedicar, em particular, para tratar da história social da Inglaterra, a saber, "a situação da classe operária, porque ela é a base real e o ponto de partida de todos os movimentos sociais de nosso tempo, porque ela é, simultaneamente, a expressão máxima e a mais visível manifestação de nossa miséria social" (p. 41). Nesse prefácio, Engels destaca que o conhecimento dos fatos é uma necessidade imperiosa.

Nesse sentido, portanto, destaco como precedentes históricos desta obra que agora chega as suas mãos, escrita por este destacado elenco de autores, o fato de que a Educação do Campo, considerando o conteúdo do *Dicionário de Educação do Campo*, organizado por Roseli Caldart, Isabel Pereira, Paulo Alentejano e Gaudêncio Frigotto:

> [...] nomeia um fenômeno da realidade brasileira atual, protagonizado pelos trabalhadores do campo e suas organizações, que visa incidir sobre a política de educação desde os interesses sociais das comunidades camponesas. Objetivo e sujeitos a remetem às questões do trabalho, da cultura, do conhecimento e das lutas sociais dos camponeses e ao embate (de classe) entre projetos de campo e entre lógicas de agricultura que têm implicações no projeto de país e de sociedade e nas concepções de política pública, de educação e de formação humana. Como conceito em construção, a Educação do Campo, sem se descolar do movimento específico da realidade que a produziu, já pode configurar-se como uma categoria de análise da situação ou de práticas e políticas de educação dos trabalhadores do campo, mesmo as que se desenvolvem em outros lugares e com outras denominações [Povos Tradicionais, quilombolas, indígenas, ribeirinhos, caiçaras, povos da floresta, das águas, dos atingidos por grandes obras, extrativistas]. E, como análise, é também compreensão da realidade por vir, a partir de possibilidades ainda não desenvolvidas historicamente, mas indicadas por seus sujeitos ou pelas transformações em curso

em algumas práticas educativas concretas e na forma de construir políticas de educação (CALDART *et al.*, 2012).

É nesse fio da navalha da situação da classe trabalhadora do campo que se desdobra, pela experiência teorizada, a proposta de práticas educativas, de política de formação de professores, enfim, de política educacional.

E isso não é pouca coisa. Principalmente porque está sintonizado com a valorização da docência, da formação, do exercício da profissão. Ela está sintonizada com a Resolução nº 2, de 1º de julho de 2015 (MEC, 2015), que define as Diretrizes Curriculares Nacionais para a formação inicial em nível superior (cursos de licenciatura, cursos de formação pedagógica para graduados e cursos de segunda licenciatura) e para a formação continuada, aprovadas recentemente, mas, em suspenso, pelas decisões do governo usurpador de Michel Temer.

Estamos em 2018 e a orientação das autoridades golpistas que usurparam, em 2016, o poder da presidenta legitimamente eleita com 54 milhões de votos, Dilma Rousseff, estão adiando a implementação de tais diretrizes. O plano dos golpistas é articular uma política nacional de desmonte da soberania nacional com entrega de riquezas, em especial o pré-sal, retirada de conquistas e direitos e, o epicentro é o Plano Nacional de Educação e suas metas que favorecem interesses da classe trabalhadora e enfrentam o setor privatista da educação. Desdobram-se iniciativas dos golpistas como a Reforma do Ensino Médio que se efetivará com a aprovação das medidas previstas na Base Nacional Curricular Comum (BNCC) que retira a autoridade dos professores e professoras, desprofissionaliza o magistério, para decidirem pelo nuclear no currículo, a Escola Com Mordaça ou Escola Sem Partido, asfixiando-se, por fim, a escola com os cortes orçamentários, a PEC 95/16, a terceirização das atividades fins, a reforma trabalhista. A tudo isso se soma um perverso processo de fechamento das escolas do campo, que necessita ser detido e revertido, juntamente com todas as contrarreformas em curso desde 2016. Entre elas, a entrega do pré-sal para empresas estrangeiras de países imperialistas. Processo a ser detido e revertido com uma Constituinte soberana.

É nesse contexto que o presente livro é lançado, resultante de uma série de experiências e vivências teorizadas e que defendem o que de mais avançado a classe trabalhadora vem construindo e reivindicando para a Educação do Campo.

O livro está sendo publicado como nono volume da Coleção Caminhos da Educação do Campo pela Autêntica Editora, e objetiva dar continuidade ao processo de formação desencadeado com o Edital do MEC para as Licenciaturas em Educação do Campo em 2007, abrangendo docentes que trabalham em mais de 40 Licenciaturas em Educação do Campo, em todo o Brasil. É resultado de três seminários de formação realizados nos dois últimos anos, em meio ao aprofundamento do Golpe. Em cada encontro, reuniram-se em média 120/ 130 docentes das Licenciaturas em Educação do Campo de todo país, para reafirmarem os principais elementos do Projeto Político-Pedagógico dessa proposta de formação docente.

O livro conta com a contribuição de intelectuais orgânicos da classe trabalhadora como Roseli Caldart, Mônica Molina, Miguel Arroyo, Maria Isabel Antunes-Rocha, Maria do Socorro Silva, Divina Bastos, Paulo Alentejano, Irene Alves, José Maria Tardin, Geraldo Márcio, Rodrigo Camacho, Manoel Fernandes, João Begnami, Kátia Augusta Curado Pinheiro Cordeiro da Silva, Natacha Janata, Álida Angélica Alves Leal, Alisson Correia Dias, Otávio Pereira Camargos, Aline Aparecida Angelo, Daniele Cristina de Souza, Diana Costa Diniz, José Jarbas Pinheiro, Kyara Maria de Almeida e Maria de Fátima Almeida Martins.

Enfim, um coletivo aguerrido que não tem arredado o pé das mais ferrenhas batalhas no campo. O livro concretizará uma das intenções deste coletivo de ponta: multiplicar a formação de formadores, dando sequência a um processo ainda tênue e do qual participamos, enquanto Universidade Federal da Bahia (UFBA), com as quatro pilotos, juntamente com a Universidade de Brasília (UnB), Universidade de Minas Gerais (UFMG) e Universidade Federal de Sergipe (UFS). O objetivo é, portanto, dar continuidade ao processo de formação desencadeado, com as experiências-piloto, abrangendo ainda mais docentes das Licenciaturas em Educação do Campo, em todo o Brasil. Cabe registrar que os estudos realizados na UFBA nos permitiram criticar radicalmente os pilares do projeto de escolarização de base construtivista e seus pilares "aprender a aprender, aprender a ser, aprender a fazer, aprender a conviver", para levantar outros pilares do projeto de escolarização da classe trabalhadora, a saber: a consistente base teórica, a consciência de classe, a formação política e a inserção nos movimentos de luta social revolucionários.

Este livro nos apresenta, na Parte I, os fundamentos da Educação do Campo. Fundamentos ontológicos, gnosiológicos e teórico-metodológicos. Trata também da institucionalidade da Educação do Campo e Formação de Professores até os conhecimentos nucleares que dizem respeito às questões agrárias e agrícolas como a reforma agrária, agroecologia, soberania alimentar. Na Parte II vamos encontrar a sistematização e a socialização de experiência de todo o Brasil.

Existem, sim, limites, existem, sim, contradições. Existem, sim, bases teóricas que necessitam ser questionadas, aprofundadas, mas o ponto central que nos motiva a recomendar ler, considerar e continuar esta obra é que ela nos nutre teoricamente, nos nutre ética e politicamente para fazer avançar a causa da *humanidade*. Ela nos unifica em torno de valores humanos, humanizados e humanizantes. É ponto de apoio. São anos de um trabalho árduo que se choca por dentro de instituições burocratizadas, engessadas, judicializadas. Instituições que resistem a um diálogo mais profundo, legítimo e orgânico com os movimentos de luta social no campo.

É dentro desse mar de dificuldades, limites, contradições que os autores de cada capítulo levam sua guerra de posição. SIM, cabe aqui o conceito gramsciano de "guerra de posição", como estratégia de construção da contra-hegemonia, conquista de posições importantes para construir a hegemonia, e isto é um verdadeiro campo de batalha, onde se efetiva a formação de professores para as escolas do campo (ver mais em: GRAMSCI, 1988, 1978).

Para concluir este prólogo que anuncia o que será exposto a seguir, valho-me, mais uma vez, de um Prefácio de Marx à edição do primeiro volume de O capital (MARX, 2013), em que ele destaca que "Todo o começo é difícil, e isto vale para toda a ciência". E a Educação do Campo, em especial a formação de professores para as escolas do campo, através das licenciaturas, está no seu começo. E ainda, segundo Marx, o que se seguirá dependerá, em seu grau de desenvolvimento, da própria classe trabalhadora, e neste caso a classe trabalhadora do campo, o campesinato, os povos tradicionais, os povos das águas, dos campos e das florestas unidos com a classe trabalhadora da cidade.

As investigações aqui apresentadas sobre Educação do Campo, Formação de Professores e Licenciatura em Educação do Campo defrontam-se, também, com inimigos presentes em todos os domínios. O território em que elas se desdobram convoca, também, para o campo de batalha as paixões mais violentas, mesquinhas e execráveis do coração humano, as fúrias do interesse privado. E no campo isso é inevitável, visto a concentração de terra, a concentração de riquezas, o modelo de desenvolvimento agrário baseado em *commodity*, em agronegócios, agrotóxicos, transgenia, enfim, na concentração, expropriação, exploração, opressão e alienação. Os fundamentos aqui arrolados para a Educação do Campo e para a Formação de Professores para as escolas do Campo necessitam ser defendidos, aprofundados, consolidados. Sejamos solidários. Somemo-nos, portanto, neste campo de batalha na defesa da educação pública, laica, inclusiva, universal; pública de qualidade socialmente referenciada. O livro indica que teremos que continuar nosso curso, o que significa nos manter em campos árduos de batalhas, por recursos, por condições de trabalho, por autonomia universitária, por direito de decidir os rumos do currículo para formar professores para as escolas do campo, apesar dos golpistas, dos latifundiários, do imperialismo. Isso se quisermos deter um processo de destruição paulatino de forças produtivas e demonstrar que outras relações de produção da vida são necessárias e possíveis.

Cabe aqui, para finalizar este prólogo, retomar a poética de Bertold Brecht, que diz muito desse esforço coletivo, contida no poema "Nossos inimigos dizem", de Bertold Brecht:

> *Nossos inimigos dizem: a luta terminou.*
> *Mas nós dizemos: ela começou.*
> *Nossos inimigos dizem: a verdade está liquidada.*
> *Mas nós sabemos: nós a sabemos ainda.*
> *Nossos inimigos dizem: mesmo que ainda se conheça a verdade*
> *ela não pode mais ser divulgada.*
> *Mas nós a divulgaremos.*
> *É a véspera da batalha.*
> *É a preparação de nossos quadros.*
> *É o estudo do plano de luta.*
> *É o dia antes da queda de nossos inimigos.*

Salvador, 7 de outubro de 2018 – Dia em que o enfrentamento entre o projeto de aprofundamento da barbárie, através da aplicação de um violento e desumano ajuste estrutural capitalista, e o projeto de um governo progressista que defende a frágil democracia e o estado de direito se confrontam no interior das urnas.

Referências

BRECHT, Bertold. Nossos inimigos dizem. Disponível em: <http://www.jornalolince.com.br/2012/jun/drops/4502-bertold-brecht>. Acesso em: 22 jul. 2019.

CALDART, Roseli *et al.* (Orgs.). *Dicionário da Educação do Campo*. Rio de Janeiro: EPSJV; São Paulo: Expressão Popular, 2012.

ENGELS; F. *A situação da classe trabalhadora na Inglaterra*. São Paulo. Boitempo, 2008.

GRAMSCI, Antônio. *Maquiavel, a Política e o Estado Moderno*. Tradução de Luiz Mário Gazzaneo. 6. ed. Rio de Janeiro: Civilização Brasileira, 1988. Série Política e Perspectiva do Homem. v. 35.

GRAMSCI, Antônio. *Os Intelectuais e a organização da cultura*. Tradução de Carlos Nelson Coutinho. Rio de janeiro: Civilização Brasileira, 1978.

MARX; K. *O 18 de Brumário de Luís Bonaparte*. São Paulo: Boitempo, 2011.

MARX; K. *O capital*. São Paulo: Boitempo, 2013.

MEC – Ministério da Educação. *Resolução nº 2, de 1º de julho de 2015*. Disponível em: <http://portal.mec.gov.br/docman/agosto-2017-pdf/70431-res-cne-cp-002-03072015-p-df/file>. Acesso em: 22 jul. 2019.

PARTE I

Concepções e princípios da Educação do Campo

PARTE I

Concepções e princípios
da educação do campo

CAPÍTULO 1

Reflexões sobre o processo de realização e os resultados dos Seminários Nacionais de Formação Continuada de Professores das Licenciaturas em Educação do Campo no Brasil

Mônica Castagna Molina
Maria de Fátima Almeida Martins

O processo de construção dos Seminários Nacionais de Formação Continuada de Professores das Licenciaturas em Educação do Campo no Brasil

O direito à formação continuada das educadoras e dos educadores como parte das exigências para o desenvolvimento da educação pública de qualidade social faz parte das lutas protagonizadas pelo movimento docente há muito tempo. Documentos da Associação Nacional para Formação dos Profissionais da Educação (ANFOPE) das décadas de 1990 e dos anos 2000 trazem importantes referências sobre o tema. A Educação do Campo se integra a esta luta e defende o direito à formação continuada, como condição *sine qua non* para qualificar a atuação docente. A contínua formação dos educadores, com a instituição permanente de tempos e espaços de aprofundamento teórico e de reflexão crítica sobre as próprias práticas se revela como uma necessidade imperiosa a uma atuação docente que almeja promover práticas educativas críticas e emancipadoras.

Com a compreensão da formação continuada como um direito e, ao mesmo tempo, como obrigação do Estado em garantir políticas públicas que a promovam e efetivem, a Educação do Campo, seguindo sua materialidade de origem, de ser instituinte de direitos, tem buscado promover, continuamente, espaços de formação das educadoras e dos educadores que nela atuam nos diferentes níveis de ensino.

Este livro se materializa como mais um dos esforços nessa direção e tem como objetivo dar continuidade às ações que tiveram início a partir da realização de três Seminários Nacionais de Formação Continuada de Professores das Licenciaturas em Educação do Campo no Brasil, durante os anos 2017 e 2018, promovidos, em parceria, pelo Centro Transdisciplinar de Educação do Campo (CTEC), da Universidade de Brasília, e pelo Núcleo de Estudos e Pesquisa em Educação do Campo (NEPCAMPO) da Universidade Federal de Minas Gerais, na qual ocorreram os referidos eventos.[1] A Licenciatura em Educação do Campo, como nova proposta de formação docente, foi concebida como parte indissociável das lutas e enfrentamentos ao intenso processo de desterritorialização sofrido pelo campesinato, frente ao avanço do agronegócio sobre suas terras, seus trabalhos, suas culturas, suas comunidades e suas vidas.

Decidimos priorizar, nessa ação de formação continuada, educadores que atuam no âmbito da educação superior, entendendo que as concepções orientadoras da matriz formativa da Licenciatura em Educação do Campo (LEdoC) exigem que tenhamos uma preocupação permanente com a formação dos que nela atuam, não somente em função do relevante conjunto de perspectivas diferenciadas que carrega nas concepções de formação docente, que serão na sequência apresentadas, mas principalmente por sua materialidade de origem, vinculada organicamente à luta do campesinato brasileiro para, como tal, continuar existindo.

Dando continuidade aos esforços realizados nos três seminários, a partir das próprias demandas que lá apareceram, entendemos ser importante dar sequência à formação então desenvolvida, oportunizando a ampliação do acesso às reflexões que neles se construíram, não só para o conjunto de docentes que atuam nesse curso em todo o país, mas também para os educadores das Escolas Básicas do Campo e para os pesquisadores que têm se desafiado a compreender e a contribuir com as lutas que a Educação do Campo carrega.

Em artigo escrito para este livro, Helena Freitas nos instiga a pensar que a "formação continuada trata da continuidade da formação profissional, proporcionando novas reflexões sobre a ação profissional e novos meios para desenvolver o trabalho pedagógico". E esta foi uma das intencionalidades maiores deste conjunto de seminários: promover espaços para formação continuada das

---

[1] Historicamente, no movimento da Educação, vimos trabalhando com o conceito de "educadores", por entender ser este mais amplo que o de "professores". Porém, dada a utilização do conceito "professores" nos marcos legais, em função dos limites administrativos e burocráticos para viabilização dos eventos, foi necessária sua adoção no título dos seminários.

educadoras e dos educadores que têm atuado na LEdoC em todo o país, trazendo elementos teóricos práticos capazes de contribuir com a ressignificação das práticas pedagógicas desenvolvidas nas LEdoCs. Helena Freitas afirma ainda que se considera a formação continuada como "um processo de construção permanente do conhecimento e desenvolvimento profissional, a partir da formação inicial e vista como uma proposta mais ampla, de hominização, na qual o Homem Integral, produzindo-se a si mesmo, também se produz em interação com o coletivo". E a interação com o coletivo foi uma das marcas mais fortes desses seminários, nos quais as trocas proporcionaram relevantes espaços para crescimento e mudança, conforme os relatos dos docentes que dele participam e cujos depoimentos estão expressos nesta coletânea. A expressão dessa prática coletiva materializada nos relatos dos educadores sinaliza a sua positividade, e ao mesmo tempo, a condição para avançar na forma de encaminhamento da formação dos educadores do campo.

Conforme apresentamos em artigo nesta publicação, o histórico detalhado do processo de elaboração e implantação da LEdoC está já registrado em trabalhos anteriores (MOLINA; SÁ, 2011; MOLINA, 2014, 2015; MOLINA; HAGE, 2015, 2016), tendo sido inclusive objeto de dois volumes desta Coleção Caminhos da Educação do Campo.[2]

A materialização dessa proposta tem início com quatro experiências-piloto desenvolvidas pela Universidade Federal de Minas Gerais (UFMG), Universidade de Brasília (UnB), Universidade Federal de Sergipe (UFS) e Universidade Federal da Bahia (UFBA), mediante a criação do Programa de Apoio à Formação Superior em Licenciatura em Educação do Campo (Procampo), em 2007. A matriz estruturante desse programa parte de uma experiência que já vinha sendo desenvolvida na UFMG desde 2005 (ANTUNES-ROCHA; MARTINS, 2009). Importante reafirmar que essa política pública foi concebida como resultado de uma intensa reivindicação dos movimentos sociais e sindicais camponeses, que já pautavam a necessidade de políticas específicas de formação de educadores, desde as primeiras ações de luta coletiva pela Educação do Campo. Porém, a demanda se intensifica ainda mais a partir da realização da II Conferência Nacional de Educação do Campo, que ocorreu em Luziânia/GO, em 2004, tendo como palavra de ordem o significativo lema: "Educação do Campo: Direito nosso, dever do Estado".

---

[2] *Educação do Campo: desafios para a formação de professores,* organizado por Maria Isabel Antunes Rocha e Aracy Alves Martins, de 2009, e *Licenciaturas em Educação do Campo: registro e reflexões das experiências-Piloto (UFMG, UnB, UFS, UFBA),* organizado por Mônica Castagna Molina e Laís Mourão Sá, de 2011.

A partir da oferta daquelas quatro experiências-piloto, em 2008 e 2009, o Ministério da Educação (MEC) lança editais para que mais universidades também pudessem ofertar a licenciatura, porém como projeto especial de turmas únicas. Em 2012, a partir da pressão dos movimentos sociais e sindicais do campo, são conquistados 42 cursos permanentes dessa nova graduação em todas as regiões do país, viabilizados a partir do Edital Procampo nº 02 de 2012, para os quais o MEC disponibilizou 600 vagas de concurso público de docentes da educação superior e 126 vagas de técnicos administrativos, para dar suporte ao processo de implantação dessa nova graduação, com elementos bastante específicos como proposta de formação docente.

Um dos principais elementos da proposta de formação de educadores é o fato de a matriz formativa dessas novas graduações ter-se desafiado, como pressuposto do perfil docente que se propôs a formar, a estabelecer qual a concepção de ser humano, de educação e de sociedade pretende desenvolver. Molina afirma, neste livro, que para responder a tais questões, a LEdoC

> Assume explicitamente em seu projeto político-pedagógico original que sua lógica formativa se baseia na imprescindível necessidade de superação da sociabilidade gerada pela sociedade capitalista, cujo fundamento organizacional é a exploração do homem pelo homem, a geração incessante de lucro e a extração permanente de mais valia (MOLINA, p. 197, neste livro).

Dando sequência a essas reflexões, Molina afirma ainda que a matriz original dessa política de formação docente tem como horizonte formativo o cultivo de uma nova sociabilidade, cujo fundamento seja a superação da forma capitalista de organização do trabalho, na perspectiva da associação livre dos trabalhadores, na solidariedade e na justa distribuição social da riqueza gerada coletivamente pelos homens.

Tendo como horizonte esses desafios maiores, entendendo a necessidade de transformação profunda da sociedade capitalista, o Projeto da Licenciatura em Educação do Campo é concebido a partir da interpretação que se tem sobre a função social da escola para contribuir com um desafio de tal magnitude. Para tanto, faz-se imprescindível também a transformação da própria forma escolar atual. As reflexões sobre a função social da escola e sobre as necessárias transformações em sua forma escolar atual, bem como sobre o papel das LEdoCs para avançar nesta tarefa, vinculado ao projeto maior de transformação da sociedade, estão apresentadas nos textos de Mônica Castagna Molina, e de Maria Isabel Antunes Rocha e Maria do Socorro Silva, nos quais se busca descrever a matriz de tal proposta de formação docente, que tem como objeto a escola de educação básica, com ênfase na construção da Organização Escolar e

20 **Formação de formadores**

do Trabalho Pedagógico para os anos finais do ensino fundamental e do ensino médio. Essas Licenciaturas objetivam promover a formação de educadores por áreas de conhecimento, habilitando-os para a docência multidisciplinar nas escolas do campo, organizando os componentes curriculares a partir das grandes áreas de conhecimento: Artes, Literatura e Linguagens, Ciências Humanas e Sociais, Ciências da Natureza e Matemática, Ciências Agrárias.

As especificidades e demandas historicamente existentes no precaríssimo sistema de educação pública no território rural do Brasil fizeram com que, na elaboração dessa proposta, também se concebesse determinado perfil capaz de alinhar a formação para a docência multidisciplinar com a formação para a gestão de processos educativos escolares e com a gestão de processos educativos comunitários.

Além dessa tripla perspectiva de habilitação docente na LEdoC – formação por áreas de conhecimento, articulada à gestão de processos educativos escolares e à gestão de processos educativos comunitários –, outra característica extremamente importante dessas licenciaturas é a garantia da oferta da educação superior em regime de alternância entre Tempo Universidade (TU) e Tempo Comunidade (TC), tendo em vista a articulação intrínseca entre a educação e a realidade específica das populações do campo.

Os diferentes elementos da proposta de formação de educadores concebida pela LEdoC trazem consigo imensos desafios às práticas pedagógicas, exigindo novos aprendizados dos docentes da educação superior que vêm atuar nessas licenciaturas.

Além dos desafios epistemológicos inerentes à concepção da formação docente por áreas de conhecimento, aliados aos desafios do trabalho com a alternância pedagógica na educação superior, outro fator bastante instigante para a parte relevante do coletivo de docentes que chegou às LEdoCs foi o encontro com os próprios sujeitos educandos dessas licenciaturas. Especialmente, com os coletivos que esses sujeitos integram, com as suas organizações. Algo que está na própria essência da Educação do Campo, no âmago da sua história, que é o protagonismo dos sujeitos coletivos de direito vindos do campo, na sua luta e na sua organização, foi motivo de profundo estranhamento para parte dos docentes que a ela chegam a partir de seu processo de institucionalização e ampliação, com a conquista dos concursos do Edital 2 de 2012, citado anteriormente.

Desde o início do desenvolvimento da LEdoC, ainda no período da realização dos quatro projetos-piloto (UFMG, UnB, UFBA e UFS), a partir da primeira pesquisa que foi feita sobre os principais elementos do Projeto Político-Pedagógico do curso, buscou-se criar um espaço nacional de troca e articulação entre os desafios e avanços que vinham sendo enfrentados na sua implementação. Tais espaços se constituíram através da realização dos Seminários Nacionais das Licenciaturas em Educação do Campo organizados com a participação de representantes dos movimentos sociais e sindicais camponeses e de docentes e discentes das várias Instituições de Ensino Superior (IES) que a ofertam; com a presença de integrantes da Secretaria de Educação Continuada, Alfabetização, Diversidade e Inclusão (SECADI) e ainda com a participação de gestores públicos estaduais e municipais, ligados às escolas do campo e ao desenvolvimento rural.

Durante a realização dos Seminários Nacionais das Licenciaturas em Educação do Campo, especialmente nos anos 2014 e 2015, foi se explicitando que muitos dos docentes que estavam ingressando nessas licenciaturas, a partir dos concursos públicos para consolidação de tais graduações, tinham pouca ou nenhuma experiência anterior com a luta dos sujeitos camponeses e com os desafios diuturnamente enfrentados por eles para conseguirem continuar existindo como tais, como camponeses.

A especificidade da política pública de formação docente, de ter nascido vinculado à luta dos sujeitos camponeses, de ser a eles próprios direcionada e de integrar o esforço empreendido por eles na busca do conhecimento como um ferramenta relevante para compreender e enfrentar as fortes contradições existentes hoje no campo brasileiro, torna extremamente complexa a atuação docente em qualquer área de habilitação ofertada pela LEdoC, visto que a ciência e a tecnologia estão profundamente imbricadas em todo o processo.

A partir dos debates realizados naqueles Seminários Nacionais, e também nas reflexões realizadas na Comissão de Acompanhamento das Licenciaturas em Educação do Campo, instituída pela SECADI, por meio da Portaria nº 86 de 24 de agosto de 2015, cujo objetivo era acompanhar e avaliar a implantação e desenvolvimento de tais cursos, em que participávamos como representantes das Regiões Centro-Oeste e Sudeste, respectivamente, elaboramos um projeto objetivando materializar as condições para desencadearmos a formação continuada das educadoras e educadores da LEdoC em âmbito nacional, tentando dar início a um processo que julgamos deva ser permanente.

Como afirma Caldart, "A Licenciatura em EdoC nasceu para ser uma trincheira da EdoC. Integra sua força material, tanto mais quanto cultive seu vínculo orgânico com os sujeitos coletivos e a concepção de EdoC, vínculo que, hoje sabemos, não é dado, nem é óbvio" (p. 55, neste livro). Portanto, não há como falarmos da formação continuada dos educadores dessas licenciaturas sem termos a exata compreensão do conteúdo dado à própria categoria Educação do Campo.

O referido projeto foi submetido e aprovado pela SECADI, e teve como objetivo principal oportunizar a realização de três Seminários Nacionais de

22   Formação de formadores

Formação Continuada de Professores das Licenciaturas em Educação do Campo no Brasil, cujas temáticas foram: 1) Concepção da Educação do Campo e do projeto de campo nela contido, com ênfase na discussão sobre as raízes do Projeto Político-Pedagógico original desta nova graduação e os desafios da sua institucionalização; 2) Princípios e Práticas da formação de educadores do campo no Brasil materializados pelas Licenciaturas em Educação do Campo; 3) Os processos de reformulação dos Projetos Político-Pedagógico da LEdoC nas IES que a ofertam.

Embora no projeto de formação originalmente elaborado houvesse a previsão de custos para cinco representantes por licenciatura nos três seminários, não houve disponibilização de recursos para tal demanda, tendo sido aprovado apenas um docente por universidade, o que era sabidamente insuficiente. Uma importante demonstração da demanda reprimida e do compromisso das licenciaturas com o processo foi o fato de os cursos terem aceitado a convocação que fizemos para garantirem formas de enviar o maior número possível de docentes por instituição para participar dos Seminários de Formação Continuada, priorizando o envio daqueles com pouca experiência e prática na Educação do Campo. Ainda que sem o financiamento da organização dos seminários, muitos cursos conseguiram garantir a participação de vários de seus docentes nas três edições da formação continuada. Além daqueles com menor acúmulo na área temática dos seminários, dado o esforço dos cursos, recebemos também nos eventos a contribuição de docentes com grande experiência e trajetória de luta na construção da Educação do Campo, no âmbito do ensino, da pesquisa e da extensão, o que enriqueceu sobremaneira a realização dos seminários, pois seus testemunhos e práticas oportunizam um imenso crescimento aos docentes recém-ingressos nas LEdoCs, tal qual se pode perceber nos relatos produzidos por eles e que publicamos neste livro.

Nesses eventos de Formação Continuada também pudemos constatar a imensa diversidade dos processos em andamento pelo país afora, a começar pelas próprias abreviações dadas ao curso de Licenciatura em Educação do Campo: LEdoC, LEC, Licena, Lecampo. O processo de expansão das licenciaturas trouxe consigo também uma ampliação dos educandos, abrindo o leque inicial de ingressantes, majoritariamente lideranças dos movimentos sociais e sindicais vinculados às lutas de acampamentos e assentamentos, que lutaram pela conquista dessa política pública.

Há atualmente, nessas graduações, uma rica diversidade de sujeitos do campo e de tipos de lutas nas quais estão inseridos, e que estão em processo de formação docente: assentados, acampados, quilombolas, ribeirinhos, agricultores familiares, integrantes de comunidades de fundo de pasto, geraizeiros, integrantes de comunidades indígenas, entre outros... Essa rica diversidade de sujeitos camponeses presentes nas LEdoCs implica também no reconhecimento da diversidade territorial de onde eles advêm e, consequentemente, das diferentes formas de luta e de produção material da vida em cada um desses territórios. Tais sujeitos trazem consigo preciosa bagagem cultural, associada às diferentes tradições que esses coletivos foram construindo e vivenciando nos processos de resistência em suas terras e territórios.

Compreender esses processos e incorporá-los como matéria-prima central nos processos de formação docente é um grande desafio colocado às Licenciaturas em Educação do Campo, pois também entre os docentes, no processo de ampliação, houve significativa mudança do perfil inicial, no qual a maioria dos educadores envolvidos na LEdoC tinha não só compromisso e participação nas lutas da Educação do Campo, mas também a compreensão de sua indissociabilidade com o projeto histórico da classe trabalhadora. Nesse sentido, uma das grandes intencionalidades dos Seminários foi exatamente retomar e trabalhar a compreensão original da Educação do Campo.

A compreensão sobre Educação do Campo que se buscou construir nos seminários e que estrutura a perspectiva da formação dos educadores a que se pretende dar sequência

Com a preocupação de recuperar o compromisso do projeto de formação docente, tivemos a rica possibilidade de trazer nos seminários as exposições de Roseli Salete Caldart e Miguel Gonzalez Arroyo, com a intencionalidade de recuperamos e socializarmos com este coletivo de educadores os princípios originários da Educação do Campo. As exposições de ambos, ampliadas na forma de texto neste livro, foram as bases a partir das quais retomamos o sentido da LEdoC, como parte de uma totalidade bem mais ampla que a contém, e que dá significado ao verdadeiro desafio posto à proposta de formação docente: ser parte da luta da classe trabalhadora na direção do acúmulo de forças em direção à superação da sociedade capitalista.

A densidade e a qualidade das intervenções contribuíram muito para que pudéssemos perceber, ao longo dos seminários, um relevante amadurecimento no tocante à unidade de princípios entre os docentes que deles decidiram participar. Um exemplo significativo desse amadurecimento deu-se em torno da compreensão construída coletivamente nas plenárias acerca da unidade que estávamos buscando em relação à compreensão do Projeto Político-Pedagógico da Licenciatura em Educação do Campo.

Avançamos na compreensão da necessidade de um curso de Licenciatura em Educação do Campo, com um Projeto Político-Pedagógico baseado nos mesmos princípios e fundamentos, que se desenvolve em 29 Universidades Federais e quatro Institutos Federais de Ensino Superior pelo país, distribuídos em todas as nossas regiões, conforme se pode ver nos mapas do artigo de Leal, Dias e Camargos sobre a Cartografia das Licenciaturas em Educação do Campo no Brasil, materializando a existência de 44 graduações permanentes desse curso (as 42 que entraram no Edital 2 de 2012, e a UFMG e a UFCG, que já ofertavam o curso de maneira permanente, via Programa de Reestruturação e Expansão das Universidades Federais (REUNI), antes do referido edital). A compreensão que se construiu nos seminários e que se quer cultivar é que a diversidade entre essas graduações deve se dar relacionada à diversidade de sujeitos camponeses, de biomas, territórios, de lutas e de culturas que os compõem, e não de projetos formativos distintos, cuja unidade deve se dar em torno da ênfase na formação da classe trabalhadora na perspectiva de sua emancipação.

Em texto produzido para este livro, sobre as repercussões do processo formativo em seus cursos, as docentes Clarissa Souza de Andrade Honda e Monik de Oliveira Neves expressam, de maneira relevante, a compreensão da necessidade de avançarmos na construção da unidade de princípios e no fortalecimento de um curso único de Licenciatura em Educação do Campo, ao afirmarem:

> Sobre os desafios urgentes para nosso fortalecimento e resistência, o primeiro que elencamos foi o fortalecimento da *unidade das LEdoCs*. O fortalecimento do sentido de um curso único, com áreas de aprofundamento, e não de cursos distintos (separados por áreas de aprofundamento) faz-se muito importante para que atuemos em uma unidade que traz em primeiro plano a Educação do Campo, e não sua área de aprofundamento, que configura um segundo plano. Para isso, nos processos de revisão dos Projetos Pedagógicos de Curso (PPC) devemos ter atenção em buscar fortalecer a ênfase nas concepções originárias da Educação do Campo e, na defesa dessa unidade, respeitar as especificidades dos cursos a partir de suas diferenças regionais, territoriais ou institucionais (HONDA; NEVES, p. 354, neste livro).

Ou seja, trata-se de fortalecer o processo de consolidação das concepções e práticas que vêm sendo gestadas e protagonizadas pelo movimento nacional de lutas pela Educação do Campo, no âmbito da formação de professores. A concepção é forjada a partir das duras lutas pela conquista de políticas públicas específicas que garantam os direitos dos camponeses à terra e à educação, entendendo esta como uma dimensão fundamental dos processos de produção material da vida, portanto, muito mais ampla que apenas a escolarização (embora o direito à educação escolar seja parte importante desta luta). Foi nesse sentido que se buscou tratar nos seminários de um Projeto Político-Pedagógico unificado para o curso de LEdoC que ocorre nas dezenas de instituições de ensino superior que a ofertam, e cuja compreensão desenvolvida nos seminários será apresentada a seguir.

A chave de leitura adotada nesses Seminários Nacionais foi a mesma expressa no texto de apresentação do *Dicionário da Educação do Campo* (2012). Naquela "Apresentação", Caldart ressalta que a apreensão do fenômeno da realidade brasileira que responde pelo nome da Educação do Campo requer que sua compreensão se dê a partir da intrínseca articulação que há entre as contradições presentes nos três polos conhecidos como sua tríade estruturante: *Campo – Educação – Políticas Públicas*. É na imbricada relação que há nas contradições entre esses três polos que podemos localizar as múltiplas determinações que compõem este fenômeno da realidade brasileira (CALDART, 2012, p. 14).

Aqui cabe um importante alerta: embora nos vinte anos de sua existência a Educação do Campo tenha também se tornado uma relevante categoria teórica, uma chave de leitura da realidade, ela nasce como prática, como ação de intervenção para transformação da realidade pelos sujeitos coletivos que a integram, para depois vir a ter constituída a definição que traduz tais práticas a partir das complexas articulações que necessariamente integram o movimento da realidade que a Educação do Campo quer expressar.

O fato de os fundamentos da Educação do Campo exigirem não só a compreensão das contradições presentes em cada um dos polos integrantes da tríade que a estrutura, mas, principalmente, a relação que há entre eles é que nos moveu a organizar as reflexões dos referidos Seminários Nacionais de Formação Continuada tal qual a estrutura apresentada nos programas dos mesmos e que organizam ainda a lógica de apresentação dos textos neste livro.

Discutimos, em cada um dos três seminários, de diferentes formas, as intrínsecas articulações que há entre esses polos: *Campo – Educação – Políticas Públicas*. Pois é exatamente a partir da compreensão das contradições existentes entre as lógicas de organizar a agricultura hoje presentes no Brasil, vinculadas às concepções profundamente distintas – agronegócio X agricultura camponesa –, que derivam as diferenças essenciais das práticas formativas projetadas e materializadas por determinada compreensão de educação, contida na expressão Educação do Campo, e que dá sentido aos fundamentos das políticas públicas protagonizadas pelos sujeitos coletivos de direito que as conquistam a partir das lutas pelo direito à educação dos camponeses.

Com base na centralidade deste debate é que nos Seminários Nacionais de Formação Continuada dos Professores foram pensadas as exposições sobre a questão agrária, e agroecologia e soberania alimentar, trazidos nos textos de Paulo Alentejano, José Maria Tardin, Irene Maria Cardoso e Rodrigo Simão Camacho.

Apreender as contradições existentes no primeiro ponto da tríade, a partir da compreensão do profundo confronto que há entre as lógicas de organizar a agricultura em nosso país, entre o agronegócio e a agricultura camponesa, é condição *sine qua non* para atuação na LEdoC. O termo serve para ajudar a expressar as relações econômicas envolvendo a dimensão mercantil, financeira e econômica entre o setor agropecuário e os da área industrial, comercial e de serviços, conforme Leite e Medeiros (2012, p. 81). O agronegócio, conforme o próprio nome já diz, carrega como seu elemento estruturante a concepção de um projeto de campo e de lógica de organização da agricultura orientado essencialmente pelo negócio, ou seja, pela produção de lucro e de mais-valia. Nessa concepção, o campo é entendido tão somente como espaço de produção de mercadoria, e os alimentos reduzidos a *commodities* na Bolsa de Valores, perdendo sua essencial dimensão de um direito humano. Caldart sintetiza bem esse modelo, afirmando que os processos que sustentam essa lógica de organizar a agricultura se baseiam na extrema "concentração da propriedade da terra e de capitais no mundo; uso intensivo de agrotóxicos, padronização alimentar, dependência da política de créditos, superexploração do trabalho humano e da natureza, entre outros elementos" (CALDART, 2015, p. 10).

Com o objetivo de aprofundar a compreensão das principais características da lógica hegemônica de organizar a agricultura a partir do agronegócio, no texto nesta publicação, Alentejano destaca algumas características que nela têm se acentuado e que explicitam as consequências prejudiciais do agronegócio à sociedade brasileira, a partir de quatro questões nucleares: 1) a violência desencadeada pela máxima exploração do trabalho humano e a devastação ambiental; 2) a acentuada e persistente concentração fundiária; 3) a crescente internacionalização da agricultura brasileira; 4) o aumento acelerado da insegurança alimentar.

Conforme afirma Molina, esse modelo agrícola hegemônico,

> em função das exigências cada vez maiores de concentração de terras para a implantação de vastas áreas de monocultura, acelera ainda mais o processo de desterritorialização dos camponeses, promovendo uma intensa fagocitose de suas terras, de seu trabalho, de suas comunidades, de sua cultura, de suas escolas.
>
> Enfrentar esse processo intensificado de concentração fundiária, expulsão do território e perda dos espaços de trabalho e de estudo e das condições da reprodução material de suas vidas exige dos camponeses o aprendizado de organização e resistência para poder continuar existindo e trabalhando de acordo com o que são, camponeses (MOLINA, p. 198, neste livro).

A imprescindibilidade da compreensão da diferença entre as lógicas de organizar a agricultura vem do fato de que, conforme afirma Camacho, na Educação do Campo, a discussão sobre o campo:

> [...] disputas/conflitos de territórios/territorialidades, modo de vida camponês, identidade territorial camponesa, movimentos socioterritoriais etc. – precede a discussão pedagógica. Partindo do princípio de que o campo está em disputa entre dois modelos de desenvolvimento territoriais antagônicos – agricultura capitalista (latifúndio-agronegócio) *versus* agricultura camponesa –, sua origem se dá a partir das disputas/conflitos territoriais no campo, ou seja, na materialidade dos problemas socioeconômicos e educacionais enfrentados pelos camponeses e, consequentemente, na busca de soluções por parte dos movimentos socioterritoriais camponeses (CAMACHO, p. 165, neste livro).

Ao contrário da lógica de organizar a agricultura propugnada pelo agronegócio, está a agri-cultura camponesa: Cultura! Campo como produção de vida! Diversidade – de culturas, de sujeitos, de práticas; ênfase na produção de alimentos como direito humano, vinculação direta com a agroecologia e a soberania alimentar, com "a diversificação de culturas agrícolas e o fortalecimento da agrobiodiversidade, conceito-chave desta outra matriz, que não pode prescindir da reforma agrária e da desconcentração fundiária como condição de sua real efetivação. Integram esta matriz a cooperação ou trabalho camponês, familiar e associado, e agroindústrias geridas pelos trabalhadores associados" (CALDART, 2016, p. 330. Adaptado).

Ainda nesse âmbito, da imprescindível compreensão do confronto de lógicas existentes para organização da agricultura brasileira, refletimos intensamente nos seminários sobre as principais características que marcam as práticas da agricultura camponesa, com a devida ênfase à compreensão dos fundamentos das práticas agroecológicas por ela protagonizadas e da busca da soberania alimentar promovida por tais práticas. O avanço da agroecologia é uma dimensão fundamental para efetiva territorialização do projeto camponês. A centralidade dessa temática para a construção dos currículos das LEdoC foi uma das questões mais debatidas nos seminários, cujas exposições se traduzem neste livro nos textos de José Maria Tardin e Dominique Guhur e de Irene Maria Cardoso. Foi também objeto de amplo debate e reflexão nos trabalhos de grupo por área de conhecimento, dada a intensa potencialidade de promoção das práticas interdisciplinares que a formação para tal exige.

Parte importante da luta do Movimento da Educação do Campo tem sido dedicada à construção das bases pedagógicas também para a educação em agroecologia, cuja ênfase tem sido exatamente a crítica radical ao modelo de desenvolvimento hegemônico, articulada à compreensão da necessária construção de outras estratégias para produção do conhecimento científico, com a busca da ruptura epistemológica com a ciência dominante, conforme Tardin, Guhur e Cardoso trazem nos seus textos. As reflexões por eles desenvolvidas explicitam o quanto se tem caminhado, na Educação do Campo, em direção a uma concepção pedagógica que valorize os territórios e a sabedoria dos povos do campo, garantindo os diferentes tempos e espaços de formação, bem como construindo propostas e práticas de formação que consigam dialogar com a realidade do campo, não simplesmente procurando conhecê-la, mas também transformá-la. As reflexões aqui apresentadas pelas exposições que trataram da temática nos seminários avançam na direção de mostrar os caminhos através dos quais tem sido possível a defesa de uma produção de conhecimento baseada na relação direta entre o conhecimento científico e a sabedoria dos povos do campo – a partir do diálogo de saberes, nos quais é imprescindível a problematização da realidade, a revalorização dos conhecimentos sociais dos camponeses, buscando articular a essa valorização a geração e disseminação de tecnologias que sejam adequadas à diversidade dos territórios nas quais se encontram os sujeitos em formação, avançando em direção à transformação da realidade social das famílias camponesas, com a produção de alimentos saudáveis para seu consumo e o abastecimento dos mercados locais.

Espelhando a importância dada a tal debate nos seminários e sua relevante incorporação ao processo de formação dos educadores, citamos aqui as reflexões produzidas por Clarissa Souza de Andrade Honda e Monik de Oliveira Lopes Neves, da LEdoC do Instituto Federal do Rio Grande do Norte (IFRN), Campus de Canguaretama, que explicitam a incorporação de pontos relevantes ao curso, no tocante à centralidade da agroecologia, tratada nos seminários. No artigo que produziram para esta coletânea, as educadoras destacam a contribuição dos eventos para o fortalecimento do curso, ao afirmar em:

> Alguns dos princípios originários (Caldart, 2008) que devemos retomar e fortalecer em nossas LEdoCs: nascemos da luta dos movimentos sociais (raiz da luta); o debate de "campo" precede o debate "pedagógico" (raiz do trabalho no campo e suas diversidades); a organização por áreas do conhecimento (raiz do diálogo e articulação entre saberes). [...] Ainda no terreno das concepções originárias, o debate da *questão agrária e da agroecologia* fez-se mais nítido para nós. Embora as leituras já tivessem sido feitas a respeito, não atribuíamos ainda tal nível de importância. Perceber a agroecologia como um dos "braços" da Educação do

Campo fez com que reestruturássemos, no momento da volta do primeiro seminário, algumas ações de nosso Tempo Comunidade (TC) e, mais adiante, a revisão de nosso Projeto de Curso. [...] Em nosso processo de revisão do PPC, no IFRN, a formação teve um impacto mais imediato. Em muito, porque estávamos com prazo marcado na instituição para essa revisão e, assim, muitas das defesas construídas no curso foram traduzidas naquele novo projeto de curso. Conseguimos, A nível de projeto curricular, maior integração entre os saberes, com a construção de algumas disciplinas com caráter mais integrador e de busca de estratégias de relações entre componentes disciplinares. Além disso, fortalecemos o braço da agroecologia no curso, tanto reformulando componentes curriculares a ela relacionados como a trazendo como eixo articulador de alguns momentos formativos, especialmente do TC. (HONDA; NEVES, p. 351, 352, 355, neste livro).

Também enfatizando a centralidade do avanço na compreensão da relação das práticas agroecológicas com a formação docente nas LEdoCs, o texto de Anderson Henrique, da Universidade Federal do Maranhão, traz importante depoimento:

As temáticas discutidas nos eventos nos ajudam coletivamente como pensar o trabalho de forma que contemple os princípios e intencionalidades da Educação do Campo, pois a partir de tais encontros, construímos pautas comuns entre as áreas. Nesse sentido, por exemplo, o processo seletivo vestibular especial (PSVE) de 2017 elencou, como eixo estruturante para a criação das questões, a agroecologia. Cada docente desenvolveu as questões da sua área articulando com os princípios agroecológicos, fato que considero um enorme avanço na realidade que vivemos enquanto colegiado, valorizando os saberes populares como ente formador do educando.

A agroecologia tem-se tornado um eixo transversal-estruturante na formação dos educandos e na formação dos formadores, pois tem-se iniciado discussões na tentativa de incorporar a temática em disciplinas e/ou projetos de ensino, pesquisa e extensão. Nesse sentido, a agroecologia, que é sempre discutida nos eventos, toma corpo com a sua implementação na prática docente identificando a agroecologia como tema integrado reestruturante. A dificuldade de formação em agroecologia dos docentes é uma realidade, particularmente das áreas de Química, Física, Biologia, Matemática, entretanto, é perceptível a potencialidade nos cursos onde a terminalidade "Agrárias" atua juntamente com outras terminalidades (COSTA BARROS, p. 373, neste livro).

Às LEdoCs compete formar criticamente os educadores que por elas passam, de tal forma que seus egressos tenham as condições necessárias de promover a formação da juventude camponesa que frequente as escolas do campo nas quais esses educadores atuem, não apenas socializando com eles conhecimentos científicos da área de habilitação à qual se titularam, mas também promovendo, nesses processos de socialização, práticas pedagógicas capazes de contribuir com os processos de auto-organização desta juventude, na perspectiva de construir processos produtivos e de geração de renda que lhes possibilite continuar existindo como camponeses. Ou seja, práticas pedagógicas que fortaleçam a juventude na territorialização do projeto camponês, baseado na produção agrícola a partir da agroecologia e da promoção da soberania alimentar. Portanto, aí estão presentes questões imprescindíveis para o trabalho de formação docente na LEdoC, pois ela exige o aprofundamento da compreensão da relação educação e trabalho, da promoção da verdadeira emancipação humana e não somente da emancipação política. Como afirma Caldart neste livro, trata-se, nesta concepção de educação, de seu entendimento como formação humana:

> [...] as pessoas se formam fundamentalmente nos processos de produção e luta pela preservação/continuidade da vida, na relação com a natureza, pelo trabalho. Por isso se trata, nessa concepção, do princípio educativo do trabalho, que também se materializa como luta, como organização coletiva, como cultura e visão de mundo. Essa concepção de formação humana, por sua vez, se converte em uma chave teórico-metodológica para analisar todas as práticas educativas com finalidades emancipatórias e mesma perspectiva de classe, de projeto histórico (CALDART, p. 57, neste livro).

Intrinsecamente associada à compreensão dessa densa problemática, coloca-se o debate sobre as alternativas de trabalho para a juventude camponesa que se quer educar, o que nos convoca ao debate sobre o trabalho associado, sobre emancipação humana e sobre as estratégias necessárias à sua longa construção, como parte dos desafios de superação da lógica da sociedade capitalista. Qual processo de formação docente se faz necessário para sermos capazes de termos, ao término da LEdoC, egressos com perfil de tal magnitude? Os debates sobre os processos de produção e socialização do conhecimento científico e sobre as concepções de ciência e tecnologia sob a perspectiva hegemônica e contra-hegemônica integraram as reflexões que realizamos durante os seminários, como parte imprescindível dos desafios a serem enfrentados em processos de formação docente que queriam se pautar pela Epistemologia da Práxis. Essas profundas questões foram também tratadas nos seminários e estão sistematizadas nos textos de Geraldo Márcio, e Kátia Augusta Curado Pinheiro Cordeiro da Silva Curado e Natacha Eugenia.

Questões que emergiram nos seminários

Uma dimensão importante dos Seminários Nacionais de Formação Continuada foi a estratégia metodológica eleita para sua realização. Buscaram-se construir, durante os seminários, diferentes momentos pedagógicos, compostos por mesas com exposições relacionadas às grandes questões que estruturam o Projeto Político-Pedagógico das Licenciaturas em Educação do Campo, aliado a generosos períodos para trabalhos em grupos, articulando-se diferentes estratégias de organização destes: em alguns períodos, os coletivos organizaram-se a partir das regiões de origem das licenciaturas; em outros a partir das áreas e conhecimento aos quais pertenciam os docentes neles presentes. Objetivando maximizar o aproveitamento dos momentos de formação, foram enviados antecipadamente textos para todos os participantes, no sentido de auxiliar o aprofundamento das discussões.

Nesses tempos de trabalho coletivo, houve, como intencionalidade maior, a promoção de espaços para o protagonismo dos próprios docentes das LEdoCs, com a perspectiva de oportunizar ao máximo as trocas e a socialização das experiências, permeadas por todas as contradições e desafios que têm caracterizado as práticas em cada curso. A intenção foi propiciar, a partir das exposições sobre os princípios da EdoC, bem como sobre a matriz formativa original sobre a qual foi concebida a LEdoC, espaços para reflexão crítica sobre de que maneira aquele devir, aquele vir a ser estava se materializando concretamente em cada licenciatura, a partir das compreensões presentes e da correlação de forças existentes em cada universidade ou instituto federal que a está ofertando, com a socialização das diferentes estratégias construídas em cada curso para enfrentar os grandes desafios postos pela matriz formativa das LEdoCs.

E, de acordo com as avaliações dos seminários feitas pelos próprios docentes que deles participaram, das quais algumas sínteses estão apresentadas na terceira parte deste livro, essa metodologia foi acertada, com desdobramentos para muito além dos próprios eventos, visto ter proporcionado novos espaços de articulação e trabalho conjunto entre docentes das LEdoCs de diferentes regiões, conforme apresentam os depoimentos neste livro de vários docentes que dele participaram. Nesse sentido, recuperamos aqui o texto de Frederick Moreira dos Santos, que afirma:

> Os encontros para a formação de formadores das LEdoCs foram de grande valia para que eu e outros professores da UFRB, do campus de Feira de Santana, encontrássemos nosso lugar dentro dos espaços de debate e reflexão sobre as práticas dos cursos de Licenciatura em Educação do Campo no Brasil. Durante nosso último encontro, alguns professores decidiram realizar um intercâmbio entre as LEdoCs do Brasil, oferecendo oficinas e palestras que possam contribuir em temas que podem ser de interesse na formação dos estudantes em nossos cursos. O intercâmbio teve início em junho deste ano entre a Universidade Federal dos Vales do Jequitinhonha e Mucuri (UFVJM) e a UFRB, quando recebemos a visita da companheira de luta Ofélia Ortega Fraile para participar do I Colóquio Internacional sobre História e Filosofia da Ciência e Tecnologia na América

Latina: Os desafios das soberanias nacionais nos trópicos americanos. Portanto, alterno propositalmente, neste texto, o uso dos pronomes em primeira e terceira pessoa porque é impossível separar as contribuições individuais e para o grupo trazidas pelas experiências vividas no curso de formação de formadores. Particularmente, cheguei de peito aberto para aprender coisas novas, e encontrei um espaço frutífero e generoso para o debate dialógico, de tal maneira, que saí com o peito ainda mais aberto para aprender mais (SANTOS, 2019, p. 366, neste livro).

Além desse espaço de articulação e troca de experiências, os momentos coletivos de trabalho, com espaços de apresentação nos grupos e escolha de relatorias para os mesmos, possibilitou importante acúmulo de organização de informações sobre os cursos, não apenas em relação às áreas de habilitação existentes em cada um, mas especialmente em relação às práticas que vêm sendo construídas nas LEdoCs, no que diz respeito à formação por área de conhecimento e à alternância pedagógica, que são duas estratégias importantes para a materialização de determinado perfil de egressos que se almeja forjar.

Os resultados destas sistematizações estão apresentados em artigos na Parte I e na Parte II deste livro, e apontam questões para continuidade da reflexão e pesquisa sobre formação docente, a partir de enormes riquezas e potencialidades contidas nas práticas da Educação do Campo, em desenvolvimento nessas graduações.

Conforme a síntese das reflexões desenvolvidas tanto nos Grupos de Estudo quanto de Trabalho que se debruçaram sobre as áreas de conhecimento nos seminários, temos, neste âmbito, nas licenciaturas:

> [...] uma diversidade de práticas pedagógicas e metodologias de trabalho elaboradas e incorporadas de diferentes experiências como da Educação Popular e da Pedagogia Socialista, e ressignificadas na Educação do Campo. A utilização de Temas Geradores ou Eixos Temáticos de inspiração freireana; Complexos Temáticos, inspirados na pedagogia socialista de Pistrak; Planos de Estudo e Colocação em Comum, presentes nas experiências das Escolas Famílias Agrícolas; e outros instrumentos pedagógicos como Inventário da Realidade, Memoriais, visitas de campo, Seminários Integradores, Portfólios, entre outros, revelam a capacidade das LECs em ressignificar experiências de formação da classe trabalhadora objetivando metodologias, posturas docentes e processos que permitam a necessária dialética entre educação e experiência (ANGELO; SOUZA, 2019, p. 327, neste livro).

É inegável que há um grande esforço sendo produzido, coletivamente, por parte significativa dos educadores que estão imersos no desafio de materializar a concepção de formação docente projetada pela LEdoC, cujo desafio autoimposto é a formação de educadores como sujeitos sócio-históricos, capazes de avançar em suas práticas pedagógicas em direção a uma formação crítica e emancipadora dos jovens camponeses. Esse coletivo de docentes da educação superior brasileira, que tem se debatido em encontrar caminhos para promover a formação de educadores camponeses para a docência multidisciplinar nas escolas do campo, têm conseguido promover importantes práticas interdisciplinares, que buscam encontrar os caminhos de superação da fragmentação do conhecimento científico, de sua desconexão com a realidade dos sujeitos, de superação. Esses educadores têm buscado produzir, em conjunto com os camponeses que têm se disposto a educar, práticas sociais nas quais se articulam os saberes de diversas áreas da ciência para entender e interpretar a realidade, em conjunto com os saberes que sobre ela já trazem os educandos camponeses das LEdoCs.

Nesse sentido, muitos dos depoimentos dos docentes que trazemos aqui ilustram tal processo. Anderson Henrique o expressa da seguinte forma:

> A Educação do Campo nos proporciona a intencionalidade do Tempo Comunidade como potencialidade de ampliação da pesquisa acadêmica para conhecimento mais profundo da realidade dos sujeitos do campo em suas localidades e desenvolvimento de ações mais locais objetivando a aproximação entre a Academia e as comunidades e as reuniões por área de conhecimento. Ou seja, na Educação do Campo nos é dada a oportunidade de construção de uma aprendizagem significativa para a emancipação dos sujeitos camponeses, potencializando a práxis pedagógica como eixo estruturante do saber.
>
> A articulação das disciplinas com o conhecimento local das comunidades dos discentes é de fundamental importância para a valorização dos saberes populares. Dessa forma, os docentes necessitam se apropriar, dentro das suas áreas de conhecimento, das principais teorias educacionais que conseguem estabelecer, identificar e valorizar o conhecimento local e o saber sistematizado acadêmico. Nessa perspectiva, a etnomatemática tem dado suporte ao trabalho docente em sala de aula e durante as atividades de pesquisa do Tempo Comunidade, pois esse programa, baseado na investigação temática com perspectiva freireana, identifica a realidade dos sujeitos valorizando a cultura local (COSTA BARROS, p. 374, neste livro).

Também em relação à alternância, que é outra das estratégias pedagógicas inerentes à concepção originária da LEdoC, pôde-se perceber, durante os seminários, uma diversidade de concepções, compreensões, práticas e arranjos institucionais para sua execução. No texto que buscou sistematizar as reflexões sobre essa temática produzida nos seminários, Angelo e Souza observam, no Capítulo 19 deste livro, que há uma rica diversidade de estratégias para sua materialização, sendo que:

> As principais foram: os memoriais, a pesquisa-ação, o caderno de campo, os inventários sobre a cultura local; trabalhos vinculados a disciplinas específicas,

sem necessariamente haver uma integração global no curso; trabalhos integrados; provas optativas; práticas orientadas; seminário integrador; TC itinerante em que todos vão a determinado território (Jornada Socioterritorial); assembleia; projeto de pesquisa pedagógica que envolve atividades de pesquisa e intervenção nas escolas; mapas mentais; projetos de extensão; conselho que inclui movimentos sociais; vivência compartilhada por diferentes docentes; a figura do coordenador do TC; monitoria; Pibid; PET; organização do TC por eixos temáticos ou eixos integradores inseridos no currículo ou não; blocos temáticos com realização de projetos; defesa do Trabalho de Conclusão de Curso na comunidade; a realização de seminários na IES ou nas escolas do campo; comissões; Diagnóstico Rural Participativo (DRP), socialização dos resultados do TC em semana acadêmica, entre outros. Em suma, uma variedade, considerando instrumentos mais clássicos da própria história da construção da alternância (caderno de realidade, colação em comum em seminários integradores, memorial etc.) e outros próprios do cenário do ensino superior, demonstrando a sua institucionalidade neste nível de ensino (Projetos de Pesquisa, Projetos de Extensão, PET, Pibid, Pesquisa-ação, entre outros) (ANGELO; SILVA, p. 343, neste livro).

Importante recuperarmos que a alternância objetiva não só garante a permanência na educação superior pelos sujeitos camponeses, sem promover sua desvinculação ou desenraizamento do campo, mas também objetiva integrar, no processo de produção do conhecimento científico, as condições da materialidade da produção da vida dos sujeitos educandos, incorporando, nesses processos, as tensões e contradições presentes nos territórios de origem dos alunos, com a presença da universidade nesses territórios nos TC. Assim como as áreas para se consolidarem exigirão de nós um imenso desafio teórico-prático de seguir avançando na compreensão de seus limites e potencialidades, também a alternância requer a continuidade de profundos debates sobre suas potencialidades para materializar práticas educativas que de fato sejam emancipatórias, e não precarizadoras dos processos de formação. Há um grande risco de a alternância ser reduzida a algo bastante diminuto em relação ao seu potencial, transformando-se meramente em educação à distância, tanto por incompreensões quanto por limitações concretas para sua materialização, em relação aos custos que necessariamente são exigidos para a presença da universidade em campo, nos territórios onde estão os seus educandos. Conforme alerta Angelo e Silva, na sistematização desse tema nos seminários, observou-se que:

> Em alguns momentos, em cursos que não possuem condições para a ida dos docentes na comunidade, denominaram o TE como o tempo de estudo presencial e o TC como o tempo de acompanhamento à distância. É importante a reflexão sobre o discurso presente no debate, para que não se fortaleça a concepção da alternância como um intercalar de formação presencial e à distância, característicos de cursos em Educação à Distância (EaD) na modalidade semipresencial. A preocupação

discursiva com relação à forma de caracterizar os tempos pode expressar uma determinada concepção sobre a alternância que a fragmenta e a descaracteriza, ou mesmo que fortalece tentativas institucionais de descaracterizar o curso em regime de alternância para um curso em regime semipresencial, visando reduzir os investimentos necessários para garantir a sua concretização, o que é um embate é feito em várias IES. As LECs são cursos regulares em regime integral – em alternância, isso precisa ser reafirmado (ANGELO; SILVA, p. 343, neste livro).

Dando sequência àqueles desdobramentos dos seminários apresentados inicialmente, em relação às articulações que surgiram entre os cursos, com desdobramentos não de eventos, mas também da participação em bancas de concursos e oferta de disciplinas conjuntas entre docentes de diferentes IES, consideramos que outro importante desdobramento foi a construção da perspectiva de unidade e de luta conjunta em torno da defesa do curso de LEdoC e do que ele representa em termos de mudança, não apenas para o campesinato, mas para a própria universidade e para os docentes envolvidos na sua materialização.

As grandes dificuldades na operacionalização, que exige uma postura extremamente comprometida e militante dos docentes que a querem construir, a construção de espaços como os dos seminários, nos quais é possível expor e socializar dificuldades e esperanças contribui também para o fortalecimento e para ampliação do horizonte de possibilidades que tal experiência carrega. O relato abaixo, da docente Kyara Maria de Almeida Vieira, expressa a força material que o trabalho coletivo constrói:

> Os seminários foram fundamentais não só para partilha das nossas angústias e vitórias, mas por reafirmar a importância da formação continuada de docentes que formam educadores(as) do campo como também de egressos(as) de nossas licenciaturas; por reforçar ainda mais o papel imprescindível da relação com as escolas, movimentos sociais e várias organizações atreladas com as populações do campo; por nos dar suporte para estimular as discussões nos nossos cursos, nos nossos centros e universidades; por possibilitar a construção de argumentos, estratégias, ações que fortaleceram a luta nos nossos cursos, as reconfigurações dos Projetos Pedagógicos e de nossas práticas docentes. Por nos dar a ver a força que temos no cenário nacional quando nos unimos! (VIEIRA, p. 394, neste livro).

Em função do caráter contra – hegemônico da LEdoC e dos imensos desafios que sua materialização requer, tanto em termos acadêmicos, do próprio processo de produção de conhecimento, em função da concepção que a sustenta de partir dos conhecimentos e saberes dos sujeitos camponeses e da alternância pedagógica quanto em termos burocráticos, em função dos enormes desafios administrativos para viabilizar a alternância e o próprio TU, esse curso não se mantém sem uma forte dose de compromisso, espírito de luta e militância.

Este livro representa e materializa, uma vez mais, o compromisso dos que estão envolvidos nessa luta e defendem as transformações estruturais como necessidade inadiável da sociedade brasileira, em busca da justiça social e da igualdade. Os que os construíram conosco o fizeram nesse espírito de militância. Além da dedicação que tiveram na realização dos eventos, ainda se desafiaram a transformar as exposições em textos, para podermos ampliar o alcance da formação que nos propusemos fazer coletivamente nos seminários. A todos eles, nosso agradecimento pelo compromisso e generosidade.

Que possamos seguir juntos, estudando, lutando e construindo junto com o povo novos caminhos em direção à justiça social e à igualdade.

Referências

ANGELO, A.; SILVA, D. Acesso e permanência de estudantes e a formação por área de conhecimento nos cursos de Licenciatura em Educação do Campo: experiências compartilhadas na formação dos formadores. In: MOLINA, M. C.; MARTINS, M. F. A. (Orgs.). *Formação de formadores: reflexões sobre as experiências das licenciaturas em educação no Brasil.* Belo Horizonte: Autêntica, 2019.

ANGELO, A. A; SOUZA, D. C. A alternância nas Licenciaturas em Educação do Campo no Brasil: concepções e práticas compartilhadas na formação dos formadores. In: MOLINA, M. C.; MARTINS, M. F. A. (Orgs.). *Formação de formadores: reflexões sobre as experiências das licenciaturas em educação no Brasil.* Belo Horizonte: Autêntica, 2019.

ANTUNES-ROCHA, M. I.; MARTINS, A. A. (Orgs.). *Educação do Campo: desafios para a formação de professores.* Belo Horizonte: Autêntica Editora, 2009.

BRASIL. Ministério da Educação – Secretaria de Educação Continuada, Alfabetização, Diversidade e Inclusão – MEC/SECADI. Diretoria de Políticas de Educação do Campo, Indígena e para as Relações Étnico-Raciais (DPECIRER). Procampo – Programa Nacional de Educação do Campo. *Edital nº 2/2012: cursos de Licenciatura em Educação do Campo.* Brasília, 2012.

BRASIL. Ministério da Educação – Secretaria de Educação Continuada, Alfabetização, Diversidade e Inclusão – MEC/SECADI. Portaria nº 86, de 24 de agosto de 2015. Brasília: MEC/SECADI, 2015.

CALDART, R. S. Concepção de Educação do Campo: um guia de estudo. In: MOLINA, M. C.; MARTINS, M. F. A. (Orgs.). *Formação de formadores: reflexões sobre as experiências das licenciaturas em educação no Brasil.* Belo Horizonte: Autêntica, 2019.

CALDART, R. S. Apresentação. In: CALDART, R. S. *et al.* (Orgs.). *Dicionário da Educação do Campo.* Rio de Janeiro: EPSJV; São Paulo: Expressão Popular, 2012.

CALDART, R. S. Educação do Campo. In: *Dicionário da Educação do Campo.* Rio de Janeiro: EPSJV; São Paulo: Expressão Popular, 2012. p. 257-265.

CALDART, R. S. Sobre a especificidade da Educação do Campo e os desafios do momento atual. In: FRIGOTTO. G.; CIAVATTA, M. (Orgs.). *Teoria e educação no labirinto do capital.* 4. ed. São Paulo: Expressão Popular, 2016. p. 317-363.

CAMACHO. Rodrigo. Educação do Campo e territórios/territorialidades camponeses: terra, família e trabalho. In: MOLINA, M. C.; MARTINS, M. F. A. (Orgs.). *Formação de formadores: reflexões sobre as experiências das licenciaturas em educação no Brasil.* Belo Horizonte: Autêntica, 2019.

COSTA BARROS, A. H. Caminhos da Educação do Campo. In: MOLINA, M. C.; MARTINS, M. F. A. (Orgs.). *Formação de formadores: reflexões sobre as experiências das licenciaturas em educação no Brasil.* Belo Horizonte: Autêntica, 2018.

DICIONÁRIO da Educação do Campo. Rio de Janeiro: EPSJV; São Paulo: Expressão Popular, 2012.

HONDA, C.; NEVES, M. Páginas de um processo formativo em Educação do Campo: reflexões para educadores, estudantes e defensores do espaço campesino, em geral... In: MOLINA, M. C.; MARTINS, M. F. A. (Orgs.). *Licenciatura em Educação do Campo: reflexões para formação de educadores.* Belo Horizonte: Autêntica, 2019.

LEITE, S. P.; MEDEIROS, L. S. Agronegócio. In: CALDART, R. S. *et al.* (Orgs.). *Dicionário da Educação do Campo.* Rio de Janeiro: EPSJV; São Paulo: Expressão Popular, 2012. p. 81-87.

MOLINA, M. C.; SÁ, L. M. A Licenciatura em Educação do Campo da Universidade de Brasília: estratégias político-pedagógicas na formação de educadores do campo. In: MOLINA, M. C.; SÁ, L. M. (Orgs.). *Registros e reflexões a partir das experiências-piloto (UFMG, UnB, UFBA e UFS).* Belo Horizonte: Autêntica, 2011, p. 35-62.

MOLINA, M. C. Educação do Campo: história, práticas e desafios no âmbito das políticas de formação de educadores – reflexões sobre o Pronera e o Procampo. *Revista Reflexão e Ação*, Santa Cruz do Sul, v. 22, n. 2, p. 220-253, jul./dez. 2014.

MOLINA, M. C. Expansão das Licenciaturas em Educação do Campo: desafios e potencialidades. *Educar em Revista*, Curitiba, n. 55, p. 145-166, jan./mar. 2015.

MOLINA, M. C.; HAGE, S. M. Política de formação de educadores do campo no contexto da expansão da educação superior. *Revista Educação em Questão*. Natal, v. 51, n. 37, p. 121-146, jan./abr. 2015.

MOLINA, M. C.; HAGE, S. M. Riscos e potencialidades na expansão dos cursos de Licenciatura em Educação do Campo. *Revista Brasileira de Política e Administração da Educação*. v. 32, n. 3, p. 805-828, set./dez. 2016.

MOLINA, M. C. Contribuições das licenciaturas em educação do campo para as políticas de formação de educadores. *Educação e Sociedade*, Campinas, v. 38, n. 140, p. 587-609, jul./set. 2017.

SANTOS, F. M. dos. Repercussões do processo formativo vivenciados pelos docentes das Licenciaturas em Educação do Campo. Depoimento de um Professor Aprendiz na Educação do Campo. MOLINA, M. C.; MARTINS, M. F. A. (Orgs.). *Formação de formadores: reflexões sobre as experiências das licenciaturas em educação no Brasil.* Belo Horizonte: Autêntica, 2019.

VIEIRA, Kyara M. de A. Amanhec(ser) girassol: narrativas de encontros com a esperança In: MOLINA, M. C.; MARTINS, M. F. A. (Orgs.). *Formação de formadores: reflexões sobre as experiências das licenciaturas em educação no Brasil.* Belo Horizonte: Autêntica, 2019.

CAPÍTULO 2

Cartografia das Licenciaturas em Educação do Campo no Brasil: expansão e institucionalização

Álida Angélica Alves Leal
Alisson Correia Dias
Otávio Pereira Camargos

Dessa história nós somos os sujeitos
Lutamos pela vida pelo que é de direito
As nossas marcas se espalham pelo chão
A nossa escola ela vem do coração.
Educação do Campo, *Gilvan dos Santos.*

Introdução

Uma busca simples em um dicionário é capaz de nos informar que a cartografia pode ser entendida como ciência, arte e técnica de representar, em forma de mapas, especificidades de um determinado espaço. Neste texto, no qual nos dedicamos a tratar o que chamamos de uma Cartografia das Licenciaturas em Educação do Campo no Brasil, nosso intuito consiste em trazer um breve histórico, panorama atual e reflexões acerca de algumas de "nossas marcas espalhadas pelo chão" do país, como diz a canção em epígrafe, desde a criação do primeiro curso, há 13 anos. De modo particular, evidenciamos o processo de expansão e aspectos relativos à institucionalização dos referidos cursos a partir de discussões realizadas nos três Seminários de Formação Continuada dos Professores das Licenciaturas em Educação do Campo no Brasil, realizados na Universidade Federal de Minas Gerais (UFMG) nos anos 2017 e 2018.

Cursos de Licenciatura em Educação do Campo: breve histórico

De modo geral, é importante destacar o contexto que antecede a abertura e a expansão de novas licenciaturas nas universidades brasileiras, especificamente aquelas vinculadas à Educação do Campo. Foram os movimentos sociais, inseridos na luta pela terra e pela reforma agrária que, no ano 1998, conquistaram a aprovação do Programa Nacional de Educação na Reforma Agrária (Pronera), vinculado ao Ministério do Desenvolvimento Agrário (MDA) – responsável pelo estabelecimento de parcerias com Instituições de Ensino Superior Públicas –, com propostas de ações destinadas a pessoas assentadas de reforma agrária. Tais políticas de ampliação das discussões e concretização de políticas públicas voltadas para a formação em nível superior foram pensadas e efetivadas a partir dos governos democráticos do presidente Luís Inácio Lula da Silva (2003-2011) e, posteriormente, da presidenta Dilma Rousseff (2011-2018, porém interrompido com o golpe de 2016).

Nesse cenário, a UFMG, juntamente com os movimentos sociais de luta pela terra, desempenhou um relevante papel. A Licenciatura em Educação do Campo teve seu embrião na criação do curso Pedagogia da Terra a partir do fomento previsto pelo Pronera. A primeira turma teve início em 2005 e foi finalizada em 2009, sendo formada por militantes da Via Campesina, que congrega vários movimentos de luta pela terra e pela reforma agrária: Movimento dos Trabalhadores Rurais Sem Terra (MST), Movimento de Mulheres Camponesas (MMC), Centro de Agricultura Alternativa do Norte de Minas (CAA), Comissão Pastoral da Terra (CPT), Movimento dos Pequenos Agricultores (MPA) e a Cáritas.

Tal experiência forneceu bases para a criação de quatro projetos-piloto cujas propostas foram desenvolvidas a partir de 2008 pela UFMG, Universidade de Brasília (UnB), Universidade Federal de Sergipe (UFS) e Universidade Federal da Bahia (UFBA), que já possuíam experiências diversas na oferta de cursos de Educação do Campo e parcerias com os movimentos sociais e sindicais. Nessa ocasião, foi estabelecido um convênio das Instituições de Ensino Superior com o Ministério da Educação (MEC), por meio da Secretaria de Educação Superior (SESU) e da Secretaria de Educação Continuada, Alfabetização e Diversidade (SECAD), mediante a criação do Programa de Apoio à Formação Superior em Licenciatura em Educação do Campo (Procampo).

De acordo com Molina (2017), a partir das experiências-piloto em 2008 e 2009, o MEC lançou editais para que outras universidades também pudessem ofertar a Licenciatura em Educação do Campo. Na ocasião, a possibilidade existente era da oferta do curso como projeto especial de turmas únicas, sem garantias de continuidade e permanência. Para Molina e Antunes-Rocha (2014), o anseio à época era pela ampliação da experiência de formação docente, seja por parte dos movimentos sociais, seja pelo Estado.

40 Formação de formadores

Nesse período, entre outros aspectos, as políticas voltadas às populações camponesas ganharam corpo com o fortalecimento da SECAD/MEC, criada em 2004 no segundo mandato do presidente Lula. A temática da Inclusão foi incorporada às políticas de ação da secretaria, passando a ser chamada em 2011 de SECADI (Secretaria de Educação Continuada, Alfabetização, Diversidade e Inclusão), local onde estão hoje ancoradas todas as ações referentes à política de Educação do Campo (MOLINA; ANTUNES-ROCHA, 2014).

A criação de uma secretaria para atender as demandas das populações campesinas foi um dos importantes desdobramentos da política pública voltada às escolas do campo. Nessas demandas, destacam-se a formação de professores e a melhoria das condições infraestruturais dessas escolas, como transporte escolar. Como forma de atender tais demandas, uma das primeiras ações dessa secretaria foi a criação do Procampo em 2008, conforme já mencionado, fruto do acúmulo do debate e da experiência de negociação dos movimentos sociais e o governo federal na construção de uma política pública de formação de docentes para o campo e que ensejou os projetos-piloto antes citados. Ainda como desdobramento dessa primeira política para o campo, em fevereiro de 2013 foi instituído o Programa Nacional de Educação do Campo (Pronacampo), no qual foram ancorados todos os planos desenvolvidos e existentes para o campo até então. O Programa tem por objetivo oferecer apoio técnico e financeiro aos estados, Distrito Federal e municípios para a implementação da Política Nacional de Educação do Campo, tendo por dever o atendimento de Escolas do Campo e Quilombolas em quatro eixos de ação: 1) Gestão e Práticas Pedagógicas; 2) Formação de Professores; 3) Educação de Jovens e Adultos, Educação Profissional e Tecnológica; 4) Infraestrutura Física e Tecnológica.

Para Molina e Antunes-Rocha (2014), por ser grande e diversa a espacialidade do campo brasileiro, essa formação de educadores foi se tornando mais substantiva à medida que novos sujeitos organizados também passaram a reivindicar a abertura de novos cursos como forma de ampliar a oferta concreta de formação de educadores e, com isso, conquistarem os fundos públicos do Estado para manutenção dessas graduações.

Em 2012, a partir da pressão dos movimentos sociais do campo, foram conquistados 42 cursos dessa nova graduação em todas as regiões do país. Nota-se, contudo, que parte das Instituições de ensino superior ofertantes nunca havia desenvolvido projetos de ensino, pesquisa ou extensão nessa área de conhecimento e, também, não possuíam vínculos com os movimentos sociais e sindicais, especialmente ligados à luta pela terra – um desafio robusto constituído a partir de então, diferente das experiências anteriores.

Visando garantir a implementação dos cursos, o MEC disponibilizou 600 vagas de concurso público de docentes da educação superior e 126 vagas de técnicos-administrativos para auxiliarem nesse processo (MOLINA, 2017). Atualmente, há 44 cursos de Licenciatura em Educação do Campo espalhados pelo país, sendo o último criado em 2017, como apontaremos mais à frente.

Foi, portanto, a partir dessas experiências que efetivamente a ampliação dos cursos de formação de educadores ganhou concretude, com a criação de novos cursos distribuídos em todo o território brasileiro. Eles foram adquirindo, com o tempo, vários contornos consubstanciados pelos aspectos geográficos, culturais, sociais e econômicos dos diferentes territórios e sujeitos no país, como abordaremos, embora sem esgotar a temática, a seguir.

Os cursos de Licenciatura em Educação do Campo nas diferentes regiões do Brasil: breve panorama

Na ocasião da realização dos três Seminários de Formação Continuada dos Professores das Licenciaturas em Educação do Campo no Brasil, foi possível visualizar, de diferentes maneiras, como os cursos superiores voltados para a Educação do Campo enfrentaram e seguem enfrentando diversos desafios que foram sendo constituídos ao longo do percurso de sua criação, implantação e expansão e, também, como foram e seguem ensejando possibilidades. A esse respeito, é inegável que tais cursos estejam assumindo importante papel em uma trama tensa, contraditória e diversa de "territorialização do projeto camponês" no Brasil, tomando de empréstimo a formulação de Caldart (2015 *apud* MOLINA, 2017, p. 593) sobre as escolas do campo.

Durante os seminários, identificou-se que a territorialização do curso acontece por meio dos 44 cursos existentes que, hoje, estão presentes nas cinco regiões do país (Centro-Oeste, Nordeste, Norte, Sudeste e Sul), particularmente em 19 estados, com exceção de Mato Grosso (Centro-Oeste), Acre e Amazonas (Norte), Alagoas, Ceará, Pernambuco e Sergipe (Nordeste) e São Paulo (Sudeste). Os cursos estão vinculados a 33 instituições de ensino superior, sendo 29 universidades públicas federais e quatro Institutos Federais – IF Farroupilha (Jaguari), Instituto Federal do Maranhão (IFMA, São Luís do Maracanã), Instituto Federal do Rio Grande do Norte (IFRN, Canguaretama) e Instituto Federal do Sul de Minas (IFSul, Inconfidentes), conforme Figura 2.1.

Figura 2.1 – Cursos de Licenciatura em Educação do Campo no Brasil

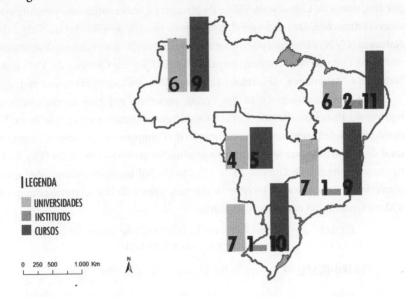

Fonte: Elaborado por Otávio Pereira Camargos a partir de questionários respondidos por participantes do I, II e III Seminário de Formação Continuada de Professores das Licenciaturas em Educação do Campo do Brasil.

Ao todo, no país, são 225 turmas – que correspondem a, aproximadamente, 8.000 matrículas de ingressantes –, sendo parte delas já concluída e outras ainda em curso. A maior parte das turmas está concentrada nas Regiões Nordeste (25%) e Norte (24%) – que, conforme o Censo 2010 (IBGE, 2011), são as áreas menos urbanizadas do país, possuindo, cada uma, mais de um quarto de sua população vivendo em áreas rurais –, seguidas pelas regiões Sul (21%), Sudeste (17%) e Centro-Oeste (13%).

Os cursos são ofertados em seis diferentes áreas de conhecimento, quais sejam: Ciências Agrárias (CA), Ciências da Natureza e Matemática (CNM), Ciências da Vida e da Natureza (CVN), Ciências Sociais e Humanidades (CSH), Línguas, Artes e Literatura (LAL) e Matemática, variando conforme as regiões. A esse respeito, nota-se que 21 cursos (48%) são ofertados em apenas uma área do conhecimento, 12 cursos (27%) oferecem formação em duas diferentes áreas, seis cursos (14%) oferecem formação em três distintas áreas e cinco cursos (11%) oferecem quatro diferentes áreas de formação. De modo específico, a habilitação na área de Ciências da Vida e da Natureza é ofertada por 21 instituições; a área de Ciências Sociais e Humanidades é ofertada por 16 instituições; a área de Ciências Agrárias está presente em 10 instituições, da mesma maneira que a área de Matemática. A área de Línguas, Artes e Literatura, por sua vez, está presente em nove instituições e, por fim, a área de Ciências da Vida e da Natureza e Matemática está presente em cinco instituições. De modo geral, a formação na área de Ciências da Vida e da Natureza (CVN) é ofertada por maior número de instituições e, se considerarmos os cursos que ofertam, conjuntamente, a habilitação em Ciências da Vida e da Natureza e Matemática, tal formação abrange 73% dos cursos existentes no país.

Sobre a situação específica dos cursos presentes em cada uma das cinco regiões do Brasil, na Região Centro-Oeste temos quatro universidades onde cinco cursos de Licenciatura em Educação do Campo estão presentes, com um total de 29 turmas que já concluíram graduação ou estão em curso (Fig. 2.2). Apenas os estados de Goiás e Mato Grosso do Sul possuem instituições que, com relativa concentração territorial, ofertam a referida licenciatura; enquanto o Mato Grosso não conta com tal oferta.

Figura 2.2 – Região Centro-Oeste: cursos de Licenciatura em Educação e suas características

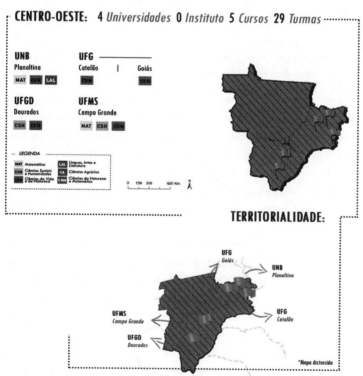

Fonte: Elaborado por Otávio Pereira Camargos a partir de questionários respondidos por participantes do I, II e III Seminário de Formação Continuada de Professores das Licenciaturas em Educação do Campo do Brasil.

A questão financeira tem sido um complicador no processo de consolidação dos cursos – por exemplo, em Planaltina/DF, na Universidade de Brasília (UnB), o curso abrangia estudantes de todo Centro-Oeste e do estado de Minas Gerais; agora, porém, com a falta de recursos, reduziu-se apenas para as proximidades do Distrito Federal. Ademais, tal como explicitado por D'Ávila (2017) e exposto durante os três seminários nos quais nos baseamos para a escrita deste texto, vários foram e seguem sendo os desafios no processo de implantação e consolidação do curso na Universidade Federal do Mato Grosso do Sul (UFMS), que começou a ser gestado em 2013. Para a autora, "essa resistência é causada pelas marcas da concentração da propriedade da terra e de violentos conflitos nos campos sul-mato-grossenses. Dessa forma, tanto os docentes como os discentes lutam para que o curso seja assumido pela UFMS, como responsabilidade política e social" (D'ÁVILA, 2017, p.1).

A territorialização do agronegócio é um desafio enfrentado tanto por este como outros cursos, especialmente aqueles localizados na chamada área de expansão da fronteira agrícola no Brasil pós década de 1990, a exemplo da Universidade Federal do Triângulo Mineiro (UFTM) e a Universidade Federal do Pará (UFPA). Acerca desta última instituição, situada na Região Norte do país, particularmente no Campus Cametá, nota-se que, por um lado, o curso é perpassado por uma marca regional consiste na "diversidade socioterritorial, cultural e econômica. Conta com iniciativas de agricultores, pescadores e extrativistas que buscam desenvolver projetos de agricultura com enfoque agroecológicos, na perspectiva de fortalecer o trabalhador que vive da terra, das águas e das florestas" (SILVA *et al.*, 2016, p. 1605). Por outro lado, no entanto, "a região tem sido impactada pelo intensivo avanço do agronegócio, por meio das empresas de dendê, pelos projetos mineralógicos e por várias empresas multinacionais que têm se instalado na região com a finalidade de extrair as riquezas naturais e explorar os trabalhadores, e com isso tem provocado severos impactos ambientais, o que tem afetado de forma bastante expressiva as condições de vida das pessoas". Nesse contexto, "as lutas por educação do campo se ampliam, pois os sujeitos sociais do campo começam a reivindicar direito de acesso e permanência às escolas de educação básica e educação superior, por isso pautam em suas demandas as batalhas que têm sido travadas para ingressar na universidade pública" (SILVA, *et al.*, 2016, p. 1605).

Dando continuidade, quanto à Região Nordeste, temos cinco Universidades Federais e dois Institutos Federais que ofertam o curso, com um total de 11 cursos de Licenciatura em Educação do Campo presentes naquele território, onde 56 turmas estão estudando ou já se formaram (Fig. 2.3). Entre outros destaques, nota-se a interiorização do curso no Piauí, cuja presença é marcante em três diferentes mesorregiões do estado – Centro-Norte, Sudeste e Sudoeste. Tal processo é fruto da adesão da Universidade Federal do Piauí (UFPI) ao Programa de Apoio a

Planos de Reestruturação e Expansão das Universidades Federais (REUNI) entre 2006 e 2012, que possibilitou investimento em infraestrutura e aumento do quadro de funcionários, além de outros aspectos, como também aconteceu com outras universidades no país. Ademais, entre os cursos existentes na Região Nordeste, apenas aquele ofertado pelo IFMA ainda não foi institucionalizado. A maioria tem processo seletivo próprio.

Figura 2.3 – Região Nordeste: cursos de Licenciatura em Educação e suas características

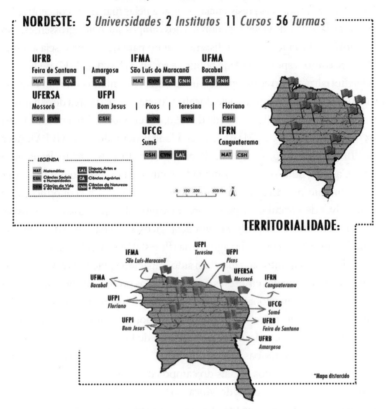

Fonte: Elaborado por Otávio Pereira Camargos a partir de questionários respondidos por participantes do I, II e III Seminário de Formação Continuada de Professores das Licenciaturas em Educação do Campo do Brasil.

Na Região Norte, por sua vez, temos nove cursos de Licenciatura em Educação do Campo em seis Universidades Federais, com 54 turmas que já passaram por eles ou estão em curso (Fig. 2.4). Observa-se a concentração dos cursos na porção do extremo-leste da região, nos estados de Tocantins, Pará e Amapá, áreas de maior densidade populacional.

Figura 2.4 – Região Norte: cursos de Licenciatura em Educação e suas características

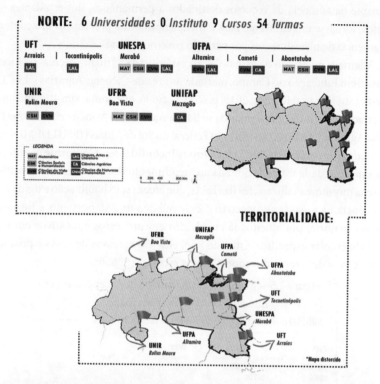

Fonte: Elaborado por Otávio Pereira Camargos a partir de questionários respondidos por participantes do I, II e III Seminário de Formação Continuada de Professores das Licenciaturas em Educação do Campo do Brasil.

De todas as instituições ali presentes, apenas a Universidade Federal de Rondônia (UNIR) faz seu processo seletivo pelo Enem; o restante tem processo seletivo próprio com declaração de vínculo com o campo. Não há alojamento garantido em nenhuma das universidades, sendo que a garantia de moradia e transporte muitas vezes é feita em parcerias com as prefeituras – relações muitas vezes eivadas de conflitos e tensões. As formas de alternância são diversas. Na Universidade Federal do Tocantins (UFT), por exemplo, o Tempo Escola (TE) tem 30 dias, e o TC, 15; já na UFPA, são dois meses de TU e quatro meses de TC.

Na Região Sudeste, temos nove cursos de Licenciatura em Educação do Campo, sete Universidades Federais e um Instituto Federal, com um total de 39 turmas que já passaram por eles (Fig. 2.5). Salienta-se, em Minas Gerais, que a maior parte das ofertas de vagas está situada nas regiões mais urbanizadas do estado, gerando, em parte dos casos, extensos deslocamentos espaciais dos sujeitos do campo aos quais os cursos são destinados, e também dos docentes, durante o TE e o TC, especialmente nos cursos situados na capital e regiões próximas. Tal aspecto é marcante no estado e, diante da ausência de recursos destinados à permanência dos estudantes nos cursos, torna-se um agravante para a manutenção dessa política em um contexto de ausência de investimentos por parte do governo federal.

Ademais, no estado de Minas Gerais está situada a "turma caçula" da Licenciatura em Educação do Campo, ofertada na área de Ciências Agrárias – LECCA (BEGNAMI; HIRATA; ROCHA, 2018, p. 653). O curso, que conta com 40 estudantes, foi criado a partir de uma demanda social da Associação Mineira das Escolas Família Agrícola (AMEFA) ao Instituto Federal do Sul de Minas (IFSULDEMINAS), com início em março de 2017 no Campus Inconfidentes. Conforme os autores, sua especificidade está relacionada ao atendimento de "um público específico, ou seja, monitores/educadores das EFAs, que atuam sem habilitação exigida para a docência na área da agropecuária. Esse público inicial, portanto, é formado, em sua maioria, por sujeitos já envolvidos em processos educativos em uma unidade escolar específica. Quando não, eles são egressos de EFAs e possuem perspectivas de serem educadores nessas escolas" (p. 656).

Figura 2.5 – Região Sudeste: cursos de Licenciatura em Educação e suas características

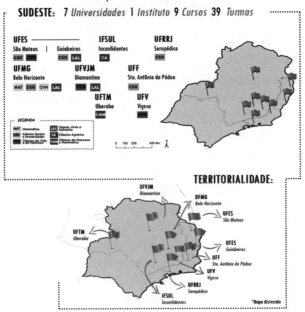

Fonte: Elaborado por Otávio Pereira Camargos a partir de questionários respondidos por participantes do I, II e III Seminário de Formação Continuada de Professores das Licenciaturas em Educação do Campo do Brasil.

Ainda sobre a Região Sudeste, nota-se que a maioria dos cursos utiliza de processo seletivo específico para entrada dos estudantes. Apenas a UFMG, a Universidade Federal Fluminense (UFF-Pádua) e a Universidade Federal de Viçosa (UFV) usam a nota do Enem como referencial.

No que concerne à Região Sul, há dez cursos de Licenciatura em Educação do Campo ofertados por sete Universidades Federais e um Instituto Federal, com um total de 39 turmas que já passaram por eles ou ainda estão em curso (Fig. 2.6). Nota-se relativa interiorização dos cursos pelo território dos estados do Rio Grande do Sul e, de certa maneira, do Paraná, o que não acontece em Santa Catarina, cujo único curso existente é ofertado na capital.

Figura 2.6 – Região Sul: cursos de Licenciatura em Educação e suas características

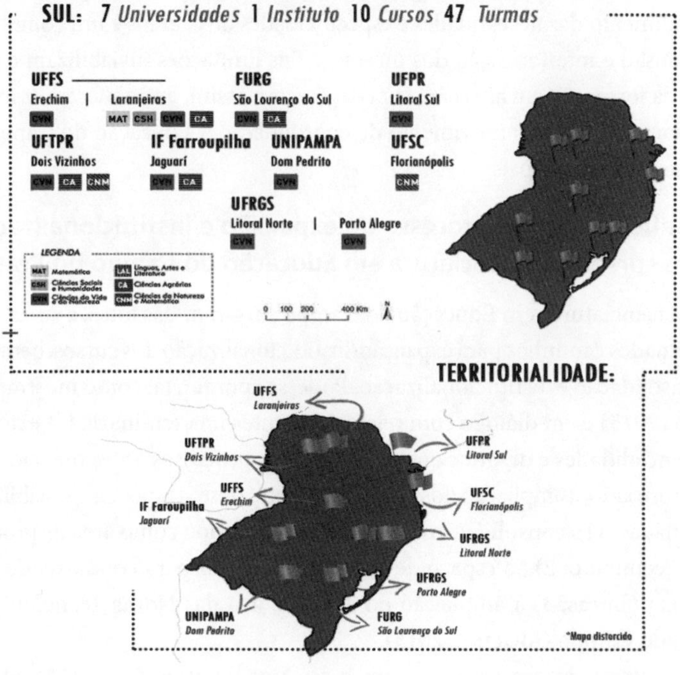

Fonte: Elaborado por Otávio Pereira Camargos a partir de questionários respondidos por participantes do I, II e III Seminário de Formação Continuada de Professores das Licenciaturas em Educação do Campo do Brasil.

De maneira ampla, ao observar o referido panorama, observa-se, entre outras questões, que a expansão dos cursos é composta por diferentes dinâmicas relativas à territorialização que ocorre nos estados nos quais eles estão situados.

Neste processo, ressalta-se a existência de distintas tramas e suas decorrências na interiorização das ofertas da Licenciatura em Educação do Campo, especialmente nos casos em que os campi universitários estão situados nas capitais estaduais e/ou cidades de maior porte nas diferentes sub-regiões, relativamente mais distantes das áreas rurais de origem de boa parte dos estudantes de alguns cursos. Na UFPA, Campus Cametá, por exemplo, busca-se a expansão da política de interiorização através da articulação entre ensino, pesquisa e extensão em núcleos/polos dos municípios circunvizinhos que fazem parte da microrregião na qual está situada a universidade (SILVA *et al.*, 2016). Nesse processo, os autores apontam que, através de uma "parceria tensa e conflituosa com as prefeituras, o curso tem funcionado em unidades administrativas descentralizadas, aproximando-se ainda mais dos povos do campo" (p. 1604).

É notável que a ausência da garantia de fundos públicos adequados visando ao atendimento das necessidades e especificidades dos cursos é um complicador na expansão e interiorização dos mesmos. Tais limitações inviabilizam o movimento da formação em alternância pedagógica e, assim, enfraquecem princípios balizadores centrais no movimento de consolidação a Educação do Campo nas diferentes regiões do país.

Desafios atuais do processo de expansão e institucionalização dos cursos de Licenciatura em Educação do Campo no Brasil

As Licenciaturas em Educação do Campo surgiram das lutas, e é nestas que estão situados caminhos para expansão/institucionalização dos cursos, bem como sua consolidação e institucionalização. Pode-se apontar, tal como mostrado por Molina (2015) e em diálogo com relatos presentes nos seminários, a existência de potencialidades e desafios que decorrem dos processos antes mencionados.

Por um lado, a ampliação dos cursos traz, entre outros aspectos, possibilidades relacionadas: 1) à consolidação da Educação do Campo como área de produção de conhecimento; 2) ao espaço de acúmulo de forças para conquista de novas políticas públicas; 3) à ampliação do acesso e uso das Novas Tecnologias nas Escolas do Campo (MOLINA, 2015).

Por outro lado, faz-se necessário indicar os desafios capazes de advir da expansão dos cursos de Licenciatura em Educação do Campo, quais sejam: 1) diversificação das estratégias de ingresso dos sujeitos camponeses nas Licenciaturas; 2) fortalecimento do protagonismo dos movimentos sociais; 3) a vinculação com as Escolas do Campo, inclusive como espaços de atuação profissional de egressos do curso; 4) a concepção de alternância a ser implementada nas licenciaturas e a compreensão e a execução da formação por área de conhecimento (MOLINA, 2015).

Nos cursos já institucionalizados, percebe-se, pelos relatos dos três seminários e também em pesquisas, uma "precarização da infraestrutura para o desenvolvimento das atividades do curso" (HAGE; SILVA; BRITO, 2016), principalmente no que diz respeito à permanência dos estudantes. Nos relatos, vemos que raros são os cursos que têm moradia universitária garantida para os estudantes (cerca de 90% deles não possuem, conforme levantamento da Comissão Nacional de Avaliação das Licenciaturas em Educação do Campo – Movimento dos Trabalhadores Rurais Sem Terra (MST, 2017), assim como muitos passam por problemas com relação a transporte e alimentação. Para expansão e consolidação dos cursos de Licenciatura em Educação do Campo, este viés do auxílio estudantil, de grande importância para permanência dos estudantes, não pode ser deixado de lado.

Observamos também, a partir dos relatos, a necessidade de uma reaproximação – ou uma aproximação mais intensa – dos gestores, professores e estudantes com os movimentos sociais e as comunidades campesinas, que tiveram protagonismo na luta e criação das primeiras experiências dos cursos de Licenciatura em Educação do Campo e são os principais interessados na sua permanência e institucionalização. Por exemplo: no curso da UFMG, mesmo com a falta de recursos oriundos do governo federal a partir do início do golpe jurídico, midiático e parlamentar de 2016, os movimentos sociais do campo foram de extrema importância na possibilitação da estadia e funcionamento dos últimos "TE" e das Jornadas Socioterritoriais realizadas no "TC" nos territórios de moradia e/ou trabalho escolhidos pelos estudantes. Também, na UNIR, os estudantes passavam grandes dificuldades devido a questões geográficas dos campi e a falta de uma moradia estudantil, e foram os movimentos sociais que se articularam e conseguiram comprar uma casa para alojamento dos estudantes.

Ainda, vê-se uma necessidade de voltarmos aos preceitos e às lutas que originaram o debate por uma Educação do Campo e a criação dos cursos de Licenciatura em Educação do Campo, e esse movimento só pode ser feito em diálogo com aqueles e aquelas que iniciaram esse processo: os movimentos sociais do campo e as comunidades campesinas. Os cursos de Licenciatura em Educação do Campo precisam estar em constante diálogo com esses sujeitos, reconhecendo seus saberes e as bandeiras que carregam.

Considerações finais

No Brasil, de modo geral, nota-se a expansão do ensino superior especialmente a partir do início do século XXI. Conforme dados mais recentes, oriundos do Censo da Educação Superior (IBGE, 2017), o número de matrículas na educação superior em 2016 cresceu; contudo, essa tendência desacelerou se analisados os últimos anos. No período compreendido entre 2006 e 2016, por exemplo, as matrículas cresceram 62,8%, com média anual de variação positiva de 5%. Entre 2015 e 2016, por sua vez, tal variação foi de apenas 0,5%. Nesse sentido, os desafios e possibilidades relativos à expansão e à interiorização dos cursos de Licenciatura em Educação do Campo, bem como sua institucionalização e consolidação, devem ser pensados nesse contexto de perdas de direitos. Nota-se que a elevada demanda pela formação (inicial e continuada) de professores do campo no ensino superior convive com o estrangulamento dos investimentos públicos nesta área pelo MEC que, conforme a Comissão Nacional de Avaliação das Licenciaturas em Educação do Campo, vem "matando as licenciaturas em Educação do Campo" (MST, 2017, p. 1). A despeito disso, os sujeitos vinculados a tais cursos permanecem em luta e com propósito de fortalecimento dos princípios da Educação do Campo, ligados ao protagonismo dos sujeitos do campo e de um projeto de campo e de sociedade que os contemplem em suas especificidades e em sua diversidade.

Por fim, cabe ressaltar que a Licenciatura em Educação do Campo foi fruto do protagonismo dos movimentos sociais e tem seu fortalecimento, como prática pedagógica, quando incorpora na sua base de formação o projeto de campo e de sociedade que contempla a vida dos que nele vivem, alcançando sua diversidade. Esse também é um desafio a ser considerado, dado que o reconhecimento da diversidade de modos de ser e viver o campo, também ameaçada no contexto após o golpe jurídico, midiático e parlamentar de 2016, é basilar para a formação de professores do campo no Brasil.

Referências

BEGNAMI, J.; HIRATA, A.; ROCHA, L. Licenciatura em Educação do Campo – Área Ciências Agrárias no IFSULDEMINAS/Campus Inconfidentes. *Revista Brasileira de Educação do Campo*, v. 3, n. 2, p. 649-676, 2018.

BRASIL. Ministério da Educação – Instituto Nacional de Estudos e Pesquisas Educacionais Anísio Teixeira – MEC/INEP. *Notas Estatísticas Censo da Educação Superior 2016*. 2017. Disponível em: <https://goo.gl/675zaC>. Acesso em: 9 set. 2018.

CALDART, R. S. 10 ANOS DAS LEDOCS: Conquistas e Desafios. In: SEMINÁRIO dos 10 ANOS DA LICENCIATURA EM EDUCAÇÃO DO CAMPO, 2017. *Anais...* Planaltina: UnB, 2017. Mesa 26 de outubro, manhã: "10 anos da LEdoC: conquistas e desafios". Mimeo.

D'ÁVILA, J. L. Política de expansão das Licenciaturas em Educação do Campo: desafios para a implantação do Programa Nacional de Educação do Campo na Universidade Federal de Mato Grosso Do Sul – UFMS. In: JORNADA DO HISTEDBR – PEDAGOGIA HISTÓRI-CO-CRÍTICA, EDUCAÇÃO E REVOLUÇÃO: 100 ANOS DA REVOLUÇÃO RUSSA, 14., 2017. *Anais* Foz do Iguaçu: Unioeste, 2017. Disponível em: <https://goo.gl/br97VE>. Acesso em: 25 ago. 2018.

HAGE, S. A. M.; SILVA, H. S. A.; BRITO, M. M. B. Educação Superior do Campo: desafios para a consolidação da Licenciatura em Educação do Campo. *Educ. Rev.*, Belo Horizonte, v. 32, n. 4, p. 147-174, dez. 2016.

INSTITUTO BRASILEIRO DE GEOGRAFIA E ESTATÍSTICA – IBGE. *Primeiros resultados definitivos do Censo 2010: população do Brasil é de 190.755.799 pessoas.* 2011. Disponível em: <https://goo.gl/fqbzVv>. Acesso em: 28 ago. 2018.

MOLINA, M. C. Contribuições das Licenciaturas em Educação do Campo para as políticas de formação de educadores. *Educ. Soc.*, Campinas, v. 38, n. 140, p. 587-609, jul./set. 2017.

MOLINA, M. C. SÁ, L. M. A Licenciatura em Educação do Campo da Universidade de Brasília: estratégias político-pedagógicas na formação de educadores do campo. In: MOLINA, M. C.; SÁ, L. M. (Orgs.). *Licenciatura em Educação no Campo: Registros e reflexões a partir das experiências-piloto (UFMG, UnB, UFBA e UFS)*. Belo Horizonte: Autêntica, 2011, p. 35-62.

MOLINA, M. C. Expansão das Licenciaturas em Educação do Campo: desafios e potencialidades. *Educar em Revista*, Curitiba, v. 55, p. 145-166, 2015.

MOLINA, M. C.; ANTUNES-ROCHA, M. I. Educação do Campo: história, práticas e desafios no âmbito das políticas de formação de educadores – reflexões sobre o Pronera e o Procampo. *Revista Reflexão e Ação*, Santa Cruz do Sul, v. 22, n. 2, p. 220-253, jul./dez. 2014. Disponível em: <https://goo.gl/jHfeX3>. Acesso em: 25 ago. 2018.

MOLINA, M. C.; HAGE, S. M. Política de formação de educadores do campo no contexto da expansão da educação superior. *Educação em Questão*, Natal, v. 51, n. 37, p. 121-146, jan./abr. 2015.

MOVIMENTO DOS TRABALHADORES RURAIS SEM TERRA – MST. *Comissão avalia que MEC está matando as Licenciaturas de Educação do Campo.* 2017. Disponível em: <https://goo.gl/DxNae7>. Acesso em: 9 set. 2018.

SILVA, H. S. A. *et al.* A expansão da educação superior do campo: desafios e potencialidades no processo de consolidação do curso de Licenciatura em Educação do Campo na UFPA, Campus de Cametá. In: SEMINÁRIO NACIONAL UNIVERSITAS/BR, 24., 2016. *Anais...* Disponível em: <https://goo.gl/rjxspc>. Acesso em: 9 set. 2018.

SILVA, H. S. A. *et al.* Educação Superior do Campo: desafios dos movimentos sociais e das universidades públicas na implantação das Licenciaturas em Educação do Campo. *Educação e Fronteiras On-Line*, Dourados/MS, v. 6, n. 16, p. 79-92, jan./abr. 2016.

CAPÍTULO 3

Concepção de Educação do Campo: um guia de estudo

Roseli Salete Caldart

Nossa concepção de história é [...] acima de tudo, um guia de estudo...
(Friedrich Engels em carta a C. Schmidt, 5 de agosto de 1890)

A exposição que deu origem a este texto[1] teve como objetivo trazer elementos para estudo da concepção de Educação do Campo (EdoC) visando contribuir com as discussões sobre os fundamentos do projeto político-pedagógico dos cursos de Licenciatura em Educação do Campo. Na ocasião tratamos do que foi chamado de "concepção originária" da EdoC, entendida como aquela da qual nasceu ou que se refere às raízes de sua constituição.

Refletimos sobre como a EdoC está em grave perigo sob a avalanche neoliberal, mas como, do ponto de vista histórico, suas raízes estão mais fortes, alimentadas pelas contradições sociais sobre as quais se funda, cada vez mais explícitas e, por isso mesmo, mais potencialmente explosivas. A Licenciatura em EdoC nasceu para ser uma trincheira da EdoC. Integra sua força material, tanto mais quanto cultive seu vínculo orgânico com os sujeitos coletivos e a concepção de EdoC, vínculo que, hoje sabemos, não é dado, nem é óbvio. É processo de luta e construção, como o é toda a EdoC.

A chave metodológica da exposição no seminário foi a de uma orientação de estudo pensada em um movimento que começaria na exposição

---

[1] Exposição realizada durante o I Seminário de Formação Continuada de Professores das Licenciaturas em Educação do Campo no Brasil, etapa de 2 a 4 de agosto de 2017, UFMG. Mesa "Concepção originária da Educação do Campo" em 2 de agosto 2017, compartilhada com Miguel G. Arroyo.

e continuaria nos grupos de estudo do seminário ou nos locais de origem dos(as) participantes.

Para a elaboração deste texto, que ocorre agora no bojo das atividades de comemoração e balanço projetivo dos 20 anos da EdoC, optamos por firmar teoricamente a perspectiva metodológica da exposição inicial. Pensamos que o esforço em jogo na própria iniciativa formativa em que este texto se insere pode ser entendido (e aprofundado) na seguinte questão: *como estudar a concepção de EdoC*? O "como" se refere ao mesmo tempo a objetivos, conteúdo e método, considerando o momento atual e o desafio de inserção das novas gerações de militantes nos coletivos que constroem a EdoC.

Ao pensar na questão de *como estudar*, nós nos encontramos com um duplo sentido a ser extraído da epígrafe que foi, por isso, escolhida para abrir este texto. *A concepção de história* que assumimos, sendo *um guia de estudo* da realidade (natural e social), pode ser tomada como *um guia* ou uma chave metodológica *de estudo da concepção de EdoC*. Por sua vez, *a concepção de EdoC*, construída ao longo destes 20 anos, à medida que vai se configurando também como uma categoria histórica, pode ser tomada como *um guia de estudo da EdoC* ou da realidade que demarca a especificidade do seu objeto.

Entendemos que mesmo não sendo possível aqui desenvolver em detalhes o conjunto deste raciocínio teórico-metodológico,[2] pode ser importante para nossos objetivos formativos buscar algumas aproximações a este modo de compreensão do que somos e fazemos na EdoC. Aproximações que, se consideradas lúcidas, poderão ser desdobradas no próprio exercício de sua leitura pelos coletivos da EdoC, em especial nos cursos de formação de educadores, sempre um bom lugar para firmar concepções e chaves de estudo da realidade.

A concepção de história referida na epígrafe foi uma construção coletiva, paciente, rigorosa e demorada. Sua sistematização teórica primeira e mais completa coube a K. Marx e F. Engels, no esforço empreendido ao longo de suas vidas para desvelar a lógica essencial do modo de produção capitalista, visando fortalecer as lutas sociais por sua superação. Seus escritos são ferramenta teórica da luta de classes. Foram na sua época como são na nossa.

---

[2] Na mesma perspectiva teórico-metodológica, tratando das conexões que constituem ao mesmo tempo o legado dos 20 anos e os desafios da continuidade de construção histórica da EdoC, fizemos o texto a propósito do Encontro Nacional – 20 anos Educação do Campo e Pronera, FONEC, Brasília/DF, 12 a 15 de junho 2018: "Educação do Campo 20 anos: um balanço da construção político-formativa" (integrará livro do encontro, no prelo).

A ferramenta se refere ao próprio conteúdo das suas pesquisas sobre os fundamentos da exploração do trabalho (e da natureza) pelo capital, e que identificaram no trabalho assalariado o fundamento último do capital (ou seja, sem trabalho assalariado não há sistema capitalista), desvelando sua constituição originária na expropriação dos trabalhadores de seus meios de produção, a começar pela terra. E a ferramenta também se refere a uma chave metodológica de estudo, que permite, aos trabalhadores/às trabalhadoras de qualquer época, utilizar as categorias teóricas produzidas por suas pesquisas, para fazer as análises da realidade em que vivem – análises necessárias na organização e melhor condução das lutas para sua transformação mais radical.

Essa concepção de história traz entranhada em si uma concepção de formação humana: as pessoas se formam fundamentalmente nos processos de produção e luta pela preservação/continuidade da vida, na relação com a natureza, pelo trabalho. Por isso se trata, nessa concepção, do princípio educativo do trabalho, que também se materializa como luta, como organização coletiva, como cultura e visão de mundo. Essa concepção de formação humana, por sua vez, se converte em uma chave teórico-metodológica para analisar todas as práticas educativas com finalidades emancipatórias e mesma perspectiva de classe, de projeto histórico.[3]

Como guia de estudo, essa concepção de história nos orienta a buscar o que de fato constitui e move determinado fenômeno da realidade. Para além da sua aparência e das ideias expressas sobre ele. Ela nos diz que para entender o que uma coisa é, concretamente, é preciso chegar aos seus *fundamentos*, ou seja, compreender o essencial do que lhe faz ser o que é, determina sua configuração, define suas finalidades e direciona seu desenvolvimento. Os fundamentos se referem à estrutura material e às conexões que constituem os fenômenos como totalidade histórica, contraditória, em movimento. Envolvem, portanto, concepções teóricas organicamente vinculadas às necessidades práticas dos sujeitos das relações sociais, como processos de análise da realidade material, tomada de posição política e visão de mundo.

Estudar a concepção de EdoC é, portanto, buscar apreender o que ela *concretamente* é. E isso quer dizer, então, estudar seus *fundamentos*: aquilo sem o que a EdoC não existiria ou mudaria essencialmente o que ela é. Entendemos que esse é um estudo necessário para todos que se inserem na EdoC hoje, ou mesmo para aqueles que apenas busquem fazer sobre ela uma pesquisa mais rigorosa.

---

[3] Está no prelo pela Editora Expressão Popular, área de Educação, uma coletânea de textos de Marx e Engels organizada de modo a explicitar os fundamentos dessa concepção de história e de formação humana, visando especialmente aos processos de formação de educadores.

Tratar dos fundamentos da EdoC começa por identificar as *raízes* de sua constituição. Elas nos permitem apreender as finalidades para as quais foi criada. Raízes sustentam as plantas, assim como os alicerces sustentam uma determinada construção. Se os alicerces são retirados ou apodrecem, "a casa cai". Sem raízes, a planta morre. Se abandonamos as raízes da EdoC, ela morre como EdoC, porque muda a essência do que ela é. Mas especialmente na metáfora viva da raiz, é preciso compreender que as raízes não permanecem estáticas; elas se expandem, se fortalecem, se recriam na relação com o desenvolvimento da planta. Se não for assim não há vida. Compreender os fundamentos da EdoC é estudar seu desenvolvimento histórico a partir de suas raízes e determinações sociais, o que já pode ser feito com a ajuda de categorias teóricas produzidas no percurso de sua construção e que passam a compor seus fundamentos.

Em momentos políticos como o que atravessamos, é primordial retornar às *raízes* e conhecer ou retomar os *fundamentos* das nossas ações. Entendemos que fortalecer a EdoC hoje é mantê-la vinculada às suas raízes de constituição, sem cristalizá-la no estado em que nasceu. Trata-se de assumir uma determinada intencionalidade ao participar da sua vida prática: transformá-la e preservá-la desde seus próprios fundamentos, a partir da análise do movimento das contradições da realidade que a funda. Isso ajuda a dar qualidade à nossa inserção nas lutas e a ter posição nas questões atuais de construção da EdoC, entre elas, a do destino político-pedagógico da Licenciatura em EdoC – nosso mote aqui.

No raciocínio que embasa este texto, a "orientação de estudo" inclui dois movimentos, que se vinculam no objetivo de compreender os fundamentos da EdoC. O movimento de *estudar as raízes* de constituição da EdoC buscando apreender o conteúdo de cada uma delas e as questões postas pelo seu desenvolvimento histórico, em conexão com as outras raízes. E o movimento de *examinar a construção conceitual/teórica da EdoC*, para entender as categorias que seu desenvolvimento prático vem formulando e que explicam sua "vida prática", sua dinâmica. Essas formulações também podem configurar a EdoC como uma chave teórica/guia de estudo da realidade que é seu objeto.

Na forma deste texto, um exercício que se propõe como lógica de estudo, buscamos conectar os dois movimentos, analisando aspectos do desenvolvimento histórico das raízes da EdoC desde elementos de sua construção conceitual básica. Ao final destacamos algumas balizas que ajudam a percorrer o caminho dessa construção específica.

O primeiro passo da conexão pretendida é responder à questão: quais são as raízes de constituição originária da EdoC? A resposta não é dada, mas existe como sistematização teórica e, portanto, já como uma interpretação do percurso que precisa ser apropriada e discutida mais amplamente.

Desde a concepção que nos orienta, podemos afirmar que a EdoC tem suas raízes originárias: 1) na *luta* dos *sujeitos coletivos* do trabalho no campo; 2) na *agricultura camponesa* (luta, trabalho, cultura) e no confronto de classe que move seu desenvolvimento histórico; 3) em uma *concepção de educação* com finalidades emancipatórias.

Examinemos, na sequência, o conteúdo essencial de cada raiz, de modo a buscar apreender os fundamentos da EdoC a partir da própria chave conceitual construída em seu percurso.

A raiz da EdoC está na luta dos sujeitos coletivos do trabalho no campo

A EdoC foi criada por sujeitos coletivos que são parte da classe trabalhadora do campo. Sujeitos de diferentes lutas sociais que se associam com a finalidade de organizar uma luta comum: a luta do povo que vive e trabalha no campo pelo acesso à educação pública, o qual historicamente lhes tem sido negado. Essa luta começa por garantir escolas públicas no campo, e que possam se construir como escolas *do* campo.[4]

Há dois componentes essenciais em conexão nessa raiz que nos remetem aos seus fundamentos materiais: luta e sujeitos coletivos. A EdoC em sua origem tem a marca da luta social, da organização coletiva e da diversidade de sujeitos.

É a luta por educação e os sujeitos que a fazem o que dá identidade à EdoC. Lutas por educação feitas pelos diferentes sujeitos e que, em comum, tornam-se lutas por políticas públicas que possam garantir estrutural e massivamente esse direito. Não foi a primeira vez, nem somente com esse nome, que a classe trabalhadora do campo lutou pela educação no Brasil, mas foi a primeira vez que se fez essa luta com a associação desses sujeitos e buscando incidir na formulação da política educacional do país. E porque feita por sujeitos de outras lutas sociais, a EdoC nunca foi luta pela educação em si mesma. Nem pelo acesso a qualquer educação.

São os sujeitos coletivos do trabalho do campo que vinculam a luta por educação com outras lutas e com a realidade do campo que os produz e os põe em luta. A EdoC nasceu vinculada à *luta pela terra*. Luta que em uma formação

---

[4] A relação no/do campo é marca das lutas da EdoC: "*No*: o povo tem direito a ser educado no lugar onde vive; *Do*: o povo tem direito a uma educação pensada desde o seu lugar e com sua participação, vinculada à sua cultura e às suas necessidades humanas e sociais" (ARROYO; CALDART; MOLINA, 2011, p. 149-150).

social com os traços históricos da nossa o insere necessariamente na luta de classes: o conflito agrário é parte essencial do confronto entre capital e trabalho. A diversidade de sujeitos foi intencionalidade desde o início. Segue como desafio até hoje, mas já é herança da construção. No documento preparatório da I Conferência Nacional, Por Uma Educação Básica do Campo (a de julho de 1998, que fez esse batismo), já estava indicado o objetivo de reunir diferentes sujeitos de uma classe comum:

> [...] quando discutimos a educação do campo estamos tratando da educação que se volta ao conjunto dos trabalhadores e das trabalhadoras do campo, sejam os camponeses, incluindo os quilombolas, sejam as nações indígenas, sejam os diversos tipos de assalariados vinculados à vida e ao trabalho no meio rural. Embora com esta preocupação mais ampla, temos uma preocupação especial com o resgate do conceito de *camponês*. Um conceito histórico e político. Seu significado é extraordinariamente genérico e representa uma diversidade de su-jeitos [...] [São] antes de mais nada, o homem, a mulher, a família que trabalha na terra. São trabalhadores. Seus significados jamais são confundidos com outros personagens do campo; fazendeiros, latifundiários, seringalistas, senhores de engenhos, coronéis, estancieiros [...] As palavras exprimem as diferentes classes sociais. Possuem significado histórico e político que perpassam as principais lutas de resistência camponesa do Brasil, como Canudos, Contestado, Porecatu, Trombas e Formoso, Ligas Camponesas e MST [...] (*apud* Arroyo; Caldart; Molina, 011, p. 25-26).[5]

No primeiro período da construção da EdoC predominaram os movimen-tos de luta pela reforma agrária. Aos poucos o leque de organizações foi se ampliando. Em uma análise com certo olhar retrospectivo, é possível afirmar que o desenvolvimento histórico da EdoC tem firmado a ligação orgânica com a luta pela terra como identidade principal dos sujeitos coletivos que a ela se associam. Luta pela terra em diferentes formas e mesma radicalidade: con-tinua como luta pela reforma agrária, mas é também luta pela retomada das terras indígenas e quilombolas, luta pelo reassentamento dos atingidos pelas obras do grande capital, luta dos agricultores familiares para se manter na terra, luta contra a exploração dos trabalhadores assalariados que implica devolução de seus meios de produção... Luta pela terra que se alarga como disputa de

---

[5] O detalhamento histórico da constituição originária da EdoC pode ser conferido no conjunto de documentos que compõe seu percurso. Entre 1998 e 2007, boa parte foi divulgada na coleção de cadernos Por uma Educação do Campo. Alguns dos textos do período inicial foram compilados nessa obra citada (ARROYO; CALDART; MOLINA, 2011) e está no prelo, pela Editora da UnB, o *Dossiê Educação do Campo – Documentos 1998-2018*, feito por decisão do Fórum Nacional de Educação do Campo (FONEC).

território com o agronegócio, o hidronegócio, o mineronegócio..., e como luta pela reapropriação social da natureza.

Esse vínculo dá especificidade à EdoC, em relação ao conjunto das lutas por educação que acontecem nas sociedades, como a nossa, que ainda não resolveram a questão do acesso universal à educação.

A EdoC não é, pois, uma associação de pessoas, mas de coletivos ou organizações de trabalhadores, de diferentes tipos, formatos. É o povo do campo organizado e em luta que constrói a identidade principal da EdoC. Mas sua dinâmica de luta, que passou a ser também de práticas educativas em comum, logo se configurou de modo a acolher outros sujeitos, nem sempre originariamente do campo: pessoas, grupos, coletivos, instituições de ensino superior,[6] que assumem a causa da EdoC e se inserem na sua construção.

Merece destaque a participação das educadoras e dos educadores das escolas do campo, presentes desde o início da construção da EdoC. Sua força é maior quando se vinculam às organizações e/ou às comunidades camponesas, quilombolas, indígenas, ribeirinhas..., que em muitos lugares passam a se constituir como sujeitos coletivos das lutas da EdoC. Nesse tempo de avalanche neoliberal sobre a educação pública, seu papel de resistência ativa e criativa tem sido fundamental.

Hoje a diversidade de sujeitos é marca e força material da EdoC, patrimônio político e cultural construído e em construção. A EdoC é também das águas e das florestas; é indígena e quilombola; inclui as comunidades ribeirinhas e extrativistas; continua camponesa, sem terra, assentada e da agricultura familiar, e se desafia a envolver os assalariados rurais... É de todas as cores, gêneros, etnias...

Dois depoimentos[7] ilustram o sentido e o desafio dessa dialética entre sujeitos coletivos e lutas, entre diversidade e unidade. No Encontro Nacional das Licenciaturas em EdoC de 2014, no Pará, uma liderança quilombola fez sua síntese do que a EdoC pode ser: "Na EdoC encontramos um espaço para estar com outras organizações, fortificando nossa luta. E descobrimos que pra ser da EdoC não precisávamos deixar de ser quilombolas; ao mesmo tempo que nos tornamos quilombolas diferentes depois de participar da EdoC [...]".

No Seminário Internacional de Educação do Campo (SIFEDOC), da região de Osório/RS, em setembro de 2018, uma liderança indígena da Nação Guarani assim se expressou:

---

[6] Pronera e Procampo têm ajudado nessa inserção específica dos docentes do ensino superior na EdoC.

[7] Estes depoimentos são registros livres de falas ouvidas durante os respectivos eventos.

[...] nossa luta é a mesma de vocês, mas pra lutarmos juntos não podemos perder nossa identidade. Luta coletiva implica ouvir um ao outro. E respeitar cada cultura, que tem seu modo de viver, de trabalhar, de lutar. Saber quem somos fortalece nossa luta que não é contra pessoas e sim contra o sistema. E é o sistema que não respeita nem vê nossa cultura; trata tudo como se fosse igual. Não somos iguais; somos diferentes, mas podemos lutar pela mesma causa...

Juntar luta, identidade, trabalho, cultura, unidade política é um desafio ao mesmo tempo político e formativo, na organização das lutas e em práticas educativas. A Licenciatura em EdoC tem sido uma das práticas que mostra com especial força o tamanho, a potencialidade e a beleza desse desafio...

E na atualidade da luta de classes em que a EdoC se insere, cresce o desafio de fortalecer também as relações entre trabalhadores do campo e da cidade, dimensionando com mais força, nessa conexão, as lutas específicas como luta do trabalho contra o capital.

Chamamos a atenção para dois aspectos muito importantes no estudo da concepção de EdoC desde os componentes dessa raiz. Primeiro, é preciso conhecer os diferentes sujeitos coletivos que compõem/passaram a construir a EdoC, suas lutas, sua forma de trabalho, sua cultura, seus vínculos. E compreender a especificidade e a diversidade da luta pela terra que lhes é essencial. Sem isso não se conhece a EdoC. Segundo, para compreender a especificidade da EdoC é preciso estudar as características da formação econômico-social brasileira e as determinações sociais da desigualdade substantiva, histórica, no atendimento aos direitos humanos e sociais da população trabalhadora do campo. E entender por que o capitalismo no Brasil não precisa, afinal, da universalização do acesso à educação.

A raiz da EdoC está na agricultura camponesa

Essa raiz tem uma conexão orgânica com a anterior. Os sujeitos coletivos que constituem a EdoC são os sujeitos do trabalho camponês,[8] na diversidade de que antes tratamos. Na raiz da EdoC está o campesinato ou estão os trabalhadores(as) da agricultura camponesa. São agricultores que lutam pela terra para poder continuar sendo agricultores, camponeses.

---

[8] É o próprio sentido de *campo* que está no documento preparatório da I Conferência Nacional de 1998: "Decidimos utilizar a expressão *campo* e não a mais usual *meio rural*, com o objetivo de incluir no processo da Conferência uma reflexão sobre o sentido atual do *trabalho camponês* e das lutas sociais e culturais dos grupos que hoje tentam garantir a sobrevivência deste trabalho [...]" (*apud* ARROYO; CALDART; MOLINA, 2011, p. 25).

Sem entender o desenvolvimento histórico da agricultura camponesa, ou do modo camponês de fazer agricultura em todas as suas relações e determinações, não se entende a construção histórica da concepção de EdoC.

A luta por educação pública no/do campo que constituiu e move a EdoC é parte dos processos denominados, nos termos de hoje, de "territorialização da agricultura camponesa". Processos que se realizam no movimento dialético entre territorialização, desterritorialização, reterritorialização, característico da resistência camponesa diante do avanço do capital sobre a agricultura (FERNANDES, 2012, p. 746). Esse vínculo coloca a EdoC no centro dos conflitos agrários que movimentam as contradições do capitalismo em sociedades como a nossa.

A luta pela terra é luta contra a expropriação e a exploração, operadas pelas relações sociais capitalistas sobre famílias/comunidades/organizações camponesas, indígenas, quilombolas, ribeirinhas... Relações de produção, de poder político, de invasão cultural.

Essa luta social, que avança historicamente para um confronto de projetos societários e de concepções de campo e de agricultura, envolve uma "disputa territorial", no sentido de que tipo de relações sociais será predominante em determinado lugar, na terra conquistada ou na que não se quer perder. O "território camponês" não é o território do agronegócio ou onde dominam as relações de produção capitalistas, embora os camponeses em uma sociedade capitalista sempre se subordinem de alguma forma a elas (FERNANDES, 2012, p. 744). Mas os camponeses representam na disputa o projeto do trabalho e não do capital.

A EdoC se materializa nesses territórios em disputa. Por isso nasceu precisando tomar posição no confronto. O campo da EdoC é o "campo camponês" (FERNANDES, 2008, p. 63). Porque o campo da agricultura do capital é a que expulsa as famílias camponesas do campo e destrói comunidades. Não precisa de escolas no campo. Combate a EdoC. Quando os porta-vozes do agronegócio usam esse termo, eles o fazem como farsa ou cinismo, com objetivos ideológicos e políticos de sua classe. EdoC e agronegócio se excluem mutuamente, não por uma questão de ideário apenas, mas de materialidade: de luta, de trabalho, relações sociais, modo de vida...

O avanço histórico das lutas e das análises que os próprios sujeitos coletivos do trabalho do campo têm feito sobre o confronto essencial em que estão inseridos está no cerne do desenvolvimento da EdoC. E vão tornando mais nítidos os contornos de sua atuação, como luta por educação e como práticas educativas que se desenvolvem no bojo desse confronto.

A EdoC se desenvolve a partir "das experiências camponesas de resistência em seus territórios" (FERNANDES, 2008, p. 41). E se aprofunda ao participar dos processos de formação dos sujeitos da agricultura camponesa, que além de um conjunto diversificado e rico de práticas, já se constitui como estratégia de confronto ao modo capitalista de desenvolvimento das forças produtivas.[9]

É marca do período recente a conexão entre luta pela terra e agroecologia. A agroecologia é a expressão científica e cultural do estágio atual de construção de alternativas à lógica industrial capitalista de agricultura. Esse vínculo, assumido pelos sujeitos coletivos da EdoC, ao mesmo tempo firma suas raízes, fortalecendo seu desenvolvimento, e coloca novos desafios para sua construção organizativa e pedagógica. A agroecologia compõe hoje a concepção de EdoC. O avanço territorial da agricultura camponesa agroecológica dá ainda mais sentido à existência da EdoC porque precisa dela para sua consolidação. A necessidade histórica de uma reconstrução ecológica da agricultura "chama educação".[10]

Estudar os fundamentos da EdoC desde a raiz da agricultura camponesa é, em síntese, avançar em duas compreensões específicas e conectadas entre si. A primeira compreensão se refere aos termos do confronto de classe, de projeto de campo e de sociedade que determina o desenvolvimento histórico da agricultura. A agricultura camponesa é historicamente anterior ao capital e possivelmente sobreviva a ele. Mas em uma sociedade capitalista a agricultura precisa ser entendida e concebida projetivamente na relação com a lógica de produção dominante, que incide sobre ela. É preciso entender o modo como o capital organiza a produção agrícola e suas contradições principais, o que implica desvelar a lógica geral da exploração capitalista, para entender as transformações tanto do agronegócio como da agricultura camponesa (CALDART, 2017).

Também é preciso compreender por que a morte da agricultura camponesa já foi decretada tantas vezes e ela continua existindo e hoje se fala de uma "recampenização da agricultura" (PLOEG, 2008, p. 23). A ideologia do agronegócio afirma, cada vez mais ostensivamente, que o "agro (negócio) é tudo", que toda agricultura é agronegócio. Já sabemos que não é. E já sabemos que na dialética da história "tudo o que é necessário necessariamente retorna" (BOSI, 1992, p. 47). Talvez esse seja o caso da agricultura camponesa que retorna, nas diferentes formas de sociedade, porque não chega a morrer.

---

[9] Uma análise do percurso da EdoC na relação com o desenvolvimento histórico desse confronto pode ser encontrada no documento do Seminário Nacional do FONEC de agosto de 2012 (Fórum Nacional de Educação do Campo, 2012 *apud* FRIGOTTO; CIAVATTA, 2016).

[10] Para uma compreensão básica sobre agricultura camponesa e sobre agroecologia, ver CARVALHO; COSTA, 2012; GUHUR; TONÁ, 2012. Sobre as relações entre agricultura camponesa, agroecologia e educação, ver: CALDART, 2017.

A agricultura camponesa não morre como forma específica de agricultura porque é esta forma, transformada ao longo da história desde seus próprios fundamentos, que garante a produção essencial de alimentos, base de reprodução de qualquer formação social. É ela que garante a soberania alimentar dos povos, questão que a lógica da agricultura como negócio capitalista não tem como resolver.[11] Estamos no âmbito dos estudos da questão agrária e da economia política.

Essas questões se conectam a uma segunda compreensão necessária, sobre os processos ou as conexões internas ao desenvolvimento da agricultura camponesa: o que ela é, enquanto lógica de produção que se constituiu como cultura, modo de vida. Como "agri-cultura".

Na sua origem (verbo latino), cultura se refere ao cultivo da terra. Uma sociedade "culta" é aquela que produziu seus próprios alimentos e tem a memória desse cultivo. Como verbo no particípio futuro, "culturus" indica o que se quer cultivar, o que e como se pretende trabalhar, a partir do acúmulo que já se sabe ter e da qualidade obtida pelo trabalho feito (BOSI, 1992, p. 11-13). É essa memória, que articula conhecimento, sentimento, visão de mundo, que o agronegócio tenta matar (expropriar de seus produtores) quando "tira do agro a cultura e coloca o negócio". Por isso a afirmação de que "agronegócio não é agricultura. É negócio".[12] Estamos no âmbito da história da agricultura e da ciência da agroecologia e suas fontes, entre elas a antropologia. E nossos estudos devem incluir pesquisas de campo (necessariamente interdisciplinares) sobre práticas diversas dessa forma de agricultura e a cultura que expressam/produzem.[13]

Não é de pouca importância, política e formativa, saber que no próprio seio de sociedades organizadas sob o sistema do capital existem territórios não hegemonizados pelas relações sociais capitalistas, sua lógica de produção, sua visão de mundo e modo de vida. E territórios que produzem algo tão essencial à vida humana: alimentos saudáveis, cultivados em processos de restauração da relação metabólica entre ser humano e natureza (MARX, 2011; FOSTER, 2005). E saber que há processos educativos que se realizam nesse movimento vivo. Movimento que não tem a força material de resolver as contradições sociais que o produzem, mas ajuda a mover as contradições na direção contrária ao projeto do capital.

---

[11] Uma síntese do conceito de "soberania alimentar" na relação com "segurança alimentar" pode ser encontrada no verbete respectivo do *Dicionário da Educação do Campo* (STÉDILE; CARVALHO, 2012).

[12] Afirmação de Sebastião Pinheiro, estudioso e militante da agricultura camponesa de base ecológica em entrevista, "O agronegócio transformou-se em algo que não é mais agricultura". Disponível em: <www.sul21.com.br/?s=Entrevista+Sebastião+Pinheiro>. Acesso em: 8 jan. 2018.

[13] Aspectos importantes dessa reflexão sobre a agricultura como cultura estão em Tardin (2012).

É necessário examinar mais a fundo os processos de trabalho e cultura envolvidos na construção desses territórios e que são exatamente os fundantes da diversidade que caracteriza os sujeitos coletivos da EdoC. Diversidade que conseguimos compreender e respeitar mais quando entendemos a dialética de reprodução da vida na natureza, pressuposto material de todas as formas de produção social. Conhecer essa realidade e trabalhar nas suas contradições ajuda a empurrar o desenvolvimento da EdoC no rumo para o qual ela foi criada...

A raiz da EdoC está em uma concepção de educação com finalidades emancipatórias

Os sujeitos coletivos da constituição da EdoC têm, cada um deles, experiências e reflexões sobre educação vinculadas aos processos de luta e trabalho em que se inserem, principalmente na construção dos territórios da agricultura camponesa. Trazem para a EdoC concepções de educação baseadas em diferentes referenciais teóricos e práticos, sistematizadas em formas e linguagens diversas. Entretanto, há elementos essenciais que lhes são comuns e nos permitem afirmar uma determinada concepção geral de educação como raiz originária da EdoC. Trata-se de uma forma de pensar a educação que permite conectá-la ao conteúdo das outras raízes, reafirmando seus sujeitos e suas finalidades.

Entender o desenvolvimento histórico (sempre contraditório) dessa concepção compõe o esforço proposto de buscar apreender os fundamentos da EdoC. Destacamos dois elementos centrais desse ponto de partida comum: a noção de educação como direito humano, socialmente (e conflituosamente) construído; e uma visão emancipatória e alargada de educação que a vincula aos processos de formação humana; inclui a escola (pública) como foco principal da luta pela garantia do direito à educação das famílias trabalhadoras do campo, entendendo-a como um lugar ("território") de formação humana.

Como um direito humano, a educação é um direito de todos. Um direito universal que não pode, então, ser tratado como um "serviço" que se compra ou uma mercadoria a mais colocada à disposição dos "consumidores". E se a educação é um direito a ser garantido para todos, não é justo que historicamente o acesso à educação tenha sido negado para boa parte da população que vive e trabalha no campo.

É com essa compreensão que os sujeitos coletivos da EdoC, que continuam fazendo a luta por educação em cada local ou desde a realidade particular de sua base social, passam, agora juntos, a lutar por políticas públicas para garantir mais estruturalmente esse direito. O lema da II Conferência Nacional, Por uma Educação do Campo, de 2004, expressa os aprendizados do primeiro período dessa luta em comum: "EdoC, direito nosso, dever do Estado!" Quis dizer: "porque é direito nosso lutamos para que o Estado cumpra seu dever de garantir um direito que é de todos".

Política pública "significa o Estado em ação, promoção, pelo Estado, de formas de executar aquilo que está no âmbito de seus deveres" (MOLINA, 2012, p. 591). Supõe o entendimento de que direitos sociais, humanos, se garantem na esfera do público, que não é "propriedade" do Estado (ou de uma classe) e sim do povo, sendo o Estado "a condensação das relações presentes numa dada sociedade" (MENDONÇA, 2012, p. 350).[14] Se os sujeitos da EdoC precisam lutar por políticas públicas é porque o Estado, expressando as relações dominantes na sociedade, reproduz a desigualdade social que lhe é fundante e somente se move no interesse da classe trabalhadora sob forte pressão. Mesmo que se trate de garantir direitos que em si não colocam em xeque a estrutura da sociedade.

Pela participação nas lutas da EdoC, muitas pessoas têm se descoberto como portadoras de direitos e se apropriado da noção de direito humano. No balanço desses 20 anos de EdoC, um legado importante das lutas coletivas é a construção de uma "cultura do direito" entre as famílias trabalhadoras do campo: direito a ter direitos; direito de *ser humano*, de existir e ser reconhecido como ser humano; direito de lutar para conquistar o que se tem direito como ser humano, como membro da sociedade... E direito à diversidade, a ser respeitada e cultivada em todas as dimensões da vida.

Na sua forma de lutar por políticas públicas, os sujeitos da EdoC confrontam a lógica do "livre mercado" (para o capital) que o Estado dominantemente representa. Confrontam, porque defendem o espaço público e a exigência de sua participação na sua gestão; porque fazem a luta por políticas públicas não como (soma de) indivíduos, mas como "sujeitos coletivos de direitos" (MOLINA, 2012, p. 589), reforçando a ideia de direito coletivo, negada pela visão liberal de Estado; porque são sujeitos do trabalho camponês e trazem consigo o conflito agrário de que são fruto; e porque defendem políticas com conteúdos específicos às suas necessidades sociais, contrariando a tendência à padronização própria dessa lógica.

A defesa da educação pública, da escola pública está na origem da EdoC. Entretanto, a compreensão das lutas nesses termos e no bojo de uma análise coletiva sobre suas determinações sociais mais amplas, mais do que um pressuposto comum é produto de seu desenvolvimento histórico. Essa construção precisa ser objeto de nossos estudos sobre a concepção de EdoC.

---

[14] Nesse texto do verbete "Estado" do *Dicionário da Educação do Campo*, há uma síntese conceitual sobre a concepção de Estado, na matriz liberal e na matriz marxista, importante para nosso plano de estudos.

Um desafio maior tem sido avançar na consciência massiva de que a luta por igualdade no plano jurídico (das leis, das políticas formais) só tem sentido para a classe trabalhadora como parte de lutas mais amplas pela superação das relações sociais que determinam a desigualdade social e que não se resolvem no plano do direito instituído.

O crescente esvaziamento do espaço público, o fortalecimento das políticas neoliberais de privatização da educação e a perversidade de suas ferramentas ideológicas têm exigido análises mais acuradas e levado a uma ampliação das lutas, agora em um desafio imediato de alianças com o conjunto das organizações da classe trabalhadora. "Educação é direito e não mercadoria" foi o lema do Encontro Nacional dos 20 anos da EdoC em 2018. Pode ser entendido como "lutamos por uma forma de sociedade que não trate a educação como mercadoria e a reafirme como um direito humano, a ser coletivamente realizado".

É desafio político do momento atual, que aqui também reforçamos como agenda de estudo, entender melhor os meandros de atuação do Estado no projeto capitalista de configuração neoliberal e como isso se traduz hoje nas chamadas "reformas empresariais da educação"; quais as origens dessas reformas; e que transformações produzem na forma da classe trabalhadora lutar e organizar sua resistência.[15]

E é desafio específico, além de analisar como essas reformas incidem sobre a EdoC, fazer um balanço crítico das conquistas de outros momentos do percurso, debatendo sobre qual a configuração organizativa e de gestão das políticas públicas que não expropria, dos sujeitos que as movem, a condução coletiva do projeto educativo pelo qual lutam. Lutar contra a tutela política e pedagógica do Estado é parte necessária da sobrevivência social da EdoC, ou mais amplamente, do projeto educativo da classe trabalhadora – e que ninguém nos tire o direito de falar em nome de nós mesmos…

O segundo elemento central da concepção que está na origem da EdoC é a visão de educação como formação do ser humano para sua emancipação. Na afirmação do documento de 1998, a EdoC "precisa ser uma educação específica e diferenciada", mas sobretudo "deve ser *educação*, no sentido amplo de *processo de formação humana* que constrói referências culturais e políticas para a intervenção das pessoas e dos sujeitos sociais na realidade, visando a uma humanidade mais plena e feliz" (*apud* ARROYO; CALDART; MOLINA, 2011, p. 23). Nesse conceito, educação é mais do que escola, mas a escola "é um direito

---

[15] Está no prelo pela Editora Expressão Popular o livro do professor Luiz Carlos de Freitas, "Nova direita, velhas ideias e a reforma empresarial da educação", uma das referências que recomendamos para esse estudo.

social fundamental a ser garantido [...] para todo nosso povo, seja do campo ou da cidade". A ênfase na escola não deve impedir que a EdoC esteja aberta a outras formas de educação que representem "focos de resistência e de recriação da cultura do campo, fundamentais na própria formulação de uma proposta de *escola do campo*" (p. 24).

Entender a educação como uma ação intencional de formação humana emancipatória é fundamento de construção das práticas educativas. No pensar a escola, é uma concepção que se contrapõe a reduzir suas finalidades educativas à preparação de seus estudantes para o chamado mercado de trabalho, incluindo o aprendizado de "habilidades socioemocionais" que facilitem sua adequação a relações sociais dadas. Na visão assumida pelos sujeitos da EdoC, a grande finalidade da educação, onde quer que aconteça, é o desenvolvimento mais pleno do ser humano e sua inserção crítica, criativa e transformadora na sociedade em que vive. Educar é humanizar e isso implica confrontar os processos de desumanização (opressão, exploração, discriminação) vividos pelos sujeitos concretos de cada ação educativa (Freire, 1983).

No Seminário Nacional de 2002, em que decidimos ajustar o nome, de "Educação Básica do Campo" para "Educação do Campo", afirmamos, no debate sobre educação, que "não há como verdadeiramente educar os sujeitos do campo sem transformar as circunstâncias sociais desumanizantes e sem prepará-los para ser os sujeitos dessas transformações [...]" (Freire, 1983, p. 155). Essa compreensão foi firmada como finalidade educativa da EdoC. No Encontro Nacional dos 20 anos, essa finalidade foi reafirmada no compromisso de ajudar a formar lutadores sociais e construtores de uma forma de sociedade que supere a exploração capitalista do ser humano e da natureza (Fonec, 2018).

Pensar a escola como lugar de formação humana significa intencionalizar seu projeto político-pedagógico como construção de um ambiente formativo, humanizador, dos sujeitos que a fazem: educadores/educadoras, estudantes, comunidades. Implica assumir uma matriz de formação multilateral, de construção universal, materializada em cada realidade particular a partir das necessidades sociais e humanas desses sujeitos. Essa matriz inclui, com centralidade, uma forma de trabalhar o conhecimento como parte da totalidade formativa que exige conhecer profundamente os fenômenos da vida natural e social para poder interagir com eles e transformá-los.

A totalidade formativa que a escola pode ajudar a constituir não se esgota, e não pode se fechar, dentro dela; ao contrário, exige que a escola se vincule a outros lugares e processos formativos (de luta, trabalho, cultura) presentes no seu entorno. Isso supõe uma ligação orgânica (às vezes tensa) entre escola e comunidade que permite construir dentro e fora da escola relações sociais educativas. Há ricas e diversas experiências pedagógicas nas escolas do campo que se desafiam a construir seu ambiente educativo a partir das possibilidades contraditórias desse vínculo em cada local. A EdoC tem se posicionado contra o avanço da educação à distância na educação básica e na formação de educadores: não se faz formação humana à distância e a própria instrução se debilita fora de relações sociais vivas...

No desenvolvimento histórico da EdoC tem sido muito importante a compreensão, pelos seus sujeitos, que a especificidade defendida nas lutas não está em criar uma nova concepção de educação, mas em se apropriar e continuar, desde suas raízes e circunstâncias materiais, a construção de uma teoria pedagógica em cuja tradição a EdoC se insere. E isso para além de filiações teóricas estreitas. A EdoC integra os esforços da classe trabalhadora mundial, do campo e da cidade, de construir uma forma de educação, de validade universal, vinculada aos seus processos de luta e emancipação. Aprende dessa história e já compartilha seu acúmulo com outras experiências, outros sujeitos.

Na análise feita a propósito dos dez anos da EdoC em 2008, afirmamos que a prática e a reflexão pedagógica dos seus sujeitos coletivos ao mesmo tempo continuam e revigoram "a tradição de uma educação emancipatória, retomando questões antigas e formulando novas interrogações à política educacional e à teoria pedagógica". Revigoram porque transformam desde seus próprios fundamentos, "matrizes de formação humana que historicamente constituíram as bases [...] da pedagogia moderna mais radicalmente emancipatória, de base socialista e popular e de referencial teórico marxista". A EdoC faz isso para pensar sua própria especificidade, como parte do universal que ajuda a construir (CALDART, 2009, p. 43).

Estamos no âmbito da teoria pedagógica que tem como base a mesma concepção assumida neste texto como guia de estudo: é necessário pensar a educação em uma totalidade formadora que entrelaça relação ser humano e natureza, sistemas produtivos, relações sociais, tecnologia, vida cotidiana, concepções de mundo. As raízes originárias da EdoC não cabem em uma pedagogia que valha e se explique por si mesma.

O percurso da EdoC colocou aos seus sujeitos o desafio de pensá-la como uma associação de lutas coletivas que constrói um projeto educativo comum. E fazer essa construção afirmando fundamentos comuns sem padronizar a forma de pensar e fazer a educação de seus diferentes sujeitos. Na prática essa não é uma dialética simples e buscar compreendê-la deve ser parte do nosso plano de estudos sobre a concepção de EdoC. Pensar esse projeto educativo no contraponto à concepção (neo)liberal de educação que a EdoC passa a combater mais incisivamente, em conjunto com outras organizações da classe trabalhadora, pode ajudar a compreender seus fundamentos e a firmar suas raízes.

No estudo dos fundamentos da EdoC desde essa terceira raiz, um dos desafios principais é a compreensão dessa tradição pedagógica (popular e socialista) em que ela se insere, pelo diálogo com suas referências teóricas essenciais. Outro desafio é de estudo das práticas educativas, na rica diversidade construída nesses 20 anos, buscando compreender como seus sujeitos processam as diferentes concepções de educação que incidem na sua realidade; qual a síntese pedagógica que fazem no movimento de resistência e criação, de avanços e retrocessos, e na relação com o ambiente formativo mais amplo em que se inserem. Entenda-se que essa análise vai, portanto, muito além de identificar autores ou textos citados nos seus documentos formais ou em textos escritos sobre elas...

Merecem especial atenção as escolas do campo de educação básica que têm buscado construir seu ambiente educativo no vínculo orgânico com processos mais avançados de territorialização da agricultura camponesa de base agroecológica e associativa, por sua potencialidade na conexão viva entre estudo, trabalho, luta e cultura.

A Educação do Campo como construção teórica

A conexão entre as três raízes da EdoC, não cada uma em si, é o que fundamenta sua constituição e sustenta a essencialidade do que ela é. A conexão entre seus componentes resulta em algo diferente do que cada um deles desenvolve em separado. É a conexão que configura a especificidade da EdoC, como parte da formação social brasileira e da história da educação da classe trabalhadora.

A apreensão dessa conexão integra o processo orgânico de sistematização teórica da EdoC: sua autodefinição como origem, finalidades, forma organizativa, modo de ação e visão da realidade que a determina; ou noutros termos, é o conceito de EdoC produzido pelos seus próprios sujeitos.

Quem entra na vida prática da EdoC hoje, ou a toma como objeto de estudo, pode começar se debruçando sobre o que não foi o seu começo: as formulações teóricas produzidas a partir do seu movimento real e as análises do seu percurso. Como vimos, a EdoC não nasceu como ideário, mas tem em sua origem concepções teóricas, sínteses do acúmulo dos diferentes sujeitos coletivos presentes em sua criação e posterior desenvolvimento. A construção teórica da EdoC é um dos produtos de sua vida prática. Por isso, para entender a concepção de EdoC, não se pode perder a ligação entre teoria e prática, entre as formulações e as raízes materiais que as produzem ou determinam.

É esse vínculo que nos permite compreender que nem toda produção teórica feita sobre a EdoC é EdoC, ainda que possa integrar o seu percurso e ser uma afirmação de sua existência: não há por que teorizar sobre algo que não tenha certa força real e as reflexões teóricas feitas sobre determinado fenômeno podem participar de seu movimento histórico.

Não é nosso objetivo aqui fazer uma análise da produção teórica da EdoC e sobre ela. Queremos apenas destacar, para finalizar o exercício de estudo proposto neste texto, algumas balizas que demarcam o caminho da construção conceitual da EdoC e que nos ajudam a compreender suas raízes, completando a intencionalidade de apreensão dos seus fundamentos.

A primeira baliza é a forma de autoapresentação da EdoC para sua base social e para o conjunto da sociedade, feita no momento de sua criação e escolha deste nome de "batismo". É este o momento que pode ser datado; o que completou 20 anos em 2018. Como costuma acontecer na construção dos conceitos que se referem a uma realidade viva, começamos pensando sobre o que não éramos: "Educação Básica do Campo" não é (não deve ser) educação rural. Na explicação dos termos da diferença, que já aparece no documento geral da I Conferência Nacional, anteriormente citado, emerge a identificação de suas raízes, e permitiu depois a síntese da contraposição ao modo de pensar a educação de quem trabalha e vive no campo: "A Educação *do* Campo não é *para* nem apenas *com*, mas sim, *dos* camponeses, expressão legítima de uma pedagogia *do* oprimido" (CALDART, 2012, p. 261).[16]

Outra baliza dessa construção conceitual, talvez a principal para entender a conexão entre os componentes de sua vida prática, é a chave triádica de compreensão da EdoC ou a nossa conhecida "tríade": *campo – política pública – educação*. Ela foi formulada no final da primeira década dos anos 2000, quando a EdoC completava dez anos. Nesse momento, em uma conjuntura política mais favorável, multiplicavam-se práticas educativas autodenominadas de EdoC e a expressão passou a ter uso em diferentes espaços, como identificação de peças de legislação conquistada ou de grupos de pesquisa, cursos e outras iniciativas, com matizes políticos contraditórios. Nos debates desse período, apareceu mais forte a necessidade de compreender teoricamente a EdoC: o que ela é mesmo e quando uma prática pode ser chamada de EdoC sem trair sua origem, suas finalidades.

Alguns membros da antiga Articulação Nacional Por uma Educação do Campo (hoje reconfigurada como FONEC) insistiam que a EdoC ia se constituindo como conceito (e já em disputa), e estava em construção, pelas lutas e

---

[16] Neste verbete do *Dicionário da Educação do Campo* há uma síntese dessa construção inicial da EdoC. E no verbete "Educação Rural" um histórico desse conceito e suas implicações (RIBEIRO, 2012).

pelas práticas educativas, uma "teoria da EdoC". O cuidado deveria ser, como continua sendo, o de não tratar essa teoria como pura abstração, mas manter o movimento entre a realidade viva e o esforço de abstração que permite entender o que concretamente ela é e o que se faz em seu nome.

Se o batismo pretendia ajudar a produzir uma consciência coletiva da mudança necessária na forma de lutar, de pensar e de fazer a educação dos sujeitos do trabalho do campo, a sistematização teórica da tríade atendia a necessidade de confrontar tentativas de deslocar a identidade originária da EdoC, conformando-a ao sistema contra o qual foi criada ou colocando-a como experiência marginal que não visa incidir para além de guetos.

Nos termos da sistematização feita a propósito da discussão sobre as relações entre o Pronera[17] e a EdoC em um Seminário Nacional do final de 2007, a tríade foi entendida como chave para pensar e trabalhar a EdoC: "É a relação, na maioria das vezes tensa, entre estes termos que constitui a novidade histórica do fenômeno que batizamos de Educação do Campo" (CALDART, 2008, p. 70). Pensar "os termos separados significa na prática promover uma desconfiguração política e pedagógica de fundo da Educação do Campo". Além das relações "é preciso pensar em uma determinação primeira: foi o campo, sua dinâmica histórica, que produziu a Educação do Campo [...]. E não uma 'ideia' de campo, mas o campo real, das lutas sociais, da luta pela terra, pelo trabalho, de sujeitos humanos e sociais concretos; campo das contradições de classe efetivamente sangrando" (CALDART, 2008, p. 71).

Essa ideia da tríade foi se firmando, possivelmente porque ajuda a orientar a compreensão dos próprios sujeitos coletivos da EdoC sobre sua realidade de atuação, além de ser uma chave de análise da realidade educacional do campo em qualquer lugar e para além dos sujeitos específicos da EdoC.

Como chave metodológica ou categoria teórica, a tríade tem elementos de validade universal. Seu princípio de análise é entrelaçar questão agrária, política educacional e concepções de educação em cada realidade concreta, não isolando a questão da educação de suas determinações sociais, que precisam ser compreendidas no geral e na especificidade do campo.

Alguns anos depois da formulação inicial sobre a chave triádica, entre 2010 e 2012, foi produzido o *Dicionário da Educação do Campo*, como contribuição à construção coletiva de uma síntese de compreensão teórica da EdoC, a partir de suas raízes e de formulações já existentes. Trata-se de uma obra de natureza conceitual e sua estrutura foi produto de um exercício de análise dialética das

---

[17] Programa Nacional de Educação na Reforma Agrária. Sobre o que é este programa e sua relação com a EdoC e a política educacional brasileira, ver: SANTOS, 2012.

Concepção de Educação do Campo

conexões entre as esferas (campo – política pública – educação) e, desde cada uma delas, de "identificar os polos do confronto que a institui [a EdoC] como prática social e a tomada de posição (política, teórica) que constrói sua especificidade e que exige a relação dialética entre particular e universal, específico e geral" (CALDART; PEREIRA; ALENTEJANO; FRIGOTTO, 2012, p. 13-14). A EdoC toma posição nos confrontos entre concepções de agricultura, de educação e é essa posição que a identifica. "Porém é a existência do confronto que essencialmente define a Educação do Campo e torna mais nítida sua configuração como um fenômeno da realidade atual" (p. 14).

Para a produção do *Dicionário*, foi incluída uma nova esfera, a dos "direitos humanos", pelo entendimento de que abrangia práticas e conceitos que não cabiam todos nas demais esferas da tríade. O momento atual reforça a importância dessa ênfase.

No conjunto, os verbetes selecionados para o *Dicionário* compõem um raciocínio de compreensão em espiral: todos visam entender teoricamente o que é a EdoC; alguns verbetes remetem diretamente ao seu núcleo central de ação (por ex., "agricultura camponesa", "agroecologia", "quilombolas", "escolas do campo" etc.); outros focalizam questões sem as quais não se consegue entender a realidade da EdoC (por ex., "questão agrária", "Estado", "agronegócio", "capital" etc.); e outros remetem aos seus fundamentos filosóficos e pedagógicos (por ex., "educação omnilateral", "hegemonia", "conhecimento", "escola única do trabalho" etc.).

Parece-nos um bom caminho de estudo buscar compor uma rede conceitual de compreensão da EdoC pelos verbetes desse *Dicionário*, inclusive para discutir lacunas ou novos movimentos da realidade que exigem a continuidade de elaborações desse tipo.

Por último, outra baliza da construção teórica da concepção de EdoC a ser destacada para nossos objetivos neste texto representa uma volta ao começo, mas não ao mesmo ponto de partida: trata-se das sínteses conceituais que vão sendo feitas pelos diferentes sujeitos coletivos da EdoC, no diálogo entre sua identidade (de luta, trabalho, cultura) e os fundamentos constituídos pela unidade política e as ações em comum. Essas sínteses particulares, compartilhadas e reprocessadas, têm ampliado e transformado a EdoC desde seus próprios fundamentos. Há hoje uma EdoC das Águas e das Florestas; uma EdoC Indígena, Quilombola, Sem Terra, Ribeirinha ..., que é diversa na forma, mas tem origem e finalidades comuns. Essa diversidade pode seguir compondo o desenvolvimento histórico da totalidade EdoC, desde que a intencionalidade associativa se fortaleça e a referência coletiva de projeto histórico continue sendo o fio de prumo da construção.

Como orientação de estudo, coloca-se um desafio correspondente à primeira raiz: é preciso buscar conhecer a memória histórica dos diferentes sujeitos coletivos da EdoC, incluindo o objetivo de compreender como cada sujeito tem processado teoricamente o vínculo entre si, pela EdoC ou por outras formas organizativas da classe trabalhadora do campo. E assumindo o compromisso de, pelo estudo, ajudar nas produções teóricas coletivas que possam atender pelo nome, ou pelas finalidades políticas e formativas, da EdoC.

A Licenciatura em EdoC, sendo uma prática educativa que reúne diferentes sujeitos do trabalho do campo, e cuja existência é resultado de lutas coletivas, tem o desafio de se construir como "território" de produção de novas sínteses, movidas pelo cultivo da sua ligação orgânica com a realidade que a criou.

A concepção de história que nos serve de guia é a que nos permite estudar a realidade da EdoC ou que a produziu, identificando suas diferentes raízes de constituição e apreendendo os fundamentos de seu desenvolvimento histórico. As raízes materiais da EdoC nos permitem compreender seu percurso como totalidade, constituída pela conexão entre diferentes componentes, e exigem tratar da especificidade da EdoC sem isolá-la ou sem tratar da luta por educação que justifica sua existência como um fenômeno em si, mas sim a buscar analisar as determinações sociais de sua configuração. Análise que já pode se valer das categorias teóricas apropriadas ou construídas no esforço dessa compreensão.

Por sua vez, a concepção de EdoC que se depreende da análise (teórica) da construção prática de seus fundamentos exige que não se fique no plano da abstração e se volte à compreensão da diversidade de seus sujeitos e da dinâmica de sua atuação concreta. Porque o sentido do estudo e da teoria aqui é o de ser força material do que é afinal o fundamento último ou o motor da existência da EdoC: a luta!

Referências

ARROYO, M. G.; CALDART, R. S.; MOLINA, M. C. (Orgs.). *Por uma Educação do Campo.* 5. ed. Petrópolis: Vozes, 2011.

BOSI, A. *Dialética da colonização.* São Paulo: Companhia das Letras, 1992.

CALDART, R. S. Educação do Campo. In: *Dicionário da Educação do Campo.* Rio de Janeiro: EPSJV; São Paulo: Expressão Popular, 2012. p. 257-265.

CALDART, R. S. Sobre a especificidade da Educação do Campo e os desafios do momento atual. In: FRIGOTTO. G.; CIAVATTA, M. (Orgs.). *Teoria e educação no labirinto do capital.* 4. ed. São Paulo: Expressão Popular, 2016. p. 317-363.

CALDART, R. S. Sobre Educação do Campo. In: SANTOS, C. A. (Org.). *Educação do Campo: campo – políticas públicas – educação.* Brasília: NEAD, 2008. p. 67-86. Coleção Por Uma Educação do Campo, v. 7.

CALDART, R. S. Trabalho, agroecologia e educação politécnica nas escolas do campo. In: *Caminhos para transformação da escola: trabalho, agroecologia e estudo nas escolas do campo.* São Paulo: Expressão Popular, 2017. p. 115-160.

CALDART, R. S.; PEREIRA, I. B.; ALENTEJANO, P.; FRIGOTTO, G. (Orgs). Apresentação. In: *Dicionário da Educação do Campo*. Rio de Janeiro: EPSJV; São Paulo: Expressão Popular, 2012. p. 13-19.

CALDART. R. S. Educação do Campo: notas para uma análise de percurso. *Revista Trabalho, Educação e Saúde*, EPSJV/FIOCRUZ: Rio de Janeiro, v. 7, n. 1, p. 35-64, mar./jun. 2009.

CARVALHO, H. M.; COSTA, F. A. Agricultura camponesa. In: *Dicionário da Educação do Campo*. Rio de Janeiro: EPSJV; São Paulo: Expressão Popular, 2012. p. 26-32.

FERNANDES, B. M. Educação do Campo e território camponês no Brasil. In: SANTOS, C. A. (Org.) *Educação do Campo: campo – políticas públicas – educação*. Brasília: NEAD, 2008, p. 39-66. Coleção Por Uma Educação do Campo, v. 7.

FERNANDES, B. M. Território Camponês. In: *Dicionário da Educação do Campo*. Rio de Janeiro: EPSJV; São Paulo: Expressão Popular, 2012. p. 744-748.

FÓRUM NACIONAL DE EDUCAÇÃO DO CAMPO – FONEC. *Carta-manifesto 20 anos da Educação do Campo e do Pronera*. Brasília, 2018.

FÓRUM NACIONAL DE EDUCAÇÃO DO CAMPO – FONEC. Notas para análise do momento atual da Educação do Campo. In: FRIGOTTO, G.; CIAVATTA, M. (Orgs.). *Teoria e educação no labirinto do capital*. 4. ed. São Paulo: Expressão Popular, 2016. p. 367-411.

FOSTER, J. B. *A ecologia de Marx: materialismo e natureza*. Rio de Janeiro: Civilização Brasileira, 2005.

FREIRE, P. *Pedagogia do Oprimido*. 14. ed. Rio de Janeiro: Paz e Terra, 1983.

GUHUR, D. M. P.; TONÁ, N. Agroecologia. In: *Dicionário da Educação do Campo*. Rio de Janeiro: EPSJV; São Paulo: Expressão Popular, 2012. p. 57-65.

MARX, K. *Grundrisse: manuscritos econômicos de 1857-1858. Esboços da crítica da economia política*. São Paulo: Boitempo, 2011.

MENDONÇA, S. R. Estado. In: *Dicionário da Educação do Campo*. Rio de Janeiro: EPSJV; São Paulo: Expressão Popular, 2012. p. 347-353.

MOLINA, M. C. Políticas Públicas. In: *Dicionário da Educação do Campo*. Rio de Janeiro: EPSJV; São Paulo: Expressão Popular, 2012. p. 585-594.

PLOEG, J. D. *Camponeses e impérios alimentares*. Porto Alegre: Ed. da UFRGS, 2008.

RIBEIRO, M. Educação Rural. In: *Dicionário da Educação do Campo*. Rio de Janeiro: EPSJV; São Paulo: Expressão Popular, 2012. p. 293-299.

SANTOS, C. A. Programa Nacional de Educação na Reforma Agrária (Pronera). In: *Dicionário da Educação do Campo*. Rio de Janeiro: EPSJV; São Paulo: Expressão Popular, 2012. p. 629-637.

STÉDILE, J. P.; CARVALHO, H. M. Soberania alimentar. In: *Dicionário da Educação do Campo*. Rio de Janeiro: EPSJV; São Paulo: Expressão Popular, 2012. p. 714-723.

TARDIN, J. M. Cultura camponesa. In: *Dicionário da Educação do Campo*. Rio de Janeiro/ São Paulo: EPSJV/Expressão Popular, 2012. p. 178-186.

CAPÍTULO 4

Outro paradigma pedagógico de formação de educadores do campo?

Miguel Gonzales Arroyo

Pretendo orientar minha análise na seguinte direção: Que radicalidades traz a Educação do Campo para o pensamento pedagógico? Para a concepção e prática de educação? Que radicalidades vêm da própria experiência dessa história de lutas por terra, território, por Educação do Campo? O que aprender com os movimentos do campo como educadores da própria educação? Que concepções de educação e que Outro Paradigma de Educação radicalizam? O foco será em que Outro Paradigma de Formação de educadores do campo radicaliza? Um Outro Paradigma de Formação, de Pedagogia, de Licenciatura?

Escola é mais do que escola.
Ser educador é mais do que ser docente

Comecemos pela luta por escola do campo, no campo, mas que escola? Os movimentos sociais do campo lutam por escola, por outra escola diferente da escola rural tradicional das primeiras letras. Lutam pelo direito dos povos dos campos ao conhecimento de que também são produtores. Mas proclamam lutar por uma escola que seja mais do que escola. Que seja tempo-espaço do direto à educação, à formação humana plena. Logo, lutam pela formação de profissionais que sejam mais do que ensinantes, que sejam educadoras, educadores.

Os movimentos sociais do campo colocam um debate à própria função da escola, de sua função profissional, alargam a estreita função de letramento, numeramento, de ensinar-aprender noções elementares de ciências... Reafirmam a função da escola e de seus profissionais no alargamento do direito à educação com o direito à formação humana plena. Uma politização e radicalização do direito à educação na contramão de estreiteza a que o reduzem as atuais políticas e a BNC, que nem falam em direito à educação, mas apenas em direito a aprendizagens.

Nesse reducionismo se propõem diretrizes de formação de profissionais não educadores para garantir o direito complexo à formação humana plena dos educandos, mas diretrizes que propõem formar docentes licenciados a ensinar, dominando o que e o como ensinar e avaliar aprendizados de conteúdos. Licenciados a avaliar, aprovar e reprovar aprendizes, sobretudo pobres, das periferias e dos campos.

Esse reducionismo do direito à educação como direito a aprendizagens e da formação dos seus profissionais apenas como docentes reduzem as licenciaturas – desde a Reforma de 1968 – ao domínio do que e do como – com que didáticas – a ensinar nem sequer no domínio de como os educandos aprendem, em seus tensos processos de sobreviver-aprender e de lutar por se formar-educar.

A concepção e a prática de 20 anos de formação de educadoras e educadores do campo alargam e radicalizam essa concepção e prática das licenciaturas não apenas porque enriquece o direito a aprendizagens, mas porque reafirma o direito dos povos do campo à educação como direito à formação humana plena.

Formar para entender, acompanhar os tensos processos de formação humana

A Educação do Campo recupera o direito dos povos do campo para além do direito à escola, ou repondo o direito à escola como uma das instituições para a garantia do direito à educação. Consequentemente recupera o direito dos profissionais das escolas para além de uma formação que os capacite – "licencie" – a ensinar porque dominando o que e o como ensinar, avaliar. Reafirma o direito a uma formação que os capacite na complexa função social, política, cultural, ética de formar o ser humano. Função atribuída à Pedagogia desde as suas origens na Paideia e na diversidade de humanismos pedagógicos: entender e acompanhar os tensos processos de constituir-nos humanos desde a infância. Essa é a função da escola do campo e de seus pedagogos-educadores que os movimentos sociais do campo recuperam para as escolas do campo.

Mas vão além. Uma das afirmações mais fortes da Educação do Campo é que essa educação-formação humana plena não acontece somente nas escolas, nem nas universidades. Acontece também e com especial destaque nos movimentos sociais que em suas lutas por terra, trabalho, vida, cultura repõem as matrizes mais determinantes da formação humana. Nessa história dos movimentos sociais, especificamente do campo, de reafirmar que a formação humana acontece nessas matrizes por que lutam, podemos reconhecer que os movimentos sociais têm cumprido a função histórica de reeducar a própria educação, de reeducar o campo, a sociedade, a política. Reeducar os educadores, as educadoras. Reeducar os currículos de formação. Um dado político da maior relevância: os educandos(as) que participam nos cursos de formação de educadores na Educação do Campo, indígena, quilombola, ribeirinhos, das florestas... já chegam em processos de formação nessa diversidade de movimentos. Exigir cursos específicos de formação é uma afirmação dessa diversidade de movimentos por libertação. Chegam com outra educação, com outros saberes de lutas, resistências, feitos. Chegam com Outro paradigma de formação humana e exigem outro paradigma de formação como educadores.

Que currículo de formação dará conta de reconhecer as pedagogias dos movimentos sociais aprendidas pelos educandos e educadores que participam nos cursos de formação? Como reconhecer e explorar os confrontos entre as pedagogias, os saberes que trazem da militância, dos movimentos sociais e as pedagogias, os saberes dos currículos hegemônicos de pedagogia e das concepções das licenciaturas? Como nos currículos de formação não perder a radicalidade político-pedagógica que afirmam os movimentos sociais de resistências por libertação-emancipação?

Se uma das contribuições das pedagogias dos movimentos do campo é serem pedagogias de formação humana plena, como formar na compreensão dos processos de formação humana onde participam e se formam? Que teorias da formação humana aprofundar para manter esse rico legado político-pedagógico que os movimentos sociais do campo, indígenas, quilombolas aprendem e põem em ação? Nas teorias das diversas áreas dos currículos de pedagogia e de licenciaturas terão oportunidade de saber-se, de entender os processos de sua formação na militância, nas lutas por territórios, terra, trabalho, vida?

Paradigmas de Formação de Educadores em disputa?

No livro *Currículo, território em disputa* (ARROYO, 2011), reflito sobre as disputas, tensões no território dos currículos de formação e de educação básica. As lutas dos movimentos sociais por cursos específicos de formação de educadores estão trazendo disputas políticas nos currículos de formação e de educação básica.

Os currículos de formação de educadoras, educadores do campo indígenas, quilombolas, ribeirinhos... avançaram em propostas que põem em diálogo e até em confronto os saberes, valores, culturas aprendidas nos movimentos com os saberes, valores das teorias pedagógicas, hegemônicas e das diversas áreas do conhecimento. Põem em confronto paradigmas de formação de profissionais da educação. Será formador articular estudos de professores e educandos para analisar essas tensões por Outro paradigma de formação.

Os cursos de educadores e educadoras do campo terminam sendo um confronto de educadores, de concepções de educação, de práticas de educação. Confronto de pedagogias trazidas e de pedagogias impostas. Os tempos de formação de Pedagogia da Terra nas diversas modalidades do movimento de Educação do Campo ao ocupar os cursos de pedagogia provocam esses tensos embates de pedagogias, de educadores e de processos de formação nos movimentos sociais com as pedagogias das universidades. Que radicalidades se exigem da formação de educadoras e educadores do campo diante dessa radicalidade político-pedagógica da Educação do Campo?

Das lutas dos movimentos de resistências por direitos sociais, de luta por terra, de luta por territórios, por trabalho, por vida justa, humana, vêm exigências radicais para o ser educadores. Para sua formação: se esses movimentos são tão educadores, que educadores serão capazes de participar desses movimentos? Que educadores formar, capazes de participar desses movimentos? Que cursos, currículos darão conta de exigências tão radicais de formação? Formar educadores conscientes de que lutar por entrar nas universidades, nas licenciaturas, nos cursos de pedagogia traz radicalidades político-pedagógicas.

Quero lembrar-me do momento que participei e com que tanto aprendi quando tivemos na Faculdade de Educação da Universidade Federal de Minas Gerais (FaE-UFMG) a primeira turma de Pedagogia da Terra. Um nome forte: *Pedagogia da Terra*. Qual foi o grito dos militantes da Educação do Campo? *Ocupemos o latifúndio do saber!* Mas ocupar o latifúndio do saber para quê? Porque temos direito ao saber que aí é produzido? Não era simplesmente para ter acesso ao saber produzido nos cursos de pedagogia ou de licenciatura, não era só para isso, era para ocupar, para plantar saberes das lutas pela terra, pelo trabalho, nesse latifúndio, saberes que são outros. Os saberes legítimos das Academias não coincidem com os saberes dos movimentos sociais. Os cursos de formação cuidam de não desfigurar, não desradicalizar esses saberes e essas pedagogias aprendidas nas lutas dos movimentos sociais. Não ocupam os latifúndios do saber para aprender os saberes hegemônicos, mas disputam paradigmas de formação e de conhecimento. As disputas estão presentes nos cursos de formação de pedagogia e licenciatura.

Por Outra organização de Outros Currículos de Formação?

Disputar que saberes, pedagogias de formação levam a disputar que currículos e que organização curricular. Uma disputa complexa travada com as lutas por ocupar os cursos de pedagogia e de licenciatura. Ocupar o latifúndio do saber não era simplesmente afirmar: nós, militantes, que estamos chegando dos movimentos sociais, nos formemos no saber que nos preparará para ser educadoras e educadores do campo. Ocupar o latifúndio do saber, ocupar o curso de pedagogia e de licenciatura era para algo muito mais sério, era para dizer: nesse latifúndio do saber, onde determinados saberes são plantados como legítimos e outros saberes não são cultivados porque decretados como não saberes, como ilegítimos, nós queremos plantar outros saberes também legítimos.

Logo, outros currículos, outras teorias, outra organização dos currículos. Plantar outros conhecimentos não por áreas, disciplinas, mas pelas matrizes pedagógicas que os movimentos sociais põem em ação. Disputas por outra organização curricular, menos escolarizada onde poder plantar nossos saberes, onde aprofundar nas matrizes de formação que os movimentos põem em ação na pedagogia do movimento sem terra, na pedagogia do campo, na pedagogia dos movimentos sociais.

Esse ocupar os cursos de pedagogia e de licenciatura instala um conflito muito sério, o qual precisa ser explicitado, não ocultado, nos currículos de formação. Conflito de saberes, conflito de concepções de mundo, conflito de projetos de sociedade. Conflitos de que conhecimentos, que pedagogias e que organização.

O que o movimento social e especificamente o movimento de Educação do Campo trouxe para repensar a própria pedagogia, ou o próprio pensamento pedagógico, as próprias concepções de educação, e para repensar também a formação de educadoras e educadores desses processos? Trouxe mais do que um repensar dos conteúdos de cada disciplina, mais do que tentativas de interdisciplinaridade, mais do que bem formar docentes das escolas do campo no domínio do que ensinar e como. Os movimentos do campo nos 20 anos de ocupar o latifúndio do saber trazem disputas políticas, éticas, pedagógicas por Outro paradigma de educação, de formação de educadores a exigir Outra organização curricular em disputa com a organização hegemônica.

Por que os povos-trabalhadores dos campos são negados no seu direito à educação?

Uma dimensão central nos 20 anos comemorados da Educação do Campo tem sido elaborar uma crítica radical à história perversa de negação persistente do direito dos povos dos campos à educação. Logo, formar educadores conscientes dessa perversa negação.

Que traços os movimentos sociais do campo disputam nesse paradigma Outro de formação de educadoras e educadores do campo? Uma marca forte nos movimentos é sua crítica à histórica negação dos povos, dos trabalhadores do campo em seu direito à educação. Uma crítica à escola rural como uma caricatura de escola e aos mestres-escola das primeiras letras, uma caricatura de docente, de mestre. Essa caricatura de escola, de mestres das primeiras letras dispensou por séculos centros, currículos de sua formação.

Conhecer essa história de negação do direito dos povos do campo à educação será uma forma de os educadores entenderem a história da precarização das escolas rurais e da precarização da formação de educadores para essas escolas rurais e sua redução a mestres das primeiras letras. Como educadoras, educadores do campo têm direito a entender-se, conhecer com profundidade essa história de negação da educação aos trabalhadores do campo, indígenas, quilombolas, escravizados e libertos camponeses, das águas, das florestas. Entender essa indigna história de educação rural para melhor entender a radicalidade política e pedagógica da luta pela Educação do Campo e pela formação de outros educadores do campo.

Sobretudo, os educadores nos currículos de sua formação têm direito de aprofundar o porquê dessa negação do direito à educação dos povos dos campos na maior parte das escolas rurais. Por que ela ainda persiste. Com que padrão de poder, de ser pensados, alocados, subalternizados foi e é justificada a negação desses trabalhadores à educação, formação humana? Questões nucleares nos currículos de pedagogia, de licenciatura: que os formandos entendam os determinantes desse decretar os povos do campo não educáveis e decretar a formação dos seus profissionais a uma formação docente elementaríssima para uma escola rural elementaríssima.

Entender a história da negação da educação aos trabalhadores dos campos nos obriga a entender a história brutal, segregadora do não reconhecimento dos povos originários, indígenas, negros, quilombolas, camponeses, ribeirinhos como humanos, logo não humanizáveis, não educáveis.

Aníbal Quijano (2010),[1] sociólogo latino-americano, ao se perguntar pela especificidade de nossa história, nos ajuda a entender a especificidade desse decretar os povos originários, os escravizados, os trabalhadores dos campos como sem direito a ter direito, sem direito à educação. Lembra-nos que foram decretados incapazes de participar na produção intelectual, cultural, moral da humanidade. Logo, incapazes de participar nos processos pedagógicos, mentais, culturais, morais que a educação trabalha e acompanha.

Esse padrão de in-humanidade, de incapacidade de participar nos processos humanização, a educação aponta para uma compreensão histórica da sua negação como educáveis, humanizáveis no padrão de poder, dominação, subalternização, expropriação das terras e do trabalho. Um padrão de poder,

---

[1] Trabalha mais detalhadamente seu pensamento em seu livro de 2012.

82 **Formação de formadores**

subalternização a ser aprofundado nos currículos de formação de educadores do campo, para entender essa história persistente de uma escola rural elementaríssima que a defesa do direito à Educação do Campo tenta destruir. Não se destrói essa escola rural sem destruir esse padrão de inferiorização humana dos povos dos campos.

Aníbal Quijano nos leva a análises ainda mais radicais dessa negação dos povos originários, indígenas, negros escravizados, camponeses. O autor nos lembra de que não se trata em rigor de nenhuma história e nem sequer de um mito histórico, mas de um *mito ôntico, metafísico* que postula para esses povos o *estado de natureza*. Indivíduos que não possuem entre si genuínas relações sociais, humanas... Um mito ôntico: inferiores como seres humanos, logo incapazes de genuínas relações sociais, humanas. Logo, in-humanizáveis, in-educáveis em qualquer processo pedagógico, em qualquer instituição escolar e ineducáveis por qualquer profissional da educação.

Esse *mito ôntico* traz uma compreensão radical, política, pedagógica da história da inexistente escola rural e da persistente inexistente formação de educadores para as escolas rurais. As relações capitalistas de expropriação da terra, de exploração do trabalho, da negação dos direitos humanos e do direito à educação continuam responsabilizando os povos do campo por sua condição de *inferioridade ôntica*. Esses povos trabalhadores são responsabilizados por sua inferioridade. A pedagogia assume como seu papel não educar, nem humanizar in-humanos por natureza, mas apenas corrigir sua inferioridade de natureza: sua inferioridade mental, cultural, moral. De origem.

A pedagogia incorporou esse paradigma de humanos-sujeitos de direitos e in-humanos sem direitos. Humanos, logo humanizáveis-educáveis. In-humanos, logo não humanizáveis. Não educáveis (ARROYO, 2015). Com esse olhar pedagógico entendemos a específica, a longa história da não educação rural: não educáveis porque não humanos.

Uma história a exigir toda centralidade na formação de educadores: qual a concepção de humanos-in-humanos com que foram, continuam pensados? Se não são humanos, a pedagogia não tem sentido, sua escolarização não tem sentido. Porque decretados que não são educáveis, não são humanizáveis, até hoje não chegou escolarização, educação aos povos do campo, aos povos indígenas, aos povos quilombolas, aos camponeses, aos trabalhadores. Porque não são considerados nem humanizáveis porque não humanos. A persistente história da negação do direito a sua educação, à escolarização, mostra que na escola rural a pedagogia não tem lugar. Uma das visões mais radicais de nossa história – de que a pedagogia não tem lugar na escola rural – porque ela só tem lugar se se reconhecem os povos do campo como humanos, educáveis.

A radicalidade pedagógica da Educação do Campo

Onde encontrar a radicalidade pedagógica da Educação do Campo? A radicalidade da Educação do Campo vem de que os movimentos sociais se contrapõem a essa negação política da humanidade do trabalhador do campo, do camponês. O grande mérito da Educação do Campo não está na defesa de outra escola do campo; está em algo muito mais radical! Os trabalhadores dos campos em suas lutas afirmam que há Educação do Campo, que são humanos, são trabalhadores humanos, são gente, são sujeitos de saberes, culturas, valores. Sujeitos de pedagogias de libertação. Humanização. Se não tivemos em nossa história, nem para o campo, nem para os trabalhadores, um projeto de educação, no sentido de humanização – porque não foram considerados humanos, consequentemente não humanizáveis, não educáveis –, a radicalidade política e pedagógica da Educação do Campo está nos movimentos sociais. Afirmar que são gente, são humanos, são sujeitos de direito, são sujeitos de humanidades e não se reconhecem inferiores, inumanos! Uma radical afirmação político-pedagógica a ser aprofundada nos cursos de formação de educadoras e educadores do campo, ribeirinhos, indígenas, quilombolas, trabalhadores.

Os movimentos de Trabalhadores Sem Terra, ao afirmar-se trabalhadores-sem-terra, obrigam o pensamento pedagógico a aprofundar nessas históricas relações entre decretados, subalternizados como in-humanos, in-educáveis para legitimar decretá-los sem terra, sem direitos do trabalho, para subalternizá-los nas relações capitalistas de trabalho, de apropriação-expropriação da terra.

Uma história que persiste

Conhecer os determinantes sociais, políticos, de classe dessa nossa história será uma dimensão fundamental na formação de educadores do campo. Por que essa história de negação do direito à educação persiste? Como essa história nesse padrão precaríssimo de escolarização se entrelaça com o padrão de poder, de dominação, de subalternização dos povos originários, de exploração de seu trabalho, do trabalho escravizado, com o padrão de apropriação-expropriação das terras e da força de trabalho que o capitalismo aprofunda? Em que medida essas relações de classe, de poder específicos em nossa história marcou e continua marcando o tipo de educação que chega, não chega aos povos do campo? Indagações nucleares nos currículos de formação. O Movimento Sem Terra, o movimento de Educação do Campo não apagou essa história; essa história persiste, e tem que ser conhecida, e com muita profundidade, sobretudo pelos profissionais de outra Educação do Campo.

Devemos conhecer mais algumas questões: Que padrão de poder, de dominação, de subalternização, de apropriação da terra, de exploração do trabalho, continua prevalecendo no campo? E em que medida esse padrão de poder está vinculado a um padrão de saber, de pensar, inferiorizar como in-humanos os trabalhadores dos campos? Uma história nossa desde a colonização, que as relações de classe radicalizam para poder dominar a terra, para poder escravizar os indígenas, os negros, para subalternizar os trabalhadores. História de dominação que continua depois da abolição da escravatura com formas extremamente brutais, racistas, classistas, capitalistas que o capitalismo incorporou, de exploração do trabalho. Nos cursos de formação, devemos aprofundar em que medida essa história de dominação-subalternização toca a nós como educadores: ela rouba-lhes suas humanidades, segrega-os como não humanos, nega-lhes sua condição de humanos. Logo, nega-lhes seu direito à educação, humanização.

Para entender a negação do direito à educação, é necessário olhar a história com um olhar pedagógico. A pedagogia só tem sentido quando acompanha os humanos em seu processo de humanização. Essa é a função histórica da pedagogia, essa a função histórica de um curso de pedagogia e de licenciatura: formar educadores capazes de acompanhar processos humanos de humanização, mas, como nos fala Paulo Freire, também, sobretudo em nossa história, entender e acompanhar processos de desumanização. A formação de educadores exige mais do que entender e acompanhar humanos em processos de humanização; exige entender e acompanhar processos brutais de desumanização que persistem. Logo, a pergunta obrigatória: como foram e continuam sendo pensados os trabalhadores do campo? Foram e continuam sendo pensados como humanos?

Quando chegaram aqui os colonizadores, seu grito foi: "terra à vista", essa terra é nossa! Mas tem gente, não tem direito as suas terras? A resposta persiste até o presente: "Não são gente, não são humanos, não têm direito à terra, são escravizáveis!" – trabalho escravo, sem terra, não educáveis, inseparáveis porque decretados in-humanos. Isso é inerente à nossa história, isso continua na Colônia, na República e na democracia. O capitalismo incorporou radicalmente essas lógicas coloniais, e por isso é impossível entender como o trabalho é explorado no campo sem entender esse padrão de subalternização como in-humanos incorporado pelo capitalismo, pelo agronegócio, pela expropriação das terras indígenas, quilombolas, pela destruição da agricultura camponesa. Padrão de uma escola subalternizada. Negada (Arroyo, 2012).

O Movimento dos Trabalhadores Rurais Sem Terra reeduca a memória política para não esquecer que essa história persiste. A identidade proclamada de Trabalhadores Sem Terra mostra a consciência da radicalidade com que são segregados como trabalhadores, subalternizados, desumanizados na especificidade de nossa história e das relações de classe, trabalho, terra, educação. Como movimento político, mostra as resistências por libertação de que continuam sujeitos os trabalhadores dos campos.

Como Movimento por Educação do Campo, põem no debate político-pedagógico que essa persistência que os decretou sem-terra, sem-trabalho, sem-humanidade negou-os e persiste na negação de seu direito à educação, ao conhecimento, à cultura, às identidades. O Movimento por Educação do Campo adquire sua radicalidade político-pedagógica vinda dos movimentos de trabalhadores sem terra em lutas por terra e pela especificidade do trabalho do campo.

Os currículos de formação de educadores do campo, avançando na compreensão dessa radicalidade político-pedagógica, reeducam a educação e reeducam a visão do trabalho como princípio educativo, na medida em que destacam a radicalidade desumanizante no trato do trabalho do campo e a radicalidade específica de trabalhadores sem terra. Radicalidades que trazem questões que o pensamento pedagógico da Educação do Campo radicaliza: qual a radicalidade do trabalho no campo, como sem terra enquanto matriz pedagógica, matriz de formação humana? Qual a radicalidade da terra sem-terra como matriz humanizadora-desumanizadora de séculos de escravizar indígenas, negros, e que persiste? Como esse decretar esses trabalhadores como coisas, não humanos marca até o presente seu não reconhecimento como humanos? Como marcou e marca sua condição de não educáveis, in-humanizáveis?

Questões nucleares para entender a negação de educação dos trabalhadores dos campos, uma negação histórica, com radicalidades específicas que persistem. Uma história a exigir toda centralidade para os educadores e educadoras se entenderem, entendendo essa nossa história de relações de trabalho escravocratas, por séculos que marcam até o presente a exploração do trabalho indígena, quilombola, dos campos, das águas, das florestas. A Matriz Trabalho carrega essas relações de classe que exigem ser aprofundadas quando pensamos o trabalho como matriz formadora, humanizadora. Entender essa radicalidade desumanizadora dessas matrizes formadoras será uma das funções dos currículos da formação de educadores que chegam à formação com as marcas desses processos antipedagógicos e trabalharão com infâncias, adolescências, jovens e adultos dos campos marcados por esses processos históricos desumanizantes. Que educadores formar para entender, acompanhar educandos roubados em suas humanidades? Terra-trabalho-etnia-raça se reforçam em nossa história como matrizes antipedagógicas. Os movimentos sociais dos campos resistindo por terra, território, trabalho, identidades étnicas, raciais, camponeses, ribeirinhos repõem essas matrizes como pedagógicas. Formadoras.

Sem Terra, roubados em suas Humanidades?

Diante desse decretar dos povos dos campos como in-humanos, em estado de natureza, não de humanidade, logo sem direito à terra, trabalho, vida, educação, a quem recorrer para formar educadores capazes de entender, acompanhar esses processos tão antipedagógicos que persistem? Paulo Freire (1987) merece centralidade na formação de educadores do campo. Olhando para os camponeses resistindo a essa condição de opressão nas Ligas Camponesas, no Sindicalismo Agrário, Paulo, como educador, capta a mais brutal das opressões: a desumanização que rouba humanidades. Nas resistências por libertação capta processos de recuperação de suas humanidades roubadas.

Com Paulo Freire, podemos aprender a radicalizar o olhar pedagógico sobre a opressão como desumanização, a opressão como processo de roubar humanidades. Mas avançar reconhecendo nos oprimidos dos campos resistências pedagógicas, educativas, humanizadoras. Paulo capta as tensões inerentes à pedagogia, aos processos educativos vividos pelos oprimidos: vivenciar ser negados nas possibilidades de ser no mundo, no campo como humanos, vivenciar ser roubados de suas humanidades porque submetidos a um viver inumano, mas resistentes em lutas por libertação, por terra, trabalho, vida digna de seres humanos. Nesses processos, vivências de opressão-libertação, Paulo Freire vê os camponeses como produtores de saberes, de valores, de culturas, de consciências. Sujeitos de sua formação. Sujeitos de Pedagogias de Oprimidos.

A função dos currículos de formação inicial e continuada de educadores dos povos dos campos será entender as crianças, adolescentes, jovens e adultos que continuam vivenciando essas tensões político-pedagógicas: atolados em vivências de opressão, mas resistentes por libertação. Como entender, acompanhar seres humanos desde a infância nessas vivências com que chegam às escolas, à Educação de Jovens Adultos (EJA) e aos cursos de pedagogia e licenciatura? Sairão desses cursos sabendo-se capacitados a que os educandos com que trabalharão entendam essas tensas vivências que levam à EJA, às escolas do campo, das águas, das florestas?

Dar centralidade ao pensamento de Paulo Freire será um caminho seguro para formar educadores que se defrontam com essas tensas vivências de opressão-libertação. Uma primeira lição: vê-los como *oprimidos por opressores*, por históricas estruturas sociais, políticas, econômicas de opressão. Aprender com ele a deixar-nos interrogar pelos oprimidos dos campos, captar suas interrogações políticas, pedagógicas, humanas. Interrogações de humanos roubados em suas humanidades. Entender essas interrogações com esse radicalismo político-pedagógico-humano exige teorias de formação capazes de captar os radicalismos que chegam dos oprimidos dos campos. Exige entender a específica brutalidade desumanizadora de *nossa história*.

Um Outro paradigma de humano, de formação humana?

Os movimentos de Educação do Campo com Paulo Freire trazem para o debate pedagógico um Outro paradigma de humano, de formação humana.[2] Logo, outro paradigma de formação de educadores.

Paulo Freire, deixando-se interrogar por essa história de opressão, propõe um Outro Paradigma de Humano e de Formação Humana. As teorias pedagógicas dos diversos humanismos afirmam um paradigma pedagógico para entender, acompanhar os processos de formação humana dos reconhecidos como humanos, humanizáveis, educáveis. Um paradigma de humano segregador em nome do qual foram segregados como in-humanos os povos originários, os negros, indígenas, quilombolas, camponeses.

Paulo Freire critica esse paradigma pedagógico de humano-educável em nome do qual os oprimidos foram segregados como in-humanos, in-educáveis. Uma crítica a essa função política-pedagógica do paradigma hegemônico de humano, crítica que deverá ser central nos currículos de formação de educadores do campo. Deverá aprofundar como em nome desse paradigma único, hegemônico segregador de humano os povos do campo foram e continuam segregados como ineducáveis porque não incluíveis no paradigma de humano.

Paulo Freire avança nessa crítica ao pensamento pedagógico único, hegemônico por ter ignorado e não ter produzido um pensamento capaz de entender os processos de desumanização a que milhões são submetidos. Paulo Freire denuncia a carência de teorias pedagógicas, o descompromisso político, pedagógico, ético e profissional com os processos de desumanização de roubar humanidades a que tantos milhões de oprimidos são submetidos.

Os profissionais comprometidos em recuperar humanidades roubadas de infâncias, adolescências, jovens, adultos roubados em suas humanidades, condenados a um sobreviver inumano se defrontam com carências de teorias sobre esses brutais processos de desumanização. Como suprir essas carências em currículos de formação de educadores de oprimidos dos campos? Como produzir outro paradigma pedagógico que aprofunde nos processos de desumanização, de roubar humanidades? Questões que tocam em cheio na formação de educadores do campo.

Os movimentos de Educação do Campo somam com Paulo Freire, criticam e desconstroem o paradigma pedagógico hegemônico por não ter reconhecido os processos pedagógicos, formadores, humanizadores de que são sujeitos os

---

[2] Em Arroyo (2017), dedico um capítulo, "Do trabalho e das lutas do campo – que radicalidades afirmam?" a este tema.

oprimidos como in-humanos. Os movimentos sociais se reconhecem sujeitos de humanização, de produção de saberes, valores, culturas, identidades. Sujeitos de pedagogias de resistências por libertação. Os movimentos do campo incorporam esse outro paradigma pedagógico. Afirmam-se sujeitos de saberes, de si e do mundo, sujeitos de outros valores, de outras culturas. Sujeitos de pedagogias do campo, aprendidas nas lutas por terra, trabalho, vida.

Os currículos de formação de educadores do campo dão centralidade a uma desconstrução radical do paradigma hegemônico de humano e de formação humana em nome do qual os povos do campo foram segregados como in-humanos, in-educáveis. Os currículos avançam reforçando o Outro paradigma pedagógico que, com Paulo Freire, reconhece os povos dos campos, os oprimidos como sujeitos de resistências, de movimentos de libertação, humanização. Sujeitos de Outras Pedagogias de Formação. Tensões de paradigmas pedagógicos que a Educação do Campo leva ao paradigma pedagógico dos currículos hegemônicos de pedagogia e licenciatura.

Matrizes pedagógicas de formação humana em disputa

Os paradigmas de humano-in-humano que os movimentos de Educação do Campo e Paulo Freire põem em disputa carregam concepções de matrizes pedagógicas, de formação humana também em disputa. Uma interrogação nuclear nos currículos de formação de educadores do campo: que matrizes de formação humana os movimentos de Educação do Campo afirmam? Entram em disputas com as matrizes hegemônicas de educação, humanização? Os currículos de formação não têm como função primeira trazer a radicalidade formadora dessas matrizes de humano, de humanização que afirmam os movimentos sociais do campo? Essas matrizes afirmadas nos movimentos sociais não exigem ser a *espinha dorsal* estruturante dos currículos de formação de educadores do campo? Que matrizes pedagógicas de formação humana e até de deformação humana os movimentos do campo afirmam?

A tarefa de elaborar e estruturar um currículo de formação de educadoras, educadores do campo exigirá começar por identificar que matrizes da formação humana, que pedagogias a diversidade de movimentos sociais põe em ação. Reconhecer os indígenas, negros, ribeirinhos, as mulheres e os trabalhadores sem terra como sujeitos de Outras Pedagogias, Outras matrizes de formação humana. Essa diversidade de sujeitos sociais, políticos, culturais em movimentos reeducam o campo, as políticas, a educação, as teorias pedagógicas. Reeducam os currículos de formação na medida em que constroem outras identidades, saberes, valores, culturas e práticas políticas, educativas. Essa história de os movimentos do campo se afirmarem educadores exige começar por identificar com que pedagogias, com que Matrizes Pedagógicas educam, formam. Exige formar educadores do campo na compreensão dessas matrizes.

De diversas formas o *Dicionário da Educação do Campo* (2012) e o conjunto de análises sobre a função político-pedagógica dos movimentos sociais do campo vêm dando centralidade a mostrar, analisar as Matrizes Pedagógicas que os movimentos sociais vêm pondo em ação. A diversidade de verbetes do *Dicionário da Educação do Campo* traz uma rica síntese dessas matrizes: Terra, Pedagogia da Terra, Trabalho, Vida, Cultura, Memórias, Etnia-Raça, Resistência, Libertação.

Essa diversidade de Matrizes Pedagógicas vem sendo trabalhada como temas geradores de formação nos cursos de pedagogia e de licenciatura. Matrizes Pedagógicas que estruturam como uma *coluna vertebral* o currículo de formação de educadores do campo. As áreas do conhecimento cumprem a função de trazer estudos da diversidade de conhecimentos, de culturas, das Artes... que ajudam a entender a terra, o trabalho, a vida... cada uma dessas matrizes. As diversas ciências, sociologia, política, antropologia, economia, história, geografia... podem contribuir para a compreensão das tensões políticas em torno de cada uma dessas matrizes. A função do olhar pedagógico será mostrar e aprofundar nas dimensões político-pedagógicas. Função histórica da pedagogia. Mostrar os sujeitos, os coletivos sociais de etnia, raça, gênero, trabalho, que são produzidos, roubados em suas humanidades, suas culturas, saberes, valores, identidades. Sobretudo, mostrar como se produzem, formam, humanizam, nos movimentos de resistência por humanizar cada uma dessas matrizes de formação. Como nas resistências específicas em cada matriz (terra, trabalho, cultura, identidades...) recuperar, radicalizar saberes, valores, culturas de classe, etnia, raça, gênero, trabalho.

Uma das tarefas dos cursos de formação será conhecer os estudos que revelam cada uma dessas matrizes e que revelam os movimentos sociais educando-se nas lutas por humanizar cada um desses campos de resistências. Nos cursos de formação aprendem essas Pedagogias dos Oprimidos dos campos como a forma mais radical de formar educadoras e educadores das infâncias-adolescências dos jovens-adultos dos campos, das águas, das florestas. Será uma forma de formar educadores capacitados a reproduzir esses temas geradores nos currículos de educação das escolas do campo, das águas, dos territórios indígenas ou quilombolas. Um currículo que reconheça como crianças, adolescentes, jovens ou adultos chegam às escolas, à EJA, formados nessas matrizes que os percursos escolares reforçarão.

Tentarei fazer um exercício de destacar as virtualidades pedagógicas, formadoras de duas matrizes: Memórias Humanas e Terra.

Humanas Memórias, Matriz Formadora

Que dimensões explorar? Deve-se começar por reconhecer que os jovens-adultos que buscam a formação de educadores trazem trajetórias, memórias de militância nos movimentos sociais; trazem trajetórias pessoais e de seus coletivos sem terra, sem territórios, sem trabalho, mas também trajetórias de resistências, de lutas por vida justa, humana. Chegam aos cursos de formação como militantes na diversidade de movimentos, de lutas por educação, de resistências a serem negados no direito à terra, trabalho, vida justa, humana. Carregam para os cursos as memórias de vivências desumanizantes de condenados a viver sem terra, sem trabalho, sem vida justa, roubados em suas humanidades. Têm direito a saber, com profundidade, como a negação dessas matrizes de formação humana os rouba suas humanidades, suas identidades, culturas.

Trabalhar essas memórias será uma pedagogia que garanta seu direito a uma compreensão radical dessa relação entre negar suas humanidades e destruir as matrizes de formação. Chegam, sobretudo, com memórias de lutas por terra, trabalho, vida, cultura, identidades coletivas, humanizando-se na reinvenção das matrizes formadoras. Entender os processos de desumanização-humanização inerentes à negação-reinvenção dessas matrizes de formação será a função central dos cursos de formação. Trabalhar as memórias até in-humanas é formador.

Uma maneira de avançar nessa compreensão será abrir espaços-tempos para que educandos e educadores, na pedagogia e nas licenciaturas, narrem, socializem suas memórias de vivências tanto de opressão, desumanização na condição de sem terra, sem trabalho, sem vida justa, humana quanto que narrem, sobretudo, suas memórias de lutas por terra, trabalho, vida, justiça, humanidade. Que reconheçam essas narrativas de suas memórias como matrizes de formação, de saberes, de culturas, de identidades. Reconheçam os educandos sujeitos de processos de formação. Memórias humanas, carregadas de aprendizados, de conhecimentos a serem explorados com destaque nos currículos de formação. Valorizem as humanas memórias, mas também não esquecer tantas in-humanas memórias como matriz pedagógica, formadora.

Em Arroyo (2017), trabalho a necessidade de repor a centralidade da memória na formação humana. Os próprios educandos militantes que chegam aos cursos de formação são testemunhas, sujeitos da centralidade da memória na sua formação humana. Que aprendam a trabalhar com as humanas e in-humanas memórias que os educandos levam às escolas do campo, quilombolas, ribeirinhos.

Trazer tantas memórias nos cursos de formação de educadores e de educandos carrega dimensões políticas, pedagógicas libertadoras. Será uma forma de formar em uma postura crítica de tantas memórias, histórias, verdades ocultadas, até proibidas que o material didático, os conhecimentos hegemônicos das áreas e disciplinas que os currículos ignoram, desconstruindo, apagando as desumanizações que vitimam os povos dos campos. Os cursos de pedagogia, de licenciatura e das escolas do campo serão o lugar de recuperar memórias in-humanas e humanas proibidas. Não contadas nem nas ciências hegemônicas.

Devem-se explorar os significados políticos, formadores de trabalhar com os educandos dos cursos de formação e das escolas os significados políticos, libertadores de recuperar suas memórias. Um exercício obrigatório nos currículos de formação: trazer suas memórias, até ocultadas, proibidas, segregadas e confrontá-las com as memórias da desumanização dos povos dos campos. Trazer, sobretudo, humanas memórias de resistências humanas, políticas de que eles e seus coletivos, de que os movimentos sociais dos campos são sujeitos históricos.

Os currículos de formação, ao trazer com destaque essas memórias, ao recuperar essas memórias afirmativas, resistentes, estarão ensinando os educadores das escolas dos campos que os povos dos campos têm direito a Outras memórias, Outras identidades afirmativas. Têm direito a outros conhecimentos das áreas. Uma função política com especial radicalidade. Lembrando que uma das funções da história-memória oficial dos vencedores tem sido extirpar a memória dos vencidos.

As imagens que até o pensamento pedagógico passa dos povos dos campos são imagens negativas de vencidos pelo analfabetismo, pela irracionalidade, pela falta de valores de trabalho, logo sem territórios, sem terra. Memórias subalternizadas que persistem. Trazer Outras memórias de lutas por territórios, terras, trabalho, vida justa será uma forma de desconstruir essas memórias-identidades tão negativas. Será educador. Formador de outras identidades.

Pôr em diálogo essas memórias de desumanização-resistências-humanização será uma das pedagogias de formação com maior radicalidade político-pedagógica do que as memórias consolidadas nos currículos e nas áreas do conhecimento. Nesses tempos-espaços de diálogos sobre humanas memórias, deve-se dar destaque às memórias coletivas que se perguntam por suas origens. Do seu passado vêm memórias de formar-se como indivíduos e, sobretudo, como coletivos políticos. Memórias de valores humanos não reconhecidos, mas afirmados nas lutas.

A Terra Matriz Formadora

A Terra tem sido a Matriz mais destacada e mais trabalhada nos currículos de formação. Destacada no próprio nome do movimento político-pedagógico educador mais radical de nossa história: trabalhadores sem terra em luta pela

Terra, repondo a Pedagogia da Terra como matriz de formação. Porque Terra é mais do que terra, é cultura, valores, identidades, onde nos formamos como humanos. Também terra matriz negada, sem terra, desterritorializada, culturas, valores, identidades desenraizadas. Os brutais processos de expropriar da terra, de desenraizamentos de milhões de imigrantes, de indígenas, de africanos tirados de suas terras, escravizados no passado e no presente. Lutas por outro lugar, outra terra. Lutas por memórias, identidades, valores, culturas.

São processos que mostram a terra como matriz pedagógica e mostram a brutalidade da expropriação-desterritorialização como matriz antipedagógica. Como aprofundar na *Terra matriz* humanizadora-desumanizadora nos currículos de formação, de Pedagogias da Terra e nos currículos das escolas dos campos? Mostrando como os movimentos sociais por terra, território, lugar reeducam as teorias pedagógicas, destacando a terra matriz formadora e quando expropriar da terra é matriz deformadora. Trazer os aprendizados dos sem terra, sem teto, sem territórios... que lutando por terra lutam por culturas, identidades, valores da terra. Trazer estudos no *Dicionário da Educação do Campo*. Os verbetes desse dicionário trazem análises para a compreensão da terra como Matriz Formadora. Nos currículos de pedagogia e de licenciatura o recurso a essas análises já é familiar. Atrevo-me a trazer minha leitura.

No verbete "terra", Paulo Alentejano (2012) nos lembra de que "desde os tempos de colonização, terra é sinônimo de poder e riqueza no Brasil e de disputas acirradas pelo seu controle" (p. 740). Nem aos "homens livres e pobres da ordem escravocrata" lhes era reconhecida a posse efetiva das terras que ocupavam e trabalhavam e de que viviam. Milhares de trabalhadores nos campos não têm a propriedade legal das terras que trabalham. Paulo Alentejano nos lembra das terras das comunidades tradicionais, das terras indígenas e das populações originárias que sobreviveram ao genocídio das terras que ocupavam. Lembra-nos dos processos fraudulentos de apropriação-expropriação das terras, da apropriação da Renda da Terra.

Paulo lembra que em relação à terra se abriram lutas por seu controle democrático pelos movimentos sociais, indígenas, quilombolas, em luta pela reforma agrária contra a manutenção de latifúndios improdutivos intocados. Terra continua sendo sinônimo de poder e de riqueza nas mãos de poucos e de pobreza de muitos. Destacar essa persistente relação entre terra e poder nos leva a entender as radicalidades políticas que marcam a terra como sinônimo de poder de poucos e de marginalização do poder de muitos. Entender o radicalismo político dos processos de desumanização de manter sem terra, manter a miséria de muitos.

No verbete "território camponês", Bernardo Mançano Fernandes nos lembra de que diferentes tipos de territórios estão em confronto porque são espaços em que as relações sociais de poder se realizam. O território camponês é o espaço de vida do camponês, onde uma enorme diversidade de culturas camponesas constrói sua existência. Território de trabalho familiar, de vida comunitária, associativa, cooperativa.

Território de resistências de uma infinidade de culturas camponesas, resistências às relações capitalistas que expropriam o camponês da riqueza produzida com seu trabalho, vivendo em situação de miséria, miséria gerada pelas relações capitalistas que se apropriam da riqueza do seu trabalho e de suas terras. Sem propriedade, sem espaço de vida, sem terra e território a família camponesa é desterritorializada (FERNANDES, 2012, p. 744-745).

O autor reafirma a relação entre terra-poder, sem-terra-sem-poder. Destaca que essa relação gera confrontos políticos de formação política. Lembra-nos que lutas por terra são lutas por culturas, identidades camponesas, por vida comunitária, por construir uma existência humana. As lutas por terra como resistências às relações capitalistas. Resistências à miséria desumana. Análises de extrema riqueza para a compreensão da Terra Matriz de tensos processos de desumanização-humanização. Conhecê-los será uma exigência na formação de educadores e educandos da terra.

No verbete "agricultura camponesa", Horácio Martins de Carvalho e Francisco de Assis Costa (2012) lembram o modo de viver das famílias camponesas, tecendo um modo econômico, social, político e cultural, um modo de produzir a vida comunitária e de reprodução social dos seus trabalhadores. Um modo articulado à produção de valores de sociabilidade, de construção política de um "nós", resistindo e se contrapondo aos modos de exploração e de desqualificação.

Na diversidade de verbetes, podemos captar a terra como matriz formadora. Que dimensões destacam? Os autores nos lembram que o camponês no modo de fazer agricultura produz saberes colados às experiências de produção. Produz valores de solidariedade comunitária, produz crenças, religiosidades, culturas, identidades sociais... Lembram-nos das dificuldades políticas de acesso à terra, às várias formas de opressão, repressão, subalternização, exploração da renda familiar, como desqualificação preconceituosa e ideológica dos camponeses, considerados à margem do modo capitalista de fazer agricultura.

Carvalho e Costa (2012) não esquecem que o processo histórico de subalternização dos camponeses estimulou diferentes formas de resistência social, criando identidades, culturas, valores, saberes de resistências que mobilizam estratégias, políticas coletivas de confronto de paradigmas de como se faz agricultura: o camponês e o capitalista.

São tensões que para os autores mostram um crescente processo de identidade camponesa, de consciência de sua especificidade na formação social. Consciência que leva a movimentos de organizações sociais populares no campo que provocam a passagem de uma identidade de resistência para uma identidade social do projeto. Provocam a construção de uma autonomia como sujeitos sociais, de classe. Sujeitos de outra cultura.

Outro paradigma de formação humana apontado nas análises? Essas análises sobre Terra e Agricultura camponesa oferecem riquíssimos elementos para compreender esse outro paradigma pedagógico que os movimentos sociais do campo confrontam com o paradigma hegemônico de pedagogia e licenciatura. Confronto de paradigmas que pode ser encontrado no verbete "agricultura familiar". Delma Pessanha Neves destaca os valores, culturas, identidades que a agricultura familiar põe em construção: a sociabilidade comunitária na família e entre famílias, a diferenciação de gênero, a especificidade dos ciclos da vida dos membros da família como partes da unidade de produção, enquanto coletivo aprendendo e exercendo valores coletivos, trabalhos coletivos compatíveis com os padrões de cada ciclo da vida (crianças, adolescentes, jovens, adultos, segundo relações de gênero).

Uma aproximação com as análises sobre o espaço humano-desumanizado nos leva a autores como Milton Santos (1994) e Josué de Castro (2008), que enfatizam fazer falar a terra, o espaço, o lugar, interpretar sua voz, seus saberes. Autores que em suas análises sobre o espaço destacam que lugares e saberes se encontram implicados na construção da territorialidade cidadã, resistentes à alienação territorial que produzem a expropriação do lugar, da terra, as desterritorializações e desenraizamentos. Produzem a pobreza, a miséria, a migração à procura de outro lugar. Autores que destacam que produzem resistências por lugar, por terra. Produzem Outros saberes por outro projeto de existir, por recuperar existências humanas negadas no passado e no presente.

Milton Santos (1994) e Josué de Castro (2008) destacam a terra, o território como a base material e social das ações humanas, dos saberes, valores, culturas do humano viver. Insistem na unicidade, possibilitada pela energia social dessas vivências na terra, território. Para Milton Santos, o cultivo da terra põe em ação diferentes saberes e artes de viver, de ser, de sobreviver. A cultura popular valoriza essas artes, saberes, valores aprendidos no cultivo da terra. As festas, crenças, linguagens, rituais valorizam essas culturas, artes repostas nas humanas memórias.

A desterritorialização tenta anular esses saberes, essas artes, essas culturas e suas memórias alterando as relações espaço, terra, território-existência humana. Perdas dramáticas de saberes, de identidades, mas também possibilidades de resistências radicais produtoras de novos saberes, consciências, valores, identidades.

Um olhar humano-humanizante, desumanizante do espaço, da terra. Não é esse o olhar humano da Pedagogia da Terra? A terra, história tensa para decifrar, entender nossa sociedade e nossa formação social, política, cultural. Milton Santos vê o lugar como *totalidade* em movimento, em tensão política. Totalidade de significação. Um olhar político, ético do espaço, do território, da terra para captar as dimensões pedagógicas.

Os saberes do espaço, da terra reforçam as Matrizes Pedagógicas do Campo

Acompanha-nos a hipótese de que em currículo de formação de educadores e educandos do campo exige colocar as Matrizes Pedagógicas como *eixo estruturante* e trazer os saberes, análises, conhecimentos das diversas áreas para uma compreensão política, ética, pedagógica dessa diversidade de Matrizes. Tentamos aproximar-nos das Humanas Memórias e da Terra com esse olhar. Que lições aprender dessa diversidade de análises para a tarefa de formar educadores e educandos dos campos? Uma lição persistente e coincidente nas análises sobre espaço, território, terra, agricultura: captar a função formadora de saberes, valores, culturas, identidades, significados políticos, éticos. Pedagógicos. Riqueza de dimensões da formação humana que a terra produz como Matriz Pedagógica.

Aprender com cada matriz, aprender com a terra, o território, o espaço, com essas análises das outras áreas seria uma diretriz fecunda para a estruturação de um currículo de formação de educadoras, educadores dos campos. E para um currículo de educação-formação humana nas escolas do campo, dos territórios, das águas, das florestas.

Um currículo de formação que põe em diálogo as diversas áreas do conhecimento pautadas por um olhar político, ético, humano da terra, do território, do espaço e o olhar pedagógico aprendido na história da pedagogia: deve entender, acompanhar os processos de humanização, mas também de desumanização que transpassam o viver, humanizar-se no trabalhar, cultivar a terra. Que transpassam os brutais processos de expropriação da terra, de desterritorialização. E, sobretudo, entender com essas análises a acompanhar os processos políticos, éticos, formadores de resistir e lutar pelo direito a espaço, lugar, terra. Pelo direito a um viver justo, humano no território, no espaço, no lugar. Na terra que continua ser mais do que terra. Terra produtora de sua própria pedagogia.

Volta a pergunta: não será possível avançar, consolidar um currículo de formação de educadores(as) do campo e um currículo de educação nas escolas do campo, das florestas, das águas, dos territórios indígenas, quilombolas que tenha como *coluna vertebral estruturante* a riqueza de matrizes pedagógicas que os movimentos do campo põem em ação como movimentos educadores?

Uma das tarefas a ser desenvolvida nas monografias dos cursos pelos educandos e educadores vem sendo produzir Outro material didático sobre essa diversidade de matrizes que os movimentos do campo põem em ação e que o *Dicionário da Educação do Campo* e outros materiais analisam. Essa riqueza de análises é uma reserva para entender o Outro Paradigma Pedagógico em construção na Educação do Campo, mas também uma reserva para a urgente tarefa de construção de Outro material didático nas escolas, na EJA Campo que garanta aos educandos o direito de se saberem sujeitos de Outras Pedagogias. Pedagogia dos Oprimidos dos Campos.

Referências

ALENTEJANO, P. Terra. In: *Dicionário da Educação do Campo*. Rio de Janeiro: EPSJV; São Paulo: Expressão Popular, 2012.

ARROYO, M. G. *Currículo, território em disputa*. Petrópolis: Vozes, 2011.

ARROYO, M. G. O humano é viável? É educável? *Revista Pedagógica*, v. 17, p. 21-40, 2015.

ARROYO, M. G. *Outros Sujeitos, Outras Pedagogias*. Petrópolis: Vozes, 2012.

ARROYO, M. G. *Passageiros da noite – do trabalho para a EJA; itinerários pelo direito a uma vida justa*. Petrópolis: Vozes, 2017.

CASTRO, J. de. *Geografia da fome*. 8 ed. Rio de Janeiro: Civilização Brasileira, 2008.

CARVALHO, H. M. de; Costa, F. de A. Agricultura camponesa. In: *Dicionário da Educação do Campo*. Rio de Janeiro: EPSJV; São Paulo: Expressão Popular, 2012.

FERNANDES, B. M. Território camponês. In: *Dicionário da Educação do Campo*. Rio de Janeiro: EPSJV; São Paulo: Expressão Popular, 2012.

FREIRE, P. *Pedagogia do oprimido*. 17. ed. Rio de Janeiro: Paz e Terra, 1987.

NEVES, D. P. Agricultura familiar. In: *Dicionário da Educação do Campo*. Rio de Janeiro: EPSJV; São Paulo: Expressão Popular, 2012.

QUIJANO, A. Colonialidade do poder e classificação social. In: SANTOS, B. S.; MENEZES, M. P. (Orgs.). *Epistemologias do Sul*. São Paulo: Cortez, 2010.

SANTOS, M. *Técnica, espaço, tempo*. São Paulo: Hucitec, 1994.

SANTOS, M. O retorno do território. In: SANTOS, M.; SOUZA, M. A.; SILVEIRA, M. L. *Território: globalização e fragmentação*. São Paulo: Hucitec, 1994.

CAPÍTULO 5

·O campo brasileiro em disputa: a expansão do agronegócio e a resistência dos povos do campo no século XXI

Paulo Roberto Raposo Alentejano

Introdução

O presente artigo busca demonstrar como a expansão do agronegócio no Brasil tem reforçado o poder do latifúndio, bloqueado a democratização da terra e impedido a realização da reforma agrária, apesar das lutas dos movimentos sociais e dos povos do campo.

A partir dos dados do Instituto Brasileiro de Geografia e Estatística (IBGE, 2012; 2017) e da Comissão Pastoral da Terra (CPT, 2017), buscaremos demonstrar como ao mesmo tempo estamos diante de um aprofundamento da expropriação e da violência contra camponeses, indígenas, quilombolas e outras comunidades tradicionais e do crescimento da produção agropecuária centrada na grande propriedade, articulada ao grande capital transnacional e sustentada política e economicamente pelo Estado brasileiro.

Assim, a luta pela terra adquire novos contornos, ainda que preserve seu conteúdo: a luta dos camponeses, indígenas e quilombolas contra a usurpação das terras que ocupam pelas forças do latifúndio/agronegócio e contra um modelo agrário que concentra riqueza promove devastação ambiental (desmatamento e contaminação de águas, solos, alimentos e trabalhadores por agrotóxicos) e se reproduz com base na violência e na exploração do trabalho (inclusive com trabalho escravo); a luta por uma reforma agrária que desconcentre a terra, o poder e a riqueza no campo e promova a produção de alimentos saudáveis a partir da perspectiva agroecológica.

A violência como método de expansão do agronegócio

O modelo agrário dominante no Brasil, ancorado no tripé latifúndio-monocultura-agroexportação, é historicamente violento, injusto e devastador, e a longa história de luta dos trabalhadores rurais, povos indígenas e comunidades tradicionais contra esse modelo tem denunciado frequentemente as mazelas que produz.

Os dados sobre a violência no campo levantados pela CPT e publicados anualmente no *Caderno Conflitos no Campo Brasil*[1] mostram que 2017 foi o ano mais violento no campo brasileiro nas últimas décadas, com 71 pessoas assassinadas (só inferior nos últimos 25 anos aos 73 assassinatos de 2003), sendo que 31 foram assassinadas em 5 massacres ocorridos em Mato Grosso, Rondônia, Pará, Amazonas e Bahia e que vitimaram sem terras, indígenas, quilombolas e posseiros. Este aumento da violência está diretamente associado à intensificação dos conflitos pela terra.

O Gráfico 5.1, abaixo, aponta para o crescimento da proporção dos conflitos por terra entre os conflitos no campo na última década, pois, se entre 2007 e 2009 os conflitos por terra representavam 40% a 50% dos conflitos no campo, esse patamar mudou para 50% a 65% entre 2010 e 2015 e pulou para mais de 70% em 2016, atingindo o pico de 81,6% em 2017.

Gráfico 5.1 – Conflitos no campo e conflitos por terra no Brasil (2007-2017)

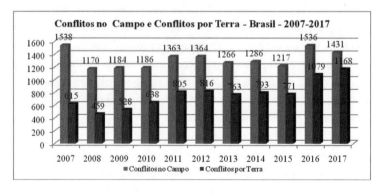

Fonte: CPT, organizado pelo autor.

---

[1] <www.cptnacional.org.br>.

Vale registrar ainda o crescimento dos conflitos por terra em termos absolutos, pois eles passaram dos 1.000 casos pela primeira vez em uma década.

Já o Gráfico 5.2 mostra que a maior parte dos conflitos por terra não foi resultante de ações dos movimentos sociais, como ocupações de terra, como apregoam certas vozes ligadas aos interesses do agronegócio, mas de ações de despejo, expulsão, enfim, ações protagonizadas pelo capital/latifúndio na sua sanha de se apropriar de mais e mais terras. Os dados apontam para a redução do percentual de ocupações em relação ao total dos conflitos por terra, caindo de um patamar superior a 50% entre 2007 a 2009 para um padrão entre 20 a 30% entre 2010 e 2015 e para menos de 20% em 2016 e 2017. Isso demonstra que os povos do campo estão sendo vítimas de um brutal aumento da violência na corrida do capital por terras que tem caracterizado o capitalismo global na última década, como registram os estudos sobre este assunto e que resultaram na criação de termos como *land grabbing* e *acaparamiento de tierras*.

Gráfico 5.2 – Conflitos por terra e ocupações de terra no Brasil (2007-2017)

Fonte: CPT, organizado pelo autor.

Em estudo recentemente concluído, Cuin (2018) reforça esses argumentos ao mostrar a dissociação nos últimos 15 anos entre a violência e a capacidade de enfrentamento desta por parte dos movimentos e dos povos do campo. Como mostra o Gráfico 5.3, a seguir, as ações dos movimentos sociais e povos do campo, representadas por Acampamentos, Ocupações e Retomadas de Terra caíram de um patamar superior a 600 ações em 2003 para menos de 200 em 2017. Vale registrar que se até 2007 essas ações sempre somaram anualmente mais de 300, e após 2010, nunca ultrapassaram o patamar de 250 ações.

Gráfico 5.3 – Ações dos povos do campo e movimentos sociais – Brasil (2003-2017)

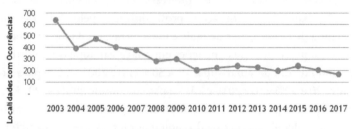

Fonte: CPT, elaborado por Cuin (2018).

Por outro lado, os dados sobre Violência do Poder Público e Violência do Poder Privado mostram que as ações de despejo e expulsão aumentaram nos últimos anos, principalmente aquelas protagonizadas pelo poder privado, isto é, as ações diretas, violentas e arbitrárias do capital/latifúndio contra os povos do campo para se apropriar das terras ocupadas por estes.

As ações de despejo que haviam caído sucessivamente entre 2004 e 2008, de um patamar de 300 ações para pouco mais de 100, passaram a crescer novamente a partir de então, ultrapassando o patamar de 250 ações nos últimos dois anos (Graf. 5.4). Trata-se nesse caso de uma ação articulada entre o Estado brasileiro e o capital/latifúndio para retirar "legalmente" os trabalhadores das terras que ocupam, via ordens judiciais e acionamento das forças policiais para o cumprimento dessas ordens de despejo exaradas pelo Poder Judiciário.

Gráfico 5.4 – Violência do Poder Público – Brasil (2003-2017)

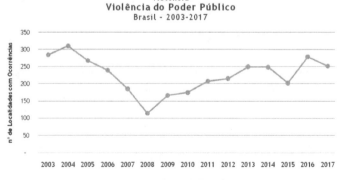

Fonte: CPT, elaborado por Cuin (2018)

Já as ações de expulsão empreendidas pelo poder privado que oscilaram entre 150 e 200 ocorrências entre 2003 e 2015 aumentaram nos últimos dois anos, ultrapassando o patamar de 200 ocorrências (Graf. 5.5). Neste caso, trata-se da ação de jagunços, ou sua expressão moderna, as firmas de segurança privada, que a mando de fazendeiros retiram à força os trabalhadores das suas terras, não sendo raros os casos em que essas ações resultam em violências adicionais como assassinatos.

Gráfico 5.5 – Violência do Poder Privado – Brasil (2003-2017)

Fonte: CPT, elaborado por Cuin (2018).

Quando se comparam diretamente as ações dos movimentos sociais e povos do campo com a violência dos poderes público e privado (Graf. 5.6), temos a evidência de que a violência cresceu nos últimos anos mesmo com a redução das ações dos movimentos sociais e povos do campo, demonstrando claramente tratar-se de um processo de intensificação da violência expropriatória que marca a expansão do latifúndio/agronegócio.

Gráfico 5.6 – Ações dos movimentos e povos do campo x violência dos poderes público e privado no campo – Brasil (2003-2017)

Fonte: CPT, elaborado por Cuin (2018).

Os mapas 5.1 e 5.2, a seguir, também elaborados por CUIN (2018), além de corroborarem a conclusão anterior acerca do crescimento da violência no campo, permitem ainda identificar a concentração espacial desta na Amazônia, ao passo que no Centro-Sul e no Nordeste prevalecem as ações dos movimentos sociais.[2]

No Mapa 5.1 observa-se que, com raras exceções, entre 2003 e 2009 as ações dos movimentos e povos do campo são predominantes no Nordeste e no Centro-Sul, ao passo que a violência dos poderes público e privado predomina na Amazônia.

Mapa 5.1 – Ações dos movimentos e povos do campo x violência dos poderes público e privado – Brasil (2003-2009)

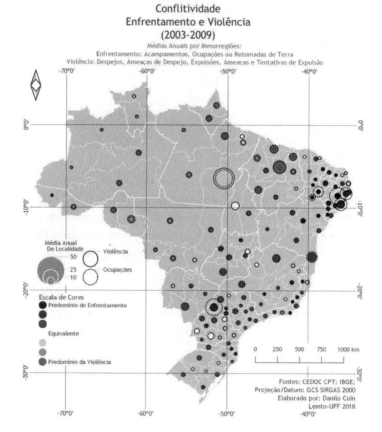

---

[2] Consideramos que a regionalização do território brasileiro que mais ajuda a compreender a dinâmica dos conflitos pela terra no Brasil é a que subdivide o país em três regiões, Amazônia (estados da Região Norte, Mato Grosso e Maranhão), Centro-Sul (estados das regiões Sul e Sudeste, Goiás, Mato Grosso do Sul e Distrito Federal) e Nordeste (estados da Região Nordeste, exceto o Maranhão). Para uma explicação detalhada desta opção metodológica, ver: ALENTEJANO; LEITE; PORTO-GONÇALVES (2013).

Já o Mapa 5.2 revela, além do crescimento generalizado da violência e do refluxo das ações dos movimentos, a concentração dessas ações violentas na Amazônia, com destaque para os estados do Maranhão, do Amapá, de Rondônia e do Acre.

Mapa 5.2 – Ações dos movimentos e povos do campo x violência dos poderes público e privado – Brasil (2010-2017)

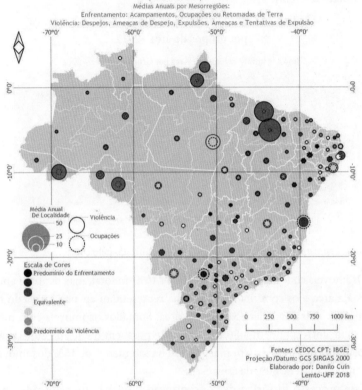

Ora, todo esse processo revelado pelos dados da CPT expostos até aqui converge com os dados recém-publicados pelo IBGE com base nos resultados preliminares do Censo Agropecuário de 2017. Por ele, os estabelecimentos agropecuários com mais de 1.000 ha aumentaram ainda mais a área sob seu controle, que já era de absurdos 45% segundo o Censo de 2006 e agora é de 47,5%. Isso, para um total de apenas 1% dos estabelecimentos, pouco mais de 50 mil de um total de mais de 5 milhões. Foram 16,5 milhões ha a mais incorporados pelos grandes, enquanto os menores estabelecimentos, que têm até 10 ha, representam 50,2% do número total de estabelecimentos, mas ocupam apenas 2,3% da área.

Essa inominável concentração fundiária segue inalterada, configurando talvez a principal marca histórica do campo brasileiro. Inaugurada com o instrumento colonial das sesmarias, foi intensificada pela Lei de Terras de 1850 e se manteve intacta pelos sucessivos bloqueios impostos à reforma agrária na história do país.

Se considerarmos os dados do Instituto Nacional de Colonização e Reforma Agrária (Incra), em vez dos dados do IBGE, isto é, se considerarmos os imóveis rurais, em vez dos estabelecimentos agropecuários,[3] verificamos que o panorama não é muito diferente.

Gráfico 5.7 – Imóveis rurais segundo o número e a área por grupos de área –2012

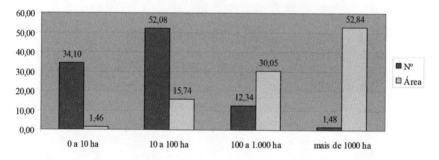

Fonte: Estatísticas Cadastrais do Incra, 2012, organizado pelo autor.

Os imóveis com menos de 10 ha são 34,10% do total, mas ocupam apenas 1,46% da área e os com mais de 1.000 ha representam apenas 1,48% do total de imóveis, mas controlam 52,84% da área. Somados os imóveis com menos de 100 ha, correspondem a 86,2% do total e possuem menos de 20% da área, ao passo que os que possuem mais de 100 ha são menos de 15% dos imóveis e concentram mais de 80% da área.

Esse processo histórico de concentração fundiária foi reforçado com a modernização conservadora da agricultura brasileira conduzida pela Ditadura Empresarial-Militar após 1964, resultando na adaptação da agropecuária

---

[3] O IBGE utiliza a categoria Estabelecimentos Agropecuários, que considera a unidade produtiva, enquanto o Incra utiliza a categoria Imóvel Rural, isto é, tem como base a propriedade da terra. Assim, por exemplo, se uma fazenda é arrendada para quatro diferentes agricultores, o Incra contabiliza um imóvel rural e o IBGE, quatro estabelecimentos agropecuários. Por outro lado, se três diferentes fazendas são administradas como uma unidade produtiva contínua, o Incra contabiliza três imóveis rurais e o IBGE, apenas um estabelecimento agropecuário. Assim, os dados do IBGE e do Incra devem ser considerados como complementares para a análise da concentração fundiária.

brasileira à lógica da revolução verde[4] e se mantém até hoje. Carter (2010a) define assim esse processo:

> [...] o atual modelo de desenvolvimento rural do país, fundado na promoção do agronegócio e na proteção das grandes propriedades de terras, foi desenvolvido e financiado pelo regime militar. Desde então, a inércia conservadora do Estado se manteve sem grandes alterações, apesar da democratização do regime político, das leis favoráveis à reforma agrária e da expressiva demanda popular por terra (CARTER, 2010 b, p. 514).

Ou como prefere Delgado (2010, p. 88), estamos diante de um "pacto agrário tecnicamente modernizante e socialmente conservador" que articulou as oligarquias rurais ligadas à grande propriedade territorial com a moderna indústria e o setor financeiro, intensificando a concentração fundiária no país.

E para que o agronegócio se apropria de tanta terra?

Um dos efeitos da concentração fundiária é facilitar a transferência do patrimônio natural brasileiro para o controle estrangeiro; afinal, quando se trata o agro como negócio (agronegócio), a terra é de fato mera mercadoria que só importa por seu valor de troca no mercado de terras e pode, portanto, ser transacionada sem maiores preocupações, diferentemente de quando o agro é lugar de vida (agricultura) e a terra importa por seu valor de uso.

Por isso temos visto crescer a aquisição de terras por fazendeiros, empresas e fundos de investimentos estrangeiros, uma das faces do crescente processo de internacionalização da agricultura brasileira, ao lado do domínio cada vez mais ampliado das grandes corporações transnacionais sobre o setor agropecuário brasileiro através do controle da tecnologia e dos processos de comercialização e processamento agroindustrial.

Na definição de David Harvey (2014), vivemos um processo de renovação do imperialismo, caracterizado pela acumulação por espoliação[5]:

---

[4] A revolução verde consiste no processo de modernização técnica da agricultura – baseada em mecanização, quimificação e melhoramento genético – gestada nos Estados Unidos (EUA) e difundida pelo Terceiro Mundo a partir dos anos 1950 sob o pretexto de combater a fome e a miséria, mas que visava na realidade combater o perigo da revolução vermelha/comunista que chegara à China no fim da década de 1940 e ameaçava se espalhar pelo resto do Terceiro Mundo.

[5] Fontes (2010) polemiza com Harvey em torno da adequação da sua noção de acumulação por espoliação, por considerar que a produção de expropriação é sistemática no capitalismo, dado seu caráter desigual e combinado. Embora não discordemos da autora, consideramos que a noção de acumulação por espoliação ajuda a lançar luz sobre o atual processo de avanço do capital sobre os recursos naturais e os direitos sociais, contribuindo para ressaltar o caráter permanentemente violento da expansão capitalista.

Todas as características da acumulação primitiva que Marx menciona permanecem fortemente presentes na geografia histórica do capitalismo até os nossos dias. A expulsão de populações camponesas e a formação de um proletariado sem terra tem se acelerado em países como o México e a Índia nas três últimas décadas; muitos recursos antes partilhados como a água, têm sido privatizados (com frequência por insistência do Banco Mundial) e inseridos na lógica capitalista da acumulação; formas alternativas (autóctones e mesmo, no caso dos Estados Unidos, mercadorias de fabricação caseira) de produção e consumo têm sido suprimidas. Indústrias nacionalizadas têm sido privatizadas. O agronegócio substitui a agricultura familiar. E a escravidão não desapareceu (particularmente no comércio sexual) (HARVEY, 2004, p. 121).

A combinação em alto grau da disponibilidade de terra e água faz do Brasil um dos principais focos de atração para os capitais interessados em expandir a produção agropecuária, visto que o padrão agrícola moderno, derivado da revolução verde, é intensivo em terra, água e energia. Ressalte-se que a tropicalidade (abundância de sol e água) dominante em nosso território garante a intensidade dos processos de fotossíntese, acelerando o metabolismo das plantas e consequentemente seu processo de crescimento, o que favorece ainda mais a acumulação de capital na agricultura, por contribuir para reduzir um dos seus principais entraves, que é a diferença entre tempo de trabalho e tempo de produção. O Mapa 5.3 aponta o Brasil como o país que possui, ao mesmo tempo, as maiores disponibilidades de terra e água.

Mapa 5.3 – Disponibilidade mundial de terras e água

Essas *vantagens comparativas*[6] para o desenvolvimento da agricultura no Brasil tornam-se ainda mais nítidas ao analisarmos os dados sobre uso da terra. O Quadro 5.1 a seguir demonstra que a soma das terras não utilizadas ou utilizadas para pastagens no Brasil representa mais do que o dobro das terras nestas mesmas condições existentes nos EUA e na Rússia, os dois países que mais se aproximam do Brasil neste quesito, sem contar o fato de que estes países possuem extensas áreas recobertas permanente ou temporariamente por neve. Vale mencionar ainda que países como China e Índia, os dois países mais populosos do mundo e economias em franca expansão, não possuem mais nenhuma área para expansão da produção agropecuária.

Quadro 5.1 – Disponibilidade de terras aráveis

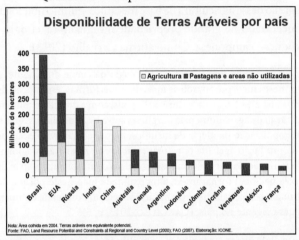

A partir disso, constrói-se uma "visão triunfalista dos agronegócios articulada com uma imagem hiperbolizada do Brasil e de seu potencial agrícola" (ALMEIDA, 2009, p. 110), como parte das estratégias de expansão do grande capital na agricultura brasileira (agroestratégias, na expressão de Almeida), como se nessas terras não houvesse indígenas, quilombolas, geraizeiros, seringueiros, quebradeiras de coco de babaçu e tantos outros que ocupam de maneira diversificada o espaço agrário brasileiro.

Essas agroestratégias articulam-se com o crescente movimento de internacionalização da agricultura brasileira verificada nos últimos anos, no qual

---

[6] O uso desta expressão faz referência à noção proposta por David Ricardo no século XIX, sem entretanto dar a esta o mesmo tratamento que faz o referido autor, pois consideramos que não se trata de vocação natural, mas de atributos historicamente valorizados. Nem sempre a tropicalidade foi vista como benéfica, ao contrário, no mesmo século XIX em que Ricardo viveu e escreveu, era comum a referência à hostilidade do ambiente tropical.

destacam-se a intensificação: 1) do controle das transnacionais do agronegócio sobre a agricultura brasileira – seja pela determinação do padrão tecnológico (sementes, máquinas e agroquímicos), seja pela compra/transformação da produção agropecuária (grandes *traders*, agroindústrias); 2) da compra de terras por fazendeiros, empresas e grupos estrangeiros.

No que diz respeito ao controle das transnacionais sobre a agricultura brasileira, o que mais chama atenção nos dias de hoje é a crescente difusão das sementes transgênicas pelas grandes empresas do setor, como Monsanto, Bayer, Syngenta,[7] que também são as grandes produtoras de agroquímicos, o que contribuiu para a transformação do Brasil no maior consumidor mundial de agrotóxicos, como veremos com detalhes adiante.

A propagação dessa agricultura de base mecânico-químico-biológica, embora tenha se concentrado na grande propriedade monocultora, atingiu também a pequena produção camponesa. Como afirma Carvalho (2013):

> Como a ideologia dominante é a ideologia da classe dominante, parcela dos camponeses incorporou, sob as mais distintas formas, essa noção de progresso expressa na espoliação da natureza. E, mais, com a crescente tendência da artificialização da agricultura pela burguesia sob a hegemonia do capital financeiro, da oligopolização da oferta de insumos, do beneficiamento e da comercialização da produção agrícola por umas poucas empresas transnacionais, não só a artificialização da agricultura assim como o controle oligopolista da produção agrícola nacional tornaram-se uma realidade inconteste porque dominante e legitimada pelas mais distintas instituições da denominada democracia liberal burguesa vigente no país. (Carvalho, 2013, p. 5).

Entretanto, vale observar também a ampliação do controle das transnacionais sobre a comercialização e o processamento industrial da produção agropecuária, sobretudo ADM, Bunge, Cargill e Dreyfus (também conhecido como grupo ABCD). Segundo Delgado e Leite (2010), a participação do capital estrangeiro na agroindústria de esmagamento da soja cresceu de 16% em 1995 para 57% em 2005. Wesz Jr. (2014) aponta que em 2010 o grupo ABCD somado à Amaggi, empresa da família do ministro da Agricultura, Blairo Maggi, dominava 50% do esmagamento, 80% do financiamento da produção e 85% da comercialização de grãos.

Essas grandes corporações, originalmente concentravam sua atuação no ramo de cereais, mas nos últimos anos sua atuação tem se expandido para outros setores, em especial o sucroalcooleiro, no qual a presença das grandes empresas transnacionais tem se expandido rapidamente.

---

[7] A tendência é que esta concentração aumente ainda mais, pois há um movimento de fusão destas gigantes, por exemplo, com a compra da Monsanto pela Bayer.

O crescente controle das grandes corporações estrangeiras sobre a agropecuária brasileira se reflete também na ampliação da compra de terras por fazendeiros, empresas e grupos de investidores estrangeiros, embora a real dimensão desse processo de aquisição de terras por estrangeiros seja uma incógnita, uma vez que o Incra, órgão responsável pela administração fundiária no Brasil, não tem instrumentos efetivos de controle disso.[8]

De toda a forma, em 2008 existiam 34.632 imóveis registrados no Cadastro do Incra como pertencentes a estrangeiros, perfazendo um total de 4.037.667 ha, sendo 83% grandes propriedades (SAUER; LEITE, 2010).

A fragilidade dos mecanismos de controle do Estado sobre o território brasileiro é reconhecida inclusive por um ex-presidente do órgão, que admite que o governo não tem dados sobre investidores e pessoas físicas que já detêm terras no país e chama atenção para as brechas legais que facilitam o acesso de estrangeiros à propriedade da terra no Brasil: "Basta abrir um escritório ou estar associado a um brasileiro, que pode comprar o que quiser de terras".[9]

Há, portanto, controvérsias sobre o volume de terras já pertencentes a grupos, empresas e fazendeiros estrangeiros, assim como são diferentes os interesses que impulsionam este novo movimento de internacionalização das terras no Brasil, mas não há como negar a existência e a gravidade de tais processos, da mesma forma como é inegável a sua contribuição para a fragilização de nossa soberania territorial. Isso, aliás, não é um fenômeno que se restringe ao território brasileiro, como demonstram estudos recentes: "Só entre outubro de 2008 e agosto de 2009, foram comercializados mais de 45 milhões de hectares, sendo que 75% destes na África e outros 3,6 milhões de hectares no Brasil e Argentina, impulsionando aquilo que se convencionou chamar, na expressão em inglês de 'land grabbing'" (SAUER; LEITE, 2010, p. 1).

Segundo esses autores, são três os fatores que impulsionam esse movimento: governos de países com pouca disponibilidade de terra e preocupados com o abastecimento alimentar que buscam, além de suas fronteiras, terras para expandir a produção agropecuária; empresas financeiras em busca da apropriação

---

[8] O Sistema Nacional de Cadastro Rural é baseado em autodeclaração e praticamente não possui mecanismos de aferição de sua fidedignidade – ao contrário de outros tipos de declaração, como acontece com o imposto de renda que também é inicialmente baseado em autodeclaração, mas em torno do qual a Receita Federal constituiu um eficiente sistema de fiscalização. O que não significa dizer que não haja instrumentos de burla do imposto de renda, pelo contrário, há inclusive nas empresas de consultoria econômico-financeira especialistas em impostos que se dedicam à busca das brechas legais para a redução do pagamento de impostos.

[9] Afirmação feita por Rolf Hackbart, ex-presidente do Incra, durante palestra no BNDES no Rio de Janeiro em 2008 (FRÔ, 2008).

da renda da terra; empresas do setor agroindustrial que buscam expandir seus lucros e seu controle sobre o processo de produção.

As consequências da crescente internacionalização da agricultura brasileira se refletem, por exemplo, nas transformações do padrão produtivo da agropecuária brasileira e na questão da segurança alimentar. Desde a segunda metade do século XX, a agropecuária brasileira passou por importantes processos de transformação que se intensificaram nas últimas décadas, com a consolidação do agronegócio, "associação do grande capital agroindustrial com a grande propriedade fundiária, sob patrocínio fiscal, financeiro e patrimonial do estado" (DELGADO, 2006, p.1).

Nos últimos anos, temos presenciado a reprimarização das exportações brasileiras, com destaque para produtos minerais (sobretudo o minério de ferro) e agropecuários. Esse processo tem fortes implicações sobre a nossa segurança alimentar, como veremos a seguir.

Segundo dados do IBGE (2017), entre 1990 e 2016, a plantada com lavouras temporárias no Brasil aumentou de 45,98 para 71,40 milhões ha, isto é, cresceu 25,42 milhões ha.

Entretanto, o aumento concentrou-se basicamente em três produtos voltados prioritariamente para exportação ou transformação industrial, as chamadas *commodities* – soja, cana e milho. A área plantada com soja cresceu de 11,58 para 33,30 milhões ha, a área com milho, de 12,02 para 15,03 milhões ha, e a área com cana passou de 4,32 para 10,24 milhões ha. Somadas as áreas dessas três culturas, o aumento foi de 31,66 milhões ha, passando de 27,93 para 59,59 milhões ha.

Gráfico 5.2 – Área plantada com lavouras temporárias –
Milhões de ha – Brasil – 1990-2016

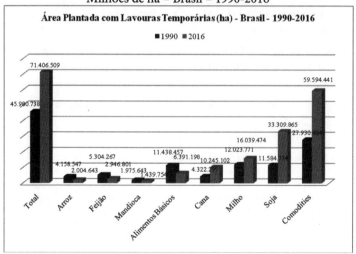

Fonte: IBGE, organizado pelo autor.

Por outro lado, a área destinada à produção de três alimentos básicos da dieta da população brasileira (arroz, feijão e mandioca) diminuiu mais de 5 milhões ha, caindo de um total de 11,43 para 6,39 milhões ha, sendo que a maior redução foi a da área plantada com feijão, que caiu de 5,3 para 2,94 milhões ha.

Vale destacar adicionalmente que entre 1990 e 2016, a soja ultrapassou o milho em termos de área plantada, assumindo a condição de maior lavoura do país. Foi também a cultura com maior crescimento em termos proporcionais, quase triplicando a área plantada.

Outro dado revelador dos caminhos da produção agropecuária brasileira é o relativo à expansão da criação de bovinos no Brasil, atividade que se caracteriza pelo caráter extensivo, e cujo número de cabeças (215,2 milhões) já é maior que o número de brasileiros (210 milhões). Nesse caso observamos que a criação de bovinos expandiu-se em todas as regiões do país, mas com destaque para a Amazônia, onde a expressão foi mais significativa, passando de 17,8% do rebanho brasileiro em 1990 para 39,1% em 2015.

Por fim, vale registrar também o grande crescimento da produção de madeira no país a partir da silvicultura, isto é, a produção em escala industrial de árvores para fabricação de papel e celulose ou carvão vegetal, ou ainda madeira para a indústria moveleira, da construção civil, entre outros usos.

A comparação entre o crescimento da população brasileira e o crescimento da produção agrícola revela uma acentuação da insegurança alimentar no país. Entre 1991 e 2010, a população brasileira passou de 146.917.459 habitantes para 190.715.799 habitantes, um crescimento de 29,8%. No mesmo período, a produção de arroz aumentou 33% e a de feijão, 27%, ou seja, a de arroz superou levemente o crescimento populacional e a de feijão ficou abaixo deste, o que significa dizer que caiu a disponibilidade de feijão por habitante, explicando que este produto seja importado hoje até da China. Por outro lado, a produção de milho cresceu 237%, a de cana-de-açúcar, 255%, e a de soja, 288%, o que confirma a prioridade da agricultura brasileira atual pelos produtos voltados para exportação ou a produção de matérias-primas para a indústria em detrimento da produção de alimentos para a população.

Todos esses dados apontam para a inexorável ampliação de nossa insegurança alimentar, decorrente de um modelo produtivo que expande a produção de *commodities* em detrimento da produção de alimentos, fortalece o agronegócio e não a agricultura, muito menos uma agricultura de base camponesa e agroecológica. Como diz Carvalho (2013):

> O denominado agronegócio vigente no país (as empresas capitalistas direta e indiretamente relacionadas com o campo) enaltece e reproduz sem se ruborizar,

pela promoção consciente da subalternidade colonial brasileira perante as economias altamente desenvolvidas, a primarização da economia exportadora nacional onde predomina a espoliação da natureza (CARVALHO, 2013, p. 10).

Tais processos espoliativos da natureza se refletem, por exemplo, no avanço do desmatamento. Segundo dados do IBGE,[10] temos o seguinte cenário em relação aos grandes biomas brasileiros: a área desflorestada se aproxima hoje dos 20% da área florestal original da Amazônia; por sua vez, da Mata Atlântica, restam apenas 12% da área total do Pampa, 46%; do Cerrado, 51%; da Caatinga, 54%; do Pantanal, 85%. Entretanto, a maior expansão recente do desmatamento tem se concentrado no Cerrado e na Amazônia.

Já no que diz respeito aos agrotóxicos, o uso cada vez mais intenso transformou o Brasil no maior consumidor mundial desde 2008. Segundo estudo publicado pela Associação Brasileira de Saúde Coletiva (ABRASCO) em 2012, a utilização de agrotóxicos nas lavouras do país saltou de 599,5 milhões de litros em 2002 para 852,8 milhões de litros em 2011. Tal crescimento está associado ao crescimento das lavouras de soja, milho e cana, prioritariamente voltadas para exportação ou transformação industrial, as que mais consomem agrotóxicos, mas os alimentos básicos também estão sendo intensamente contaminados. Pelo levantamento realizado, o consumo de agrotóxicos entre 2002 e 2011 aumentou de 11 para 12 litros/ha e o de fertilizantes, de 90,1 kg/ha para 94,8 kg/ha (ABRASCO, 2012).

Entre os principais tipos de agrotóxicos consumidos no Brasil, destacam-se os herbicidas, que representaram 45% do total de agrotóxicos comercializados, seguidos dos fungicidas, que respondem por 14% do mercado nacional, e dos inseticidas, que correspondem a 12%, cabendo aos demais tipos 29% (ABRASCO, 2012, p. 15-16).

Quando consideradas as lavouras, observamos que em 2011, o consumo médio de agrotóxicos (herbicidas, inseticidas e fungicidas) por hectare de soja foi de 12 litros; o de milho, 6 l/ha; de algodão, 28 l/ha; de cana, 4,8 l/ha; de cítricos, 23 l/ha; de café, 10 l/ha; de arroz, 10 l/ha; de trigo, 10 l/ha; de feijão, 5 l/hectare (ABRASCO, 2012, p. 20).

A dependência de volumes crescentes de agrotóxicos e fertilizantes demonstra cabalmente o quão insustentável é a agricultura brasileira.

Os ideólogos do agronegócio usam a expressão "produção de *commodities*" para designar a produção em larga escala e de forma especializada de cana, milho, soja, outrora denominada simplesmente monocultura. Rejeitam a noção de latifúndio, afirmando que é a moderna tecnologia e a elevada produtividade

---

[10] Disponível em: <www.ibge.gov.br/home/geociencias/recursosnaturais/ids/default_2012.shtm>.

que marcam o campo brasileiro. Dizem que não existe trabalho escravo no campo, mas uma "cultura trabalhista diferenciada". E que a agricultura brasileira é sustentável. Novas justificativas para velhas práticas. Mudam os nomes, mas a realidade persiste no campo brasileiro: violência, exploração e devastação. E cinismo também.

Já dizia Marx que para desvendar as relações sociais precisamos ir muito além das aparências. Nada mais falacioso do que o discurso dos ideólogos do agronegócio de que a terra já não é mais fundamental para a agricultura contemporânea, pois esta é intensiva em capital e tecnologia. Terra é não só fundamental para o agronegócio, como hoje também para uma série de outras estratégias do capital, entre elas, a especulação movida por grandes empresas transnacionais, bem como fundos financeiros os mais diversos, que cada vez mais investem em terras como ativos financeiros. De outro modo, como explicar a resistência do agronegócio à atualização dos índices de produtividade para desapropriação de terras para reforma agrária? Como afirma Medeiros (2010):

> Terras improdutivas ou produzindo pouco fazem parte das necessidades criadas pela expansão das atividades empresariais. Transformá-las em áreas passíveis de desapropriação, com a possibilidade de se transformarem em assentamentos, significa subtraí-las do mercado e excluí-las do cerne desse circuito de reprodução (MEDEIROS, 2010, p.4).

O Quadro 5.2 abaixo sintetiza o que está em disputa no campo brasileiro hoje: apesar de já controlar praticamente um terço do território brasileiro (280 milhões ha, 32,9% do total), o latifúndio/agronegócio pretende avançar sobre as terras hoje sob controle estatal, especialmente as Unidades de Conservação, as Terras Indígenas e os Assentamentos Rurais, que somados abrangem 41,2% do território brasileiro.

Quadro 5.2 – Distribuição das terras por categoria de uso no Brasil

	Número	Área (milhões de ha)	% do Território Brasileiro
Unidades de Conservação	1098	144,6	17
Terras Indígenas	584	119,1	14
Assentamentos Rurais	9128	88,6	10,2
Territórios Quilombolas	129	1,0	0,2
Imóveis Rurais	5.600.000	509,3	63,6
Latifúndios	168.000	280,1	32,9

Fonte: Incra/Embrapa, organizado pelo Autor (2018).

O fato de a soma da área de Unidades de Conservação, Terras Indígenas, Assentamentos Rurais, Territórios Quilombolas e Imóveis Rurais (862,6 milhões ha) superar a área do Território Brasileiro (850 milhões ha) já indica as sobreposições existentes entre algumas dessas categorias, o que remonta ao histórico processo de grilagem de terras existente no Brasil, mas que se renova permanentemente.

E como os movimentos sociais do campo estão reagindo a tudo isso?

Na contramão do avanço do agronegócio, a defesa da reforma agrária e da justiça no campo tem se associado a outras bandeiras, como a causa ambiental, a soberania alimentar e a luta pela democracia. Vale dizer que esta não é apenas uma luta brasileira, como nos lembra o sociólogo argentino Miguel Teubal (2009):

> [...] la lucha por la tierra y la reforma agraria hacia fines del siglo XX, comienzos del nuevo milenio, constituye una lucha contra el modelo de agricultura industrial o agroalimentario, impulsado por estas transnacionales que dominan tecnologías de punta, canales de comercialización de alimentos, grandes industrias alimentarias, así como también la producción de semillas y productos transgénicos. Surge en consecuencia que la lucha por la tierra es también una lucha en contra de un nuevo establishment surgido en escala mundial que incide sobre múltiples aspectos que atañen a la tierra y al sistema agroalimentario en su conjunto. Es, asimismo, una lucha en contra de toda una cultura impulsada por ese establishment vinculado al mercado y a la mercantilización de la vida misma (TEUBAL, 2009, p. 226-227).

Nesse sentido, a construção de uma reforma agrária agroecológica tem sido colocada como pauta central pelo MST e outros movimentos sociais do campo. Trata-se não apenas de mudar o padrão técnico dominante com a rejeição aos agrotóxicos, mas de construir outras práticas produtivas, outras formas de comercialização, outras relações de trabalho, outras relações sociedade-natureza que superem a fratura metabólica (FOSTER, 2005) instaurada pelo capital.

A multiplicação das feiras da reforma agrária nos estados e a realização da Feira Nacional da Reforma Agrária, em São Paulo, já na sua terceira edição, espaços nos quais não apenas se vende diretamente a produção dos assentados, mas também se debate a reforma agrária e a agroecologia e se manifesta a cultura popular são exemplos dessa construção. Assim também o são os Armazéns do Campo abertos em São Paulo, Belo Horizonte e no Rio de Janeiro, espaços onde os alimentos saudáveis se misturam à música, à poesia e à política.

Também a realização do Encontro Unitário dos Trabalhadores, Trabalhadoras e Povos do Campo, das Águas e das Florestas, em 2012, que reuniu 37 organizações da sociedade civil, incluindo dezenas de movimentos camponeses, indígenas e quilombolas representaram um importante passo de unidade da/na luta do/no campo neste sentido, com o conjunto desses movimentos assumindo a bandeira da reforma agrária agroecológica.

Todos esses exemplos mostram que não é possível pensar a agroecologia dissociada da reforma agrária e do fortalecimento da agricultura camponesa. Enquanto o modelo agrário brasileiro for marcado pelo domínio da grande propriedade monocultora, a agroecologia não será mais que um fenômeno marginal.

Infelizmente, no que diz respeito à reforma agrária, pouco foi feito pelos sucessivos governos:

> As medidas de reforma agrária adotadas até o momento procuravam satisfazer exigências imediatas, neutralizar conflitos locais e, acima de tudo, evitar um confronto maior com os grandes proprietários de terra. Dessa forma, elas não representaram ações contundentes com o objetivo de transformar o sistema fundiário e suas assimetrias nas relações de poder. O efeito distributivo das políticas agrárias do Brasil, apesar de significativo em alguns municípios, tem tido um impacto mínimo sobre a estrutura agrária do país. Mesmo com as iniciativas promovidas no primeiro governo Lula, a reforma agrária brasileira é, em termos proporcionais, uma das menores de toda a América Latina. [...] No total, esse processo de reforma beneficiou 5% de toda a força de trabalho agrícola e distribuiu 11,6% do total de terras cultiváveis (CARTER, 2010a, p. 60-61).

E não foi por falta de terras disponíveis, pois ainda existem hoje no Brasil 120 milhões ha improdutivos autodeclarados e 172 milhões de ha de terras devolutas (DELGADO, 2010).

Em vez de realizar a reforma agrária nas áreas onde se concentram as lutas pela terra, os sucessivos governos brasileiros empurram as famílias assentadas para a fronteira agrícola, no que denominamos descolamento geográfico entre as lutas pela terra e a política de reforma agrária (ALENTEJANO, 2004) e outros autores também têm destacado.

> [...] os assentamentos de reforma agrária estão concentrados nas regiões de fronteira e nas partes mais empobrecidas do país [...] Mais de 70% das terras repartidas entre 1985 e 2006 estão na Amazônia, a dizer, na região Norte e os estados vizinhos de Mato Grosso e Maranhão. No entanto, a pressão mais intensa pela reforma agrária aconteceu nas regiões Sul e Sudeste do país. Entre 1988 e 2006, essas duas regiões do país – de fato as mais desenvolvidas e onde o valor das terras é mais alto – registraram a metade das ocupações de terra, mas só tiveram o assentamento de 9% das famílias, numa área total que apenas alcançou os 5% do território distribuído pelo Estado (CARTER; CARVALHO, 2010, p. 294).

E assim, chegamos ao século XXI sem que a reforma agrária tenha sido realizada no Brasil, apesar de prometida por sucessivos governos, ditatoriais ou democráticos. Mas a luta dos movimentos sociais rurais tampouco permitiu que deixasse de ser um espectro permanentemente presente na pauta política nacional, afinal:

> O debate em vigor no Brasil sobre a reforma agrária toca assuntos que ultrapassam a questão fundiária e o desenvolvimento rural. Os assuntos em pauta levantam problemas mais profundos da sociedade brasileira. Na alvorada do século XXI, a reforma agrária continua sendo parte de uma conversação complexa e contenciosa sobre o futuro do Brasil – suas promessas e necessidades, seus temores e sonhos (CARTER, 2010b, p. 71).

E essa mobilização continua hoje presente, num contexto em que o governo Temer (2015-2017), articulado aos ruralistas, avança na desconstrução de direitos indígenas e quilombolas, favorece a grilagem e a privatização das terras dos assentamentos rurais, desmonta as políticas de assistência técnica, crédito, educação e tantas outras a reação torna-se ainda mais essencial.

Foi esse o recado dado pelas crianças sem terrinha no I Encontro Nacional das Crianças Sem Terrinha, realizado em julho de 2018, que reuniu em Brasília mais de 1.000 crianças de 24 estados brasileiros para, através de jogos, brincadeiras, oficinas, música, teatro e poesia, debater reforma agrária, alimentação saudável e direito à educação, saúde e cultura para as crianças do campo. Sob o lema "Sem Terrinha em movimento: brincar, sorrir, lutar por reforma agrária popular", as crianças realizaram ainda um passeio/manifestação na Esplanada dos Ministérios e na Praça dos Três Poderes, onde expressaram sua inconformidade com o fechamento de escolas no campo e exigiram reforma agrária e alimentação saudável. Uma das principais cantigas que ecoaram pelos inóspitos e insensíveis espaços da capital federal foi "Sou Sem Terrinha do MST/Acordo todo dia pra lutar você vai ver/Por terra, por escola, saúde, educação/Desse meu direito eu não abro mão".

Que a lição das crianças sem terrinha anime a todos a seguir na luta.

Referências

ASSOCIAÇÃO BRASILEIRA DE SAÚDE COLETIVA – ABRASCO. *Dossiê Agrotóxicos*. Rio de Janeiro: ABRASCO, 2012.

ALENTEJANO, Paulo; LEITE, Luiza Chuva Ferrari; PORTO-GONÇALVES, Carlos Walter. *Atlas dos conflitos no campo brasileiro*. Goiânia, 2013.

ALENTEJANO, Paulo. Os conflitos pela terra no Brasil: uma breve análise a partir dos dados sobre ocupações e acampamentos. In: *Conflitos no Campo Brasil 2003*. Goiânia: CPT, 2004.

ALMEIDA, Alfredo Wagner Berno de. Agroestratégias e desterritorialização: os direitos territoriais e étnicos na mira dos estrategistas dos agronegócios. In: ALMEIDA, Alfredo Wagner Berno de; CARVALHO, Guilherme. *O Plano IIRSA na visão da sociedade civil pan-amazônica*. Belém: ActionAid/ Fundação Heinrich Böll, 2009.

BRASIL. Comissão Pastoral da Terra – CPT. *Conflitos do campo no Brasil*. Goiânia: CPT, 2017. Disponível em: <https://www.cptnacional.org.br/component/jdownloads/send/ 41-conflitos-no-campo-brasil-publicacao/14110-conflitos-no-campo-brasil-2017-web?Itemid=0>. Acesso em: 24 ago. 2019.

BRASIL. *Lei nº 601, de 18 de setembro de 1850 – Lei de Terras*. Disponível em: <http:// www.planalto.gov.br/ccivil_03/LEIS/L0601-1850.htm>. Acesso em: 16 jul. 2019.

BRASIL, Instituto Brasileiro de Geografia e Estatística – IBGE. Sínteses de indicadores sociais: uma análise das condições de vida da população brasileira. 2012. Disponível em: https://biblioteca.ibge.gov.br/visualizacao/livros/liv62715.pdf>. Acesso em: 24 de agosto de 2019.

BRASIL. Instituto Brasileiro de Geografia e Estatística – IBGE. Resultados preliminares do Censo Agropecuário de 2017. Disponível em: <https://censos.ibge.gov.br/agro/2017/ resultados-censo-agro-2017.html>. Acesso em: 16 jul. 2019.

CARTER, Miguel; CARVALHO, Horácio Martins de. A luta na terra: fonte de crescimento, inovação e desafio constante ao MST. In: CARTER, Miguel. (Org.) Combatendo a desigualdade social: o MST e a reforma agrária no Brasil. São Paulo: Ed. da Unesp, 2010.

CARTER, Miguel. (Org.). *Combatendo a desigualdade social: o MST e a reforma agrária no Brasil*. São Paulo: Ed. da Unesp, 2010.

CARVALHO, Horácio Martins de. *O camponês, guardião da agrobiodiversidade*. Curitiba, 2013. Mimeo.

CUIN, Danilo Pereira. *Geografia dos conflitos por terra no Brasil (2003-2017)*. Monografia (Graduação em Geografia), Universidade Federal Fluminense, Niterói, 2018.

DELGADO, Guilherme Costa. A questão agrária e o agronegócio no Brasil. In: CARTER, Miguel (Org.). *Combatendo a desigualdade social: o MST e a reforma agrária no Brasil*. São Paulo: Ed. da Unesp, 2010.

DELGADO, Guilherme Costa. *Do capital financeiro na agricultura à economia do agronegócio: mudanças cíclicas em meio século (1965-2012)*. Porto Alegre: Ed. da UFRGS, 2012.

DELGADO, Guilherme Costa. *O que significa agronegócio no Brasil*. Brasília: IPEA, 2006.

DELGADO, Nelson G.; LEITE, Sérgio P. *Nota técnica: produção agrícola*. Rio de Janeiro: CPDA/UFRRJ, 2010.

FRÔ, Maria. Quem são os verdadeiros invasores de Terra? Disponível em: <www.revistaforum.com.br/bmariafro-quem-sao-os-verdadeiros-invasores-de-terra>. Acesso em: 16 jul. 2019.

FONTES, Virgínia. *O Brasil e o capital-imperialismo: teoria e história*. Rio de Janeiro: EPSJV/UFRJ, 2010.

FOSTER, J. B. *A ecologia de Marx: materialismo e natureza*. Rio de Janeiro: Civilização Brasileira, 2005.

HARVEY, David. *O novo imperialismo*. São Paulo: Loyola, 2004.

INSTITUTO BRASILEIRO DE GEOGRAFIA E ESTATÍSTICA – IBGE. *Indicadores Sociais Municipais: uma análise dos resultados do universo do Censo Demográfico 2010*. Rio de Janeiro: IBGE, 2011.

INSTITUTO BRASILEIRO DE GEOGRAFIA E ESTATÍSTICA – IBGE. *Indicadores de Desenvolvimento Sustentável*. 2012. Disponível em: <www.ibge.gov.br/home/geociencias/recursosnaturais/ids/default_2012.shtm>. Acesso em: 5 jan. 2019.

INSTITUTO BRASILEIRO DE GEOGRAFIA E ESTATÍSTICA – IBGE. *Censo Agropecuário 2017: Resultados Preliminares*. Rio de Janeiro: IBGE, 2017.

MEDEIROS, Leonilde S. de. *A polêmica sobre a atualização dos índices de produtividade da agropecuária*. 2010. Disponível em: <http://www.mst.org.br/node/9041>. Acesso em: 5 jan. 2019.

PORTO-GONÇALVES, Carlos Walter; ALENTEJANO, Paulo R. R. A violência do latifúndio moderno-colonial e do agronegócio nos últimos 25 anos. In: *Conflitos no Campo Brasil 2009*. Goiânia: CPT, 2010.

SAUER, Sérgio; LEITE, Sérgio Pereira. *A estrangeirização da propriedade fundiária no Brasil*. Rio de Janeiro: OPPA/CPDA/UFRRJ, 2010.

TEUBAL, Miguel. La lucha por la tierra en América Latina. In: GIARRACA, N.; TEUBAL, M. (Coords.). *La tierra es nuestra, tuya y de aquél: las disputas por el territorio en América Latina*. Buenos Aires: Antropofagía, 2009.

WESZ JUNIOR, V. J. O mercado da soja no Brasil e na Argentina: semelhanças, diferenças e interconexões. *Século XXI*, Santa Maria, v. 4, p. 91-113, 2014.

CAPÍTULO 6

Educação do Campo e agroecologia[1]

José Maria Tardin
Dominique M. P. Guhur

A partir do ano 2000, os Movimentos Sociais Populares do Campo (MSPC) articulados na Coordenação Latino-Americana de Organizações do Campo (CLOC) e no La Via Campesina[2] posicionam a agroecologia em suas diretrizes políticas e estratégias de ação no âmbito da práxis camponesa em seus agroecos-sistemas, assim como na formulação política de projeto de campo e de sociedade, em contradição antagônica e confronto de classes com o agronegócio. Esse posicionamento tanto orienta o fazer prático cotidiano de forma sistemática e crescente nos territórios camponeses sob influência dos MSPC como passa a demandar de imediato a qualificação dos conhecimentos no âmbito da formação e educação profissional, motivando a criação de cursos e escolas técnicas de agroecologia.

No presente texto, partimos dos processos de educação em agroecologia da CLOC e do La Via Campesina para buscar fundamentar a relação entre

---

[1] Título da conferência realizada por ocasião do Seminários de Formação Continuada de Professores das Licenciaturas em Educação do Campo no Brasil, Universidade Federal de Minas Gerais (UFMG), Belo Horizonte/MG, de 2 a 4 de 2017. Este artigo buscou sistematizar a exposição realizada na conferência.

[2] A CLOC é uma articulação de movimentos e organizações sociais populares do campo na América Latina. A CLOC faz parte do La Via Campesina, movimento formado por mais de 170 organizações e movimentos sociais de 72 países, em quatro continentes. Mais informações em: <http://www. cloc-viacampesina.net/>

reforma agrária popular, soberania alimentar e agroecologia numa determinada compreensão das agri-culturas, coerente com o projeto histórico dos MSPC e da classe trabalhadora.

Fundamentamos nossa reflexão nos debates que vêm ocorrendo nos processos de Educação do Campo e agroecologia, bem como em reflexões anteriores (Guhur; Toná, 2012; Tardin; Guhur, 2017), em documentos que sistematizam seminários e conferências continentais e mundiais da Via Campesina (La Via Campesina, 2013, 2015, 2016) e em autores com os quais dialogamos (Stédile; Carvalho, 2012; Leite; Medeiros, 2012; Caldart, 2012; Zanotto, 2017).

Contextualizamos brevemente a emergência da educação formal em agroecologia na CLOC e em La Via Campesina e apresentamos sua trajetória, partindo dos processos formativos coordenados e desenvolvidos pelo Movimento dos Trabalhadores Rurais Sem Terra (MST) no Brasil e do sistema de Institutos de Agroecologia Latino-Americanos (IALAs), presente em sete países da região. Em seguida, nós nos debruçamos sobre o agronegócio, inimigo estratégico dos MSPC e de seu projeto de campo e de sociedade. Chamamos a atenção para a necessidade de uma compreensão das agri-culturas na história humana que esteja em acordo com o projeto histórico dos MSPC, especialmente por parte dos educadores e educadoras do campo. Ao final, indicamos brevemente alguns desafios postos pelo momento histórico atual.

Soberania alimentar, reforma agrária popular e agroecologia

Em 2016, La Via Campesina toma uma definição pela "reforma agrária popular" – até então, tratava-se da "reforma agrária integral". Nesse ano, na Conferência Internacional da Reforma Agrária (Marabá, Brasil), La Via Campesina afirmou a "reforma agrária popular" como "[...] uma reforma agrária não apenas para os camponeses sem terra, mas toda a classe trabalhadora e toda a sociedade, um conceito de *reforma agrária com agroecologia*, com enfoque territorial, que somente será conquistada através da luta de classes e do enfrentamento direto ao projeto do capital" (La Via Campesina, 2016).

A elaboração do conceito de "soberania alimentar" pela Via Campesina Internacional, em 1996, superando a proposição pela ONU/FAO da "segurança alimentar", fora uma significativa vitória política dos MSPC (Zanotto, 2017). A "soberania alimentar", nos termos postos pela La Via Campesina, situa a alimentação como uma das condições necessárias à soberania de um povo/nação, portanto, há de também ocupar centralidade na estratégia de nação. Ressalta a exigência ao Estado/Nação de viabilizar e assegurar a efetivação da função social da terra e de orientar os labores agri-culturais à primazia da produção de alimentos e outros bens para a satisfação das necessidades humanas em bases científico-tecnológicas e agroecológicas.

Assim, um passo importante dado pelos MSPC articulados na CLOC/Via Campesina no Brasil foi assumir a agroecologia, sobretudo a partir do ano 2000, como unidade política e estratégica nas suas diretrizes nacionais. O debate avançou a partir das experiências dispersas de agroecologia que vinham sendo realizadas por famílias ou grupos, ou mesmo através de formas mais estruturadas em Associações Comunitárias ou Cooperativas, espalhadas pelo território nacional. Nesse mesmo período, consolidava-se a Articulação Nacional por uma Educação do Campo, o que permitia avançar nas elaborações e realizações na Educação do Campo (GUHUR, 2010). É nesse contexto que tem início a formação em agroecologia no MST.

Educação do Campo e agroecologia

O primeiro desafio a ser enfrentado era a inexistência, no Brasil, de escolas e cursos técnicos em agroecologia. Foi o próprio MST o responsável pela superação dessa carência: após uma experiência-piloto no Paraná em 2001 (Curso Prolongado em Agroecologia), em 2002, em convênio com a Escola Técnica da Universidade Federal do Paraná (ET-UFPR – mais tarde, Instituto Federal do Paraná – IFPR), inicia o primeiro curso técnico médio profissionalizante em agroecologia no país, subvencionado pelo Programa Nacional de Educação na Reforma Agrária (Pronera).

Destacamos que este é um marco histórico de extrema importância, pois trata-se de arrojada e vitoriosa ação de iniciativa do MST, amparada na Articulação Nacional por uma Educação do Campo, que se configura na derrubada da cerca do latifúndio do conhecimento em ciências agrárias no país. No compasso das lutas, de imediato a decisão foi seguir instalando novos cursos e escolas técnicas de agroecologia, o que se deu já em 2003, e seguiu com sua expansão em vários estados brasileiros.

Em 2005, numa articulação da CLOC/Via Campesina, estabelece-se um termo de cooperação com a participação dos governos Hugo Chávez Frías, da República Bolivariana da Venezuela, Luís Inácio Lula da Silva, da República Federativa do Brasil, Roberto Requião, do Estado do Paraná, e a Universidade Federal do Paraná. Como resultado, tem início no Brasil o primeiro curso de graduação em agroecologia, com a criação da Escola Latino-Americana de Agroecologia (ELAA), no Paraná, e na Venezuela, na província de Barinas, do Instituto de Agroecologia Latino-Americano (IALA).

Essas iniciativas motivam um dinamismo extraordinário no Brasil e América Latina, e num lapso de poucos anos teremos aqui mais de uma centena de cursos técnicos de nível médio, pós-médio, médio integrado, graduação e pós-graduação – especialização e mestrado – e no continente, o estabelecimento de novos IALAs: Pará (Brasil), Paraguai, Argentina (UNICAM), Nicarágua, Colômbia, Chile. Além dos cursos técnicos, nessas escolas e institutos também se desenvolve toda uma dinâmica de formação popular em agroecologia para camponesas e camponeses e o público em geral.

Até então, as Ciências Agrárias eram monopólio do capital, do agronegócio no país e América Latina, e uma vez golpeado pelas foices empunhadas por mulheres e homens sem terra, outras organizações sociais e universidades públicas, federais e estaduais seguem expandindo a oferta de cursos amparados no Pronera.

A vitória dos cursos técnicos no âmbito da educação em agroecologia logo impôs a demanda e o desafio da sua inclusão em dois outros processos de educação: a Licenciatura em Educação do Campo (LEdoC), e a educação infantil e básica. Várias iniciativas estão em andamento no MST, sob coordenação do Setor de Educação, e também por coletivos de educadoras e educadores que estão à frente das LEdoC em diversas universidades públicas: formação continuada de professores em agroecologia, inclusão de disciplinas específicas no currículo das escolas de assentamento, ou mesmo a completa reorganização do currículo (como é o caso dos Complexos de Estudo, nas Escolas Itinerantes do Paraná).

Nessa mesma dinâmica, o conteúdo introdutório da agroecologia está posto nos currículos do Curso Nacional de Pedagogia da Terra, realizado anualmente pelo MST, e no Curso Latino-Americano para Formação de Militantes (CONOSUR), organizado pela CLOC/Via Campesina.

Um respaldo fundamental que se alcança no interior do processo de educação em agroecologia, e que reverbera na sociedade, é a criação da linha editorial de agroecologia pela Editora Expressão Popular, que já disponibiliza várias obras clássicas que sistematizam os fundamentos da agroecologia, e significativa publicação de obras atuais.

Registremos também outro movimento – o da busca por construir uma formação em agroecologia que necessariamente apreenda fundamentos da pedagogia da libertação. Este desafio vem sendo posto desde 2005, especialmente nos cursos técnicos de agroecologia no Paraná, onde se instituiu no currículo o Diálogo de Saberes no Encontro de Culturas – que se dá como disciplina permanente da primeira à última etapa, com atividades de campo nos Tempos Escola e Comunidade (GUHUR, 2010; TONÁ, 2005; TARDIN; GUHUR, 2017; REZENDE, 2018). O currículo dos cursos prevê uma significativa carga horária para disciplinas das Ciências Humanas, e o conteúdo de pedagogia na disciplina Diálogo de Saberes no Encontro de Culturas se fundamenta no materialismo histórico dialético, na pedagogia da libertação de Paulo Freire e na pedagogia socialista.

A formação técnica em agroecologia, aqui, corresponde à pedagogia do MST (Caldart, 2000, 2012), e, particularmente recupera a radical problematização posta por Paulo Freire em 1969, em *Extensão ou comunicação?* (2002), frente ao trabalho dos profissionais de Ciências Agrárias. Trabalha-se nessa perspectiva para que no lugar de tecnicistas, as educandas e os educandos possam se forjar militantes técnicos educadores-pedagogos da agroecologia.

Todos esses processos educativos se dão em confronto com o agronegócio, que por sua vez busca disputar a Educação do Campo para promover o seu projeto, o que coloca a necessidade de estudá-lo mais atentamente.

Agronegócio: a forma social do capital no campo

O agronegócio é a objetivação de um novo processo de articulação das classes burguesas no interior dos países e que se internacionaliza como globalização na dinâmica do neoliberalismo, sob a hegemonia do capital financeiro, que tem início nos anos 80 e se acentua e afirma nos anos 90 do século passado (Leite; Medeiros, 2012; Santos, 2015; Martins, 2017; Tardin; Guhur, 2017), impondo novos desafios estratégicos nas lutas de classe no campo e na sociedade em geral. Trata-se, para os MSPC articulados na CLOC/Via Campesina, da expressão material e imaterial do seu inimigo estratégico de classe presente em cada país e estruturado no plano internacional.

As lutas camponesas, em períodos recentes, predominantemente se davam em confrontos diretos com sujeitos específicos e pessoais, ou com pessoas jurídicas, cujos indivíduos proprietários eram de acessível identificação. Também se davam em confronto com o Estado, seja em defesa direta dos seus territórios ou por conquista de determinadas políticas públicas.

As mudanças internacionais determinadas pela hegemonia do capital financeiro induzirá reordenamentos estruturais na lógica da acumulação capitalista, daí a emergência do agronegócio como expressão objetiva da dominação e exploração do capital no campo, conformando um novo ciclo de coesão das classes burguesas: capital financeiro; capital industrial: produção agrícola, pecuária, florestal, máquinas e equipamentos, fertilizantes sintéticos, agrotóxicos, sementes, fármacos, rações, processamento, circulação e distribuição (transportadoras, supermercados); aparelhos ideológicos – especialmente os meios de comunicação de massa, e as instituições associativas classistas; e o Estado: Poderes Executivo, Legislativo, Judiciário e as Forças Armadas.

Trata-se, portanto, da articulação das burguesias financeira, industrial, comercial, de serviços e agrária, que por seu poder econômico e suas diversas formas de organização política atua diuturnamente realizando sua hegemonia na sociedade e no domínio do Estado, impondo seus interesses de modo a assegurar a continuada reprodução ampliada do capital – este, seu objeto e objetivo, sua realização necessária. É, para os MSPC articulados na CLOC/Via Campesina, o seu inimigo de classe, e como tal demanda ser conhecido e enfrentado cotidiana e diuturnamente.

O agronegócio é a expressão do capital (DELGADO, 2012) no campo. É, portanto, uma forma objetiva de o capital se materializar sobre os territórios do campo, o que determina enfrentamentos permanentes com os Povos do Campo, das Águas e das Florestas, com implicações diretas e objetivas por sobre as populações urbanas.

É a forma moderna atualíssima de o capital se colocar no campo em torno da luta por conquistar expansão do seu território material e do seu domínio imaterial. Ou seja, expandir as capacidades de reprodução ampliada do capital pela apropriação dos bens naturais e a produção de mercadorias, e sua dimensão ideológica no interior de cada país e globalmente. É a forma e o conteúdo de o capital imperialista "globo-colonialista" se objetivar no campo.

Trata-se do pós-ciclo do que foi a expansão do capital no campo através da Revolução Verde (COX; PEREIRA, 2012), conformando-se agora como unidade e sistema associativo de classes burguesas muito mais interdependentes na configuração do ordenamento da divisão social do trabalho no plano mundial. É mesmo uma capacidade ampliada do domínio e da exploração do trabalho e dos bens naturais em escala planetária, quando, a partir dos anos 1990, o capitalismo vai se revigorando como um sistema muito mais totalitário e unificado, e hegemonicamente dirigido pelo capital financeiro.

Faz-se necessário registrar ainda que sobre os bens da natureza atuam outros agentes do capital: mineração e petrolífero, hidroelétrico, por exemplo, mas também empresas que passam a controlar fontes de água doce potável, frente às quais os MSPC se defrontam em embates homéricos.

Ao capital é mister dominar e ter a propriedade da produção científica e de suas aplicações tecnológicas, como meio fundamental para o aperfeiçoamento e renovação das suas capacidades de apropriação expandida e de mercantilização da natureza, tanto quanto para ampliar a extração da mais-valia sobre o trabalho (ROLO, 2015).

O mesmo vale ao agronegócio, dado que é sua forma de expressão no campo, seja por meio do Estado, como pelo domínio direto por parte das corporações transnacionais ou empresas de grande porte em cada país, determinando sobremaneira a pauta da investigação científica nos âmbitos da natureza e da sociedade.

É daí que se verifica a aplicação dos meios e processos científicos tecnológicos sofisticados na produção no campo: engenharia genética – transgênicos, restrição da expressão gênica, clonagem –; a microeletrônica; a informática; os satélites; a geoengenharia; e as buscas pela aplicação da nanotecnologia e da biologia sintética.

A lógica da indústria subordina a agricultura e determina a estratégia científico-técnica de artificialização crescente da natureza, tendo esta como "mera" fonte de materiais numa ponta, e na outra, local de depósito dos diferentes resíduos do processo de produção e consumo.

É importante também não perder de vista que a configuração do agronegócio está diretamente relacionada com o controle do Estado. Então, o Estado não é só um ente burguês de domínio de classe, e esfera das reverberações das lutas da sociedade civil no domínio da esfera política, mas ele é, na configuração do agronegócio, um ente também estratégico. Sem o Estado o agronegócio não se viabiliza. É o Estado que assegura a reprodução ampliada do capital no campo, especialmente através das políticas e do orçamento público, assim como pelo regramento jurídico-político e, quando necessário, pela repressão policial-militar. Não é por outro objetivo que os sujeitos econômicos do capital do agronegócio mantêm uma bancada ruralista majoritária e crescente a cada eleição, e comandam o Ministério da Agricultura e Pecuária.

O agronegócio brasileiro tomará na safra 2018-2019, de forma direta, só na agropecuária, quase R$ 194,5 bilhões do orçamento federal para custeio e investimento na agricultura (MAPA, 2018), e é corriqueiro alcançar o protelamento da sua dívida, que acumula sem ser efetivamente saldada. Somam-se a isso as isenções de impostos e outras desonerações, e o que em geral passa despercebido pela sociedade, as externalidades – tudo aquilo que se apresenta como impactos sociais, ambientais, de saúde pública, entre outros, por consequência direta e indireta do processo produtivo e de consumo do agronegócio, que no lugar de ser imputado na sua planilha contábil dos custos, é transferido para a sociedade, e precariamente assimilado no orçamento das políticas públicas (TARDIN; GUHUR, 2017).

Outra frente da atuação do agronegócio é se estabelecer na produção de alimentos produzidos organicamente, acrescida do adjetivo de sustentável, para o que não faltam empresas certificadoras vendendo-lhes serviços e seus respectivos "selos de garantia", correspondendo à vertente do capitalismo verde. Isso já se dá há mais tempo na produção de frutas e carnes, mas também de leite, açúcar de cana, e mais recentemente no Brasil, na produção inicial de eucalipto, buscando com isso alcançar rentabilidade mais elevada junto aos nichos de mercados capitalizados que exploram.

Além disso, precisamos ter claro que faz-se necessário estender os domínios do capital sobre os sistemas educacionais formais nas esferas pública e privada. Assegurar sua hegemonia no interior dos diferentes níveis educacionais, da infância à pós-graduação, como condição para exercer o domínio ideológico, como para produzir adestrada força de trabalho e arregimentar seus intelectuais orgânicos. Isso é igualmente verdadeiro para o agronegócio, que tem promovido uma violenta ofensiva no sistema público de educação (RIBEIRO, 2015; LAMOSA, 2016).

Agri-culturas: campos de contradições, territórios de revoluções

Agri-culturas (TARDIN, 2012), grafia incomum, e que, para alguns, pode apenas ser vista como incorreta, permite-nos, por sua vez, chamar a atenção necessária, para pelo menos inquietar, instigar, dado que é ganho do agronegócio incutir uma dada imagem como senso comum, do significado simbólico imediato que a palavra agricultura convoca: em geral, uma vasta área com monocultivo, mas, também, grandes máquinas, animais robustos e de exuberante porte e beleza, "mega" instalações com animais ou montanhas de grãos etc., corroborada pela narrativa da sua decisiva e necessária contribuição no "equilíbrio" da balança comercial do país.

Para superar o senso comum, a história das agri-culturas constitui-se em base fundamental para quem atua na Educação do Campo, independente da disciplina e nível escolar em que atue. Destacamos que o fato de a humanidade ter alcançado os conhecimentos e capacidades para as iniciações agri-culturais em tempos tão próximos da atualidade – algo entre 10 a 15 mil anos atrás – constituiu-se em incomensurável revolução histórica, possibilitando mudanças radicais e aceleradas na mundividência humana (MAZOUYER; ROUDART, 2010; MARTINS, 2016).

Chamemos a atenção para dois equívocos comumente presentes nas abordagens das agri-culturas: ora se ovaciona a "harmonia" plena vivenciada por povos na antiguidade e ainda verificáveis na atualidade; ora se enfatiza a negatividade posta na destruição, sobretudo ambiental, provocada pela agricultura "moderna".

A superação dessa dicotomização, aqui se sugere pelo entendimento de que se trata de agri-culturas (do latim, *ager-colere*) – formas sociais históricas postas por determinados grupos humanos, em diferentes épocas e lugares, por sua práxis de transformação do ambiente natural em agroecossistemas (MONTEIRO, 2012) com vistas à obtenção dos bens para a satisfação das suas necessidades – daí, culturas no campo.

Tomando a categoria marxiana de modos de produção (NETTO; BRAZ, 2006), ilustremos resumidamente: verificamos que a mais longa trajetória humana se fez no "comunismo primitivo" – na condição de coleta e caça, nômade e seminômade – até a primeira fase agri-cultural; o "escravismo" e o "modo asiático" – ao que se associa também a forma complementar da servidão, o crescimento das cidades, o estabelecimento de impérios, comércio em longas distâncias; o "feudalismo" (Europa/Eurásia) – servidão e escravidão, expansão marítima, colonialismo, mercantilismo; "capitalismo" (a partir da Europa) – mercantil, concorrencial, imperialista, industrialização, urbanização acelerada, hegemonia da ciência; "socialismo" (a partir da Eurásia) – socialização dos meios de produção e do acesso aos bens de consumo.

Situando-nos, mesmo que precariamente com este singelo resumo, podemos inferir que o devir humano se efetiva em relações sociais e na e com a natureza objetivando sinergias e contradições, posto que "na produção social da própria existência, os homens entram em relações determinadas, necessárias, independentes de sua vontade; essas relações de produção correspondem a um grau determinado de desenvolvimento de suas forças produtivas materiais" (MARX, 1983, p. 25).

Isso posto, já nos permite verificar que, independentemente do período histórico, podemos encontrar sistemas agri-culturais ecologicamente sofisticados em meio a relações sociais alienadas, desumanas. Também se podem verificar sistemas agri-culturais antigos que se colapsaram ao depredarem as bases ecológicas dos territórios ocupados, ou pelo menos, comprometeram significativamente sua reprodução social pelas mesmas razões.

O percurso histórico da humanidade está demarcado por relações sociais e na e com a natureza sob a hegemonia da contradição por sobre as objetivações sinérgicas, elucidado por Marx (1983, p. 25) ao afirmar que: "Em uma certa etapa do seu desenvolvimento, as forças produtivas materiais da sociedade entram em contradição com as relações de produção existentes, ou, o que não é mais que sua expressão jurídica, com as relações de propriedade no seio das quais elas se haviam desenvolvido até então".

Portanto, não há um passado "harmônico" absoluto a ser restabelecido, como não estamos num presente de absolutas impossibilidades, e sim no devir contraditório da humanização-desumanização. Passado e presente nos permitem apreender positividades e negatividades na práxis humana, e nos embates das forças e classes sociais de cada tempo histórico é que prevalecerá a direção que se fizer hegemônica.

Não se pode encontrar um padrão, um modelo ideal reproduzível de formação social e suas relações na e com a natureza, mas sim objetivações parciais e distintas de elevada capacidade humanizadora e sinérgicas na e com a natureza.

Seja na singularidade das agri-culturas, ou no âmbito mais geral dos modos de produção, verificar-se-á que "estes não são resultantes harmoniosos e/ou estáticos do desenvolvimento histórico-social; ainda que perdurando por séculos, são atravessados por contradições (das quais as mais decisivas se põem quando as forças produtivas e relações de produção deixam de se corresponder) e se transformam ao longo da evolução da humanidade" (NETTO; BRAZ, 2010, p. 72-73).

Sendo o agronegócio a objetivação agri-cultural do capital no campo, nós nos defrontamos com a continuada agudização das contradições nas relações sociais e na e com a natureza, num contínuo que magnifica a desumanização e a depredação da natureza. Como dente da engrenagem do capital, o agronegócio reproduz no campo a alienação em todos seus aspectos e dimensões materiais e imateriais.

Sob a égide do capital, as forças produtivas – meios de trabalho, objetos do trabalho, e força de trabalho – estão em direta contradição com as relações sociais de produção. Enquanto a produção se dá por meio da ação do trabalho social, ela é produto da exploração do trabalho e privadamente apropriada. Sob o regime de propriedade privada dos meios de produção fundamentais, reproduz-se como expressão da estrutura social, independente das vontades pessoais, conformando uma realidade antagônica, somente superável pela transformação estrutural e substantiva do próprio modo de produção (NETTO; BRAZ, 2010).

Daí que Marx (1983, p. 25, grifo nosso) afirmará:

> As relações de produção burguesas são a *última forma antagônica* do processo de produção social, antagônica não no sentido de um antagonismo individual, mas de um antagonismo que nasce das condições de existência social dos indivíduos; as forças produtivas que se desenvolvem no seio da sociedade burguesa criam, ao mesmo tempo, as condições materiais para resolver esse antagonismo. *Com essa formação social termina, pois, a pré-história da sociedade humana.*

O núcleo dessa contradição está em que "de formas evolutivas das forças produtivas que eram, essas relações convertem-se em entraves. Abre-se, então, uma época de revolução social" (MARX, 1983, p. 25).

As possibilidades à superação da ordem social burguesa que são postas no movimento histórico das relações sociais de produção podem ou não serem direcionadas positivamente ao estabelecimento de outra formação social superior – o socialismo e até o comunismo –, mas não se configura uma teleologia, um dado histórico *a priori*, e sim uma resultante histórica possível, a depender das permanentes batalhas entre o capital e o trabalho.

Analisemos, por sua vez, que também não se estabeleceram soluções suficientes e capazes de superar as mazelas herdadas dos modos de produção feudal e capitalista, pelas poucas sociedades nacionais que engendraram revoluções socialistas, as quais seguem reproduzindo a mesma lógica científico-tecnológica industrial em geral e nos seus sistemas agri-culturais. Nestas, os avanços emancipatórios são evidentes e substanciais, e potencializam capacidades humanas em todas as direções, ampliando sobremaneira as possibilidades internas e colocando novas necessidades na continuidade revolucionária, no confronto permanente com o capital hegemônico das burguesias internacionais e os aparatos de agressões dos Estados imperialistas.

Vemos, então, que se a ordem social burguesa não comporta capacidades para objetivar soluções à alienação nas relações sociais (muito pelo contrário, esta é própria da sua lógica estrutural), consequentemente também não comporta soluções para a crise ambiental-ecológica que faz pesar por sobre toda a humanidade e o planeta. Por outro lado, na atualidade, as formações sociais socialistas estão longe de apresentar e objetivar tais capacidades.

O desafio impositivo posto no atual momento histórico exige apreendermos as causas estruturais e suas determinações que retroalimentam a reprodução de relações sociais violentas e de depredação da natureza que perduram hegemonicamente na história, ou melhor, nos mantêm na *pré-história*, e pela práxis revolucionária engendrar a revolução social orientada à emancipação humana.

Considerações finais

Soberania alimentar, reforma agrária popular e agroecologia constituem uma unidade de conteúdo na orientação e objetivos das lutas levadas a cabo pelos MSPC articulados na CLOC/Via Campesina, daí que uma não se realiza plenamente sem a outra.

No acúmulo das vitórias alcançadas, e circunstanciados nos labores e lutas camponesas, iniciamos no Brasil a educação em agroecologia, primeiramente por meio de cursos técnicos e logo de graduação, e em seguida avançamos para sua inclusão na formação em licenciatura e pedagogia, na educação infantil e básica, o que parece indicar extraordinário salto qualitativo a ser efetivado em futuro próximo. No âmbito da CLOC/Via Campesina, para além dos processos nacionais, segue sendo constituído o sistema Instituto de Agroecologia Latino-Americano (IALA), já presente em sete países da região.

La Via Campesina determina a efetivação da reforma agrária popular e da agroecologia como parte das políticas estruturantes necessárias ao alcance da soberania alimentar, o que evidencia a contraposição ao modo agri-cultural do agronegócio em todos os seus aspectos e interesses, portanto, irrealizável no interior da sociedade burguesa capitalista.

Reiteramos o já exposto em outros escritos (TARDIN; GUHUR, 2017; TARDIN; HADICH, 2017), que o capital é uma relação social necessariamente violenta e depredadora da natureza, não guardando, no seu interior, capacidades para superar tal contradição, reproduzindo-se como ordem social conservadora, freando as capacidades e possibilidades à emancipação humana e à restauração metabólica da sociedade na e com a natureza.

As revoluções sociais do século XXI hão de, para além da socialização dos meios de produção e do acesso igualitário aos bens para a satisfação das necessidades humanas, radicalizar e socializar a consciência da dimensão ecológica da vida, efetivando-a na práxis social e na e com a natureza, ampliando as possibilidades à emancipação humana num salto ontológico que, deveras, nos posicione na História.

Referências

CALDART, Roseli S. Escolas do Campo e Agroecologia: uma agenda de trabalho com a vida e pela vida! In: PIRES, João Henrique; NOVAES, Henrique T.; MAZIN, Angelo; LOPES, Joyce (Orgs.). *Questão agrária, cooperação e agroecologia*. São Paulo: Outras Expressões. v. III. No prelo.

CALDART, Roseli S. *Pedagogia do Movimento Sem Terra: escola é mais do que escola.* Petrópolis: Vozes, 2000.

CALDART, R. S.; PEREIRA, I. B.; ALENTEJANO, P.; FRIGOTTO, G. (Orgs). *Dicionário da Educação do Campo*. Rio de Janeiro/São Paulo: Escola Politécnica de Saúde Joaquim Venâncio; Expressão Popular, 2012.

COX, M.; PEREIRA, B. Revolução Verde. In: CALDART, R. S. *et al.* (Orgs.). *Dicionário da Educação do Campo*. Rio de Janeiro: EPSJV; São Paulo: Expressão Popular, 2012.

DELGADO, G. Capital. In: CALDART, R. S. *et al.* (Orgs.). *Dicionário da Educação do Campo*. Rio de Janeiro: EPSJV; São Paulo: Expressão Popular, 2012.

FOSTER, J. B. *A ecologia de Marx: materialismo e natureza*. Rio de Janeiro: Civilização Brasileira, 2005.

FREIRE, P. *Educação como prática da liberdade*. Rio de Janeiro: Paz e Terra, 1967.

FREIRE, P. *Extensão ou comunicação?* 12. ed. Rio de Janeiro: Paz e Terra, 2002.

GUHUR, Dominique M. P. *Contribuições do diálogo de saberes à educação profissional em Agroecologia no MST: desafios da Educação do Campo na construção do projeto popular*. Maringá: UEM, 2010. 265 f. Dissertação (Mestrado em Educação) – Faculdade de Educação, Universidade Estadual de Maringá, Maringá, 2010.

GUHUR, Dominique M. P. Questão ambiental e agroecologia: notas para uma abordagem materialista dialética. In: NOVAES, H.; MAZIN, A.; SANTOS, L. (Orgs.). *Questão agrária, cooperação e agroecologia*. São Paulo: Outras Expressões, 2015.

GUHUR, Dominique M. P.; LIMA, A. C.; TONÁ, Nilciney; TARDIN, José Maria; MADUREIRA, João Cláudio. As Práticas Educativas de Formação em Agroecologia da Via Campesina no Paraná. In: SEMINÁRIO NACIONAL DE EDUCAÇÃO EM

AGROECOLOGIA, 1., 2013, Recife. *Anais...* Recife: Associação Brasileira de Agroecologia, 2013.

GUHUR, Dominique M. P.; TONÁ, N. Agroecologia. In: CALDART, R. S. *et al.* (Orgs.). *Dicionário da Educação do Campo.* Rio de Janeiro: EPSJV; São Paulo: Expressão Popular, 2012. p. 59-67.

LA VIA CAMPESINA. Comissão Internacional sobre Agricultura Camponesa Sustentável. *De Maputo a Yakarta: 5 anos de agroecologia em La Vía Campesina.* 2013. Disponível em: <www.viacampesina.org>. Acesso: 5 jan. 2019.

LA VIA CAMPESINA. Declaração de Marabá. In: CONFERÊNCIA INTERNACIONAL DA REFORMA AGRÁRIA, Marabá, 2016. Disponível em: <http://www.mst.org.br/2016/04/25/declaracao-de-maraba.html>. Acesso em: 2 jul. 2018.

LAMOSA, R. A. C. *Educação e Agronegócio: a nova ofensiva do capital nas escolas públicas.* 1. ed. Curitiba: Appris, 2016.

LEITE, S. P.; MEDEIROS, L. S. Agronegócio. In: CALDART, R. S. *et al.* (Orgs.). *Dicionário da Educação do Campo.* Rio de Janeiro: EPSJV; São Paulo: Expressão Popular, 2012.

MINISTÉRIO DA AGRICULTURA, PECUÁRIA E ABASTECIMENTO – MAPA. *Plano Agrícola e Pecuário 2018-2019.* Disponível em: <http://www.agricultura.gov.br/assuntos/sustentabilidade/plano-agricola-e-pecuario>. Acesso em: 2 ago. 2018.

MARTINS, A. *Cartilha nº 40: Elementos para compreender a história da agricultura e a organização do trabalho agrícola.* São Paulo: Movimento dos Trabalhadores Rurais Sem Terra, 2016.

MARTINS, A. F. G. *A produção ecológica de arroz nos assentamentos da região metropolitana de Porto Alegre: territórios de resistência ativa e emancipação.* Porto Alegre: UFRS, 2017. Tese (Doutorado em Geociências) – Instituto de Geociências, Universidade Federal do Rio Grande do Sul, Porto Alegre, 2017.

MARX, Karl. Prefácio. In: MARX, Karl. *Contribuição à crítica da economia política.* Tradução de Maria Helena Barreiro Alves. 2. ed. São Paulo: Martins Fontes, 1983. p. 25.

MARX, K. *Contribuição à crítica da economia política.* Tradução e Introdução de F. Fernandes. São Paulo: Expressão Popular, 2008.

MAZOYER, M.; ROUDART, L. *História das agriculturas no mundo: do neolítico à crise contemporânea.* Tradução de C. F. F. B. Ferreira. São Paulo: Ed. da Unesp; Brasília: NEAD, 2010.

MONTEIRO, D. Agroecossistemas. In: CALDART, R. S. *et al.* (Orgs.). *Dicionário da Educação do Campo.* Rio de Janeiro: EPSJV; São Paulo: Expressão Popular, 2012. p. 67-73.

NETTO, J. P.; BRAZ, M. *Economia Política: uma introdução crítica.* 6. ed. São Paulo: Cortez, 2010.

REZENDE, S. A. *Diálogo de Saberes no Encontro de Culturas: o desafio da construção do conhecimento em agroecologia na Educação do Campo.* Curitiba: UFPR, 2018. Dissertação (Mestrado em Educação) – Faculdade de Educação, Universidade Federal do Paraná, Curitiba, 2018.

RIBEIRO, D. S. A implementação da política de educação do campo no município de Itamaraju, Bahia. Rio de Janeiro: EPSJV, 2015. Monografia (Especialização em Trabalho, Educação e Movimentos Sociais) – Escola Politécnica de Saúde Joaquim Venâncio, Rio de Janeiro, 2015.

ROLO, M. A natureza como uma relação humana, uma categoria histórica. In: CALDART, R. S. (Org.). *Caminhos para a transformação da escola 2: agricultura camponesa, educação politécnica e escolas do campo.* São Paulo: Expressão Popular, 2015. p. 139-175.

SANTOS, A. L. *Agroecologia e campesinato: relativa autonomia frente ao desenvolvimento do capitalismo, um estudo de caso no assentamento Contestado, Lapa-Pr.* Florianópolis: UFSC, 2015. Dissertação (Mestrado em Agrossistemas) – Programa de Pós-Graduação em Agrossistemas, Universidade Federal de Santa Catarina, Florianópolis, 2015.

STÉDILE, J. P.; CARVALHO, H. M. Soberania Alimentar. In: CALDART, R. S. *et al.* (Orgs.). *Dicionário da Educação do Campo.* Rio de Janeiro: EPSJV; São Paulo: Expressão Popular, 2012.

TARDIN, José M. Cultura camponesa. In: CALDART, Roseli S. *et. al.* (Orgs.). *Dicionário da Educação do Campo.* Rio de Janeiro: EPSJV; São Paulo: Expressão Popular, 2012.

TARDIN, José Maria; GUHUR, D. M. P. Agroecologia: uma contribuição camponesa à emancipação humana e à restauração revolucionária da relação metabólica sociedade-natureza. In: MOLINA, Mônica Castagna; MICHELOTTI, Fernando; VILLAS BOAS, Rafael Litvin; FAGUNDES, Rita. (Orgs.). *Análise de práticas contra-hegemônicas na formação de profissionais de Ciências Agrárias: Reflexões sobre o Programa Residência Agrária.* 1. ed. Brasília: Ed. da UnB, 2017. v. 1, p. 44-99.

TARDIN, José Maria; GUHUR, Dominique M. P. *Diálogo de Saberes, no Encontro de Culturas: Caderno da Ação Pedagógica.* Maringá: Escola Milton Santos de Agroecologia, 2012. (1 CD-ROM).

TONÁ, Nilciney. *O trabalho como elemento formador nos cursos formais de Agroecologia do MST no Paraná.* 2005. 81 f. Monografia (Especialização em Educação do Campo e Desenvolvimento) – Instituto Técnico de Capacitação e Pesquisa da Reforma Agrária, Universidade de Brasília, Brasília, 2005.

ZANOTTO, R. *Soberania alimentar como construção contra-hegemônica da Via Campesina: experiências no Brasil e na Bolívia.* São Paulo: Ed. da Unesp, 2017. Dissertação (Mestrado em Geografia) - Programa de Pós-Graduação em Desenvolvimento Territorial na América Latina e Caribe-Territorial, Universidade Estadual Paulista, São Paulo, 2017.

CAPÍTULO 7

A questão agrária, agroecologia e soberania alimentar

Irene Maria Cardoso

Breve histórico da agroecologia no Brasil

A agroecologia surgiu no Brasil como movimento e prática em contraposição a um modelo de agricultura que ficou conhecido como modernização da agricultura, ou revolução verde. A revolução verde foi implantada no Brasil no governo da ditadura militar. O pacote tecnológico da revolução verde tem suas bases na mecanização, uso de fertilizantes químicos, sementes melhoradas (atualmente tem sua expressão máxima em algumas sementes geneticamente modificadas) nos centros de pesquisa, uso de agrotóxicos e muita irrigação.

O pacote da revolução verde exige a uniformização das plantações e por isso sua implantação se deu em monocultivos. Além disso, no Brasil ela ocorreu no latifúndio, o que fez fortalecer a concentração de terras. A utilização das tecnologias da revolução verde foi proporcionada por um pacote de políticas públicas que incluiu mudanças na política de crédito rural, nos currículos das universidades, na pesquisa agropecuária e na extensão rural (AGUIAR, 1986). Esse modelo teve na ciência a elaboração de suas premissas e por isso foi implantado com o argumento de moderno, com supervalorização do conhecimento técnico e científico e desprezo pelo conhecimento dos(as) camponeses(as) e povos tradicionais.

A principal promessa da revolução verde foi acabar com a fome do mundo. A promessa não se concretizou, até porque, como diz Scudellari (2015), a principal razão da fome no mundo é o sistema econômico que favorece os ricos.

135

Embora não prometido, as consequências ambientais, sociais e econômicas desse modelo foram sentidas rapidamente. Entre elas, o envenenamento da natureza (incluindo aí os seres humanos), a perda da biodiversidade, a degradação dos solos e das águas. Houve um forte êxodo rural e os camponeses em geral se tornaram ainda mais pobres (EHLERS, 1999). Já em 1962, Rachel Carson, em seu livro *Primavera silenciosa*, denunciou os impactos ambientais negativos desse modelo. Entretanto, no Brasil todos estavam silenciados pela ditadura, e apenas na década de 1980, com a redemocratização do país, as vozes começaram a ser ouvidas.

Tais vozes se aglutinaram em torno do que foi denominado agricultura alternativa. Esse movimento foi iniciado pelos agrônomos articulados, via suas associações estaduais, na Federação dos Engenheiros Agrônomos do Brasil (FAEAB, que atualmente já não cerra fileiras a favor da agroecologia), pelos estudantes articulados na Federação dos Estudantes de Agronomia do Brasil (FEAB, que possui a agroecologia como uma de suas bandeiras de luta) e por várias organizações não governamentais (ONGs), principalmente componentes da Rede-PTA (Projeto de Tecnologias Alternativas), entre outras organizações. Tais ONGs buscaram desenvolver seus trabalhos em parceria com as organizações dos(as) agricultores(as) familiares camponeses(as) e se orientavam principalmente pelo referencial teórico de Paulo Freire, que, desde 1969, já questionava a atuação dos agrônomos em seu livro *Extensão ou comunicação?*.

A partir do reconhecimento da importância do conhecimento e sabedoria popular, as ONGs orientaram a construção das alternativas ao modelo da revolução verde, a partir das práticas dos camponeses e em parceria com suas organizações. Essas organizações estavam começando a se reorganizar após o golpe militar e muitas possuíam nas Comunidades Eclesiais de Bases (CEBs), seus referenciais de ação.

As CEBs, a partir da Teologia da Libertação, tinham como um de seus slogans, "ver, julgar e agir", ou seja, as pessoas deveriam atuar na realidade para transformá-la. As CEBs também incentivavam as organizações em todos os níveis (associações, sindicatos e partidos políticos), a reforma agrária e uma relação mais harmônica com a natureza. Os agricultores(as) já sentiam os efeitos perversos das práticas da revolução verde e assim estavam também em busca de alternativas. Com isso, deu-se, em muitos lugares, o encontro das organizações dos agricultores(as), muitas delas apoiadas pelas CEBs, com o movimento da agricultura alternativa.

Entretanto, o termo "agricultura alternativa" não satisfazia e muitos questionamentos eram feitos. Afinal, alternativa a quê? Não era um termo com mensagem clara. Em 1989, a ONG AS-PTA (Assessoria em Projetos de

136 Formação de formadores

Tecnologias Alternativas) traduziu e publicou o livro, organizado por Miguel Altieri, denominado *Agroecologia: as bases científicas da agricultura alternativa* (mais tarde, agricultura sustentável). Na década de 1990, técnicos, professores e pesquisadores brasileiros participaram de cursos com outros latino-americanos sobre agroecologia. Dessa maneira, o termo migra natural e paulatinamente de "agricultura alternativa" para "agroecologia". Assim sendo, podemos afirmar que a agroecologia, como a entendemos no Brasil, possui três dimensões: movimento, prática e ciência.

Diálogo de saberes

Como ciência, suas bases advêm do conhecimento e sabedoria popular. Os princípios da agroecologia enquanto ciências foram sistematizados por cientistas principalmente da América Latina e do Norte, a partir de sistemas tradicionais sustentáveis. Como afirma Gliessman (2015), quando ficou aparente que o conhecimento ecológico poderia ser combinado com a rica cultura e experiência da agricultura inerente aos sistemas agrícolas tradicionais, a agroecologia como ciência interdisciplinar floresceu. Então, podemos dizer que a agroecologia como ciência, movimento e prática possui suas bases no conhecimento popular, articulado ao conhecimento científico. Portanto, a agroecologia é, desde sua origem, uma ciência contra-hegemônica, que procura não ignorar os saberes tradicionais em seus processos, pois, como ensinou Paulo Freire, o conhecimento deve ser construído a partir do diálogo com a população e do olhar sobre o que as pessoas fazem para solucionar seus problemas.

Na agroecologia, o diálogo de saberes é importante, pois ela pressupõe uma nova forma de se relacionar com a natureza, com a sociedade e com todas as inter-relações culturais existentes em uma trama de conexões. Para tal, a agroecologia diz respeito também às "novas" estratégias de produção do conhecimento, ensino e aprendizagem, porque é necessária a busca de outros caminhos, que não os hegemonicamente constituídos, para o ato de aprender e ensinar. A promoção do diálogo entre os agricultores é importante, já que aprendem mais com eles próprios do que com técnicos e cientistas. Por isso, metodologias que promovem a horizontalidade dos saberes são importantes, como aquelas previstas no método conhecido como camponês a camponês (Zanelli *et al.*, 2015).

Ainda é preciso reconhecer que o conhecimento científico (ou técnico) não é suficiente para lidar com os complexos processos que ocorrem na natureza. Para isso precisamos do conhecimento daqueles que lidam com essa complexidade no seu dia a dia e que dependem da natureza não apenas para sua sobrevivência atual, mas para a sua reprodução social (Ploeg, 2013).

O caminho do diálogo dos saberes e da pesquisa-ação não tem sido fácil, pois as instituições de pesquisa e ensino não compreendem sua importância. Assim, os editais de apoio aos Núcleos de Estudos em Agroecologia (NEAs) foram e continuam sendo tão importantes. Com eles, educadores(as), estudantes, pesquisadores(as) das Instituições de Ensino e Pesquisa com grande engajamento histórico na coprodução de conhecimento passaram a ser mais respeitados e visibilizados. Os núcleos contribuem ainda para ressignificar as práticas desenvolvidas por muitos Grupos de Pesquisa e Extensão nessas instituições.

O conhecimento científico articulado com o conhecimento dos camponeses pode ser útil para encontrar as saídas desta encruzilhada em que a tal modernização da agricultura nos colocou (IAASTD, 2009).[1]

Natureza e cultura

A saída dessa encruzilhada pressupõe também nossa reconexão com a natureza e com a cultura popular. Afinal, devemos honrar a relação entre natureza e cultura, pois foi ela que criou em primeiro lugar a agricultura (GLIESSMAN, 2015).

A primeira vez que a palavra cultura foi escrita foi em agricultura. Cultura significa, entre outras coisas, as crenças, os valores, os conhecimentos, as ideias herdadas e que constituem a base coletiva para a ação social. Com isso, nosso entendimento é de que agricultura não é somente uma técnica. Na agricultura há ideias, valores, crenças e conhecimentos. A partir da nossa relação com a natureza, a partir da nossa cultura é que produzimos nossos bens, entre eles nossos alimentos, pois da natureza vêm os benefícios, como controle biológico, ciclagem de nutrientes, polinização etc. O problema é que, com a "cultura" da chamada agricultura moderna, tais benefícios foram substituídos pelos insumos produzidos pelas empresas (por exemplo, agrotóxicos no lugar de controle biológico e fertilizantes químicos no lugar de ciclagem de nutrientes) e o conhecimento popular foi substituído pelo conhecimento técnico/científico. Entendemos então que, na agroecologia, nossa relação com a natureza é mediada pela cultura, para a produção de bens, entre eles, alimentos saudáveis, em uma relação tridimensional e não linear, como a estabelecida pelo agronegócio, onde produto e renda possuem uma relação linear (Fig. 7.1).

---

[1] International Assessment of Agricultural Knowledge, Science and Technology for Development: http://www.fao.org/fileadmin/templates/est/Investment/Agriculture_at_a_Crossroads_Global_Report_IAASTD.pdf

Figura 7.1

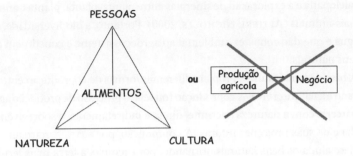

Na agroecologia, a relação das pessoas com a natureza para a produção de alimentos é mediada pela cultura. Uma relação tridimensional, ao contrário da agricultura chamada de "moderna", onde a relação é linear, ou seja, produção agrícola-negócio e mediada pelas empresas que produzem insumos agrícolas.

Segundo Ploeg (2013), a agricultura camponesa é fortemente baseada na natureza viva, enquanto a agricultura empresarial afasta-se progressivamente da natureza. Devido à forma como se relacionam com a natureza, os(as) agricultores(as) familiares camponeses(as) (do campo ou da cidade) e dos povos das águas e das florestais, muitos deles em suas comunidades tradicionais, são os parceiros preferenciais para a construção da agroecologia.

Uma das formas de resistência da agricultura camponesa é encontrada em práticas diversificadas e interligadas. Essas práticas devem ser entendidas como uma expressão e a materialização da resistência, mesmo que alguns, no atual contexto, considerem tais práticas ultrapassadas e irrelevantes quando consideradas isoladamente. Tais práticas são os veículos pelos quais a resistência se expressa e é organizada. E onde residem essas práticas de resistência? Na forma como o bom adubo é preparado, as vacas são manejadas, as propriedades bonitas são construídas, os agrotóxicos são eliminados etc. (PLOEG, 2013).

A resistência é uma estratégia para não perder a autonomia. A autonomia depende do desenvolvimento de uma base de bens autogerida, envolvendo relações sociais (por exemplo, a participação em redes, a cooperação para o trabalho) e bens naturais, entre os quais a terra, que é central para os(as) camponeses(as), tanto do ponto de vista material quanto simbólico.

Robustez ecológica

Os princípios ecológicos para o manejo sustentável dos agroecossistemas são, entre outros, a diversificação vegetal e animal no tempo e no espaço; a ciclagem de nutrientes, o manejo da matéria orgânica e estímulo da biologia do solo, a minimização das perdas de solo e água, o estímulo da fauna benéfica, antagonistas e da alelopatia e a exploração de sinergias entre planta-planta, plantas-animais e animais-animais (ALTIERI; NICHOLLS, 2000). Portanto, a biodiversidade, o solo e a água é que dão robustez ambiental ao agroecossistema e constituem a base de bens naturais.

A base de bens naturais propicia diferentes formas de coprodução entre o ser humano e a natureza viva. A coprodução (ou seja, o processo de produção agrícola em parceria com a natureza) permite, direta e indiretamente, a sobrevivência da família e de suas projeções futuras. A coprodução, por sua vez, retroalimenta e fortalece ainda os bens naturais, tornando, por exemplo, a terra mais fértil, melhorando, portanto, o próprio processo de coprodução (PLOEG, 2013). Só uma agricultura que volte a ser baseada na natureza viva, que tenha robustez ecológica, social e econômica estará livre de agrotóxicos e será sustentável!

Biodiversidade

As sementes são o berço da biodiversidade e devem estar sob o domínio dos camponeses(as). As diversas legislações que ameaçam a autonomia no uso das sementes pelos camponeses(as) devem ser combatidas. As sementes geneticamente modificadas, além das ameaças à saúde dos seres, é também uma ameaça à autonomia dos camponeses(as), pois tais sementes são de domínio de poucas empresas transnacionais. No que se refere à saúde, além de estudos científicos que apontam nesse sentido, há muitos relatos de que animais silvestres e domésticos preferem alimentos não modificados geneticamente. Há relatos de que capivara, porco do mato, maritaca, bovinos, suínos e aves preferem milho não modificado geneticamente. Que indicação esses animais nos dão? Precisamos lembrar-nos de que os animais percebem os "tsunamis" com mais rapidez do que os cientistas.

A biodiversidade é importante no funcionamento dos agroecossistemas. Entre as funções estão a ciclagem de nutrientes, a polinização, o controle biológico, a fixação biológica de nutrientes. As funções da biodiversidade quando utilizadas para beneficiar os seres humanos são chamadas de serviços dos ecossistemas ou benefícios da natureza (TEIXEIRA et al., 2018). O que Leonardo Boff (2018) também denomina de bondades da natureza, já que a natureza não está a nosso serviço. Os benefícios ecossistêmicos garantem a coprodução com a natureza.

Práticas incentivadas pelas políticas agrícolas (revolução-verde) levou a um crescente uso de insumos externos ao agroecossistemas (como fertilizantes e agrotóxicos) em substituição ao uso da biodiversidade como "provedora" dos serviços ambientais. Por exemplo: Rezende et al. (2014) coletaram 79 espécies de artrópodes alimentando-se no néctar de ingá em sistemas agroflorestais com café. Quase 80% dos visitantes eram inimigos naturais. Entre eles, inimigos naturais do bicho mineiro e da broca do café. Ou seja, o café consorciado com o ingá se beneficiou do ingá, pois este alimentou os inimigos naturais das chamadas pragas do café. O ingá traz outros benefícios para o café. Por exemplo, ele é uma leguminosa que fixa nitrogênio a partir da simbiose com as bactérias chamadas de rizóbios.

O monocultivo não beneficia as culturas, mas as empresas produtoras de agrotóxicos, pois as "pragas" serão teoricamente controladas com os seus produtos (veneno) e de adubos. Teoricamente, pois sabemos que quanto mais veneno se usa, mais pragas novas aparecem. O que novamente favorece quem produz os venenos. Então temos que decidir com quem fazer parceria – com a natureza ou com as empresas que produzem insumos?

Solos

Para os(as) camponeses(as), solo é terra, enquanto para os cientistas e técnicos terra é solo. De imediato percebemos uma diferença: terra é feminino e solo é masculino. A terra é considerada pelos camponeses como sagrada, como mãe e como vida. Enquanto os cientistas, comumente, referem-se aos nossos solos tropicais como ácidos, pobres e ruins. Será nossa mãe-terra ácida, pobre e ruim?

Precisamos cuidar bem dos solos se quisermos ter comida saudável. Nós somos o que comemos e o que comemos depende do solo. Solo morto, comida morta! Solo tem que ter qualidade. Solo não é só contêiner para colocar adubo e fixar plantas! Solo de qualidade é a base para o desenvolvimento dos agroecossistemas saudáveis e a biodiversidade é importante para a qualidade dos solos (CARDOSO *et al.*, 2018).

A vida no solo precisa ser cuidada, assim como a vida acima do solo. Os organismos dos solos são como nós, precisam de comida saudável (matéria orgânica) e de cuidados para que possam funcionar. Por isso tudo que ameaça a vida do solo, como agrotóxico, fogo, aração, lixo e muito sal (adubo químico), ameaça a qualidade do solo. Precisamos cuidar do solo para cuidar da vida e cuidar da vida para cuidar do solo!

Para reduzir a necessidade de adubos químicos, nossos solos profundos precisam ser mais bem explorados pela vida do solo para que os nutrientes se tornem mais disponíveis. Para tal, precisamos de sistemas diversificados que produzam matéria orgânica no local e que protejam os solos, como os sistemas agroflorestais e os sistemas integrados com a criação animal. Além disso, precisamos procurar reciclar todos os nossos resíduos. Resíduos orgânicos não podem ser considerados "lixo não reciclável" como comumente observamos nas cidades. Bagaço de cana e casca de café não podem ser utilizados para a produção de energia, mas devem retornar ao solo. Pós de rochas e resíduos humanos precisam ser mais bem estudados para seu uso na agricultura.

O favorecimento da vida do solo e o melhor uso dos resíduos favorecem também a balança comercial brasileira. Atualmente o Brasil importa 75% do nitrogênio (N), 56% do fósforo (P) e 92% do potássio (K). Portanto, nossa agricultura não é sustentável, já que depende da importação de sua base atual de produção, o N-P-K (CARDOSO et al., 2018).

Água

Cuidar do solo para cuidar da água. Na Zona da Mata, a partir do uso de sistemas agroflorestais, muitas nascentes foram recuperadas e revitalizadas para recuperar o solo. Sabemos que para o abastecimento dos lençóis freáticos, a água precisa infiltrar-se no solo. Devemos preocupar-nos com as nascentes e margens dos córregos, mas sem esquecer o solo dos morros ou das chapadas, nossas verdadeiras caixas de água.

Há também ambientes em que precisamos cuidar da água para cuidar do solo. É o caso do Semiárido brasileiro (Caatinga), onde o cuidado com a estocagem das águas das chuvas permite o cultivo e a criação de pequenos animais, garante a soberania alimentar e contribui com a renda das famílias e a convivência com o Semiárido. Essa convivência tem sido proporcionada pelo trabalho dos camponeses, animados pela Articulação do Semiárido (ASA), que a partir de tecnologias simples, juntamente com o povo e com o apoio de políticas públicas, estão revolucionando a concepção de manejo da Caatinga. Isso tem nos ajudado a compreender que precisamos mudar nossas práticas de redução para práticas de convivência com os problemas dos biomas!

Robustez social e econômica

O que é necessário para ser socialmente justo e economicamente viável?

Schutter (2014) aponta algumas premissas para a ampliação da agroecologia. Entre elas, estão a reforma agrária, a construção do conhecimento agroecológico, o empoderamento das mulheres e dos jovens.

A agroecologia não é exclusividade da agricultura familiar camponesa. Entretanto, é a agricultura familiar camponesa que incorpora os principais atributos para a sustentabilidade. Eles são imersos na natureza. Para os agricultores camponeses, a propriedade não é apenas um empreendimento econômico com foco somente ou principalmente na produção, mas é um lugar onde moram, criam os filhos e dão continuidade à cultura camponesa (PLOEG, 2013).

A agricultura familiar é ainda responsável por grande parte dos alimentos que chegam às nossas mesas, embora utilize apenas 25% das terras agricultadas do país (IBGE, 2006) e pouco crédito. Portanto, fortalecer a agricultura familiar camponesa é fortalecer a agroecologia. Segundo eles próprios, agricultor sem terra é igual passarinho sem asa, não pode voar. Mesmo aqueles que vivem na e da terra, mas não têm sua posse, não têm o poder de decisão, não têm autonomia para a escolha do manejo que julgar mais adequado. Por exemplo, muitos meeiros dizem que seus patrões os obrigam a usar venenos.

Portanto, fortalecer a agricultura familiar camponesa passa necessariamente pela reforma agrária. Com a concentração fundiária existente no país, onde 1% detém mais de 50% das terras e com tantos camponeses expulsos de suas terras, não é possível avançar com a agroecologia. Muitos que estão na cidade voltariam para o campo caso tivessem acesso à terra. Seria este um dos caminhos para resolver os problemas das grandes cidades?

Entretanto, muitos de nós já nos esquecemos de como cuidar da terra em parceria com a natureza. Outros nunca aprenderam. Uns tantos nunca esqueceram ou já reaprenderam. Precisamos ampliar os processos de aprendizagem coletiva e horizontal de como cuidar da terra e produzir alimentos de forma saudável. Na agroecologia, o conhecimento de todos é importante. Não existe um detentor único dos conhecimentos. No processo de formação agroecológica todos precisam re-aprender, ou aprender e ou ensinar.

Para ampliar a construção coletiva do conhecimento agroecológico, muitas metodologias têm sido desenvolvidas e/ou revitalizadas, a exemplo dos intercâmbios agroecológicos (Zanelli *et al.*, 2015) e as caravanas agroecológicas. Os intercâmbios criam ambientes de interação agroecológica e são baseados na metodologia campesino a campesino, o que nos leva a repensar o papel dos técnicos e cientistas na formação do conhecimento (SOSA *et al.*, 2012). Nas caravanas formamos diferentes grupos (agricultores(as), estudantes, professores etc.), que durante três ou quatro dias visitam as práticas agroecológicas ("santuários") e as ameaças a essas práticas em seus territórios, ou seja, conhecem de forma coletiva os anúncios (experiências), as denúncias (aquilo que constrange) e as experiências. Os intercâmbios e as caravanas são exemplos de dispositivos metodológicos poderosos de construção coletiva do conhecimento.

No ensino formal, as Escolas Famílias Agrícolas e os cursos de Licenciatura em Educação do Campo são esperanças de que uma nova forma de ensinar e aprender é possível. A Educação do Campo se aproxima de muitas formas da agroecologia e vice-versa. Como movimento, um pode e deve fortalecer o outro. Podemos apontar pelo menos dois aspectos em comum. Tanto a agroecologia quanto a Educação do Campo buscam na educação popular seus princípios de construção horizontal e coletiva do conhecimento, com respeito e reconhecimento do saber e da cultura popular. Além disso, ambos reconhecem que é preciso outro projeto de desenvolvimento para o campo. Com esse modelo hegemônico de agricultura excludente, que não respeita a natureza e que adoece a todos(as), não há vida no campo. Então cada vez mais, os movimentos pela Educação do Campo e da agroecologia precisam dar as mãos e construir processos de construção do conhecimento agroecológico de forma conjunta.

Os cursos de Educação do Campo têm contribuído para a formação agroecológica e empoderamento de muitos jovens, mas o patriarcado ainda está longe de ser vencido. Há relatos de jovens que não podem contribuir com as transformações de suas propriedades porque o pai não permite. Quando podem exercitar em casa seus novos aprendizados, em muitos casos, isso é feito nos quintais, de domínio das mães. Se o patriarcado oprime os jovens, a opressão ainda é maior com as jovens. Muitas jovens saem de casa porque não têm acesso à renda de seu trabalho, o que às vezes não ocorre com os rapazes.

Para ter sucesso na luta contra o capitalismo e o agronegócio, nós temos que entender que o patriarcado é um dos elementos estruturantes na desigualdade social (CBA, 2015). O movimento agroecológico tem dito que sem feminismo não há agroecologia. Por quê? Como aponta o III Encontro Nacional de Agroecologia – ENA (2014),[2] por questões éticas, pois não há agroecologia sem partilhar os trabalhos domésticos e a administração da produção; com violência e falta de respeito e equidade com as mulheres, sem a participação total das mulheres nas questões sociais e políticas da comunidade/país; sem acesso à terra, à água, às sementes e todas as condições de produzir e comercializar a produção das mulheres, com autonomia e liberdade. Como apontou o IX Congresso Brasileiro de Agroecologia (2015),[3] as vozes e sabedoria das mulheres são intrinsicamente ligadas à promoção da vida. O conhecimento das mulheres é formado de forma solidária e coletiva rompendo com a competitividade e a racionalidade, típica da ciência moderna, e a participação da mulher é fundamental para a sociedade, justa e agroecológica que queremos.

O IV ENA trouxe também de forma contundente que com "racismo não há agroecologia". Cada vez fica mais claro que com injustiça, desigualdade e sem a colaboração de todos não é possível construir a agroecologia. Por isso que "sem democracia, não há agroecologia".

Da produção à mesa

O estudo e a construção de sistemas agroalimentares sustentáveis, a partir dos princípios da agroecologia, pressupõem repensar todos os processos, do solo e da semente à mesa (GLIESSMAN, 2015). Isso pressupõe repensar os circuitos de co-

---

[2] http://www.agroecologia.org.br/files/importedmedia/carta-politica-iii-ena.pdf

[3] http://aspta.org.br/2015/10/carta-politica-do-ix-congresso-brasileiro-de-agroecologia-e-iv-encontro-estadual-de-agroecologia/

mercialização. Atualmente fala-se muito em cadeia de comercialização. Cadeia do café, do leite etc. Tudo que é cadeia nos prende. Alguns autores, a exemplo de Ploeg (2013), têm apontado que o caminho é construir circuitos curtos de comercialização, a exemplo das feiras, redes de consumidores, mercados locais e mercados justos. Circuitos curtos não pressupõem estar do outro lado da rua, mas uma relação mais direta entre quem produz e quem consome. Gliessman (2015) propõe, como um dos passos para a transição agroecológica, o restabelecimento de conexões mais diretas entre aqueles que produzem a comida e aqueles que a consomem.

Entretanto, repensar os circuitos de comercialização não será suficiente. Precisamos repensar também a legislação que não favorece o beneficiamento dos produtos da agricultura familiar. A legislação atual, com poucas exceções, foi formulada para atender aos interesses das indústrias e não da agricultura familiar artesanal. Repensar leis específicas para a agricultura familiar viabiliza a agregação de valor aos produtos e facilita a comercialização da diversidade. Além disso, tem-se um pensamento de que alimento bom é alimento morto. O que são os tempos de prateleiras? Quanto mais um produto permanece na prateleira, mais morto ele é, ou não? A vida decompõe a matéria orgânica para manter o ciclo da vida! Por isso alimento vivo se decompõe, alimento morto permanece sem se decompor (apodrecer). A concepção do alimento morto faz com que o queijo Minas, fortemente conectado à cultura mineira, ainda encontre muitas dificuldades de ser comercializado como ele foi historicamente produzido (vale a pena assistir *O mineiro e o queijo*, documentário de Helvécio Ratton). O beneficiamento dos produtos não pode desconsiderar os aspectos culturais. Comer é um ato cultural e político.

Precisamos ainda repensar as modificações ocorridas em nossos hábitos alimentares, a exemplo dos desperdícios. Grande parte do que é produzido é desperdiçado e apenas parte da produção chega até nossas mesas. Há quem diz que a perda de alimentos pode chegar a 60%. Outros tantos são transformados em alimentos para os animais, cuja conversão alimentar é muito baixa. Precisamos nos questionar ainda sobre o que comemos. Quantos pacotes e latas abrimos por dia? Até recentemente os alimentos processados e ultraprocessados não estavam em nossas mesas. Alimento orgânico é caro? Gostamos de ir à feira? O que bebemos? Quanto de carne comemos? Nós somos o que comemos! É melhor gastar com comida do que com remédio! O nosso alimento será o nosso remédio.

Todas essas transformações são lentas e exigem de nós um processo de transição agroecológica. O processo de transição exige mudanças nas práticas de campo, no dia a dia, no manejo agrícola, no planejamento, na comercialização e filosóficas. A transição deve ser parte do processo de garantir segurança e soberania alimentar para todos, em todos os lugares.

O processo de transição agroecológica

Sabemos que precisamos iniciar os processos de transição já. Para contribuir com tais processos, Gliessman (2015) aponta alguns princípios (Quadro 7.1).

Quadro 7.1 – Princípios orientadores da transição agroecológica, segundo Gliessman (2015)

- Mude de um manejo de nutrientes por fluxos para um manejo que priorize a ciclagem de nutrientes, com um aumento da dependência nos processos naturais, tais como a fixação biológica de nutrientes e as interações das plantas com as micorrizas (fungos do solo).

- Use energia de fontes renováveis.

- Elimine o uso de fontes não renováveis e insumos externos que têm o potencial de danificar o ambiente ou a saúde dos agricultores, trabalhadores e consumidores.

- Quando for necessário adicionar algum material ao agroecossistema, use materiais de ocorrência natural, ao invés de insumos sintéticos ou manufaturados.

- Faça o manejo das pragas, doenças e vegetação espontâneas (que alguns chamam de "ervas daninhas") ao invés de controlá-las.

- Restabeleça as relações biológicas que podem ocorrer naturalmente na unidade produtiva ao invés de reduzi-las e simplificá-las.

- Procure correspondências mais apropriadas entre os padrões de cultivos, o potencial produtivo e as limitações físicas da paisagem agrícola. Convivência com os problemas!

- Use a estratégia de adaptação do potencial biológico e genético das espécies animais e vegetais às condições ecológicas da unidade agrícola e não o contrário, ou seja, adaptar a unidade agrícola às exigências das plantas e animais.

- Valorize fortemente a saúde de todo o agroecossistema e não os resultados de um cultivo específico.

- Enfatize a conservação dos solos, da água, da energia e dos processos biológicos.

- Respeite o conhecimento e a experiência local no desenho e manejo dos agroecossistemas.

- Incorpore a ideia de sustentabilidade de longo termo em todo o desenho e manejo dos agroecossistemas.

Gliessman (2015) aponta ainda alguns níveis da transição agroecológica (Quadro 7.2), que não precisam ser seguidos literalmente e nem passo a passo, ou seja, um agricultor pode ir direto ao nível 3 (redesenho dos agroecossistemas); não precisa começar seu processo de transição do nível 1 (redução do uso de agrotóxicos), até porque o agricultor pode nunca ter usado agrotóxicos. Tais níveis de transição são importantes para pensarmos a agroecologia como um processo em construção. Podemos perguntar: quem inicia o processo de transição agroecológica? Diríamos que é aquele que um dia tomou a decisão de lutar e construir um sistema agroalimentar sustentável, ou seja, que luta para que todos possamos chegar ao nível 5 (novo sistema agroalimentar). E quando saímos da transição agroecológica? Não saímos, pois como dizem os agricultores de Araponga, a agroecologia é um aprendizado infinito!

Quadro 7.2 – Níveis de transição agroecológica segundo Gliessman (2015)

Nível 1: Aumentar a eficiência das práticas industriais comerciais de forma a reduzir o uso e o consumo de insumos caros, escassos e prejudiciais ao ambiente.
Nível 2: Substituir as práticas e os insumos industriais convencionais, trocando-os por práticas alternativas.
Nível 3: Redesenhar os agroecossistemas de forma que eles funcionem à base de um novo conjunto de processos ecológicos.
Nível 4: Restabelecer conexões mais diretas entre aqueles que produzem a comida e aqueles que a consomem.
Nível 5: A partir dos níveis 3 e 4, construir um novo sistema agroalimentar global sustentável, baseado na equidade, participação e justiça. Sustentabilidade significa necessariamente proteger e restaurar os sistemas que apoiam a vida na Terra.

Por fim, é preciso lutar para o restabelecimento da democracia no país e com ela criar políticas que fortaleçam a Educação do Campo e a agroecologia. Políticas como o Programa de Aquisição de Alimentos (PAA), Política Nacional de Alimentação Escolar (PNAE), Programa Nacional de Apoio à Agricultura Familiar (PRONAF) agroecológico e de Habitação Rural, implementadas nos governos populares de 2003-2014 precisam continuar ou serem retomadas. Políticas que melhorem a infraestrutura do meio rural de comunicação e estradas, por exemplo, precisam ser fortalecidas. Precisamos valorizar as práticas ancestrais de cuidados com a saúde, mas precisamos fortalecer e ampliar cada vez mais o acesso ao Sistema Único de

Saúde (SUS). Precisamos da reforma agrária. Precisamos de políticas específicas que empoderem e estimulem a participação das mulheres e dos jovens na construção da agroecologia, o que exige ações afirmativas dirigidas especialmente às mulheres e jovens, especialmente as negras e os negros. Precisamos reconhecer e visibilizar o conhecimento popular, pois a agroecologia como ciência, movimento e prática possui suas bases então conhecimento. Entretanto, podemos e devemos apoiar o conhecimento popular e articulá-lo ao conhecimento científico, mas a partir de uma nova compreensão de ciência.

Referências

AGUIAR, R. C. *Abrindo o Pacote Tecnológico: Estado e Pesquisa Agropecuária no Brasil.* Polis: São Paulo, 1986.

ALTIERI, M.; NICHOLLS, C. Teoría y práctica para una agricultura sustentable. Programa das Nações Unidas para o Meio Ambiente. México, 2000. Disponível em: <http://www.geografia.fflch.usp.br/posgraduacao/apoio/apoio_valeria/Altieri_Agro01.pdf>. Acesso em: 9 jan. 2019.

BOFF, Leonardo. Semana do meio-ambiente: garantir o futuro da vida e da Terra. In: CARTA MAIOR – O portal da esquerda. Disponível em: <https://www.cartamaior.com.br/?/Editoria/Mae-Terra/Semana-no-meio-ambiente-garantir-o-futuro-da-vida-e-da-Terra/3/44289>. Acesso em: 16 jul. 2019.

CARDOSO, I. M. *et al.* Ressignificar nossas percepções sobre o solo: atitude essencial para manejar agroecossistemas sustentáveis. In: CARDOSO, I. M.; FÁVERO C. *Solos e Agroecologia*. Brasília: Embrapa, 2018. p. 34-59.

CARSON, Rachel. *Primavera silenciosa*. São Paulo: Editora Gaia, [1962] 2010. p. 328.

IX CONGRESSO BRASILEIRO DE AGROECOLOGIA – CBA. *Cadernos de Agroecologia*, Belém, v. 10, n. 3, out. 2015. Disponível em: <http://revistas.aba-agroecologia.org.br/index.php/cad/article/view/20780/13541>. Acesso em: 24 ago. 2019.

EHLERS, E. *Agricultura sustentável: origens e perspectivas de um novo paradigma.* Porto Alegre: Agropecuária, 1999.

FREIRE, Paulo. *Extensão ou comunicação?* 17. ed. São Paulo: Paz e Terra, 2015. p. 127.

GLIESSMAN, S. R. Agroecology: a Global Movement for Food Security and Sovereignty. In: AGROECOLOGY FOR FOOD SECURITY AND NUTRITION PROCEEDINGS OF THE FAO INTERNATIONAL SYMPOSIUM. Roma, Itália. 18-19 set. 2014, p. 1-13. Disponível em: <http://www.fao.org/3/a-i4729e.pdf>. Acesso em: 9 jan. 2019.

INSTITUTO BRASILEIRO DE GEOGRAFIA E ESTATÍSTICA – IBGE. Censo Agropecuário 2006. Disponível em: <https://biblioteca.ibge.gov.br/visualizacao/periodicos/51/agro_2006.pdf>. Acesso em: 16 jul. 2019.

PLOEG, J. D. van. Ten Qualities of Family Farming. *Farmingmatters*, v. 12, p. 8-11. 2013.

RATTON, Helvécio. Documentário *O Mineiro e o Queijo*. Disponível em: <https://www.revistaamalgama.com.br/10/2011/o-mineiro-e-o-queijo-helvecio-ratton/>. Acesso em: 16 jul. 2019.

REZENDE M. Q. Venzon *et al. Agric. Ecosyst. Environ.*, v. 188, p. 198-203, 2014.

SCHUTTER, O. de. Report of the Special Rapporteur on the Right to Food. The Transformative Potential of the Right to Food, Final Report Drawing Conclusions from his Mandate, Presented to the 25th. 2014. Disponível em: <http://www.srfood.org/images/stories/pdf/officialreports/20140310_finalreport_en.pdf>. Acesso em: 23 jul. 2019.

SCUDELLARI, M. Myths That Will Not Die. *Nature*, v. 528, p. 322-325, 2015.

SOSA, M. B. *et al. Revolução agroecológica: o movimento camponês a camponês da ANAP em Cuba.* 1. ed. São Paulo: Expressão Popular, 2012.

TEIXEIRA H. M. *et al.* Farmers Show Complex and Contrasting Perceptions on Ecosystem Services and their Management. *Ecosystem Services*, v. 33, parte A, p. 44-58, 2018.

ZANELLI, F. V. *et al.* Intercâmbios agroecológicos: aprendizado coletivo. *Informe Agropecuário*, v. 36, n. 287, p. 104-113, 2015.

CAPÍTULO 8

Trabalho e emancipação:
reflexões a partir da Educação do Campo

Geraldo Márcio Alves dos Santos

O debate sobre o trabalho e a emancipação dos trabalhadores tem sido um campo fértil e, também, de inacabadas reflexões para os trabalhadores e, especialmente, seus organismos representativos, para os movimentos sociais e para os acadêmicos, de vários campos do conhecimento.[1] Aqui, nos limites de nossa apresentação, propomos fazer essa discussão com as interrogações da Educação do Campo.

Inicialmente, trazemos para o debate duas categorias importantes, que são a mediação e a totalidade. Isso implica dizer que trataremos de coisas do ponto de vista conjuntural, do ponto de vista da nossa existência histórica, e, assim, por exemplo, é o caso da Educação do Campo. Mas temos, também, um debate de fundo estrutural que produziu as condições históricas para o surgimento dos sujeitos da Educação do Campo. Portanto, compreender a relação que se estabelece entre a parte e o todo é fundamental para nos aproximarmos da totalidade, a partir da qual se tem uma perspectiva das relações sociais ampliadas.

---

[1] Agradeço aos ensinamentos da professora Lucialia Machado, e a ela dedico este texto.

Falar em emancipação não é falar de pouca coisa, tampouco seria falar de coisas novas. Vejamos que, na história, há registros de diversos movimentos que, desde o século XIX até o século XX, tiveram a emancipação como horizonte e, portanto, são anteriores à Educação do Campo. Também, é uma temática que, eivada nas contradições das sociedades capitalistas, oscila entre uma contraposição contundente a esse modelo de sociedade e uma posição crítica, porém, nos marcos políticos da sociedade capitalista. Na atualidade, a contradição se acentua, já que, mesmo com a melhora na condição de vida de uma parcela da classe trabalhadora se comparada ao início da era industrial, há um nítido processo de precarização do trabalho e com consequente retrocesso no campo dos direitos, com aumento de acidentes de trabalho e do sofrimento diante da incerteza de ter a garantia das condições de existência. Portanto, há avanços e retrocessos nas condições de vida dos trabalhadores e, certamente, isso influencia o debate sobre a emancipação.

O esforço aqui é tentar entender como a Educação do Campo compõe, juntamente com o trabalho, um entendimento sobre o que se diz sobre a emancipação para os trabalhadores. Por essa via de análise, já apontamos que há um imbricamento entre a Educação do Campo e o mundo do trabalho. Talvez, seja o caso de dizer que a Educação do Campo, ao mesmo tempo que se nutre de lutas históricas dos trabalhadores, também oxigena a compreensão sobre o mundo do trabalho. Por sua vez, o trabalho pode ser um fio condutor para compreender os desafios e as possibilidades que atravessam o debate sobre a emancipação, bem como a própria Educação do Campo. Com efeito, podemos nos perguntar, o que é emancipar? E, ainda, o trabalho e a Educação do Campo, o que teriam a ver com isso?

O Novo Dicionário Aurélio da Língua Portuguesa (FERREIRA, 2000, p. 628) diz que emancipação pode ser: "Estado livre de qualquer tutela, que pode administrar seus bens livremente. Libertação, alforria". Vejamos, portanto, que a noção de liberdade aparece com destaque nessa acepção de emancipação. Na impossibilidade de tratar de uma historicidade da noção de liberdade, tomaremos, aqui, aspectos que se aproximam da noção de liberdade na sociedade capitalista.

Na formação do Estado Moderno, a liberdade aparece em Hobbes, Locke e Rousseau como um fundamento para a existência do cidadão e a sua expressão mais bem-acabada está na perspectiva do jusnaturalismo, *jus naturale*, ou seja, a liberdade seria um direito natural (BUFFA, 1996; HÖFFE, 2003). Com efeito, fica sugerido que todos seriam iguais ao nascer, logo, todos possuiriam uma condição inata para ser um cidadão, portanto, poderiam participar das atividades do Estado. Essa possibilidade sinaliza uma ruptura com o "Estado Absolutista", já que o cidadão toma o lugar do súdito (BUFFA, 1996). Assim, não foi caro a burguesia encampar os "Direitos Civis"[2] como uma expressão da liberdade, também, como um direito natural do cidadão. Essa noção vai embasar o discurso burguês sobre a ordem social, o liberalismo.

Para uma perspectiva crítica, é possível questionar o ajuste social do jusnaturalismo, já que uns seriam mais iguais que os outros, uma vez que a cidadania plena para a burguesia deveria, também, ser acompanhada da manifestação de outro "direito natural", o direito à propriedade (BUFFA, 1996). Portanto, a formulação liberal traz um divórcio entre o sujeito político e o sujeito econômico, a partir do qual a propriedade é uma baliza da liberdade. Buffa deixa isso claro, ao lembrar que para Diderot, "é a propriedade que faz o cidadão". Ou como registra na Enciclopédia: "Todo homem que possui no Estado é interessado no bem do Estado" (p. 26).

Entre o século XVII e o século XIX, uma série de movimentos contestatórios à ordem burguesa vai produzir uma força social trazendo a ideia de liberdade para além do jusnaturalismo. Marx (2012) afirma que "a emancipação da classe trabalhadora será obra dos próprios trabalhadores". A liberdade, na perspectiva de Marx, diz respeito ao exercício pleno pelos trabalhadores de suas faculdades humanas, em acordo com seus interesses, o que contrapõe o entendimento burguês, centrado na propriedade. Assim, em Marx, a liberdade deixa de ser entendida como um direito natural, para ser compreendida como um processo social. Aliás, o filósofo vai qualificar esse debate dizendo que a emancipação política estaria nos marcos do estado burguês e, por isso, os trabalhadores deveriam se organizar pela emancipação humana (MARX, 2012). Marx busca distinguir o "reino da necessidade" do "reino da liberdade":

> De fato, o reino da liberdade começa onde o trabalho deixa de ser determinado por necessidade e por utilidade exteriormente imposta; por natureza, situa-se além da esfera da produção material propriamente dita. O selvagem tem de lutar com a natureza para satisfazer as necessidades, para manter e reproduzir a vida, e o mesmo tem de fazer o civilizado, sejam quais forem a forma de sociedade e o modo de produção. Acresce, desenvolve-se, o reino do imprescindível. É que aumentam as necessidades, mas, ao mesmo tempo, ampliam-se as forças produtivas para satisfazê-las. A liberdade nesse domínio só pode consistir nisto: o homem social, os produtores associados regulam racionalmente o intercâmbio material com a natureza, controlam-no coletivamente, sem deixar que ele seja a força cega que os domina; efetuam-no com o menor dispêndio de energias e

---

[2] Dizem respeito às liberdades individuais, ao direito de ir e vir, ao uso do corpo, ao direito de expressão, direito à propriedade, o direito de igualdade perante a Lei (FERREIRA, 2000).

nas condições mais adequadas e condignas com a natureza humana. Mas, esse esforço situar-se-á sempre no reino da necessidade. Além dele começa o desenvolvimento das forças humanas como um fim em si mesmo, o reino genuíno da liberdade, o qual só pode florescer tendo por base o reino da necessidade. E a condição fundamental desse desenvolvimento humano é a redução da jornada de trabalho (MARX, 1985a, p. 942).

Os posicionamentos de Marx e Engels sobre a emancipação da classe trabalhadora vão impactar o movimento operário europeu, nas formulações dos Sindicatos, das Associações e de Partidos Políticos. Porém, segundo Miller (1998), as ideias de Marx e Engels, vão impactar, também, os próprios liberais. O aparecimento de movimentos socialistas como força política vai incentivar os liberais a aperfeiçoar as instituições burguesas para articular as ideias de liberdade e igualdade nos marcos políticos (MILLER, 1998). Com efeito, os "Direitos Políticos" passam a figurar na agenda de trabalhadores e de liberais; cada qual, à sua medida, discute e compreende as confluências e as abrangências desse "Direito".

O avanço no campo dos "Direitos Políticos" e a reorganização do Estado Moderno produz implicação nos próprios movimentos contestatórios. O próprio movimento socialista vai se dividir em duas grandes perspectivas; de um lado, aqueles que defendem a utilização, pela classe operária, das instituições políticas existentes e, por outro lado, aqueles que defendem a superação, a substituição, das estruturas estatais (BOTTOMORE, 1998).

Em que pese que o movimento operário europeu não tenha esgotado o debate sobre a adequação, ou superação, do Estado Moderno, a ponto de se tornar um dilema para a esquerda até a atualidade, é certo que, já no século XIX, aparecem como pauta das lutas dos trabalhadores a defesa de outro direito, os chamados "Direitos Sociais". Isso não quer dizer que se trata de uma evolução linear dos efeitos de uso dos Direitos Civis e dos Direitos Políticos, mas sim da consolidação de uma perspectiva de os trabalhadores de atuarem no campo político do Estado Moderno. Os Direitos Sociais foram, e continuam sendo, objeto de grandes mobilizações dos trabalhadores. Ao longo de todo o século XIX, chegando aos tempos atuais, uma história que contabiliza inúmeras prisões, criações de organizações representativas, mortes, surras e muito sofrimento de trabalhadores.

Entre os Direitos Sociais, temos o direito à educação, que pode se configurar, também, como uma pauta liberal. Entretanto, a defesa do direito à educação expressa, também, uma reivindicação carregada de contrapontos pelo ponto de vista próprio dos trabalhadores, seja, por exemplo, com o escolanovismo, ou com as propostas, de operários anarquistas, de uma escola à margem do Estado.

Se de um lado, Bobbio (1992) diz que, no Estado Moderno, os direitos, para existirem, devem ter uma prerrogativa de um sistema normativo, ou seja, na forma de leis, porém a existência de um sistema normativo não é garantia de que um determinado "Direito" alcance na prática seu objetivo prescrito. De acordo com Cury (2002):

> [...] a realização dessas expectativas e do próprio sentido expresso da lei entra em choque com as adversidades sociais de funcionamento da sociedade em face dos estatutos de igualdade por ela reconhecidos. É inegável também a dificuldade de, diante da desigualdade social, instaurar um regime em que a igualdade política aconteça no sentido de diminuir as discriminações (CURY, 2002, p. 247).

Nesse sentido, a educação como um direito é fundamental para o exercício do conjunto de outros direitos. Cury (2002) compreende que os Direitos Civis, os Direitos Sociais políticos e os Direitos Sociais só podem existir na medida em que eles coexistirem. No entanto, a conquista da educação como um direito social do trabalhador não basta para estabelecer uma sociedade plena de direitos. Dessa forma, a educação, sem dúvida, é parte importante, mas não a única; a história registra que as lutas sociais são importantes para que o direito à educação se conforme à instrumentalização técnica e ideológica do mercado. É preciso perguntar, que escola interessa aos trabalhadores?

Muito bem, então, do ponto de vista conjuntural, do momento histórico que vivemos, como poderíamos discutir emancipação pelos óculos da Educação do Campo? Se a Educação do Campo não é uma educação para os trabalhadores, é uma educação com os trabalhadores (CALDART, 2012). Portanto, a Educação do Campo se aproxima do axioma de que a emancipação dos trabalhadores é obra dos próprios trabalhadores. A Educação do Campo, como já foi dito inúmeras vezes, surge das lutas dos movimentos sociais do campo; é expressão de um acúmulo de força social.

Também, os marcos teóricos da Educação do Campo (ANTUNES-ROCHA, 2011; ANTUNES-ROCHA; MARTINS, 2011; ARROYO, 1999, 2012; CALDART, 2012; MOLINA, 2011) reconhecem a importância e a necessidade de que a produção teórica e metodológica tenha validade se tiver sentido para os problemas concretos dos trabalhadores, sejam eles do trabalho, da manutenção, ou recuperação dos saberes tradicionais, de suas demandas políticas, da geração de renda, das suas especificidades de temporalidade no trabalho, as quais pautam a ampliação da noção de tempo e espaços educativos etc.

Entre as várias experiências educativas da Educação do Campo, as Licenciaturas em Educação do Campo trazem um componente promissor: a possibilidade de ampliar a formação de professores para a educação básica nos princípios da

Educação do Campo, de desenvolver pesquisas para compreender melhor a realidade do campo brasileiro, de sistematizar as experiências dos sujeitos do campo etc.

É certo que essas licenciaturas, na medida em que garantem a presença dos sujeitos do campo nas universidades, acabam por propor novas perspectivas teórico-metodológicas, oxigenando as universidades em que estão instaladas. Dessa forma, jogam a favor do debate sobre a emancipação dos trabalhadores, pois atuam na formação e articulação do sujeito político com o sujeito econômico.

Tem uma lendazinha em Roma que diz que:

> Num determinado momento de crise do Império Romano, apareceu um buraco em Roma. E eles tentavam tapar esse buraco, jogando coisas lá dentro. Jogavam e jogavam coisas e o buraco não se fechava. Foram até um oráculo, o qual disse que Roma teria que jogar o que tem de mais precioso nesse buraco. Jogaram vinho, uvas, mármores, obras literárias e o buraco não se fechava. Até que um dia, resolveram jogar um soldado romano. A bravura do soldado romano era o bem mais precioso de Roma. Muito bem, o buraco se fechou.

A pergunta é o seguinte, o que há de mais precioso que a classe trabalhadora tem? O que o ser humano tem de mais precioso é a sua capacidade de trabalho. É isso que nos diferencia das demais espécies.

> Antes de tudo, o trabalho é um processo de que participam o homem e a natureza, processo em que o ser humano com sua própria ação, impulsiona, regula e controla seu intercâmbio material com a natureza. Defronta-se com a natureza como uma de suas forças. Põe em movimento as forças naturais de seu corpo, braços e pernas, cabeça e mãos, a fim e apropriar-se dos recursos da natureza, imprimindo-lhes forma útil à vida humana. Atuando assim sobre a natureza externa e modificando-a, ao mesmo tempo modifica sua própria natureza. Desenvolve as potências nela adormecidas e submete ao seu domínio o jogo das forças naturais (Marx, 1985b, p. 202).

Podemos dizer da nossa fragilidade biológica em relação à natureza. O que compensa essa fragilidade é uma capacidade de atuar sobre essa natureza e criar coisas úteis para nossa sobrevivência. Então, isso se chama trabalho, cuja qualidade é exclusiva da espécie humana. É verdade que se olharmos outras espécies, vamos encontrar algum nível de interação de uma determinada espécie, essencial para a sobrevivência, com a natureza.

> O que distingue o pior arquiteto da melhor abelha é que ele figura na mente sua construção antes de transformá-la em realidade. No fim do processo do trabalho aparece um resultado que já existia antes idealmente na imaginação do

trabalhador. Ele não transforma apenas o material sobre o qual opera; ele imprime ao material o projeto que tinha conscientemente em mira, o qual constitui a lei determinante do seu modo de operar e ao qual tem de subordinar sua vontade (MARX, 1985b, p. 202).

É interessante que, ao trabalhar, nós modificamos, também, a nossa própria natureza. Portanto, modificamos a natureza e produzimos uma segunda natureza, e reagimos a essa segunda natureza. E, ao fazermos assim, nós nos humanizamos, criamos a técnica, a ciência, as linguagens e criamos formas sociais específicas para garantir essa condição de existência, família, modelos de estado etc. O processo de humanização é, também, pedagógico, pois, desde que algum nível de desenvolvimento já esteja estabelecido, é possível encontrar formas específicas de garantir com que as gerações que chegam tenham condições mínimas de garantir essa condição da existência. Nisso, o trabalho é inseparável da educação; nele estará sempre contido um processo educativo (SAVIANI, 2006).

Então, o trabalho é um tesouro que é a nossa própria humanização, e ele o é, cada vez mais, se expressar, também, as diversas necessidades humanas, a linguagem, as técnicas, a tecnologia, a ciência, a cultura, ou seja, as formas sociais da ontocriatividade do trabalho. Mas, também, como sabemos, historicamente foi-se criando uma forma específica de trabalho que, muitas vezes, tem uma tendência em subsumir essa dimensão ontológica, por um motivo muito simples: na sociedade capitalista, não basta ter valor de uso, tem que ter valor de troca. Ele também tem que ser uma mercadoria.

Portanto, seja Educação do Campo ou qualquer outra matriz de educação que tenha a emancipação como horizonte, é necessário compreender em que o trabalho foi atacado. Onde os trabalhadores perderam o que tinham de mais precioso?

Eu sei que o almoço está se aproximando, e agora vou brincar com vocês. Vamos ver quem está com fome? Tem uma churrascaria aqui próxima, e eu vou pagar o almoço para todo mundo. Podem comer e beber à vontade. Na hora de pagar, eu vou oferecer uma aula, Ok? Evidentemente, eu criaria um grande problema para vocês porque isso não vai ser aceito. O modo de produção capitalista tem algumas características básicas e, uma delas, é que as necessidades materiais e simbólicas são mediadas por uma coisa chamada dinheiro, em um "lugar" chamado mercado. Por isso, no capitalismo não se produz produto, mas mercadoria, porque é um produto destinado a um mercado. Esse dinheiro, por sua vez, para a maior parte da população, é obtido se a pessoa vender a sua força de trabalho.

Portanto, a gente tem estabelecido o seguinte, uma dimensão humanizante do trabalho, formadora, e uma dimensão também alienante porque uma minoria detém as condições de sobrevivência, as quais a maioria só acessa se vender a sua força de trabalho. Por outro lado, nas últimas décadas, a reestruturação produtiva (ANTUNES, 2002) vem diminuindo até a presença do trabalho assalariado de estatuto estruturado e inversamente proporcional, aumentando o crescimento do trabalho precarizado, com terceirizações e quarteirizações quase irrestritas, o trabalho temporário e, ainda, o trabalho infantil (ANTUNES, 2002).

Diante disso, o debate sobre a emancipação vê-se, na atualidade, em uma encruzilhada, em que os trabalhadores ora recuperam a crítica ao trabalho assalariado, ora se mobilizam na crítica às suas degradações e se posicionam mais no debate sobre o emprego do que sobre o trabalho. Outra via se coloca quando os trabalhadores defendem a possibilidade de eles próprios se organizarem para produzir a sua existência, por meio de cooperativas, associações, mutirões etc. (SINGER, 2002). Possivelmente, essa última é uma das perspectivas que mais marcam a Educação do Campo, visto que mobiliza agricultores familiares, associações e sindicatos.

Considerações finais

Noam Chomsky (2002) tem um livro importante, cujo título é provocativo: *O lucro ou as pessoas?*. Ontem, se vocês se atentaram, fez um ano do triste acidente com o avião da Chapecoense. Claro, temos que ser solidários, especialmente, com os familiares das vítimas. Temos que chorar juntos aos que choram. Mas, aquilo tem que ser apurado, a gente tem de saber de fato o que aconteceu. Qual sentido em falar do acidente da Chapecoense? O debate sobre a emancipação deve considerar a discussão ética, moral e civilizatória. Aonde vai parar esse tipo de sociedade em que um lucro vale mais que as pessoas? O que mais precisa acontecer? É interessante, e necessário, portanto, que conheçamos como funciona a dinâmica econômica, política e sociocultural da nossa sociedade, a partir da qual se pode perceber que a humanidade está sob riscos com a quantidade e a capacidade destrutiva das armas, com a destruição do meio ambiente e, quando não, do financismo que destrói o trabalho produtivo e o emprego estruturado. Não é exagero dizer que há um encurtamento da dimensão civilizatória na sociedade em que vivemos.

Todavia, se o trabalho é isso tudo para a formação humana, se ele que nos humaniza, é possível, então, que dele possamos extrair perspectivas para a nossa humanização. Uma das peculiaridades do trabalho, e que joga a favor da sua centralidade na formação humana, é o seu princípio educativo.

> O trabalho como princípio educativo na medida em que determina pelo grau de desenvolvimento social atingido historicamente, um modo de ser de uma

educação em seu conjunto". Nesse sentido, aos modos de produção correspondem modos distintos de educar como a correspondente forma dominante de educação". Isso tem a ver com aquela concepção ontológica, da protoforma do trabalho, é o trabalho que vai determinar as formas históricas de se educar. "Em um segundo sentido, o trabalho é princípio educativo na medida em que coloca exigências específicas que o processo educativo deve preencher em vista da participação direta dos membros da sociedade no trabalho socialmente produtivo (SAVIANI *apud* FRIGOTTO; FRANCO; RAMOS, 2005, p. 31).

Nós, professores que formamos professores, devemos nos perguntar como que a gente se aproveita, como se apropria desse acúmulo do princípio educativo do trabalho para talvez pensarmos um princípio pedagógico do trabalho, isto é, como tirar proveito da riqueza formativa do trabalho na organização teórico-metodológica na Educação do Campo.

Primeiramente, a partir de Saviani *apud* Frigotto, Franco e Ramos (2005), podemos ver um refino que qualifica o princípio educativo do trabalho, na medida em que estabelece a dimensão do trabalho socialmente produtivo, ou seja, aquele que está diretamente ligado às necessidades da nossa sobrevivência. Outro ponto para o Saviani (2006), "O trabalho é princípio educativo no terceiro sentido na medida em que determina a educação como modalidade específica e diferenciada do trabalho", que é o trabalho pedagógico, que nos aciona no sentido de estar pensando o que nós podemos fazer do ponto de vista das Licenciaturas em Educação do Campo.

Daí que é interessante mostrar que a pauta da emancipação dos trabalhadores é mais universal do que se pensa, ultrapassando o interesse camponês. Assim, por exemplo, a formação por alternância, que orienta todas as Licenciaturas do Campo possui um dispositivo pedagógico, cuja riqueza epistemológica pode oxigenar, inclusive, outras propostas de formação, e não somente a Educação do Campo. Também, o próprio debate sobre aquilo que seria o princípio educativo do trabalho pode nos ajudar a pensar sobre o princípio pedagógico do trabalho.

A divisão radical entre o trabalho manual e o trabalho intelectual é uma ação que o capital teve que fazer para subordinar o trabalho. Não bastava a subordinação do trabalho ao capital, não bastou que ela fosse uma subordinação objetiva; houve, também, outro nível de subordinação, que ocorre no próprio interior da produção. A produção capitalista vai ter que se organizar de uma forma absolutamente distinta das formas anteriores, pois necessita estabelecer uma divisão técnica do trabalho, isso é, pegar um ofício e dividi-lo em inúmeras vezes (BRAVERMAN, 1987).

A extrema divisão do trabalho demanda que o capitalista recomponha a fragmentação do conhecimento dos trabalhadores para ter o controle total da produção. Por isso, o processo de trabalho capitalista vai conter estratégias de controle social da produção. A forma clássica é a figura da gerência (BRAVERMAN, 1987). Então, as empresas vão dispor de uma pequena equipe que vai ter o monopólio da informação, a partir do qual se radicaliza a divisão do trabalho quantas vezes forem necessárias. Ou seja, foi assim que se tirou o "tesouro" do trabalhador, aquilo que ele tinha de melhor: o domínio sobre o processo de trabalho.

Portanto, se se quiser falar em emancipação e Educação do Campo, deve-se compreender que a educação recupere a unidade do conhecimento fragmentada pela divisão técnica do trabalho. Vejamos que, para garantir a supremacia da escola, o capital buscou destruir as experiências educativas anteriores. Por isso, até hoje o Estado aceita com muita dificuldade as propostas alternativas de educação. Muito bem, então, outro tesouro que precisa ser recuperado está nas experiências e saberes tradicionais. Portanto, é tarefa da Educação do Campo, tarefa de qualquer educação que vê as pessoas acima do lucro e recompor essa fragmentação do conhecimento e legitimar as diversas formas de apreender a realidade.

Nesse sentido, também, é necessário recompor a unidade dialética entre o geral e o particular. Também, é de suma importância articular o abstrato e o concreto, mais ainda, quando se sabe que, hoje em dia, o abstrato tem forte presença no processo de trabalho, dada a presença da ciência em nossas vidas. A gente está o tempo todo falando e tratando de coisas que a gente não enxerga e não consegue pegar. Por outro lado, sabemos que o abstrato corresponde a uma materialidade no resultado daquilo que elas provocam. Então essa relação entre o abstrato e o concreto é, também, uma relação entre a teoria e a prática.

Outro exemplo, e de igual necessidade de articulação, está naquilo que é da ordem entre o sincrônico e o diacrônico. Vejamos, por exemplo, que a alternância que fazemos aqui no Lecampo é semestral, ou seja, há um intervalo entre o Tempo Escola (TE) e o Tempo Comunidade (TC), uma vez por semestre. Entretanto, os estudantes se formam minimamente em quatro anos, o que significa que nem sempre aquilo que tratamos num segundo período é exatamente refletido naquele segundo período, ou mesmo no terceiro. Em algum momento, aquilo que trabalhamos para a consolidação de um determinado domínio, de um determinado conhecimento, vai se materializar em períodos mais adiantes, ou mesmo, depois de os alunos terem se formado. Isso exige a compreensão de que a recomposição da unidade do conhecimento passa pela compreensão de uma múltipla temporalidade estabelecida entre a escola e a vida social. São muitas as situações que se colocam nessa via; montar uma cooperativa, talvez seja uma coisa que a gente consiga fazer em seis meses, em um ano. Agora, por exemplo, conseguir um edital que contemple o diploma dos licenciados em Educação do Campo pode ser uma tarefa mais longa. Compreender qual é a relação desse sincrônico com esse diacrônico nos qualifica na formação e na gestão da Educação do Campo.

Outra questão importante é defender uma formação contextualizada; devemos interrogar o conhecimento, como ele surgiu? Por exemplo, o debate do território, como ele surgiu? Por que surgiu? De que maneira surgiu? Como é utilizado? Para que serve? Até mesmo para defender o léxico. E, se, como sabemos, as pautas da Educação do Campo têm ancoragem nos problemas históricos da população do campo, é necessário considerar que as reflexões devam ter como ponto de partida a realidade sócio-histórica dos sujeitos do campo e, é claro, oferecer respostas para esses problemas.

Por fim, há na Educação do Campo algo que, em parte, é uma herança do debate sobre o mundo do trabalho e que se articula com as práticas dos movimentos sociais brasileiros, que é a articulação entre a autogestão e a organicidade. Temos hoje, com nossos estudantes aqui, um princípio quando eles nos procuram. Pedimos para eles acionarem, também, os diversos Grupos de Trabalho (GTs), do Lecampo. Nosso intuito é fortalecer a organicidade dos estudantes. Claro que pode ser um princípio submetido à reflexão, será que vale a pena? Mas é um princípio que é caro. A indicação aqui seria articular a escola e a sociedade, o que já é um pressuposto da Educação do Campo, o que exige circular informações. Estimular e ampliar a participação e partilhar decisões. Vejamos que parecem coisas simples, mas são coisas difíceis porque demandam um grau de entendimento e de localização no seu trabalho que nós temos que reaprender a fazer. Em outras palavras, vencer os efeitos colaterais da divisão técnica do trabalho. No atual momento, discutir emancipação nos instiga a refletir sobre a utopia da nossa própria humanização e isso requer que se considere que as pessoas valham mais que o lucro.

Referências

ANTUNES, R. *Os sentidos do trabalho: ensaio sobre a afirmação e negação do trabalho.* 3. ed. São Paulo: Boitempo, 2002.

ANTUNES-ROCHA, M. I. Licenciaturas em Educação do Campo: Histórico e Projeto Político-Pedagógico. In: ANTUNES-ROCHA, M. I; MARTINS, A. A. (Orgs.). *Educação do Campo: desafios para a formação de professores.* Belo Horizonte: Autêntica, 2011. v. 1, p. 39-55.

ANTUNES-ROCHA, M. I; MARTINS, M. F. A. Diálogo entre teoria e prática na Educação do Campo: Tempo Escola/Tempo Comunidade e alternância como princípio metodológico para a organização dos tempos e espaços no curso de Licenciatura em Educação do Campo. In: MOLINA, M. C.; SÁ, L. M. *Licenciaturas em Educação do Campo: Registros e reflexões a partir das experiências-piloto*. Belo Horizonte: Autêntica, 2011.

ARROYO, G. M; FERNANDES, M. B. *Por uma Educação Básica do Campo*. Brasília: [s.n.], 1999. Coleção Por uma Educação do Campo.

ARROYO, G.M; FERNANDES, M. B. Trabalho educação nas disputas por projetos de campo. *Revista Trabalho e Educação*, Belo Horizonte: NETE/FAE-UFMG, v. 21, n. 3, p. 81-93, 2012.

BOTTOMORE, T. *Dicionário do pensamento marxista*. Rio de Janeiro: Zahar, 1998.

BOBBIO, N. *A Era dos direitos*. Rio de Janeiro: Campus, 1992.

BRAVERMAN, H. *Trabalho e capital monopolista: a degradação do trabalho no século XX*. Rio de Janeiro: Livros Técnicos e Científicos, 1987.

BUFFA, E. Educação e cidadania burguesa. In: ARROYO, M; NOSELLA, P.; BUFFA, E. *Educação e cidadania: quem educa o cidadão*. São Paulo: Cortez/ Autores Associados, 1986.

CALDART, S. R. *et al*. *Dicionário da Educação do Campo*. Rio de Janeiro: EPSJV; São Paulo: Expressão Popular, 2012.

CHOMSKY, Noam. *O lucro ou as pessoas: neoliberalismo e ordem global*. Rio de Janeiro: Bertrand Brasil, 2002.

CURY, C. R. J. Direito à educação: direito à igualdade, direito à diferença. *Cadernos de Pesquisa*, n. 116, p. 245-262, 2002.

FERREIRA, Aurélio Buarque de Holanda. *Novo Dicionário Aurélio da Língua Portuguesa*. Rio de Janeiro: Nova Fronteira, 1986.

FRIGOTTO, G.; CIAVATTA, M.; RAMOS, M. O trabalho como princípio educativo no projeto de educação integral dos trabalhadores. In: COSTA, H.; CONCEIÇÃO, M. (Orgs.). *Educação integral e sistema de reconhecimento e certificação educacional e profissional*. São Paulo: CUT, 2005.

HOFFE, O. *O que é justiça?*. Porto Alegre: Edipucrs, 2003. v. 155

MARX, K. *Crítica ao Programa de Gotha*. São Paulo: Boitempo, 2012.

MARX, K. *O capital: crítica da economia política*. Rio de Janeiro: Civilização Brasileira, 1985. v. 1.

MARX, K. *O capital: crítica da economia política*. Rio de Janeiro: Civilização Brasileira, 1985. v. 3.

MILLER, D. Perspectiva de justiça social. *Análise Social*, v. XXXIII, 1998.

MOLINA, M. C. Possibilidades e limites de transformações das escolas do campo: reflexões suscitadas pela Licenciatura em Educação do Campo-UFMG. In: ANTUNES-ROCHA, M. I; MARTINS, A. A. (Orgs.). *Educação do Campo: desafios para a formação de professores*. Belo Horizonte: Autêntica, 2011. v. 1, p. 39-55.

SANTOS, Geraldo Márcio Alves. *Pacto para viver: a mobilização de saberes na produção associada, gestão e organização do processo de trabalho e maquinaria em uma indústria metalúrgica*. Niterói: UFF, 2010. Tese (Doutorado em Educação) – Universidade Federal Fluminense, Niterói, 2010.

SAVIANI, D. *Trabalho e educação: fundamentos ontológicos e históricos*. In: REUNIÃO ANUAL DA ANPED, 29., 2006. GT Trabalho e Educação. Caxambu, 2006.

SINGER, P. Introdução à economia solidária. São Paulo: Perseu Abramo, 2002.

CAPÍTULO 9

Educação do Campo e territórios/territorialidades camponeses: terra, família e trabalho

Rodrigo Simão Camacho

Introdução

As ações dos camponeses-estudantes estão sempre relacionadas ao seu território de vida. Assim, característica inerente aos camponeses-estudantes é a vivência do trabalho familiar, pois terra/território, família e trabalho constituem o tripé do processo de recriação camponesa. Isso quer dizer que esses educandos são, ao mesmo tempo, estudantes e trabalhadores. O trabalho familiar se constitui em tarefas cotidianas cuja obrigação avança proporcionalmente com a idade. É produto da necessidade material de reprodução familiar, mas também uma construção simbólica, tendo um caráter socioeducativo de reprodução da cultura camponesa.

Nessa perspectiva, este texto tem o objetivo de fazer uma reflexão teórica acerca da importância de se entender o que é o campo para a Educação do Campo, sendo que para tal o debate sobre territórios/territorialidades camponesas é primordial. Na Educação do Campo, a discussão sobre o Campo – disputas/conflitos de territórios/territorialidades, modo de vida camponês, identidade territorial camponesa, movimentos socioterritoriais[1] etc. – precede a discussão pedagógica. Partindo do princípio de que o campo está em disputa entre dois modelos de desenvolvimento territoriais antagônicos – agricultura capitalista (latifúndio-agronegócio) *versus* agricultura camponesa –, sua origem se dá a partir das disputas/conflitos territoriais no campo, ou seja, na materialidade dos problemas socioeconômicos e educacionais enfrentados pelos camponeses e, consequentemente, na busca de soluções por parte dos movimentos socioterritoriais camponeses.

---

[1] Movimentos socioterritoriais é um conceito criado para explicar a conquista/produção/transformação/disputa dos territórios gerada pelos movimentos sociais (FERNANDES, 2005).

O modo de vida e a identidade territorial camponesa são partes integrantes do projeto educativo dos camponeses. Logo, entender o *território camponês* é de suma importância para a construção de uma concepção teórico-política e ideológica de Educação do Campo adequada à lógica material e simbólica de reprodução da *territorialidade do campesinato*, e que contribua em seu processo de resistência material e cultural. À Educação do Campo, portanto, cabe construir uma pedagogia a partir das especificidades da territorialidade do campesinato que está inserido no interior da totalidade das relações sociais sob o modo de produção capitalista globalizado.

O território como categoria da Educação do Campo:
no campo das disputas/conflitos de territórios/territorialidades

> Acompanhando os movimentos sociais e sua defesa do direito de todos os povos do campo à educação, um primeiro ponto se destaca: a defesa da escola pública do campo e no campo se contrapõe a toda política de erradicação da infância e adolescência de suas *raízes culturais, de seu território, de suas comunidades, dos processos de produção da terra e de sua produção como humanos*. Escola do campo, no campo. A escola, a capela, o lugar, a terra são componentes de sua identidade. Terra, escola, lugar são mais do que terra, escola ou lugar. *São espaços e símbolos de identidade e de cultura*. Os movimentos sociais revelam e afirmam os vínculos inseparáveis entre *educação, socialização, sociabilidade, identidade, cultura, terra, território, espaço, comunidade* (ARROYO, 2007, p. 7, grifo nosso).

Claude Raffestin (1993), ao discutir o poder, considera como seus trunfos: a população, os recursos naturais e o território. Mas diz que dentre os trunfos do poder, o território tem uma particularidade, por conter diversas dimensões e ser um espaço político, por isso, espaço de disputa de trunfos também. Em suas palavras: "O território é um trunfo particular, recurso e entrave, continente e conteúdo, tudo ao mesmo tempo. O território é o espaço político por excelência, o campo de ação dos trunfos" (RAFFESTIN, 1993, p. 59-60).

Segundo Milton Santos (1999b, p. 9), o território é uma *totalidade complexa* formada de relações, ao mesmo tempo, *solidárias e conflitivas*, logo, "O território não é apenas o conjunto dos sistemas naturais e de sistemas de coisas superpostas". Para o autor, o território é o espaço onde todas as ações humanas acontecem, ou seja, é o espaço onde ocorre a reprodução material e simbólica do ser humano. Em suas palavras: "O território é o lugar em que se desembocam todas as ações, todas as paixões, todos os poderes, todas as forças, todas as fraquezas, isto é, *onde a história do homem plenamente se realiza* a partir das manifestações da sua existência" (SANTOS, 1999b, p. 11, grifo nosso). Em síntese, para o autor, o território é o espaço de todas as produções/ações humanas: "O território é o fundamento do trabalho, o lugar da residência, das trocas materiais e espirituais e do exercício da vida" (p. 11).

Segundo Bernardo Mançano Fernandes (2005, p. 16), "Os territórios são formados no espaço geográfico a partir de diferentes relações sociais. O território é uma fração do espaço geográfico e/ou de outros espaços materiais ou imateriais" (grifo nosso). Apesar de o espaço anteceder o território, *espaço e território se relacionam de maneira dialética*. O espaço nunca é destruído, ao contrário do território, que é construído e destruído pela sociedade em suas disputas. É, concomitantemente, produto das relações sociais, bem como condição para a realização dessas relações sociais. Por isso, a produção de espaços e de territórios se dá de maneira histórica e dialética, ou seja, por meio *do conflito, da contradição e da solidariedade*. Nessa mesma perspectiva, Marcos Aurélio Saquet (2009) tem feito uma leitura sobre o território no sentido de "construir uma *abordagem histórica, relacional e multidimensional-híbrida do território e da territorialidade*" (p. 74, grifo do autor). Essa abordagem tem como objetivo tentar entender o território na interdependência de toda sua multidimensionalidade *material e imaterial*. Em suas palavras: "O caráter *material e imaterial* do território e da territorialidade requer, evidentemente, uma abordagem que reconheça a unidade entre essas dimensões ou entre as *dimensões da economia-política-cultura-natureza* (E-P-C-N)" (SAQUET, 2009, p. 74, grifo nosso).

Podemos dizer que todas as relações humanas acontecem no território, por isso, a territorialização é uma relação inerente ao ser humano. Ou seja, a *dimensão espacial e a territorialidade são componentes indissociáveis da condição humana* (HAESBAERT, 2006). Nesse sentido, "toda identidade territorial é uma identidade social definida fundamentalmente através do território" (HAESBAERT, 1999, p. 172). Isso ocorre no interior de uma relação de apropriação que se dá tanto no campo das ideias quanto no da realidade concreta, logo, o espaço geográfico se constitui em uma parte primordial dos processos de identificação social dos sujeitos (HAESBAERT, 1999). Toda a dinâmica de construção *identitária* dos sujeitos se dá de modo inerente ao território apropriado pelos mesmos (HAESBAERT, 1999, 2006; CAMACHO, 2014). Corroborando nesse sentido, Milton Santos (1999b), em sua análise, dá ênfase ao *uso do território*, que em sua concepção está relacionada com a *identidade* dos sujeitos que pertencem ao território. Em suas palavras: "O território tem que ser entendido como o território usado, não o território em si. O território usado é o *chão mais a identidade*. A identidade é o sentimento de pertencer aquilo que nos pertence. [...]" (p. 10, grifo nosso).

As identidades territoriais são produto/produtoras de territorialidades. A territorialidade é o conjunto das práticas dos sujeitos em relação à realidade material. É o resultado da soma das relações estabelecidas pelo ser humano com o território (a exterioridade) e entre os próprios seres humanos (a alteridade) (DEMATTEIS *apud* SAQUET, 2007). Pelo fato de a vida ser tecida pelas relações sociais, a "[...] a territorialidade pode ser definida como um conjunto de relações que originam um sistema tridimensional sociedade – espaço – tempo [...]". Nessa perspectiva, a territorialidade é a "'soma' das relações mantidas por um sujeito com o seu meio, não se trata de uma soma matemática, mas de uma totalidade de ações biossociais em interação" (RAFFESTIN, 1993, p. 160).

Todavia, pelo fato de estarmos inseridos em relações globais, onde se entrecruzam racionalidades locais/globais e horizontalidades/verticalidades, podemos dividir as territorialidades em duas: 1) territorialidades autônomas, produzidas horizontalmente e produtoras de ações contra-hegemônicas; 2) territorialidades heterônomas produzidas verticalmente por agentes externos hegemônicos no processo de globalização (SOUZA, 2009). Por isso, defendemos as territorialidades autônomas, como as camponesas, que podem "refortalecer horizontalmente, reconstruindo, a partir das ações localmente constituídas, uma base de vida que amplie a coesão da sociedade civil, a serviço do interesse coletivo" (SANTOS, 2006, p. 194), constituindo "contingências da existência comum, no espaço da horizontalidade" (SANTOS, 2006, p. 195).

Para Milton Santos (2008), existem duas ordens que determinam as relações espaciais. São elas, a razão global e a razão local. Em cada lugar elas se superpõem e, num processo dialético, se associam e se contrariam. Estas relações produzem territórios em que se superpõem sob "vinculações horizontais e verticais" (SANTOS, 2006). As verticalidades, ligadas aos agentes hegemônicos do capital globalizado, e as horizontalidades, ligadas à escala de territorialidade local. As verticalidades representam o poder hegemônico globalizado que tenta impor uma homogeneização das relações sociais locais, tornando-os obedientes aos imperativos hegemônicos globais. Representa o poder externo territorializado no local: "As verticalidades são vetores de uma racionalidade superior e do discurso pragmático dos setores hegemônicos, criando um cotidiano obediente e disciplinado" (SANTOS, 2006, p. 192). No entanto, na contramão, as horizontalidades podem representar potencialmente processos contra-hegemônicos, dialeticamente, se houver resistência às relações sociais verticalmente impostas pela globalização.

> As horizontalidades são tanto o lugar da finalidade imposta de fora, de longe e de cima, quanto o da contrafinalidade, localmente gerada. Elas são o teatro de um cotidiano conforme, mas não obrigatoriamente conformista e, simultaneamente, o lugar da cegueira e da descoberta, da complacência e da revolta (SANTOS, 2006, p. 193).

No processo de relações interdependentes envolvendo os pares dialéticos, local/global, verticalidades/horizontalidades e hegemonia/contra-hegemonia é que se findam as territorialidades camponesas. A identidade territorial camponesa é, assim, formada pelo "chão mais a identidade camponesa". O território camponês é o espaço de vida do camponês, ao mesmo tempo, espaço de

168 Formação de formadores

produção e de existência, pois é uma unidade de produção e consumo familiar e, concomitantemente, o local de residência da família, que contribui com a maior parte da produção de alimentos saudáveis, consumidos pelas populações rurais e urbanas. O território camponês é o sítio, o lote, a propriedade familiar, assim como também é a comunidade, o assentamento. A relação social não capitalista que constrói esse espaço é o trabalho familiar, associativo, comunitário, cooperativo, para o qual a reprodução da família é fundamental (FERNANDES, 2012).

A afirmação da identidade territorial camponesa se faz necessária devido ao fato de que é preciso frisar que, apesar de o capitalismo ter decretado que na sociedade moderna o urbano-industrial é o lócus de seu desenvolvimento, não existe uma cultura superior na cidade (CAMACHO; FERNANDES, 2017). Considera-se que as culturas "têm suas singularidades, seus significados, que se exprimem com suas linguagens, gestos significados e artefatos próprios, sem, no entanto, ser superiores umas às outras, a não ser por imposição de uma cultura que se faz hegemônica pelas relações de poder" (BATISTA, 2007, p. 187).

O modo de vida e a identidade territorial camponesa são partes integrantes do projeto educativo dos camponeses. Por isso, a Educação do Campo forma um conjunto de procedimentos socioeducativos que objetivam a resistência material e cultural camponesa (CALDART, 2005; CAMACHO, 2014). Sua origem se dá, concomitante, com a formação das identidades territoriais no campo. A conquista e a resistência nesses territórios permitem a criação e a reprodução da Educação do Campo. Logo, entender o *território camponês* é de suma importância para a construção de uma concepção teórico-política e ideológica de Educação do Campo adequada à lógica material e simbólica de reprodução da *territorialidade do campesinato*, e que contribua em seu processo de resistência.

A Educação do Campo é uma *Educação Territorial* (FERNANDES, 2006, 2008). Significa que uma população tem o direito de pensar o mundo a partir do lugar onde vive, ou mais especificamente, da terra onde pisa, o seu território. Porque esta é a sua realidade. Só podemos pensar o mundo a partir do lugar onde vivemos, ou seja, temos que pensar a nossa existência enquanto ser humano a partir do nosso território. Quando os camponeses pensam a sua existência a partir da cidade, gera-se um estranhamento de si mesmos. Isso dificulta a construção de uma *identidade social, territorial, cultural e de classe camponesa*. Por isso, a Educação do Campo contém como princípios fundamentais: *o direito de pensar o mundo a partir de seu próprio lugar* (FERNANDES, 2003, 2004).

Nos territórios camponeses, eles são sujeitos da sua produção espacial e de suas *territorialidades*. São espaços que têm como marcas suas vontades, capacidades, emoções, necessidades etc. A forma como esses sujeitos se apropriam material e simbolicamente do espaço é parte fundamental dos processos de sua identificação social dos mesmos. Estes são espaços construídos a partir de uma "lógica camponesa". Esses espaços, em sua multidimensionalidade, são produtos/produtores da identidade territorial camponesa. Logo, sem a territorialização camponesa não há territorialização da Educação do Campo. Essa educação tem que estar diretamente relacionada com territorialidade camponesa, ou seja, com as relações multidimensionais que esses sujeitos mantêm nesse espaço (ambientais, políticas, econômicas, culturais), mas, também, na disputa/conflito com outros territórios/territorialidades (capital, latifúndio, agronegócio, Estado, cidade).

As identidades territoriais fazem parte da diversidade que forma o campo, mas, necessariamente, articulam a totalidade das relações sociais que é a luta de classes no capitalismo globalizado urbano-rural. Na relação parte/todo está contida a singularidade das partes, ou seja, os territórios/territorialidades camponesas. O território camponês está articulado com a cidade, com o regional e com o global. Esta relação se expressa por meio de uma (multi)territorialidade/escalaridade. À Educação do Campo, portanto, cabe compreender as especificidades do campo/campesinato no interior da totalidade do modo de produção capitalista. Sendo produto da territorialidade camponesa, das relações que esses sujeitos estabelecem com o seu território e com outros territórios/territorialidades e sujeitos. Relações estas de solidariedade/cooperação (com indígenas, quilombolas, trabalhadores assalariados etc.) ou de disputas/conflitos (com o capital industrial-financeiro-comercial no campo e na cidade). Assim, a compreensão da relação entre *o geral, o singular e o específico*, a partir do materialismo dialético, permite articular a diversidade do campo sem a perda da totalidade social,[2] constituindo-se em uma proposta que busca estabelecer a relação dialética entre a totalidade-mundo e as diversidades/especificidades locais dos sujeitos (CAMACHO; FERNANDES, 2017), pois é no lugar onde esses educandos vivem que as relações globais se tornam concretas, ou seja, "a totalidade, enquanto abstração, empiriza-se no local" (SANTOS, 1999a).

Nesse contexto, para a existência dos territórios camponeses e para a territorialização da Educação do Campo, também se faz necessário *romper com a lógica capitalista de produção*. A territorialização da Educação do Campo está em constante conflito/disputa com a territorialização do capital monopolista no campo (agronegócio). A territorialização do capital, concentrando a terra, desterritorializa os camponeses. Assim, no processo de territorialização da Educação do Campo, está intrínseca a necessidade de resistência e de ruptura ao capital no campo, porque este, quando não expropria o campesinato, o subalterniza por

---

[2] Esta análise desconstrói as críticas de que a Educação do Campo é pensada a partir de uma fragmentação/dicotomia entre espaços (cidade-campo) e entre as classes sociais (operários e camponeses) (CAMACHO; FERNANDES, 2017).

meio do processo de monopolização do território.[3] Para Caldart (2004, 2012), a Educação do Campo é, necessariamente, projeto de oposição ao agronegócio,[4] pois é formada pelos sujeitos da resistência ao modelo de desenvolvimento capitalista no campo que os desterritorializa. Sua oposição ao agronegócio reflete a luta de classes no campo, bem como a disputa territorial da classe camponesa contra os latifundiários e empresários do agronegócio no espaço rural.

Uma característica primordial da Educação do Campo é a oposição a um modo de vida criado a partir da sociabilidade/territorialidade do capital, porque ele se desenvolve, concomitantemente, à intensificação das disputas territoriais no campo onde capital transnacional se territorializa acirrando a luta de classes e causando a expropriação dos camponeses (MOLINA, 2004; CALDART, 2010; OLIVEIRA, 2007; FERNANDES, 2005, 2008a, 2009). A negação a este processo de desterritorialização está no cerne da luta dos movimentos socioterritoriais camponeses. Essa luta leva à conquista de assentamentos, que significa, na prática, a desterritorialização do capital-latifundiário e a territorialização camponesa. A resistência nesses territórios permite a criação e a reprodução da Educação do Campo nas escolas dos assentamentos. Assim, a conquista dos territórios camponeses pode significar a territorialização da Educação do Campo (FERNANDES, 2006; CAMACHO, 2014).

A perspectiva de campo defendida pela Educação do Campo é o campo dos territórios dos povos do campo, onde as pessoas podem morar, trabalhar, estudar, enfim, viver com dignidade. O campo como lugar de efetivação da identidade territorial camponesa. É a antítese do campo do latifúndio, da grilagem de terras, do agronegócio, da exploração do trabalho, da monocultura, da produção de *commodities*. É onde estão os territórios dos camponeses, dos indígenas, dos quilombolas, dos ribeirinhos etc. e, logo, é lugar de realização da educação desses sujeitos (FERNANDES, 2003; CAMACHO, 2014). Portanto, nossa intencionalidade é

---

[3] Quando o capital se territorializa, ele expropria o campesinato, torna assalariado e concentra terra, porque os capitalistas se apropriam da terra e tornam-se, também, latifundiários (proprietário de terras). No entanto, a monopolização do território pelo capital monopolista é o processo em que o camponês não é expropriado, porque o capitalista não se torna proprietário de terras, mas sua renda fica subordinada ao capital, sendo obrigado a repassar o produto do seu trabalho para o capitalista. Nesse processo o capital se apropria de parte da renda camponesa, permitindo sua recriação sob o modo de produção capitalista, mas de maneira subalternizada e, muitas, vezes, em condições precárias. Isso é possível porque o desenvolvimento do capitalismo no campo tem uma lógica desigual-contraditória-combinada (MARTINS, 1981; OLIVEIRA, 2003; ALMEIDA; PAULINO, 2010).

[4] Para Ariovaldo de Oliveira (2003), os impactos sociais e ambientais negativos trazidos pelo agronegócio a toda a sociedade, sua relação com a violência no campo, com a expulsão dos camponeses, com a concentração de terra e renda, com a grilagem de terras, com os agrotóxicos, com a monocultura, com o trabalho escravo etc. nos leva a considerar que apesar do seu discurso ideológico de modernidade, na verdade, ele representa a barbárie, por isso, pode ser definido, concomitantemente, como, "barbárie e modernidade".

reafirmar a necessidade de contextualizar a práxis da Educação do Campo a partir do pressuposto da existência de dois projetos de campo em conflito/disputa. O debate acerca da disputa territorial no campo traz as diferenças existentes entre esses dois modelos de sociedade em disputa, na qual a Educação do Campo é produto da materialidade da disputa no campo.

A Educação do Campo e o Modo de Vida Camponês: Terra/Território-Família-Trabalho

> Eu quero uma escola do campo/que tenha a ver com a vida, com a gente/querida e organizada/ e conduzida coletivamente. Eu quero uma escola do campo/que não enxergue apenas equações que tenha como "chave-mestra"/o trabalho e os mutirões. Eu quero uma escola do campo/ que não tenha cercas que não tenha muros/ onde iremos aprender/a sermos construtores do futuro. Eu quero uma escola do campo/onde o saber não seja limitado/que a gente possa ver o todo/e possa compreender os lados. Eu quero uma escola do campo/onde *esteja o ciclo da nossa semeia/que seja como a nossa casa/que não seja como a casa alheia* (Gilvan Santos, 2006, p. 20, grifo nosso).[5]

A maneira particular com a qual o camponês se relaciona com a sociedade a partir da combinação de vários elementos lhes dá uma condição social que nos permite identificá-lo como um "modo de vida" (Shanin, 2008). Compreender o modo de vida dos povos do campo e sua identidade social, cultural e territorial significa dizer que eles têm especificidades quanto à maneira de se relacionar com o tempo, o espaço, o meio-ambiente, bem como de organizar a família, a comunidade, o trabalho, a educação e o lazer (Brasil, 2011, p. 16). Podemos compreender os conceitos de cultura camponesa e de modo de vida da seguinte maneira:

> A cultura camponesa é aqui entendida como um conjunto de práticas, valores e significados definidos em seu movimento de reprodução, o qual enfrenta oposição de outros grupos ou classes sociais. [...]. O modo de vida é a forma como um determinado grupo social ou comunidade manifesta a sua cultura (Marques, 2004a, p. 153).

Tendo em vista que cada cultura possui categorias centrais específicas, com relação aos camponeses, existem categorias nucleantes que são notadas em todas as sociedades camponesas. Estas categorias são terra/território, família e trabalho. Isso significa que no que concerne ao campesinato, não é possível pensar essas categorias de maneira independente, pois uma complementa a outra. É a diferença de quando encontramos essas mesmas categorias comuns em culturas

---

[5] Construtores do Futuro. Livro: *Cantares da Educação do Campo* (2006).

urbanas, fazendo, deste, então, um modo de vida e uma classe social específica. Nas sociedades modernas-capitalistas, terra/território, família e trabalho são categorias pensadas separadamente. São pensadas em si mesmas. A terra não tem relação com a família e com o trabalho, tendo em vista que ela é uma coisa ou mercadoria, enquanto as sociedades camponesas formam um modelo relacional entre essas categorias. O modo de vida camponês não é tipicamente capitalista, pois sua recriação não tem como fundamento principal a acumulação, mas sim a ajuda mútua e o trabalho familiar, características que marcam as comunidades camponesas. O princípio fundamental da recriação do campesinato é a reprodução material e cultural familiar por meio da produção para autoconsumo e a venda do excedente dessa produção. Por isso, constituem-se como um modo de vida não capitalista (MARTINS, 1981; Oliveira, 1986, 2007; WOORTMANN, 1990; SHANIN, 2008; ALMEIDA; PAULINO, 2010; CAMACHO, 2014, 2017).

Essa análise do campesinato se pauta na perspectiva do Paradigma da Questão Agrária (PQA), que é formado por autores que entendem que a *questão agrária* é um *problema estrutural*, logo, somente poderá ser resolvido com a *luta contra o capitalismo*, defendendo a necessidade de superação do mesmo. Os elementos de análise principais presentes nesse paradigma são a luta de classes, o conflito, as disputas e a superação do capitalismo (FERNANDES, 2008a; CAMACHO, 2017). Nesse paradigma, o fim ou a permanência camponesa no capitalismo é uma problemática discutida desde as suas obras seminais. Nesse paradigma composto por duas tendências; a primeira tendência, a proletária, afirma que o desenvolvimento do capitalismo no campo tende a, necessariamente, *expropriar* o campesinato e *proletarizá-lo*, ou seja, ocorrerá uma inevitável *destruição do campesinato*. Todavia, da outra vertente, no qual somos parte, defende a existência da *recriação camponesa*. É o que estamos denominando de a vertente campesinista do PQA. Esta entende que o desenvolvimento do capitalismo no campo se faz a partir de um *movimento desigual e contraditório* (OLIVEIRA, 2003). Isso significa que existe um processo de produção de capital por meio de *relações não capitalistas* (MARTINS, 1981; OLIVEIRA, 2003). Por isso, o campesinato é uma *classe social* e um *modo de vida* heterogêneo e complexo, baseado no tripé interdependente terra-família-trabalho, inerente à contradição do modo de produção capitalista e não um resíduo social em vias de extinção. Ele se recria, assim, na *contradição estrutural* e por meio da *compra, da luta pela terra e da sua resistência ao capital* (SHANIN, 2008; MARTINS, 1981; OLIVEIRA, 2003, 2007; FERNANDES, 2008b, 2009; MARQUES, 2004b, 2008; ALMEIDA; PAULINO, 2010; CAMACHO, 2014, 2017).

Esses princípios direcionam a criação de uma proposta de Educação do Campo de duas maneiras. Em primeiro lugar, com relação à definição dos conteúdos e da metodologia adequados a essa especificidade camponesa, e o segundo com relação à criação de um calendário que permita conciliar o tempo de trabalho familiar com o tempo de estudo. O que podemos denominar, a partir da Pedagogia da Alternância, de Tempo Escola (TE) e Tempo Comunidade (TC). Como temos historicamente uma educação que não contempla essas especificidades do modo de vida camponês, com calendários inadequados às características do trabalho familiar, desconsiderando as épocas de colheita, plantio etc., muitos educandos desistem dos estudos, e por isso, a evasão escolar é muito alta nas escolas do campo (BATISTA, 2007).

A Educação do Campo deve levar em consideração que o modo de vida camponês tem como princípio o *trabalho familiar*. Os filhos em idade escolar trabalham desde cedo com a família, ou seja, "o estudo escolar, cujo tempo de exercício rivaliza com o do *trabalho* e concorre com o das atividades culturais dos grupos de idade" (BRANDÃO, 1999, p. 85, grifo do autor). De acordo com o autor, para entendermos o modo de vida dos educandos-camponeses é necessário pensarmos sua realidade a partir de três elementos principais que dizem respeito à essência do processo de reprodução material e simbólica do estudante-camponês. O primeiro elemento é o *trabalho familiar*: são tarefas cotidianas cuja obrigação avança proporcionalmente com a idade. O segundo elemento é o *lazer*: são atividades culturais dos grupos de sua idade. Este pode ocorrer mesmo quando existe um isolamento e não se tem vizinhos por perto para participar dos momentos de lazer, e neste caso essas atividades de lazer ficam restritas à família. Mas quando existem vizinhos próximos, como no caso dos assentamentos, existe uma troca de experiências entre os moradores de mesma idade que compartilham da mesma realidade territorial. O terceiro elemento é o tempo que se passa na escola estudando, é o *Tempo Escola*. Este elemento é que diz respeito diretamente à Educação do Campo e tem que estar relacionado com os outros dois elementos: o trabalho familiar e o lazer.

É importante destacar que os educandos-camponeses estão incluídos em relações que envolvem o trabalho familiar, o que quer dizer que eles são, ao mesmo tempo, estudantes e trabalhadores. Para refletirmos acerca dessa temática, temos que aprofundar nosso entendimento de qual é o significado que tem o trabalho para o campesinato. O primeiro pressuposto é a necessidade de reprodução material do grupo familiar. O trabalho deve proporcionar, pelo menos, o autoconsumo familiar e uma cota de excedentes para comercialização que complemente a renda para a sua reprodução. Ou seja, "no trabalho camponês, uma parte da produção agrícola entra no consumo direto de produtor, do camponês, como meio de subsistência imediata, e a outra parte, o excedente, sob a forma de mercadoria, é comercializada" (Oliveira, 1986, p. 68). Essa análise é feita, primeiramente, no início do século XX pelo autor russo/soviético Alexander Chayanov (1974), que explica a importância da relação entre o número de trabalhadores e o número de consumidores para o equilíbrio da unidade de produção familiar camponesa. É a sua teoria do balanço entre trabalho e consumo, onde se destaca a importância que tem a composição etária da família camponesa. Nesse caso, o trabalho familiar está na essência da lógica de reprodução camponesa, por isso, a economia doméstica/familiar é uma categoria fundamental para pensarmos o campesinato (SHANIN, 2008). Segundo Ariovaldo de Oliveira (2007, p, 42) trata-se de uma produção econômica não capitalista porque "o processo de reprodução da produção camponesa é simples, o que significa dizer que o camponês repõe, a cada ciclo da atividade produtiva, os meios de produção e a força de trabalho para a repetição pura e simples dessa atividade produtiva"

O segundo ponto relevante, que se encontra ligado de maneira interdependente ao primeiro, é a perspectiva de que o trabalho camponês tem, em si, um *princípio educativo* (é o *saber-fazer*), em que se aprendem os pressupostos *éticos e técnicos* para o próprio trabalho e para a vida como um todo. O trabalho é, portanto, uma *atividade educativa e socializadora*. Para Carlos Brandão (1999, p. 39, grifo nosso), "*um aprendizado de um saber, entre todos, o mais necessário*, mesmo que não seja por todos considerado como o mais importante, hoje em dia". É o principal instrumento pedagógico utilizado pelos pais para transmitir aos seus filhos, na prática, os elementos materiais e simbólicos necessários à reprodução camponesa. Ou seja, o trabalho "é tanto o horizonte *social e econômico* para o qual 'se ensina' quanto o valor *simbólico e afetivo* da vida camponesa" (p. 39, grifo nosso). Por esse motivo, o trabalho é uma necessidade que antecede a educação formal. Dessa forma, ele é, ao mesmo tempo, um processo necessário de sobrevivência e um princípio educativo, cujo responsável pela educação não formal são os próprios pais (BRANDÃO, 1999; CAMACHO, 2008, 2014, 2017). Nesse caso, "a regra é a de que crianças, adolescentes e jovens julgados aptos para serviços sejam inevitavelmente recrutados como trabalhadores auxiliares do grupo doméstico, até quando migrem [...] para o seu próprio *trabalho*" (BRANDÃO, 1999, p. 85, grifo do autor).

Para entendermos o significado do trabalho em sua totalidade social, partimos da afirmação de Friedrich Engels, de que o trabalho criou o próprio ser humano. Sendo assim, ele é responsável por atribuir valor as coisas e, então, criar mercadorias por meio da transformação da natureza, produzindo toda a riqueza existente. O trabalho tem uma importância maior, é a condição de existência da vida humana, ou seja, é a essência que garante a nossa reprodução como seres sociais. Nas palavras de Engels (1977, p. 63): "É a condição básica e fundamental de toda a vida humana. E em tal grau que, até certo ponto, podemos afirmar que o trabalho criou o próprio homem". As relações de trabalho se originam das próprias necessidades materiais humanas de sobrevivência. O trabalho surgiu para atender as necessidades mais básicas do ser humano, sobretudo, de alimentação, por meio, primordialmente, da caça e da pesca e, mais tarde, da agricultura e da pecuária. O ser humano, ao sentir fome, sede e frio passa a intervir na natureza a fim de suprir essas necessidades. É por meio do trabalho que os seres humanos vão estabelecendo relações entre si e com a natureza. Entretanto, com o passar do tempo, e com o desenvolvimento de todo o corpo do ser humano, fomos aprendendo operações mais complexas, visando atingir, cada vez mais, objetivos mais difíceis. Então, criam-se o comércio, a navegação, a ciência e a arte. As tribos se transformam em nações e com elas surgem o Estado, o direito e a política. Até chegar ao ápice da criação humana, a religião (ENGELS, 1977; CAMACHO, 2014). Para Karl Marx (1980, p. 202), este é o sentido do processo de humanização "em que o ser humano com sua própria ação impulsiona, regula e controla seu intercâmbio material com a natureza. Defronta-se com a natureza como uma de suas forças. [...] Atuando assim sobre a natureza externa e modificando-a, ao mesmo tempo modifica sua própria natureza". Na perspectiva marxista, a *omnilateralidade* não é o desenvolvimento de potencialidades humanas inatas, mas sim a criação dessas potencialidades pelo próprio ser humano por meio do *trabalho* (GADOTTI, 2000).

A necessidade de se pensar a relação da educação-trabalho vai ao encontro da perspectiva marxista de compreender como se dão as relações sociais. Na perspectiva marxista, na totalidade das relações sociais, o que une, primordialmente, os homens e as mulheres é a busca dos meios próprios para garantir a sua existência. Assim, a maneira pela qual nos relacionamos entre nós e com a natureza é pelo *trabalho*. É pelo trabalho que o ser humano se descobre como ser da práxis, individual e coletivo (GADOTTI, 2000). A relação trabalho-educação para o campesinato se faz de maneira integrada; não é dissociada como na cidade, onde os trabalhadores urbanos têm que vender sua mão de obra no território do capital. Não se trata do trabalho capitalista exploratório, que separa o trabalhador e o produto do trabalho. Não é, portanto, trabalho alienado, subordinado ao capitalismo, mas sim trabalho autônomo/familiar visando à reprodução da classe camponesa. Por isso, este trabalho já é, *a priori*, instrumento educativo que constitui, na prática, a forma de reprodução camponesa que passa de geração em geração, sendo diferente da exploração capitalista do trabalho infantil (ALMEIDA, 2006; CAMACHO, 2008, 2011).

Dessa forma, o entendimento do trabalho familiar e demais características inerentes ao campesinato se faz de extrema importância para que possamos pensar em um projeto educativo dos sujeitos do campo considerando tal especificidade. Dessa maneira, podemos refletir a respeito dos relatos de estudantes-camponeses na perspectiva de poder construir uma metodologia de ensino-aprendizagem que atenda aos sujeitos do campo e suas especificidades. As ações dos camponeses-estudantes estão sempre relacionadas ao seu ambiente de vida, ou seja, sua realidade é tecida nos espaços de trabalho e lazer, na presença dos animais que ora cuidam, ora brincam, nos córregos, nas plantações, ou mesmo no trabalho diário, onde ajudam seus pais. Mostram, dessa forma, estarem inseridos em relações de trabalho autônomas que são bem diferentes das que vivenciam os estudantes da cidade. Daí a confirmação da especificidade necessária para o trabalho pedagógico com os educandos do campo. Notamos, também, que suas atividades de lazer misturam-se ao trabalho familiar, não existindo uma dicotomia entre tempo-espaço de trabalho e tempo-espaço lazer como ocorre na cidade. O lazer no campo envolve os animais da propriedade, os vizinhos e os passeios pela redondeza, onde ocorre a visita a córregos, para nadar ou pescar, além das próprias atividades de trabalho familiar, como o trabalho com a agricultura ou com a criação de aninais (pecuária). As atividades de lazer estão relacionadas aos objetos naturais e objetos sociais existentes em seu espaço de vivência (território camponês) como o cavalo, a cachoeira e o cuidado com os animais. As ocorrências desses fatos foram percebidas quando muitos estudantes-camponeses colocam em suas narrativas atividades como tirar leite na lista de atividades que fazem para se divertir. Como podemos visualizar em duas narrativas de estudantes-camponesas-assentadas de 10 anos de idade[6] que quando perguntadas sobre o que faz para se divertir no campo, respondeu à primeira: "[...] Eu toco vaca, toco bezerro, trato das galinhas. Eu gosto de brincar de pular corda, e de assistir. Eu trato do meu cachorro e dos porco [...]" (CAMACHO, 2008, p. 442). E a segunda:

> Lá tem cachoeira, eu tomo banho quase todo dia. Tem pavão eu corro atrás dos pavão para pegar as penas. [...]. Eu só ando de cavalo com o meu pai. Quando eu volto [da escola] eu fico com a minha mamãe ajudando ela limpar a casa e o terreiro. E depois eu vou salgar cocho com o meu pai, tem vez que a minha mãe também vai. (CAMACHO, 2008, p. 443).

Essa perspectiva vai ao encontro do que nos fala Miguel Arroyo (2006). Para ele, é necessário entendermos mais sobre a infância e a adolescência camponesa. Tendo em vista que a realidade se difere da infância e da adolescência da cidade, onde o trabalho alienado é hegemônico e onde não há a interdependência entre terra/território-família-trabalho. Precisamos, também, se quisermos construir uma educação libertadora (FREIRE, 1983, 1999), compreender as especificidades de geração, classe, etnia e gênero das populações do campo a fim de superarmos todas as formas de opressão, dominação e exploração.

> [...] pensar na especificidade da infância e da adolescência do campo, e nas especificidades dentro dessa infância do campo. Especificidades étnicas, de raça,

---

[6] Fizemos uma entrevista, a partir de um questionário semiestruturado, com os educandos-assentados da 4ª série na escola EMEF Raquiel Jane Miranda, no município de Pauliceia/SP, nos anos 2005, 2006 e 2007. Os educandos falam de sua vida e do lugar onde moram.

de gênero, de classe. Especificidades dentro das diversas formas de produção, dos diversos povos do campo. [...] Sabemos muito pouco da infância popular e menos ainda do campo. Sabemos um pouco da infância trabalhadora, explorada de que nos falaram Marx e Engels, a infância em Paris, em Londres nos tempos da industrialização, a infância que dormia ou morria ao pé da máquina (FREIRE, 2006, p. 108, grifo nosso).

O tempo-espaço do camponês é distinto do tempo-espaço do trabalhador assalariado industrial-urbano. Temos que conciliar a organização da escola do campo (conteúdo, metodologia, calendário) com os tempos-espaços dos educandos-camponeses, a partir da lógica camponesa da terra/território-família-trabalho. A escola do campo tem que se adequar à territorialidade camponesa e, caso contrário, se a escola não se atentar para estas especificidades, será um "corpo estranho" no território camponês.

> As formas de vinculação da infância à agricultura familiar exigem outras formas específicas de organização da escola. Não podemos transferir formas de organização da escola da cidade que partem de uma forma de viver a infância e a adolescência para as formas de viver a infância e a adolescência no campo. Precisamos das pesquisas sobre como se inserem a infância e a adolescência na organização camponesa, na agricultura familiar para articular a organização da escola, a organização dos seus tempos, aos tempos da infância, as formas de viver o tempo na própria infância. Há uma lógica temporal na produção camponesa que não é a lógica da indústria, nem da cidade. É a lógica da terra! É a lógica do tempo da natureza! [...]. A escola não pode ter uma lógica temporal contrária à lógica do tempo da vida, da produção camponesa onde ela está inserida. Se ela tiver uma lógica diferente ela se torna um corpo estranho (ARROYO, 2006, p. 114-115, grifo nosso).

O entendimento dessas características inerentes ao campesinato se faz de extrema importância para que possamos pensar em um projeto educativo dos sujeitos do campo considerando essa especificidade. É a partir da tríade terra-família-trabalho, que caracteriza a recriação do modo de vida camponês, que a Educação do Campo deve ser pensada. De acordo com Mônica Molina (2004), para pensarmos na construção de um projeto de Educação do Campo, temos que refletir a respeito de quais são as relações emocionais, mitológicas, culturais que os sujeitos do campo realizam com a terra. Quais são as relações interpessoais que alimentam a vida no assentamento/na comunidade. Devemos partir da realidade concreta, dos vínculos dos sujeitos com a terra, da identidade territorial camponesa. Para Márcia Andrade e Maria Di Pierro (2004), a Educação do Campo deve ser convergente com a diversidade sociocultural dos povos. Deve contemplar no currículo os valores e a ética, ou seja, o *ethos* dos povos de cada região e de cada contexto social do campo brasileiro.

178 **Formação de formadores**

Portanto, a Educação do Campo tem que ser condizente com o território/territorialidade a que ela pertence. Tem que ser parte do processo de recriação camponesa que permita a produção/reprodução de seu modo de vida em seus territórios. Como disse Gilvan Santos:[7] "A educação do campo/do povo agricultor/precisa de uma enxada/de um lápis, de um trator/precisa educador/*pra* tocar conhecimento/o maior ensinamento/é a vida e seu valor...".

Considerações finais

A territorialização da Educação do Campo ocorre na medida em que os camponeses vão geografando/territorializando e historicizando/temporalizando as relações socioespaciais a partir de suas identidades/territorialidades. Vão escrevendo/grafando no espaço suas marcas de classe e modo de vida. Criando/recriando essas relações humanizadoras/socializadoras num processo dialético/dinâmico e, portanto, inacabável. Dessa forma, a Educação do Campo é uma Educação Territorial, ou seja, produto/produtora da territorialidade camponesa, das relações sociais que esses sujeitos estabelecem com o seu território e com outros territórios/territorialidades e sujeitos. Relações de solidariedade/cooperação (com indígenas, quilombolas, trabalhadores assalariados etc.) ou de disputas/conflitos (com o capital industrial-financeiro-comercial no campo e na cidade). É no diálogo e no conflito, na resistência e na superação, que o campesinato constrói a sua educação com sua identidade territorial. A relação da educação com o modo de vida do estudante-camponês, contemplando o tripé terra/território-família-trabalho, respeitando suas espacialidades-temporalidades, sua identidade territorial e de classe, é uma das motivações centrais que sustentam a necessidade ontológica e epistemológica da elaboração de um Paradigma da Educação do Campo.

Consideramos que a perspectiva de leitura da realidade sob o prisma espacial/territorial traz muitas contribuições para o entendimento das identidades territoriais que resistem sob o modo de produção capitalista dentro dos mais diversos territórios: indígenas, camponeses e quilombolas. Tendo em vista a luta de classes manifestando-se espacialmente no embate pelo controle territorial, o território torna-se categoria de análise fundamental para a Educação do Campo pela necessidade de revelação das lógicas antagônicas existentes na produção dos territórios. Logo, entender as disputas territoriais entre o campesinato e o agronegócio é importante para a construção de uma concepção teórica-política-ideológica de Educação do Campo em consonância com a lógica material e simbólica de reprodução da territorialidade do campesinato e que contribua em

---

[7] Letra da música: "A educação do campo". Livro: *Cantares da Educação do Campo* (2006).

seu processo de resistência ao capital. Por isso, não é possível pensar a Educação do Campo sem o campo, sem as contradições, os conflitos, as disputas territoriais, a violência, a expropriação, a resistência e sem os movimentos socioterritoriais camponeses, precursores da Educação do Campo.

Referências

ALMEIDA, Rosemeire Aparecida de. *(Re)criação do campesinato, identidade e distinção: a luta pela terra e o habitus de classe*. São Paulo: Ed. da Unesp, 2006.

ALMEIDA, Rosemeire Aparecida de; PAULINO, Eliane Tomiasi. *Terra e território: a questão camponesa no capitalismo*. São Paulo: Expressão Popular, 2010.

ANDRADE, Márcia Regina; DI PIERRO, Maria Clara. As aprendizagens e os desafios na implementação do programa nacionais de educação na reforma agrária. In: ANDRADE, Márcia Regina *et al.* (Orgs.). *A educação na reforma agrária em perspectiva*. São Paulo: Ação Educativa; Brasília: Pronera, 2004. p. 37-56.

ARROYO, Miguel Gonzalez. A escola do campo e a pesquisa do campo: metas. In: MOLINA, Mônica Castagna (Org.). *Educação do Campo e Pesquisa: questões para reflexão*. Brasília: Ministério do Desenvolvimento Agrário, 2006. p. 103-116.

ARROYO, Miguel. Balanço da EJA: o que mudou nos modos de vida dos jovens-adultos populares? *REVEJ@ – Revista de Educação de Jovens e Adultos*, v. 1, n. 0, p. 1-108, ago. 2007.

ARROYO, Miguel Gonzalez. Por um tratamento público da Educação do Campo. In: MOLINA, Mônica Castagna; JESUS, Sonia M. S. A. de (Orgs.). *Por uma Educação do Campo: contribuições para a construção de um projeto de Educação do Campo*. Brasília: Articulação Nacional por uma Educação do Campo, 2004. p. 91-109. Coleção Por uma Educação do Campo.

ARROYO, Miguel Gonzalez; CALDART, Roseli Salete; MOLINA, Mônica Castagna. Apresentação. In: (Org.). *Por uma Educação do Campo*. Petrópolis: Vozes, 2004. p. 7-18.

BATISTA, Maria do Socorro Xavier. Movimentos sociais e educação popular do campo: (Re)constituindo território e a identidade camponesa. In: JEZINE, Edineide; ALMEIDA, Maria de Lourdes Pinto de. (Orgs.). *Educação e movimentos sociais: novos olhares*. Campinas: Alínea, 2007. p. 169-190.

BRANDÃO, Carlos Rodrigues. *O trabalho de saber: cultura camponesa e escola rural*. Porto Alegre: Sulina, 1999.

BRASIL. Ministério do Desenvolvimento Agrário – MDA. Instituto Nacional de Colonização e Reforma Agrária (Incra). Programa Nacional de Educação na Reforma Agrária (Pronera). *Manual de Operações do Pronera*. Brasília: MDA/Incra, 2011.

CALDART, Roseli Salete. Educação do Campo. In: CALDART, Roseli Salete *et al.* (Orgs.). *Dicionário da Educação do Campo*. Rio de Janeiro: EPSJV; São Paulo: Expressão Popular, 2012. p. 257-267.

CALDART, Roseli Salete. Educação do Campo: notas para uma análise de percurso. In: MOLINA, Mônica Castagna (Org.). *Educação do Campo e pesquisa II: questões para reflexão*. Brasília: MDA/MEC, 2010. p. 103-126. Série NEAD Debate.

CALDART, Roseli Salete. Elementos para a construção de um projeto político e pedagógico da Educação do Campo. In: MOLINA, Mônica Castagna; JESUS, Sonia M. S. A. de (Orgs.). *Por uma Educação do Campo: contribuições para a construção de um projeto de Educação do Campo*. Brasília: Articulação Nacional por uma Educação do Campo, 2004. p. 13-53. Coleção Por uma Educação do Campo.

CALDART, Roseli Salete. *Momento atual da Educação do Campo*. Disponível em: <http://www.nead.org.br/artigodomes/>. Acesso em: 2 jul. 2005.

CAMACHO, Rodrigo Simão. A Educação do Campo em disputa: resistência versus subalternidade ao capital. *Educação e Sociedade*, v. 38, n. 140, p. 649-670, jul. 2017.

CAMACHO, Rodrigo Simão. Conhecendo os camponeses-estudantes e os seus territórios no município de Pauliceia-SP: trabalho familiar, lazer e escola, *Revista NERA*, Presidente Prudente, ano 14, n. 18, p. 47-78, jan./jun. 2011.

CAMACHO, Rodrigo Simão. *O ensino da geografia e a questão agrária nas séries iniciais do ensino fundamental*. Aquidauana: UFMS, 2008. 462 f. Dissertação (Mestrado em Geografia) – Universidade Federal de Mato Grosso do Sul, Aquidauana, 2008.

CAMACHO, Rodrigo Simão. *Paradigmas em disputa na Educação do Campo*. Presidente Prudente: Unesp, 2014. 806 f. Tese (Doutorado em Geografia) – Faculdade de Ciências e Tecnologia, Universidade Estadual Paulista, Presidente Prudente, 2014. Disponível em: <http://www2.fct.unesp.br/pos/geo/dis_teses/14/dr/rodrigo_camacho.pdf>. Acesso em: 9 jan. 2019.

CAMACHO, Rodrigo Simão; FERNANDES, Bernardo Mançano. Crítica à crítica ao paradigma da Educação do Campo. *Práxis Educacional*, n. 26, v. 13, p. 49-73, 2017. Disponível em: <http://periodicos.uesb.br/index.php/praxis/article/viewFile/7156/6955>. Acesso em: 9 jan. 2019.

CHAYANOV, Alexander V. *La organización de la unidad económica campesina*. Buenos Aires: Nueva Visión, 1974.

ENGELS, Friedrich. Sobre o papel do trabalho na transformação do macaco em homem. *Textos*, São Paulo, 1977. Disponível em: <http://www.histedbr.fe.unicamp.br/acer_fontes/acer_marx/tme_09.pdf>. Acesso em: 9 jan. 2019.

FERNANDES, Bernardo Mançano. Diretrizes de uma caminhada. In: ENCONTRO NACIONAL DE ENSINO DE GEOGRAFIA, 5., 2003, Presidente Prudente. *Anais...* Presidente Prudente: Unesp, 2003. (CD ROM).

FERNANDES, Bernardo Mançano. Diretrizes de uma caminhada. In: ARROYO, Miguel G.; CALDART, Roseli Salete; MOLINA, Mônica Castagna (Orgs.). *Por uma Educação do Campo*. Petrópolis: Vozes, 2004. p. 133-147.

FERNANDES, Bernardo Mançano. Movimentos socioterritoriais e movimentos socioespaciais: contribuição teórica para uma leitura geográfica dos movimentos sociais. *Revista Nera*, Presidente Prudente: Unesp, ano 8, n. 6, p. 14-34, jan./jun. 2005.

FERNANDES, Bernardo Mançano. Os campos da pesquisa em Educação do Campo: espaço e território como categorias essenciais. In: MOLINA, Mônica Castagna (Org.). *Educação do Campo e pesquisa: questões para reflexão*. Brasília: Ministério do Desenvolvimento Agrário, 2006. p. 27-40.

FERNANDES, Bernardo Mançano. Entrando nos territórios do Território. In: PAULINO, Eliane T.; FABRINI, João E. (Org.). *Campesinato e territórios em disputa*. São Paulo: Expressão Popular, 2008a.

FERNANDES, Bernardo Mançano. Apresentação. In: PEREIRA, J. H. V.; ALMEIDA, R. A. (Orgs.). *Educação no/do campo em Mato Grosso do Sul*. Campo Grande, MS: UFMS, 2008b. p. 135-160. Coleção Fontes Novas.

FERNANDES, Bernardo Mançano. *Questão agrária: conflitualidade e desenvolvimento territorial*. Disponível em: <http://www4.fct.unesp.br/nera/arti.php>. Acesso em: 20 maio 2009.

FERNANDES, Bernardo Mançano Fernandes. Território camponês. In: CALDART, Roseli Salete *et al*. (Orgs.). *Dicionário da Educação do Campo*. Rio de Janeiro: EPSJV; São Paulo: Expressão Popular, 2012. p. 744-748.

FREIRE, Paulo. *Pedagogia da autonomia: saberes necessários à pratica educativa*. 12. ed. São Paulo: Paz e Terra, 1999.

FREIRE, Paulo. *Pedagogia do oprimido*. 13. ed. Rio Janeiro: Paz e Terra, 1983.

GADOTTI, Moacir. *Concepção dialética da educação: um estudo introdutório*. 11. ed. São Paulo: Cortez, 2000.

HAESBAERT, Rogério. Identidades territoriais. In: CORRÊA, Roberto Lobato; ROSEN-DAHL, Zeni (Orgs.). *Manifestações da cultura no espaço*. Rio de Janeiro: Ed. da UERJ, 1999. p. 169-189.

HAESBAERT, Rogério. *O mito da desterritorialização: do "fim dos territórios" à multiter-ritorialidade*. 2. ed. Rio de Janeiro: Bertrand Brasil, 2006.

MARQUES, Marta Inês Medeiro. Lugar do modo de vida tradicional na modernidade. In: OLIVEIRA, Ariovaldo U. de; MARQUES, Marta Inês Medeiros (Orgs.). *O campo no século XXI: território de vida, de luta e de construção da justiça social*. São Paulo: Casa Amarela; Paz e Terra, 2004. p. 145-164.

MARQUES, Marta Inez Medeiros. A atualidade do uso do conceito de camponês, *Revista Nera*, Presidente Prudente: Unesp, ano 11, n. 12, p. 57-67, jan./jun. 2008.

MARTINS, José de Souza. *Os camponeses e a política no Brasil*. Petrópolis: Vozes, 1981.

MARX, Karl. *O capital: crítica da economia política*. Rio de Janeiro: Civilização Brasileira, 1980. v. I.

MENEZES NETO, Antonio Júlio de. Formação de professores para a Educação do Campo: projetos sociais em disputa. In: ANTUNES-ROCHA, Maria I.; MARTINS, Aracy Alves (Orgs.). *Educação do Campo: desafios para a formação de professores*. Belo Horizonte: Autêntica, 2009. p. 25-37. Coleção Caminho da Educação do Campo.

MICHELOTTI, Fernando *et al*. Educação do Campo e desenvolvimento. In: MOLINA, Mônica Castagna (Org.). *Educação do Campo e pesquisa II: questões para reflexão*. Brasília: MDA/MEC, 2010. p. 13-25. Série NEAD Debate.

MOLINA, Mônica Castagna. Pronera como construção prática e teórica da Educação do Campo. In: ANDRADE, Marcia Regina *et al*. (Orgs.). *A educação na reforma agrária em perspectiva*. São Paulo: Ação Educativa; Brasília: Pronera, 2004. p. 61-85.

OLIVEIRA, Ariovaldo Umbelino de. *Modo capitalista de produção e agricultura*. São Paulo: Ática, 1986.

OLIVEIRA, Ariovaldo Umbelino de. Barbárie e modernidade: as transformações no campo e o agronegócio no Brasil. *Revista Terra Livre*, São Paulo: AGB, ano 19, v. 2, n. 21, p. 113-156, jul./dez. 2003.

OLIVEIRA, Ariovaldo Umbelino. *Modo de produção capitalista, agricultura e reforma agrária*. São Paulo: Labur, 2007.

RAFFESTIN, Claude. O que é o território. In:_____. *Por uma geografia do poder*. São Paulo: Ática, 1993. p. 143-158.

SANTOS, Gilvan. A educação do campo. In: MOVIMENTO DOS TRABALHADORES SEM TERRA (MST). *Cantares da Educação do Campo*. [s.l.]: Setor de Educação do MST/ Secretaria Nacional do MST, 2006. Disponível em: <http://www.reformaagrariaemdados. org.br/sites/default/files/Cantares%20da%20Educa%C3%A7%C3%A3o%20do%20Campo.pdf>. Acesso em: 24 jul. 2019.

SANTOS, Milton. *A natureza do espaço: técnica e tempo, razão e emoção*. 3. ed. São Paulo: Hucitec, 1999a.

SANTOS, Milton. O dinheiro e o território. *GEOgraphia*, Niterói, 1999b, p. 7-13.

SANTOS, Milton. *A natureza do espaço: técnica e tempo, razão e emoção*. São Paulo: Hucitec, 1997.

SANTOS, Milton. *Da totalidade ao lugar*. São Paulo: Ed. da Universitária de São Paulo, 2008. Coleção Milton Santos.

SANTOS, Milton. *Por uma outra globalização*. 6. ed. Rio de Janeiro: Record, 2001.

SANTOS, Milton. *Técnica, espaço, tempo*. São Paulo: Hucitec, 1994.

SANTOS, Milton. *A natureza do espaço: técnica e tempo, razão e emoção*. 4. ed. 2. reimpr. São Paulo: USP, 2006. Coleção Milton Santos.

SAQUET, Marcos A. *Abordagens e concepções de território*. São Paulo: Expressão Popular, 2007.

SAQUET, Marcos Aurélio. Por uma abordagem territorial. In: SAQUET, Marcos Aurélio; SPOSITO, Eliseu Savério. *Territórios e territorialidades: teorias, processos e conflitos*. São Paulo: Expressão Popular, 2009.

SHANIN, Teodor. Lições camponesas. In: PAULINO, Eliane Tomiasi; FABRINI, João Edmilson (Orgs.). *Campesinato e territórios em disputa*. São Paulo: Expressão Popular; Presidente Prudente: Unesp/Programa de Pós-Graduação em Geografia, 2008. p. 23-29. Coleção Geografia em Movimento.

SOUZA, Marcelo Lopes. "Território" da divergência (e da confusão): em torno das imprecisas fronteiras de um conceito fundamental. In: SAQUET, Aurélio Marcos; SPOSITO, Eliseu Savério (Orgs.). *Territórios e territorialidades: teorias, processos e conflitos*. São Paulo: Expressão Popular, 2009. p. 57-73.

WOORTMANN, Klaas. Com parente não se negocia: o campesinato como ordem moral. *Anuário antropológico*, Rio de Janeiro: Tempo Brasileiro, n. 87, p. 11-73, 1990.

CAPÍTULO 10

O lugar que habitam educadores(as) do campo

Manoel Fernandes de Sousa Neto

Introdução com jeito de advertência

As palavras que agora se encontram escritas aqui nasceram de uma exposição oral realizada no II Seminário de Formação Continuada de Professores das Licenciaturas, quando de uma mesa-redonda que debatia, no dia 1 de dezembro de 2017, o tema Temporalidades, Espacialidades e Saberes.

Os saberes oralizados exigem presença naquele lugar onde se cruzam as respirações, os olhares, as emoções e guardam sentido importante nos processos de aprendizagem. A escrita, de certa forma, impessoaliza, esgarça esse movimento de vocalização e audição das coisas que aprendemos juntos. É de Paul Zumthor (1993) a lembrança de chamar nossa atenção para o fato de ser a voz como uma digital humana: não há duas vozes iguais e, logo, os sons nunca cruzam os ares da oralidade do mesmo modo.

É, quem sabe, por esse motivo que a palavra impressa significa, a um só tempo, uma ampliação de alcance e uma redução da voz, um silenciamento do oral, um distanciamento do outro. É claro, contra o afastamento do outro, muitas vezes, nós, ao lermos um texto escrito por alguém, pomos no narrador uma voz imaginária, uma sonoridade e ritmo que nos ajudem a vencer a solidão de cruzar as páginas sem companhia.

A escrita que também serviu como uma espécie de libertação significou uma separação que buscava dissociar o erudito do popular, o falado do escrito, a comunicação sonora daquela feita agora em silêncio. Ao mesmo tempo, impondo um lugar onde se deveria aprender a ler, escrever e contar de modo obrigatório para se vincularem as línguas oficiais de comunidade imaginadas que gramaticalizavam o pensamento humano disperso, fazendo quase desaparecer as palavras criadas ao sabor das diferentes formas de fabulação (CANDIDO, 2004).

A questão que nos põe a escrever esta introdução com jeito de advertência é para dizer que o texto abaixo foi escrito para ser lido e depois de lido voltou a ser escrito. A nossa memória encontra aqui esta longa tradição com o cordel que fazia o papel circular na voz de leitores anônimos, em voz alta e sob uma mesma respiração coletiva.

A escola criada para desvocalizações, gramaticalizações, interdições não pode existir no campo onde os saberes presentes exigem a ofegante audição da respiração alheia. Espero que não apenas este, mas os textos outros deste livro possam ser lidos em voz alta, e faço o pedido seguindo os passos do jovem Leo Mackellene (2017) que escreveu *Gota de óleo na superfície da água* como uma música em prosa.

Palavras quase iniciais

O campo como lugar do camponês é este espaço absoluto com valor de uso, como lugar da possibilidade de realização do trabalho, da moradia, do lazer, da sociabilidade (SOUZA, 2008, 1090).

O campo, pois, é o espaço mediatizado pelo uso de realização do modo de vida camponês e contraditoriamente, não apartado dos processos de realização do valor de troca. A condição camponesa é sempre relativa em termos das distâncias que separam e unem outros espaços, pessoas e relações. Todavia, é também espaço abstrato do valor em que temos os processos relacionais que subsumem todas as dimensões concretas da vida à realização da forma-mercadoria (HARVEY, 2012).

O espaço é, assim, para David Harvey (2012), em seu belo artigo "O espaço como palavra-chave" traduzido na *Revista Geographia*, a um só tempo absoluto, relativo e relacional. É aquele espaço do valor de uso, do valor de troca e do valor pensado como relação social.

Como pensar então as políticas públicas de Educação no Campo? Como elaborar a formação de professores a partir de saberes concretos erigidos no interior de uma longa duração e expressos em formas distintas, determinações contraditórias de apropriação coletiva do espaço?

O espaço-tempo dos camponeses, indígenas, quilombolas deve ser apreendido a partir de seus saberes no encontro com os nossos, não como o do outro estranhado. A primeira questão para aqueles que formam educadores do campo talvez seja compreender, pelo encontro, como podemos ser educados.

A perspectiva que se coloca aqui não é nova, já Paulo Freire (2011), em seu belo *Educação e mudança*, propõe discutirmos o que é saber e o que é ignorância. Começa por perguntar, entre os presentes, quais são aqueles que sabem selar um cavalo, e o faz para exprimir que a maioria daqueles que o ouve é completamente ignorante na arte de selar cavalos, provavelmente como muitos de nós que estamos aqui agora. Depois, Freire nos fala que selar cavalos era um saber só acessível, nas sociedades medievais, aos nobres e, por isso mesmo, sinal de distinção para com os camponeses que não sabiam selar cavalos.

A questão proposta por Paulo Freire nos parece hoje tão simples quanto óbvia, qual seja, a de que saber e ignorância são relativos, espacial, temporal e socialmente.

Claro que o óbvio não é o mais fácil de descobrir, como já propôs Darcy Ribeiro (1979) em um pequeno ensaio intitulado *Sobre o óbvio*, onde conta uma história que também nos desloca, a de que o sol circula ao redor da Terra enquanto a Terra repousa parada no centro do universo, sendo o que vemos obviamente a olho nu e que foi por muito tempo aquilo em que acreditaram os cristãos. Era óbvio, mas não era verdade, era como se fosse uma treta de Deus.

A partir desse singelo exemplo, geoteocêntrico, Darcy Ribeiro lista uma série de obviedades que nos foram apresentadas e nas quais acreditamos, reproduzimos e reforçamos por muito tempo no Brasil. E que obviedades são essas de que ele fala e ainda hoje ouvimos repetirem em muitos lugares, de paradas de ônibus a bares? A de que os pobres vivem dos ricos; a de que a mestiçagem é um sinal de decadência; a de que os brasileiros são um povo de "segunda classe, um povo inferior, chinfrim, vagabundo" (RIBEIRO, 1979, p. 12); a de que jamais daríamos certo por termos sido colonizados pelos portugueses, habitarmos os trópicos e sermos mestiços; a de que o Brasil é um país pobre.

O que Darcy Ribeiro demonstra, nesse seu texto de 1979, é como se constituíram, por intermédio de discursos tidos como científicos, eruditos e cultos, diversas visões de mundo que foram largamente difundidas e disseminadas como verdadeiras para exercer um papel de dominar, subjugar e colonizar o pensamento. Leiamos suas palavras:

> Bom, estas são as obviedades com que convivemos alegres ou sofregamente por muito tempo. Nos últimos anos, porém, descobrimos meio assombrados – descoberta que só se generalizou ai pelos anos [19]50, mais ou menos – descobrimos realmente ou começamos a atuar como quem sabe, afinal, que aquela óbvia inferioridade racial inata, climático-telúrica, asnal-lusitana e católico-barroca do brasileiro era como a treta diária do sol que todo dia faz de conta que nasce e se põe. Havíamos descoberto, com mais susto do que alegria, que à luz das

novas ciências, nenhuma daquelas teses se mantinha de pé. Desde então, tornando-se impossível, a partir delas, explicar confortavelmente todo o nosso atraso, atribuindo-o ao povo, saímos em busca de outros fatores ou culpas que fossem as causas do nosso fraco desempenho neste mundo. Nesta indagação – vejam como é ruim questionar! – acabamos por dar uma virada prodigiosa na roleta da ciência. Ela veio revelar que aquela obviedade de sermos um povo de segunda classe não podia mesmo se manter, porque escondia uma outra obviedade mais óbvia ainda. Esta nova verdade nos assustou muito, levamos tempo para engolir a novidade. Sobretudo nós, universitários, sobretudo nós, inteligentes. Sobretudo nós, bonitos. Falo da descoberta da causa real do atraso brasileiro, os culpados de nosso subdesenvolvimento somos nós mesmos, ou melhor, a melhor parte de [13-4] nós mesmos: nossa classe dominante e seus comparsas. Descobrimos também, com susto, à luz dessa nova obviedade, que realmente não há país construído mais racionalmente por uma classe dominante do que o nosso. Não há sociedade que corresponda tão precisamente aos interesses de sua classe dominante como o Brasil (RIBEIRO, 1979, p. 13-14).

As obviedades que hoje ouvimos e muitos de nós "universitários, bonitos e inteligentes" repetimos, com palavras e ações, é que: a violência no campo é engendrada pelos trabalhadores sem terra, indígenas e quilombolas e não pelos latifundiários e grileiros; a riqueza e alimentação do país é produzida pelo agronegócio e não pelos camponeses; a crise do capital deve ser paga pelos trabalhadores com contrarreformas trabalhistas e previdenciária; a entrega da imensa riqueza social do país deve ser feita às corporações e fundos de pensão, ao invés de distribuirmos socialmente a riqueza produzida.

A essas obviedades se juntam aquelas que implicam em uma imensa contradição para professores(as) universitários(as) que, formados nos grandes centros urbanos, para serem doutores e publicarem na *Nature* e *Science*, habitarem as metrópoles e viverem o glamour da nobiliarquia acadêmica, olham para camponeses, indígenas e quilombolas, como se fossem ignorantes, incapazes de aprender, insurretos à lógica e à razão dos processos de disciplinarização e divisão social do trabalho científico e que por não entenderem o quanto precisam aprender assim, são então tratados como "feios, sujos e malvados".

A alternância na Pedagogia da Alternância é mais que necessária a nós que somos "doutores, bonitos e inteligentes" – o tempo de alternar o lugar social das aprendizagens deve nos proporcionar habitar esse campo, ao invés de denegá-lo.

A alternância inicial, portanto, não diz respeito aos tempos comunidade-escola de maneira imediata, nem tão somente aos estudantes; diz respeito à quebra daquela lógica de produção do conhecimento que visa apenas ao mercado do conhecimento e é hoje exercida pelos docentes das universidades que vão para o campo sem nenhuma vinculação social com as diferentes maneiras de realização não capitalista do modo de vida camponês.

A alternância como pedagogia deveria formar docentes capazes de desvincular-se do tempo histórico e das relações produtoras daquela dissociação valor (KURZ, 2007) em que os professores foram formados. O tempo-espaço da Pedagogia da Alternância, historicamente pensando, deveria ser o de realizar outras experiências como processo transitório para uma sociedade onde, de fato, os camponeses e outras classes sociais já não podem mais habitar.

Entrando no debate

A disputa fundamental diz respeito às formas com as quais nós produzimos conhecimento científico e às maneiras como partilhamos esse conhecimento científico com os estudantes nas escolas do campo. É preciso quebrar não só as cercas do latifúndio, mas as cercas do processo de produção científica e do conhecimento em geral. Essa é a tarefa fulcral para os educadores do campo. O vir a conhecer não deveria estar dissociado da ignorância que nos acompanha e, no mesmo movimento, tomar como inaceitável todo ciência meramente instrumental, dominadora, realizadora de valor (ADORNO; HORKHEIMER, 1985).

E por que estamos dizendo isso? Porque há uma coisa que de certa maneira nos incomoda profundamente na Educação do Campo dentro das contradições que vivenciamos e temos podido perceber. E que contradição é esta? É que muitos professores universitários, que se tornaram formadores de educadores do campo, na realidade não se veem como formadores de professores da Educação do Campo, mas como físicos, como químicos, como biólogos, como geógrafos, que têm que publicar em revistas Qualis A1 e estão meio perdidos porque não reconhecem os saberes que os estudantes produzem, que as comunidades produzem e o conhecimento que precisa ser legitimado.

É necessário, então, derrubar as cercas dos latifúndios, mas é preciso também derrubar as cercas do processo de produção científica e de certa forma dizer que nós precisamos produzir conhecimento de uma outra maneira; não é como a Bunge quer, não é como a Monsanto quer, não é como a Bayer quer, certo? Para isso é fundamental fazermos uma coisa, que é considerar os conhecimentos existentes dos camponeses, dos quilombolas, das diversas etnias indígenas. Reconhecer os conhecimentos desses povos como legítimos.

Reconhecer o conhecimento dos outros como legítimos exige uma descolonização do nosso próprio pensamento, como tão bem aponta o discurso descolonial. E é por esse motivo que Walter Mignolo (2005) propõe que as epistemologias que conformaram o mundo moderno ocupam certa latitude cognitiva no âmbito dos projetos de universalização.

> Pensar na organicidade entre língua, cultura e território só seria possível dentro da epistemologia colonial/moderna, que separou o espaço do tempo, fixou as culturas e territórios e as localizou atrasadas no tempo da ascendente história universal da qual a cultura europeia (também fixa em um território) era o ponto de chegada e guia para o futuro (MIGNOLO, 2005).

A pergunta que me faço sempre é: o que os educadores do campo, efetivamente aprendem com os camponeses? O que nós, formadores do campo, aprendemos com aqueles que formamos como educadores do campo?

E contar algumas experiências que exemplificam isso é fundamental, porque, muitas vezes, nessas nossas andanças, já percebemos algumas coisas interessantíssimas, digamos assim, quando pudemos ir a antigas escolas agrícolas que visavam tão somente formar mão de obra barata e submissa para as grandes propriedades.

Em uma dessas vezes fomos a uma escola agrícola no Sertão Semiárido da Bahia e lá havia uma série de pessoas muito bem formadas do ponto de vista acadêmico e dessa lógica que aqui criticamos. Diríamos, formados pela perspectiva de subordinação colonizada, que no fundo tem um caráter interno, afinal nós nos deixamos colonizar: "nós os colonizados", como dizia Milton Santos (2008).

Por isso, às vezes nos tornamos biólogos, que sabemos muito de um determinado percevejo e nada mais além disso, ou, desculpem os matemáticos que se estabeleceram como sendo *experts* na área de geometria analítica e ponto, imaginam não precisar saber nada mais.

Bom, mas estava lá naquela escola agrícola em pleno sertão baiano e o debate era sobre *ciência, tecnologia, sustentabilidade* e havia uma série de doutores sentados à nossa frente e dissemos o seguinte para eles: olha, nós nos achamos sofisticados, nós nos achamos inteligentes, nós nos achamos bons, mas na realidade o sofisticado aqui é o mateiro, que entra na caatinga e sabe efetivamente nomear todas as espécies, tanto as espécies vegetais como as espécies animais. Ele, o mateiro, sabe quase todos os ciclos vitais; sabe quais os usos medicinais que podemos fazer; a octanagem e os usos diversos que se podem fazer da madeira; agora digam, nós é que somos sofisticados? Nós que ficamos contando, digamos assim, quantas cores têm as asas de uma determinada borboleta para nomeá-la porque ela não foi ainda publicada em lugar nenhum e vamos dar a ela um nome em latim e torná-la parte de um saber erudito. Percebem?

Podemos estar educando os outros para torná-los mais pobres, mais medíocres, mais ignorantes das coisas do mundo.

O que dissemos até aqui só tem sentido com aquilo que nos é próprio e tem a ver com uma coisa que nos é essencial. E o que é isso? É esse movimento de crítica e autocrítica com relação ao que é o trabalho que nós realizamos nas escolas. Certo? Nos preocupa muito que nas muitas falas ouvidas por nós não se tenha feito distinção entre *escolarização* e *educação*. Preocupa-nos muito esse esquecimento ou indistinção proposital. Por isso lembramos muito de um texto do Ivan Illich, mexicano, que propunha uma sociedade sem escolas. No livro *Sociedade sem escolas* (1985), o que vai dizer Ivan Illich é que o modelo de escolarização foi fundamental a essa lógica de conformação do próprio capitalismo.

A escola que nós temos hoje não existe sem Estado-nação moderno. Costumamos até brincar dizendo o seguinte: na realidade, nas escolas realiza-se uma espécie de *ménage à trois* entre material didático, currículo e disciplina (SOUSA NETO, 2001). E por que falamos isso? Porque na realidade as escolas surgidas com o Estado Nacional, os saberes escolares, as disciplinas escolares tinham um papel muito demarcado de conformação de uma coisa que era também fundamental ao processo de conformação do capitalismo que eram os próprios Estados Nacionais – aprender uma língua nacional, aprender uma história nacional, aprender a geografia de um território estatal. Esse processo de disciplinarização do conhecimento foi decisivo à lógica de uma divisão científica do trabalho, uma divisão intelectual do trabalho, que efetivamente criou, digamos assim, por dentro da escola, formas de conceber o mundo que são afetivamente fragmentadas.

Ivo Tonet em um texto muito interessante: *interdisciplinaridade, formação humana e emancipação humana* (2013, p. 725-745), diz ser impossível a interdisciplinaridade nas sociedades sob a égide do capital. Essa condição de interdisciplinaridade irrealizável nas sociedades produtoras de valor ocorre porque a lógica efetiva da fragmentação e disciplinarização é a marca dessa sociedade.

> [...] pelo processo de fetichização, cuja origem está na forma específica da produção da mercadoria, a realidade social é recoberta por um caráter de naturalidade. Deste modo, tanto a fragmentação do processo de trabalho como do conhecimento se apresentam como desdobramentos naturais na atual forma de realidade social. Partindo dessa materialidade do mundo moderno, podemos entender por que é equivocada a proposta da interdisciplinaridade (TONET, 2013, p. 732).

Assim, se porventura queremos pensar numa educação emancipadora, é muito complicado que nós muitas vezes lidemos com determinados discursos que tratam, a partir do processo de divisão social do trabalho, dessa lógica de formação escolar fragmentária, os processos mais gerais de educação.

É preciso que inventemos outra coisa e criemos outras possibilidades. É necessário pensar para muito além da escola, além do capital, e achamos que a tarefa da Educação do Campo também é quebrar as cercas. Eu não digo da escola especificamente, mas as cercas da escolarização, já que evidentemente não há respostas imediatas para isso, mas achamos que como intelectual coletivo, os educadores do campo podem pensar nessas possibilidades.

A Educação do Campo não pode ser tratada como algo universal, embora em uma sociedade que se universaliza pela mercadoria e, por isso mesmo, para realizar o valor precisa negar o trabalho concreto, os valores de uso, o espaço como relação.

Aqueles que se educam no campo como docentes, a nosso ver, só podem realizar sua plena existência quando as universidades em que trabalham puderem olhar para práticas sociais não qualificáveis pelo mercado. Assim, em vez de exigir que os educadores do campo publiquem na *Science*, passem a exigir mais horas de prosa e andanças com os mateiros, conversas com roceiros, vivências com as pescadoras.

Referências

ADORNO, Theodor; HORKHEIMER, Max. *Dialética do Esclarecimento: fragmentos filosóficos*. Tradução de Guido Antonio de Almeida. Rio de Janeiro: Zahar, 1985.

CANDIDO, Antonio. O direito à literatura. In: _____. *Vários Escritos*. São Paulo: Duas Cidades, 2004. p. 169-198.

FREIRE, Paulo. *Educação e mudança*. 34. ed. São Paulo: Paz e Terra, 2011.

HARVEY, David. O espaço como palavra-chave. *Revista Geographia*, Rio de Janeiro, v. 14, n. 28, p. 8-39, 2012.

ILLICH, Ivan. *Sociedade sem escolas*. 7. ed. Petrópolis: Vozes, 1985.

KURZ, Robert. *Cinzenta é a árvore dourada da vida e verde é a teoria*. Disponível em: <http://obeco.planetaclix.pt/rkurz288.htm>. Acesso em: 2 dez. 2007.

MACKLLENE, Leo. *Como gota de óleo na superfície da água: música em prosa*. Fortaleza: Radiadora, 2017.

MIGNOLO, Walter. Espacios geograficos y localizaciones epistemologicas: la ratio entre la localización geográfica y la subalternización de conocimientos. *Revista Geographia*, Rio de Janeiro, n. 13, p. 7-28, 2005.

RIBEIRO, Darcy. Sobre o óbvio. In: _____. *Ensaios insólitos*. Porto Alegre: LP&M, 1979. p. 11-23.

SANTOS, Milton. *Por uma outra globalização: do pensamento único à consciência universal*. 17. ed. São Paulo, Record, 2008.

SOUZA, Maria Antônia de. Educação do Campo: políticas, práticas pedagógicas e produção científica. *Educação e Sociedade*, Campinas, v. 29, n. 105, p. 1089-1111, set./dez. de 2008.

TONET, Ivo. Interdisciplinaridade, formação humana e emancipação humana. *Revista Serviço Social e Sociedade*, São Paulo, n. 116, p. 725-745, 2013.

ZUMTHOR, Paul. *A letra e a voz*. São Paulo: Companhia das Letras, 1993.

CAPÍTULO 11

Contribuições das Licenciaturas em Educação do Campo para as políticas de formação de educadores[1,2]

Mônica Castagna Molina

Introdução

A experiência da oferta das Licenciaturas em Educação do Campo (LEdoC) completou dez anos de execução em 2017. A realização dessa política de formação docente, conquistada a partir da luta dos movimentos sociais, tem sido acompanhada de um intenso processo de investigação e sistematização das concepções e práticas formativas por ela propostas. De acordo com levantamento feito no Banco de Teses da Capes, entre 2010 e 2018 foram produzidas 84 dissertações e teses sobre essas licenciaturas. Pesquisas vinculadas ao Programa Observatório da Educação, também com apoio da Capes, têm essa nova modalidade de graduação como objeto de análise e reflexão. Duas das pesquisas desenvolvidas a partir do

---

[1] Este capítulo é uma versão ampliada de artigo homônimo publicado no dossiê Análises de experiências brasileiras e latino-americanas de Educação do Campo. *Educação e Sociedade*, Campinas, v. 38, n. 140, p. 587-609, jul.-set. 2017.

[2] O presente artigo se baseia em dados de duas pesquisas realizadas com apoio da Capes, vinculadas ao Programa Observatório da Educação: 1) Educação do Campo e Educação Superior: Análise de práticas contra-hegemônicas na formação dos profissionais da Educação e das Ciências Agrárias nas regiões Norte, Nordeste e Centro-Oeste e 2) Políticas de expansão da educação superior no Brasil, realizada simultaneamente por sete subprojetos. Um dos subprojetos articula pesquisadores de dez universidades públicas que analisam a expansão das Licenciaturas em Educação do Campo nas quais se desenvolve a pesquisa: Universidade Federal do Pará (Campus Cametá), Universidade Federal do Sul e Sudeste do Pará e Universidade Federal do Tocantins (Campus de Tocantinópolis), na Região Norte; Universidade Federal do Recôncavo da Bahia e Universidade Federal do Maranhão, na Região Nordeste; Universidade de Brasília (Campus Planaltina), na Região Centro-Oeste; Universidade Federal Rural do Rio de Janeiro e Universidade Federal de Viçosa, na Região Sudeste; Universidade Federal de Santa Catarina e Universidade Federal da Fronteira Sul, na Região Sul.

referido Observatório têm, entre seus objetivos, analisar diferentes dimensões das LEdoCs. Entre elas, destaca-se a perspectiva contra-hegemônica presente na concepção da Organização Escolar e do Trabalho Pedagógico apresentada por essa nova proposta de formação de educadores, que teve nos últimos anos uma relevante expansão na educação superior.

Partindo das análises desenvolvidas nessas pesquisas com base no Materialismo Histórico e Dialético, serão apresentadas neste artigo as contribuições que as LEdoCs, a partir de suas especificidades, oferecem ao conjunto das políticas de formação de educadores.

O histórico detalhado do processo de elaboração e implantação dessas licenciaturas está registrado em trabalhos anteriores (MOLINA; SÁ, 2011; MOLINA, 2014, 2015; MOLINA; HAGE, 2015, 2016). De forma resumida, vale ressaltar que, como política pública do MEC, essa proposta de formação docente tem início em 2007 com quatro experiências-piloto desenvolvidas pela Universidade Federal de Minas Gerais (UFMG), Universidade de Brasília (UnB), Universidade Federal de Sergipe (UFS) e Universidade Federal da Bahia (UFBA), mediante a criação do Programa de Apoio à Formação Superior em Licenciatura em Educação do Campo (Procampo). Essa política foi construída como resultado de uma intensa reivindicação dos trabalhadores rurais, que já pautavam a necessidade de uma política específica de formação de educadores, desde a realização da II Conferência Nacional de Educação do Campo realizada em 2004.

A matriz estruturante dos cursos, cujos elementos principais serão apresentados a seguir, parte de uma experiência que vinha sendo desenvolvida na UFMG desde 2005 (ANTUNES-ROCHA; MARTINS, 2010).

A partir das experiências-piloto, em 2008 e 2009 o MEC lança editais para que mais universidades também pudessem ofertar a licenciatura, porém como projeto especial de turmas únicas. Em 2012, a partir da pressão dos movimentos sociais do campo, são conquistados 42 cursos permanentes dessa nova graduação em todas as regiões do país. Objetivando garantir a implementação dos cursos, o Ministério da Educação disponibilizou 600 vagas de concurso público de docentes da educação superior e 126 vagas de técnicos como suporte para esse processo.

Quais são os principais elementos do Projeto Político-Pedagógico desses cursos? Por que se considera que a matriz formativa das LEdoCs é capaz de oferecer potenciais contribuições às políticas de formação de educadores?

Entende-se que um dos diferenciais dessa matriz diz respeito à sua origem: foram as experiências formativas acumuladas pelos trabalhadores rurais, especialmente pelo Movimento dos Trabalhadores Rurais Sem Terra (MST), nas lutas pelo direito à terra e pelo direito à educação que possibilitaram o acúmulo de forças que levou à elaboração e implantação dos cursos.

Tais lutas culminaram em conquistas de políticas públicas específicas para a garantia do direito à educação escolar dos camponeses, como o Programa Nacional de Educação na Reforma Agrária (Pronera) (MOLINA, 2003), celeiro das primeiras experiências de formação de educadores do campo no âmbito da educação superior com os cursos de Pedagogia da Terra (CALDART, 2007).

A experiência acumulada pelos movimentos sociais a partir do Pronera, com a execução de mais de dez anos dos cursos de Pedagogia da Terra e o avanço nas lutas pela garantia do direito à educação aos camponeses em todos os níveis, possibilita que esses sujeitos coletivos organizados avancem em relação ao acúmulo de traços específicos de um determinado perfil de formação docente (ARROYO, 2007).

Importa destacar aqui que essas licenciaturas têm uma marca constitutiva fundamental, que é o fato de já terem sido projetadas assumindo uma posição de classe, rompendo tradicionais paradigmas que afirmam a possibilidade da neutralidade da produção do conhecimento científico e das políticas educacionais. As LEdoCs são planejadas considerando-se a luta de classes no campo brasileiro e colocando-se como parte e ao lado do polo do trabalho, assumindo e defendendo a educação como um direito e um bem público e social. Conforme destaca Dias Sobrinho (2010),

> [...] a educação-mercadoria tem compromisso com o lucro do empresário que a vende. A educação-bem público tem compromisso com a sociedade e a nação. [...] É a partir desse princípio que faz sentido falar de democratização do acesso e garantia de permanência dos estudantes em cursos superiores com qualidade científica e social. O direito social à educação de qualidade é um aspecto essencial e prioritário da construção da sociedade, da consolidação da identidade nacional e instrumento de inclusão socioeconômica. Assegurá-lo é dever indeclinável do Estado (DIAS SOBRINHO, 2010, p. 1224).

É a partir dessa compreensão da educação como direito e bem público social que se colocam as perspectivas da formação docente pleiteada pela luta do Movimento da Educação do Campo no Brasil. A afirmação dessa característica é relevante no atual momento histórico no qual está em curso um conjunto de políticas que ameaça a educação pública no país e que ameaça igualmente a Educação do Campo. Esse conjunto de políticas que se estrutura no tripé meritocracia, avaliação e privatização (FREITAS, 2014) objetiva não só criar as condições para a privatização das escolas públicas que não atingirem padrões predeterminados, como também objetiva aumentar o controle ideológico sobre o que e como se ensina nas escolas públicas. A necessidade do aumento do controle ideológico se relaciona às demandas do capital, que tem de encontrar uma forma de superar a contradição imposta pelos próprios níveis de seu desenvolvimento na atualidade. Isso quer dizer que a manutenção das taxas de lucro foi gerando a necessidade de incorporação de níveis cada vez maiores de tecnologia nos processos produtivos, o que, por sua vez, exige trabalhadores cada vez mais instruídos. Elevar os níveis de instrução dos trabalhadores sem elevar simultaneamente seus níveis de consciência e compreensão das inúmeras contradições sociais que mantêm o sistema do capital exige um controle cada vez maior dos processos de escolarização (FREITAS, 2011).

Um importante desafio desse período diz respeito a se conseguir manter o precioso patrimônio construído na concepção e na prática das políticas de formação de educadores que respeitem as especificidades dos sujeitos a educar, entre elas, as políticas de formação dos educadores do campo, fortemente ameaçadas neste momento. Como alerta Freitas (2014), a lógica em curso, baseada na meritocracia, na avaliação e na privatização, não comporta uma política de formação de educadores diferenciada.

A matriz formativa presente nessas políticas de formação orientadas exclusivamente para a avaliação de conteúdos acadêmicos, focadas na noção de competências e limitadas apenas aos componentes curriculares avaliados nos testes nacionais e internacionais de proficiência, não tem espaço para todos os conteúdos e dimensões da formação humana que são trabalhados nos cursos de LEdoC. Freitas adverte que, quando as avaliações incorporam apenas determinadas disciplinas e excluem outras, os professores tendem a ensinar aquelas disciplinas abordadas nos testes. "Se o que é valorizado em um exame são a leitura e a matemática, a isso eles dedicarão sua atenção privilegiada, deixando os outros aspectos formativos de fora" (FREITAS, 2012, p. 389).

Ao contrário da lógica da escola capitalista, a Educação do Campo tem se pautado por uma matriz formativa ampliada que comporta diferentes dimensões do ser humano. Nessa perspectiva, a escola deve desenvolver com extrema competência o intelecto dos sujeitos que educa, mas não pode se furtar a trabalhar igualmente a formação de valores, o desenvolvimento político, ético, estético e corpóreo de seus educandos. A matriz formativa da Educação do Campo parte do princípio da educação como formação humana, recusando a matriz estreita e limitada da escola capitalista, cuja lógica estruturante é a formação de mão de obra para o mercado. Na esteira da Base Nacional Comum Curricular, que delimitará os conteúdos a serem trabalhados nas escolas, poderá ocorrer a padronização da avaliação e da formação de professores.

Compreende-se ser necessário explicitar as diferenças do processo formativo que está sendo construído pela Educação do Campo. A partir desse contexto, organizamos este artigo em tópicos, que buscam apresentar as principais contribuições que essas licenciaturas têm a oferecer às políticas de formação de educadores: 1) a redefinição das funções sociais da escola, base da matriz formativa da

LEdoC; 2) uma matriz ampliada de formação, que parte das especificidades dos sujeitos a educar; 3) a ressignificação da relação entre educação básica e educação superior, e entre formação inicial e continuada; 4) a relação entre teoria e prática que orienta a matriz formativa dessas licenciaturas.

Redefinição das funções sociais da escola: base da matriz formativa das Licenciaturas em Educação do Campo

A análise dessa política de formação de educadores só tem sentido se referida a partir da compreensão da totalidade do processo sócio-histórico no qual se insere. Como afirma Masson (2014), compreende-se que:

> [...] o estudo das políticas educacionais, a partir da ontologia marxiana implica tomá-la como um complexo que só pode ser entendido em sua relação com outros complexos que formam a totalidade social. A Educação como práxis social, embora possua uma autonomia relativa que lhe possibilita exercer ações marcadas pela contraditoriedade (reproduzir uma forma de sociabilidade ou contribuir para superá-la), possui uma dependência ontológica em relação ao trabalho e, também, é caracterizada pela determinação recíproca entre os diferentes complexos sociais (MASSON, 2014, p. 224).

Uma das principais contribuições da LEdoC às políticas de formação de educadores é o fato de a matriz formativa dessas novas graduações ter-se desafiado, como pressuposto do perfil docente que se propôs formar, a estabelecer qual a concepção de ser humano, de educação e de sociedade pretende desenvolver (CALDART, 2010). Assume explicitamente em seu projeto político-pedagógico original que sua lógica formativa se baseia na imprescindível necessidade de superação da sociabilidade gerada pela sociedade capitalista, cujo fundamento organizacional é a exploração do homem pelo homem, a geração incessante de lucro e a extração permanente de mais valia.

A matriz original dessa política de formação docente tem como horizonte formativo o cultivo de uma nova sociabilidade, cujo fundamento seja a superação da forma capitalista de organização do trabalho, na perspectiva da associação livre dos trabalhadores, na solidariedade e na justa distribuição social da riqueza gerada coletivamente pelos homens.

Como consequência daquelas perguntas sobre a concepção de ser humano, de educação e de sociedade que orientaria a matriz formativa da LEdoC, chegou-se ao que se considera uma importante contribuição dessa política para o conjunto das políticas de formação de educadores: a imprescindível redefinição das funções sociais da escola como parte do desafio de superação da sociabilidade hegemônica na sociedade.

Em vez das funções reservadas à escola capitalista, ou seja, exclusão e subordinação das classes trabalhadoras (FREITAS, 1995), na Educação do Campo parte-se da pergunta sobre qual é o papel e a função social da escola, para daí conceber o projeto de formação de educadores. Pensando-se no caso específico dos camponeses, pergunta-se: Qual deve ser a função social da escola? Qual é o projeto de formação de educadores no contexto atual de profundas transformações na lógica de acumulação do capital no campo, representada pelo modelo agrícola baseado no agronegócio, que diz respeito a uma aliança entre os grandes proprietários de terra, o capital estrangeiro e o capital financeiro, e no qual os alimentos e demais produtos agrícolas transformam-se em *commodities* na bolsa de valores? (OLIVEIRA, 2012).

Esse modelo agrícola, em função das exigências cada vez maiores de concentração de terras para a implantação de vastas áreas de monocultura, acelera ainda mais o processo de desterritorialização dos camponeses, promovendo uma intensa fagocitose de suas terras, de seu trabalho, de suas comunidades, de sua cultura, de suas escolas.

Enfrentar esse processo intensificado de concentração fundiária, expulsão do território e perda dos espaços de trabalho e de estudo e das condições da reprodução material de suas vidas exige dos camponeses o aprendizado de organização e resistência para poder continuar existindo e trabalhando de acordo com o que são, camponeses. A Educação do Campo como práxis social é instituída e instituinte do projeto de campo proposto por esses coletivos organizados, fundamentado na organização da agricultura a partir da agroecologia, tendo como foco a promoção da soberania alimentar (MICHELOTTI, 2014).

Nesse contexto de disputa entre diferentes projetos de campo e de desenvolvimento, colocam-se as redefinições das funções sociais da escola: ela deve contribuir para formar crianças, jovens e adultos camponeses como lutadores e construtores do futuro (PISTRAK, 2009). A categoria "escola do campo" (MOLINA; SÁ, 2012), forjada pelos movimentos sociais nesse mesmo processo histórico das lutas pelo direito à terra e à educação, e que se insere nos marcos legais por eles conquistados – Diretrizes Operacionais para Educação Básica nas Escolas do Campo (BRASIL, 2002), e o Decreto 7.352 (BRASIL, 2010) –, deve contribuir na formação dos próprios camponeses como intelectuais orgânicos da classe trabalhadora. Nessa perspectiva, a escola do campo assume relevante papel na contribuição da territorialização do projeto camponês (CALDART *et al.*, 2015a; 2015b).

A redefinição das funções sociais da escola é o ponto nevrálgico em torno do qual se desenvolvem os pressupostos da LEdoC. A essência de seu Projeto Político-Pedagógico está justamente na ideia de promover processos formativos capazes de formar educadores que tenham os elementos necessários para promover a transformação da forma escolar atual. Parte relevante desses elementos perpassa a compreensão da importância e da centralidade que pode vir a ter a lógica adotada para a Organização Escolar e o Trabalho Pedagógico, entendidos como processos que ocorrem não só na sala de aula, mas na escola como um todo, sendo que a execução de ambos tem estreita relação com as funções sociais da própria escola (Freitas, 1995). Se o objetivo é transformar a forma escolar atual, na qual as lógicas da Organização Escolar e do Trabalho Pedagógico estão a serviço da manutenção da ordem e dos valores da sociedade capitalista, é necessário cultivar e promover outras lógicas para esses trabalhos, no sentido de construir uma escola capaz de contribuir para as transformações sociais necessárias à superação da lógica hegemônica de organização da sociedade.

É a partir dessa relação entre território, trabalho, educação e cultura que se põe a perspectiva das políticas formativas construídas pelo Movimento da Educação do Campo.

Conforme ressalta Caldart (2015b), não se está afirmando que ao

> […] mudar as relações na escola se está mudando a sociedade. Longe disso, porque a base da mudança está em outro lugar, nas relações sociais de produção […]. Mas essa é exatamente a contradição de que não podemos fugir se temos objetivos emancipatórios: ainda que saibamos que a mudança estrutural radical da escola só virá como parte de um processo revolucionário mais amplo, sem vislumbrar e desencadear processos de mudança nas relações sociais, mesmo que limitados pelas condições reais em que as práticas educativas acontecem, não há como realizar nossos objetivos educativos de desalienação para formação de lutadores e construtores (da própria revolução) (Caldart, 2015b, p. 39).

Compreendendo a escola como espaço relevante de formação dos sujeitos capazes de disputar e construir um novo projeto de sociedade e de campo, é que vão sendo formatados os elementos necessários à formação de um educador capaz de executar tarefa de tal magnitude. Nesse sentido, considerando as tensões e contradições presentes no campo brasileiro e os desafios que competem às escolas presentes nesse território no contexto atual, definiu-se a matriz formativa dessas Licenciaturas, cujos principais elementos serão apresentados a seguir.

Licenciaturas em Educação do Campo: matriz ampliada de formação que parte das especificidades dos sujeitos a educar

O documento que orientou a implantação dos cursos de LEdoC destaca que essa política foi concebida para garantir a formação, no âmbito da educação superior, para os educadores que já atuam nas escolas do campo, bem como para a juventude camponesa que nelas possa vir a atuar. Os cursos têm como objeto a escola de educação básica, com ênfase na construção da Organização Escolar e do Trabalho Pedagógico para os anos finais do ensino fundamental e do ensino médio (MOLINA; SÁ, 2011).

Essas licenciaturas objetivam ainda promover a formação de educadores por áreas de conhecimento, habilitando-os para a docência multidisciplinar nas escolas do campo, organizando os componentes curriculares a partir de quatro grandes áreas: Artes, Literatura e Linguagens; Ciências Humanas e Sociais; Ciências da Natureza e Matemática; Ciências Agrárias.

Além da compreensão epistemológica que a sustenta, no sentido de buscar estratégias capazes de contribuir como desafio de superar a fragmentação do conhecimento, essa escolha liga-se a um grave problema, que é a insuficiência da oferta dos anos finais do ensino fundamental e ensino médio no território rural. A relação de matrículas no meio rural entre os anos iniciais e finais do ensino fundamental estabelece que, para duas vagas nos anos iniciais, existe uma nos anos finais. Esse mesmo raciocínio pode ser feito com relação aos anos finais do ensino fundamental e médio, com seis vagas nos anos finais correspondendo a apenas uma vaga no ensino médio (MOLINA *et al.*, 2010). Tal desproporção na distribuição percentual das matrículas revela um afunilamento na oferta educacional do meio rural, dificultando o progresso escolar daqueles alunos que almejam continuar seus estudos em escolas localizadas nesse território. As LEdoCs foram também elaboradas pensando-se em ter coletivos de educadores, nessas escolas, capazes de transitar em mais de uma disciplina de uma área de conhecimento, criando possibilidades de ampliação da oferta dos níveis de escolarização nos territórios rurais.

Articulada às intencionalidades propostas às novas funções sociais da escola, por meio de outras possibilidades para a Organização Escolar e do Trabalho Pedagógico, a formação por áreas de conhecimento propõe a organização de novos espaços curriculares que articulam componentes tradicionalmente disciplinares a partir de uma abordagem ampliada de conhecimentos científicos que dialogam entre si, tendo como base problemas concretos da realidade. Desse modo, busca-se superar a fragmentação tradicional que dá centralidade à forma disciplinar e mudar o modo de produção do conhecimento na universidade e na escola do campo, associado intrinsecamente às transformações no funcionamento da escola, articulado ainda às demandas da comunidade rural na qual se insere a escola (MOLINA; SÁ, 2011).

Outra característica da formação por áreas de conhecimento é a promoção do trabalho coletivo entre os educadores como condição *sine qua non* dessa estratégia de organização curricular. Reside aí uma das grandes potencialidades dessa proposta formativa na direção da transformação da forma escolar atual: ao promover espaços de atuação docente por áreas de conhecimento nas escolas do campo, promovem-se também outras estratégias para produção, socialização e usos do conhecimento científico por meio do trabalho coletivo e articulado dos educadores.

Apesar das inúmeras dificuldades e incertezas que a formação por área de conhecimento provoca nos docentes da LEdoC, que se desafiam, de fato, a promover uma formação interdisciplinar, uma significativa mudança positiva que essa licenciatura produz é que sua prática exige e promove o trabalho coletivo dos educadores. Conceber e executar a formação por área de conhecimento, pensando a interdisciplinaridade como exigência da própria materialidade, da complexidade dos problemas da realidade que se quer compreender e explicar exige, fundamentalmente, o trabalho coletivo. Assim, o que começa como exigência acaba evoluindo para escolhas em outras áreas do trabalho acadêmico, originando muitas pesquisas e projetos de extensão vinculados à LEdoC, que têm por base o trabalho coletivo dos educadores e educandos. Isso nos possibilita afirmar que está em processo nos cursos de Licenciatura em Educação do Campo, acompanhado pela pesquisa, um rico trabalho de ressignificação da prática docente no âmbito da Educação Superior, onde o trabalho coletivo assume centralidade, tanto na organização das práticas pedagógicas quanto no próprio processo de produção de conhecimento.

Ainda persistem muitas incertezas e inseguranças sobre os melhores caminhos a serem seguidos, em função das inovações das práticas propostas pelas LEdoCs, especialmente no tocante à formação por área de conhecimento na Educação Superior. Mas essas inseguranças não tem sido motivo de imobilização dos docentes que estão atuando nas Licenciaturas em Educação do Campo. Ao contrário, está em andamento um precioso processo de mudança nas práticas pedagógicas, que busca encontrar caminhos de promover cada vez mais o diálogo entre os conhecimentos científicos e os saberes populares, buscando a superação não só da fragmentação do conhecimento, mas também visando encontrar estratégias didáticas que, de fato, contribuam com sua democratização e ampliem as possibilidades de uso desses conhecimentos científicos pelos sujeitos camponeses e suas comunidades.

Ao mesmo tempo que há um intenso esforço em materializar práticas interdisciplinares, grandes contradições entre os diferentes níveis do sistema público seguem sendo enfrentadas pelos cursos. Simultaneamente ao fato dos docentes se desafiarem a alterar os processos formativos em direção às áreas de conhecimento, eles também se deparam com as exigências das escolas para a inserção dos educandos nos estágios com a perspectiva essencialmente disciplinar. Também há restrições muito semelhantes nas burocracias para inserção dos egressos nos concursos públicos das redes, nos quais as áreas de habilitação têm enfrentando grande resistência, embora alguns estados tenham conseguido avançar na construção de legislações que incorporam nos editais de processos seletivos a formação de professores a partir das áreas de conhecimento.

Os cursos objetivam preparar educadores para, além da docência, atuarem na gestão de processos educativos escolares e na gestão de processos educativos comunitários. Ao se pretender que as escolas do campo estejam aptas a contribuir para a formação de jovens capazes de compreender a complexidade do que ocorre no campo brasileiro na atualidade, é necessário formar educadores que atuarão nessas escolas e que sejam também capazes de compreender criticamente esses processos e sobre eles intervir. É nesse sentido que se articulam intrinsecamente aquelas três ênfases no perfil de educadores que se quer formar: atuação a partir das áreas de conhecimento, gestão de processos educativos escolares e gestão de processos educativos comunitários. Na articulação desse perfil reside relevante contribuição da LEdoC às políticas de formação docente, pois, como afirma Arroyo (2007, p. 163), há bases teóricas profundas inspiradas nas concepções da teoria pedagógica mais sólida, nos indissociáveis vínculos que os movimentos sociais do campo defendem entre "direito à educação, à cultura, à identidade e ao território. Dimensões esquecidas e que os movimentos sociais recuperam, enriquecendo, assim, a teoria pedagógica; abrindo novos horizontes às políticas de formação de educadores"

Associada à compreensão da intrínseca articulação entre educação, cultura, identidade e território, no novo perfil de educador que as licenciaturas objetivam formar, há outra importante especificidade no tocante aos métodos de formação docente: a estratégia de oferta da educação superior baseada na Pedagogia da Alternância. A organização curricular dessa graduação prevê etapas presenciais (equivalentes a semestres de cursos regulares) ofertadas em regime de alternância entre Tempo Universidade (TU) e Tempo Comunidade (TC), tendo em vista a articulação intrínseca entre a educação e a realidade específica das populações do campo.

Tal estratégia de oferta objetiva facilitar o acesso e a permanência no curso dos professores em exercício nas escolas do campo, possibilitando seu ingresso na educação superior sem ter de abandonar o trabalho na escola básica para elevar sua escolarização. Intenciona, também, evitar que o ingresso de jovens e adultos do campo neste nível de ensino reforce a alternativa de deixar a vida no território rural, conforme consta na Matriz da LEdoC.

Desde o primeiro TU, promove-se a formação desses educadores em curso na LEdoC para serem capazes de fazer o levantamento das tensões e contradições presentes na realidade de suas comunidades rurais de origem. Esses processos de aproximação da realidade com o olhar de pesquisador e ao mesmo tempo de estranhamento dessa mesma realidade na qual vivem têm dimensões educativas fundamentais. A formação para a pesquisa é uma frente intensamente

202 **Formação de formadores**

trabalhada nos cursos, sendo componente curricular presente em todos os Tempos Universidade. Por outro lado, além do aprendizado como pesquisadores capazes de inquirir a realidade, esses processos formativos objetivam promover, desde o início do curso, a necessidade de os educadores compreenderem a escola inserida em seu meio. Considera-se extremamente relevante conhecer as várias outras agências educativas que existem no território no qual está inserida a escola, como as associações e cooperativas; as equipes de assistência técnica; os grupos de mulheres e jovens; os espaços culturais; enfim, as diferentes dimensões de organização da produção do trabalho, da socialização e da formação humana presentes no território onde atuam e/ou atuarão esses educadores (FREITAS, 2009). Há a necessária ênfase no reconhecimento dos processos produtivos nos quais estão inseridos os camponeses locais, bem como no reconhecimento das origens e raízes históricas das comunidades, fundamental para repensar o futuro e compreender os desafios presentes enfrentados pelos camponeses para a reprodução material da vida nessas localidades.

Tendo isso em vista, diferentes estratégias têm sido utilizadas para garantir e promover a aproximação entre o educador em formação na LEdoC e a realidade da comunidade na qual está inserida a escola do campo. Essa intencionalidade pedagógica tem ocorrido, em alguns casos, por meio do trabalho com o Sistema de Complexos, de Pistrak (2009) e também com os Temas Geradores, de Paulo Freire (1987), entre outros instrumentos utilizados.

A transformação da forma escolar concebida no Projeto Político-Pedagógico da Licenciatura em Educação do Campo busca preparar um educador que seja capaz de promover, em suas práticas pedagógicas, a constante articulação entre escola do campo e as comunidades camponesas, entre escola e vida, ou seja, entre escola e trabalho, entre estudo e produção material da vida (FREITAS, 2010). Além disso, objetiva-se que o educador saiba articular as lutas cotidianamente enfrentadas pelos camponeses, decorrentes das intensas transformações na lógica de acumulação do capital no campo, e o papel da escola como mediadora nessas lutas e resistências. É necessário que esses problemas estejam presentes no cotidiano da escola, sendo ela uma produtora e socializadora de conhecimentos para a comunidade poder enfrentar melhor seus desafios.

Nessas licenciaturas há diferentes intencionalidades pedagógicas relacionadas à compreensão dos aprendizados necessários à formação de educadores capazes de promover transformações na forma escolar tradicional. Essas intencionalidades pedagógicas se materializam por meio de variados tempos educativos que objetivam cultivar e promover espaços e situações que proporcionem esses aprendizados.

Tais tempos educativos, que costumam ser divididos em tempo aula, tempo trabalho, mística, estudo, organicidade, análise de conjuntura, memória, entre outros, são vivenciados nas LEdoCs como importantes espaços de aprendizado da auto-organização dos educadores em formação, que, a partir de orientações iniciais, devem conduzir eles próprios esses momentos formativos no Tempo Universidade.

A escola capitalista tradicional, por meio de seus métodos de ensino verbalistas e autoritários, nos quais alunos não participam, ensina, além dos conteúdos, uma postura para a vida de submissão, de silenciamento e obediência, de acatamento de ordens sem questionamento (FREITAS, 1995; CALDART, 2010). Ao contrário dessa perspectiva, busca-se, nos processos de formação das LEdoCs, promover diversificados tempos e espaços educativos que demandem não só o protagonismo dos educadores em formação, mas também cultivem espaços de sua auto-organização para que aprendam a vivenciar e desencadear processos semelhantes nas escolas do campo.

Considerados imprescindíveis a partir desse paradigma formativo, esses tempos educativos não se implementam sem muitas tensões e contradições no espaço da docência universitária. Essas tensões foram aumentando à medida que os cursos foram se institucionalizando e o coletivo de docentes das Licenciaturas em Educação do Campo foi se diversificando, a partir dos concursos públicos que foram estruturando estas graduações. Se, nas experiências iniciais do Pronera e das próprias Licenciaturas em Educação do Campo, a partir de articulações e parcerias previamente existentes entre alguns coletivos de docentes das IES e os movimentos sociais e sindicais demandantes desses cursos era possível garantir uma maior homogeneidade do corpo docente da universidade em relação aos princípios da Educação do Campo, com a institucionalização das LEdoCs e a conquista de 15 vagas na docência superior para a realização de concursos públicos para essas graduações, houve uma significativa diversificação no corpo docente, que, muitas vezes, tem opiniões divergentes sobre a importância desses tempos educativos para a formação dos educadores do campo. Há uma recorrente tensão entre as áreas de habilitação específicas das Licenciaturas em Educação do Campo e os Núcleos Pedagógicos em relação à melhor distribuição e utilização da carga horária no Tempo Universidade.

Mas, para ser coerente com a matriz formativa das LEdoCs, segundo a qual é necessário promover importantes transformações na forma escolar, e para que essa instituição seja um espaço capaz de contribuir com a mudança da lógica de sociabilidade hegemônica, esses diferentes tempos educativos são fundamentais. Pois a vivência intencionalizada deles nos Tempos Universidade propicia elementos educativos extremamente necessários a práticas e posturas que são esperadas desses educadores em formação nos Tempos.

A integração entre os diferentes tempos educativos em um único processo formativo propicia uma ressignificação da relação entre educação superior e educação básica, uma vez que cria condições para novas relações entre as escolas do campo e as universidades, tópico que se apresentará a seguir, associando essa ressignificação também à relação entre formação inicial e continuada que as LEdoCs promovem.

Ressignificação da relação entre educação básica e educação superior, e da formação inicial e continuada

A alternância pode ser tomada não só como um importante método de formação docente, mas também como uma estratégia com relevante potencial de promoção de significativa interação entre ensino e pesquisa na educação básica, considerando fortemente as condicionantes socioeconômicas da relação pedagógica. A alternância promove ainda uma permanente e constante interação no processo de formação docente entre a universidade e as escolas do campo onde atuam os educadores em formação nas licenciaturas.

Com a presença nos dois tempos e espaços educativos, tanto dos educadores que cursam a licenciatura quanto dos docentes da educação superior que passam a realizar diferentes tipos de ações formativas nas escolas básicas do campo, o próprio movimento da alternância dos tempos e espaços educativos entre escola básica e universidade tem desencadeado um novo processo de articulação entre esses diferentes níveis de ensino. Há uma compreensão e uma intencionalidade pedagógica subjacentes à aproximação das licenciaturas com as escolas do campo que entendem ser necessário desde o início da formação que o educador tenha uma "ligação orgânica com futuro local de trabalho, que é também onde se realiza a formação permanente" (SILVA, 2012, p. 206).

A partir das propostas de integração do TU e TC, e da necessária relação que integra os educadores em formação nas LEdoCs com as escolas do campo, uma significativa colaboração tem-se estabelecido entre a atuação das universidades e essas escolas. Verifica-se o desenvolvimento de ações de formação que em muito ultrapassam os próprios estudantes das licenciaturas. Como parte das atividades de TC, têm sido promovidos cursos e seminários nas escolas do campo para formação continuada dos educadores que atuam nessas escolas, tratando diferentes questões necessárias à qualificação da lógica da Organização Escolar e do Trabalho Pedagógico a partir dos princípios desenvolvidos LEdoCs. Os cursos e seminários têm propiciado um significativo espaço de formação e rediscussão das estratégias do trabalho docente nas escolas do campo, conforme indicam diferentes pesquisas sobre as LEdoCs (MOLINA, 2014; XAVIER, 2016; SANTOS, 2017).

Como fundamento da perspectiva de buscar a ressignificação do trabalho docente, tanto na educação básica quanto na superior, subjaz a compreensão de que:

> O trabalho docente, como todas as formas de trabalho, é resultado de um processo histórico que se materializa nas relações de produção, e mesmo contendo suas especificidades nas relações de produção capitalista, não foge a essa lógica alienante e contraditória, podendo ser ferramenta de reprodução e ou emancipação. [...] O trabalho educativo é, portanto, a produção e a reprodução do indivíduo humano, ao mesmo tempo, a produção e a reprodução do gênero humano. Tendo em vista a contradição presente no ato educativo, a função docente é vista aqui como exercício profissional e também humano. É próprio do trabalho produzir, de maneira intencional, necessidades cada vez mais elevadas em si próprio e nos alunos. Este entra em contato com o não cotidiano pelo ensino daquilo que de mais elevado tenha sido produzido pelo gênero no campo intelectual, não como mero instrumento de adaptação, mas como condição imprescindível para mudança (SILVA, 2012, p. 207).

Várias universidades que ofertam a licenciatura, como Universidade de Brasília (UnB), Universidade Federal de Minas Gerais (UFMG), Universidade Federal do Sul e Sudeste do Pará (Unifesspa) e Universidade Federal de Santa Catarina (UFSC), têm também promovido cursos de especialização para egressos da licenciatura, dando sequência ao esforço prático e teórico de transformação da lógica de produção e socialização do conhecimento nas escolas do campo, buscando superar sua fragmentação. Essas especializações também se desenvolvem tendo como perspectiva a formação do trabalho docente a partir das áreas de conhecimento, objetivando, com os processos de formação continuada, consolidar o paradigma formativo proposto pelas LEdoCs.

Outra importante contribuição da LEdoC tem-se feito sentir no âmbito da pós-graduação *stricto sensu*, pois a intensa articulação entre educação básica e educação superior tem provocado repercussões de diferentes ordens. A dinâmica dessas graduações permanentemente realiza ações formativas envolvendo docentes da educação básica com mestrandos, doutorandos e professores de pós-graduação de diferentes áreas do conhecimento envolvidos também na docência da LEdoC.

Como exemplos dessas repercussões, há a positiva reincidência de casos de sujeitos do campo egressos dessas licenciaturas que, após a conclusão de sua formação inicial, continuam vinculados às universidades, mas já na condição de alunos da pós-graduação, seja no âmbito da especialização, seja no próprio mestrado acadêmico, como registrado pela pesquisa com egressos da Universidade de Brasília (UnB), da Universidade Federal do Sul e Sudeste do Pará (Unifesspa) e da Universidade Federal de Santa Catarina (UFSC).

Tais processos de formação articulados são a base para se compreender outra relevante contribuição que se percebe na matriz formativa para as políticas de formação de educadores: a concepção da relação teoria-prática que a orienta, ponto que será apresentado no próximo tópico.

A relação teoria-prática que orienta a matriz formativa das Licenciaturas em Educação do Campo

A partir da própria compreensão alargada de formação que os movimentos sociais do campo possuem, na qual estão articulados trabalho e educação, terra e conhecimento, luta coletiva e transformação da realidade, a matriz formativa das licenciaturas definiu que "a forma de organização curricular destas graduações deve intencionalizar atividades e processos que garantam e exijam sistematicamente a relação prática-teoria-prática vivenciada no próprio ambiente social e cultural de origem dos estudantes" (MOLINA; SÁ, 2011, p. 363).

Enfrentar os gravíssimos problemas educacionais existentes no sistema público de educação presente no campo requer muito mais dos educadores do que apenas pensar criticamente sobre suas próprias práticas, o que é, sem dúvida, necessário, mas não suficiente. Tal situação tem requerido, nessa graduação, que se façam presentes componentes curriculares que trabalhem com os conteúdos da economia política, da história, da sociologia, da filosofia, da antropologia, entre outros tantos, que articuladamente, a partir de um intenso trabalho interdisciplinar, vão contribuindo para ampliar e alargar a visão de mundo desses educadores em formação (MOLINA, 2014).

A diferença da proposta da LEdoC no tocante a esse ponto crucial da formação de educadores, a concepção da relação teoria-prática a reger os processos formativos, reside no fato de que sua concepção de prática não se restringe a uma "perspectiva pragmática, em que o critério de verdade e associação da teoria/prática é o êxito, a eficácia da ação, entendida como prática individual" (SILVA, 2012, p. 278). Essa é uma das importantes críticas feita à perspectiva neoliberal das políticas de formação, ao colocar apenas sobre o docente a responsabilidade pela transformação dos problemas educacionais. Como destaca Silva (2012, p. 278), se a questão da relação teoria-prática na formação do docente for colocada nesses parâmetros, "haverá dificuldades de estabelecer unidade entre as duas atividades humanas: teórica e prática, pois em tais circunstâncias a unidade refere-se ao fazer, não questionando a direção, o sentido e a política da ação".

Compreende-se como tarefa intrínseca à formação docente realizada pelas LEdoCs a elevação dos níveis de consciência dos docentes que por elas transitam, no sentido de cada vez mais irem adquirindo consciência de classe, saindo da condição de classe em si e alcançando a condição de classe para si. Em diálogo com o pensamento de Frigotto (2008), na matriz formativa das LEdoCs, parte-se da compreensão da impossibilidade da neutralidade do conhecimento científico em uma sociedade cindida em classes sociais. Como afirma o autor:

> [...] a produção e a divulgação do conhecimento não se faz alheia aos conflitos, antagonismos e relações de forças que se estabelecem entre as classes ou grupos sociais. A produção do conhecimento é ela mesma parte e expressão dessa luta. [...] neste sentido que a teoria se constitui em força material e a consciência crítica um elemento fundamental e imprescindível na luta pela transformação das relações sociais marcadas pela alienação e exclusão. Evidencia-se aqui, também, de forma mais clara porque a pretensão positivista da neutralidade do conhecimento social, sob as condições de uma sociedade fraturada, cindida, é historicamente inviável. Esta visão de neutralidade, ao contrário, expressa apenas a representação do tipo de consciência e de conhecimento funcional a reprodução das relações sociais dominantes (FRIGOTTO, 2008, p. 51).

Partindo da compreensão da impossibilidade de neutralidade do conhecimento científico numa sociedade cindida em classes sociais antagonizadas a partir do indissolúvel conflito capital-trabalho, é que se compreende ser uma relevante contribuição da política de formação de educadores do campo em análise a explicitação, para as crianças e jovens, da importância do trabalho dos educadores na construção de uma visão crítica da sociedade e das relações sociais estabelecidas entre os homens. Compete aos docentes a explícita tarefa de trabalhar a formação de valores com as crianças e com os jovens sobre a igualdade entre os homens e sobre a necessidade da intencionalidade da ação humana para a construção da justiça social.

Na matriz das LEdoCs está presente a compreensão das potencialidades do processo de formação para contribuir com a superação da alienação e avançar em direção à emancipação humana. É tarefa intrínseca à educação a elevação dos níveis de consciência dos educadores em formação nesses cursos. Parte-se do princípio de que os processos de formação docente podem e devem contribuir para a superação da principal contradição da sociedade capitalista, centrada na relação capital-trabalho, na extração da mais valia e na alienação do trabalhador do produto de seu trabalho. É óbvio que a educação por si só não tem condições de promover a emancipação humana, por não ter condições, ela própria, de superar a propriedade privada (TONET, 2005). Contudo, ela pode contribuir muito para desvelar a aparência dos fenômenos sociais, fazendo com que os indivíduos compreendam a essência desses fenômenos, entre eles, a apropriação privada da riqueza gerada socialmente pela alienação do trabalhador dos produtos do seu trabalho, característica estruturante do sistema capitalista (TONET, 2005). Ou seja, a educação pode, e muito, ajudar a desmistificar o fato de que o princípio "todos são iguais perante a lei" (fundamento da igualdade jurídico-política que sustenta a emancipação política, avanço histórico que não pode ser menosprezado) oculta e impede a igualdade fática, a verdadeira emancipação humana que só será alcançada com a superação da propriedade privada e da apropriação privada da riqueza gerada socialmente (TONET, 2005).

É a partir da compreensão da totalidade dos processos sociais e da própria educação como prática social instituída e instituinte desses processos que são pensadas as políticas formativas na Educação do Campo.

Conclusão

A diversidade das estratégias de produção material da vida existentes no campo em nosso país exige políticas de formação docente também diferenciadas que saibam reconhecer as especificidades desses sujeitos, como os indígenas, os quilombolas, os camponeses, entre tantos outros que têm o direito a uma educação de qualidade social que respeite e integre seus modos de vida aos processos educativos escolares. As LEdoCs têm sido capazes de promover processos formativos que consideram essas especificidades como elementos imprescindíveis na formação dos educadores que trabalharão com esses sujeitos. Destaca-se que uma das principais características dessas licenciaturas é que elas partem de uma visão da totalidade das relações sociais nas quais os sujeitos a educar estão inseridos.

A partir dessa perspectiva de totalidade, propusemo-nos no início deste artigo a apresentar as contribuições que consideramos que as LEdoCs têm a oferecer às políticas de formação de educadores, quais sejam: 1) a redefinição das funções sociais da escola, base da matriz formativa da LEdoC; 2) uma matriz ampliada de formação, que parte das especificidades dos sujeitos a educar; 3) a ressignificação da relação entre educação básica e educação superior, e entre formação inicial e continuada; 4) a relação entre teoria e prática, que orienta a matriz formativa dessas licenciaturas.

A definição dos elementos que integram o Projeto Político-Pedagógico dessas licenciaturas foi precedida de uma ampla reflexão sobre quais deveriam ser as funções sociais da escola no atual contexto de desenvolvimento da sociedade capitalista, e especialmente das relações de produção no campo. E entre essas funções, estabeleceu-se a importância do papel da escola como espaço capaz de contribuir com os camponeses no processo de enfrentamento à intensa desterritorialização que lhes tem sido imposta pelas mudanças na lógica de acumulação de capital no campo materializada pelo agronegócio. Para dar conta de tal tarefa, a escola necessita ser transformada em sua forma atual, contribuindo com a formação de lutadores e construtores do futuro. Parte relevante de tal transformação da forma escolar atual deve ser conduzida pelos educadores das escolas do campo, que necessitam compreender a totalidade dos processos sociais nos quais estão inseridos e o papel da educação e da escola nesse processo. Para tanto, faz-se necessária uma densa formação que propicie não só essa compreensão, como também cultive o desenvolvimento das habilidades humanas necessárias para promover e desencadear ações coletivas de mudança social. Os elementos teóricos e práticos presentes no Projeto Político-Pedagógico das LEdoCs que garantem relevante carga horária destinada a componentes curriculares como economia política, história, filosofia, sociologia, antropologia, entre outros, bem como a presença de diversificados tempos educativos destinados à promoção de vivências de processos que contribuam com a formação de valores humanistas e emancipatórios, explicitam a execução de uma matriz ampliada de formação que vem se materializando nos cursos acompanhados pelas pesquisas que vimos desenvolvendo pelo Observatório da Educação da Capes.

Nas pesquisas feitas com e sobre os egressos da LEdoC (Molina, 2014, 2015; Molina, Hage, 2016; Brito; Molina, 2017), os dados apontam para sua incorporação nas escolas do campo nas quais vêm atuando não só como docentes, mas também como gestores e diretores. Porém, é uma incorporação que não se faz sem conflitos e tensões, pois chegam às escolas com esperanças e expectativas de desenvolver práticas pedagógicas bem distantes das hegemonicamente vigentes. Há ainda que se ressaltar que a absorção dos egressos não é maior em função da própria precariedade da rede pública no campo, na qual há flagrante ausência do Estado na garantia do direito à educação aos camponeses, especialmente em se tratando da oferta dos anos finais do ensino fundamental e médio, conforme dados anteriormente apresentados. A inserção nas redes tem se dado de forma precarizada por meio de contratos temporários, pois raros são os concursos para ampliação da rede pública no território rural. Além da atuação nas próprias escolas do campo, os egressos da LEdoC têm trabalhado como educadores em várias políticas públicas para os sujeitos camponeses, como o Programa Projovem Campo Saberes da Terra e o Programa Nacional de Educação na Reforma Agrária, conforme demonstram os trabalhos de Santos (2017), Xavier (2016), Machado (2014) e Pereira (2014).

Ainda que feita de maneira precarizada, a inserção dos egressos nas redes e nas políticas públicas nos casos analisados pelas dissertações e teses desenvolvidas pelo Observatório da Educação tem apresentado indícios de mudança a partir da implantação de outras lógicas para a Organização Escolar e para o Trabalho Pedagógico em algumas escolas do campo, conduzidas pelos educadores formados nas LEdoCs e nos cursos de especialização a elas articuladas.

Entre esses indícios estão alguns dos principais elementos propostos como necessários à transformação da forma escolar atual, entre os quais se destacam: o esforço para desencadear e promover nas escolas do campo novas estratégias de organização dos planos de ensino, tendo como meta prioritária promover o diálogo entre os conteúdos científicos a serem ensinados em cada série/ciclo e os contextos socioterritoriais dos educandos, além da ampliação de sua compreensão dos conflitos e tensões presentes nesses territórios. Também têm sido recorrentes os esforços de egressos em tentar promover espaços de auto-organização dos estudantes das escolas do campo onde estão inseridos, a partir das experiências de organicidade vivenciadas nos cursos, bem como em promover trabalhos de integração da comunidade do entorno da escola em ações e experiências nelas desenvolvidas.

Os indícios encontrados de transformação da forma escolar atual apontam que um dos importantes objetivos das LEdoCs tem sido alcançado, propiciado pela lógica que conduz à sua matriz formativa. É parte intrínseca dessa matriz a compreensão de que a função docente não é só a socialização dos conhecimentos científicos de determinada área com os educandos, mas a localização dos mesmos conhecimentos no contexto sócio-histórico no qual eles vivem, a partir de uma percepção crítica de sua própria realidade e das possibilidades coletivas de intervenção sobre ela, no sentido de sua transformação.

Para os desafios formativos que se colocaram tanto as LEdoCs quanto os processos de formação continuada a elas vinculados, de contribuir com a transformação da forma escolar atual, o sentido dessa ação pedagógica está em ressignificar parte dos processos de produção e socialização do conhecimento científico nas escolas do campo. Para que a escola do campo possa exercer sua tarefa de contribuir com o campesinato na resistência à desterritorialização, é imprescindível que os conhecimentos científicos socializados pela escola façam sentido para os educandos, que contribuam de fato para ampliar sua compreensão da realidade em que vivem e dos caminhos necessários à superação das contradições nela presentes. Não basta "depositar conteúdos" na cabeça dos alunos, seguindo a sequência do livro didático, apresentando tais conteúdos de forma fragmentada, descontextualizada, sem ligação com os fenômenos da realidade, como se tivessem sido produzidos de uma maneira a-histórica.

Desenvolver nos educadores em formação a percepção de que todo conhecimento também é um produto histórico e social, e que se faz necessário contextualizá-lo, contribui para cultivar neles outra concepção de ciência: não como algo abstrato e inatingível, mas como uma ferramenta que deve estar a serviço da melhoria de vida da humanidade. Formar educadores que queiram contribuir com o desenvolvimento de seus educandos, que se preocupem em construir estratégias que os envolvam nos processos de aprendizagem e valorizando os seus saberes para agregar-lhes conhecimentos científicos é parte da estratégia formativa da Educação do Campo.

As LEdoCs vêm ofertando outra relevante contribuição às políticas de formação de educadores ao promover ações que têm ressignificado a relação entre educação básica e educação superior, promovendo novas formas de articulação entre ambas. A oferta dessa licenciatura em alternância propicia e favorece tal articulação, visto serem partes integrantes do currículo da LEdoC as atividades que ocorrem nos territórios de origem dos educadores em formação no curso, no chamado TC.

Essas atividades têm propiciado uma intensa articulação entre educação básica e educação superior, propiciada pela recorrência dessa relação nas licenciaturas, provocando a ressignificação na relação entre educação superior e educação básica, em que tradicionalmente se verifica certo uso da segunda pela primeira, em razão de projetos de pesquisa que pouco retorno dão às escolas básicas. A presença dos educadores em formação nas LEdoCs nas escolas do campo nos períodos dos estágios e inserção no TC e sua presença no Tempo Universidade têm contribuído sobremaneira para a mudança desse tradicional padrão de relação.

As ações de acompanhamento do TC, nos quais os docentes das universidades vão às escolas do campo, têm viabilizado processos de formação continuada ao conjunto de educadores dessas escolas que, mesmo não estando nas licenciaturas, participam das ações de formação realizadas. Tais ações são efetivadas não só pelo próprio corpo docente das LEdoCs, mas também pelas ações dos projetos que se desenvolvem integrados a esses cursos, tais como o Pibid Diversidade, o Programa de Educação Tutorial (PET), o próprio Observatório da Educação do Campo, entre outros, conforme relatos de pesquisa apresentados no livro *Letramentos múltiplos e interdisciplinaridade na Licenciatura em Educação do Campo* (SOUZA et al.; 2016). Os protagonistas dos textos desse livro são os próprios egressos da LEdoC, relatando suas experiências como educadores atuando nas escolas das áreas de reforma agrária, nos quilombos, nas áreas de agricultura familiar tradicional, refletindo criticamente sobre suas próprias realidades e sobre as práticas educativas desenvolvidas nessas escolas com o conjunto de docentes que nelas atuam em diferentes áreas do conhecimento, a partir dos trabalhos de ensino, pesquisa e extensão desenvolvidos nos cursos.

Essas práticas analisadas têm mostrado que as ações formativas postas em curso pelas LEdoCs vêm conseguindo avançar não só no sentido de promover a contextualização dos conteúdos, mas, muito mais que isso, de articular de fato teoria e prática, "integrando em uma mesma totalidade de trabalho pedagógico não somente disciplinas ou conteúdos entre si", mas principalmente "articulando estudo e práticas sociais, fundamentalmente práticas de trabalho e de organização coletiva dos estudantes, totalidade inserida na luta pela criação de novas relações sociais na formação *omnilateral* dos trabalhadores que lhe corresponde" (CALDART, 2010).

Por esse motivo, as LEdoCs trazem para o processo pedagógico as questões norteadoras da própria Educação do Campo (reforma agrária, agroecologia e soberania alimentar) como temas principais da realidade que é objeto de estudo e de profissionalização, e explicitam a partir deles os fundamentos teóricos principais e modos de conhecer que são próprios do conhecimento científico. Trata-se, portanto, de um trabalho de ruptura do paradigma predominante no ensino e na pesquisa, que considera a realidade como exemplo ilustrativo da ciência. No caso da formação do educador do campo, ao contrário, trata-se de colocar a realidade como centro em torno do qual as ciências e outras formas de conhecimento se articulam, para que a realidade possa ser não apenas compreendida e analisada, mas também transformada. Todo o trabalho centra-se no princípio das práxis como modo de conhecimento que articula em um mesmo movimento teoria e prática, conhecimento e realidade (MOLINA; SÁ, 2011).

Considera-se, portanto, como relevante contribuição das LEdoCs a formatação de um projeto político-pedagógico que tem sido capaz de contribuir com a formação de um educador do campo diferenciado, que compreende as necessidades de transformação da forma escolar como elemento potencializador da transformação dos pilares estruturantes da sociedade capitalista. Essa experiência de formação docente, ao reafirmar a necessidade de uma matriz alargada de formação, contribui sobremaneira com o conjunto das políticas de formação de educadores ao recuperar o ideal da formação de "educadores como sujeitos sócio-históricos capazes de promover a formação de nossa juventude, numa perspectiva crítica e emancipatória" (FREITAS, 1999, p. 30), enfrentando não só o ataque à educação pública no país, como também a disputa contra a padronização das políticas de formação.

Referências

ANTUNES-ROCHA, M. I.; MARTINS, A. A. (Orgs.). *Educação do campo*: desafios para a formação de professores. Belo Horizonte: Autêntica, 2010.

ARROYO, M. Políticas de formação de educadores(as) do campo. *Caderno Cedes*, Campinas: Unicamp, v. 27, n. 72, maio/ago. 2007.

BRASIL. Ministério da Educação. *Decreto n. 7.352, de 4 de dezembro de 2010.* Dispõe sobre a Política Nacional de Educação do Campo e o Pronera. Brasília, 2010.

BRASIL. Ministério da Educação. Câmara de Educação Básica. *Resolução n. 1, 3 de abril de 2002.* Diretrizes Operacionais para Educação Básica nas Escolas do Campo. Brasília, 2002.

BRITO, M. M. B.; MOLINA, M. C. Educação superior do campo e a questão agrária: o discurso e a prática social dos egressos do curso de Licenciatura em Educação do Campo. In: XXV SEMINÁRIO DA REDE UNIVERSITAS. *Anais do Evento* – 17 a 19 de maio de 2017. Universidade de Brasília. Disponível em: <http://www.redeuniversitas. com.br/2017/05/confira-os-anais-do-xxv-seminario-da.html>. Acesso em: 27 ago. 2019.

CALDART, R. S. Desafios à transformação da forma escolar. In:_____ et al. (Orgs.). *Caminhos para a transformação da escola 1: reflexões desde práticas da Licenciatura em Educação do Campo*. São Paulo: Expressão Popular, 2010.

CALDART, R. S. Intencionalidades na formação de educadores do campo: reflexões desde a experiência do curso Pedagogia da Terra da Via Campesina. *Cadernos do ITERRA*, Veranópolis, ano VII, n. 11, p. 9-52, maio 2007.

CALDART, R. S. Pedagogia do movimento e complexos de estudo. In: SAPELLI, M.; FREITAS, L. C. (Orgs.). *Caminhos para a transformação da escola 3: organização do trabalho pedagógico nas escolas do campo – ensaios sobre complexo de estudo*. São Paulo: Expressão Popular, 2015b.

CALDART, R. S. Seminário sobre a forma de organização do plano de estudos, educação politécnica e agricultura camponesa. In:_____; STÉDILE, M. E.; DAROS, D. *Caminhos para a transformação da escola 2: agricultura camponesa, educação politécnica e escolas do campo*. São Paulo: Expressão Popular, 2015a.

DIAS SOBRINHO, J. Democratização, qualidade e crise da educação superior: faces da exclusão e limites da inclusão. *Educação & Sociedade*, v. 31, n. 113, Campinas, out.-dez. 2010.

FREIRE, P. *Pedagogia do oprimido*. 17. ed. Rio de Janeiro: Paz e Terra, 1987.

FREITAS, H. C. L. A reforma do ensino superior no campo da formação dos profissionais da educação básica: as políticas educacionais e o movimento dos educadores. *Educação & Sociedade*, Campinas, v. 20, n. 68, p. 17-43, dez. 1999.

FREITAS, L. C. A Escola Única do Trabalho: explorando os caminhos de sua construção. In: CALDART, R. S. (Org.). *Caminhos para a transformação da escola 1: reflexões desde práticas da Licenciatura em Educação do Campo*. São Paulo: Expressão Popular, 2010. p. 155-178.

FREITAS, L. C. A luta por uma pedagogia do meio: revisitando o conceito. In: PISTRAK, M. M. *A escola-comuna*. São Paulo: Expressão Popular, 2009.

FREITAS, L. C. *Crítica da organização do trabalho pedagógico e da didática*. Campinas: Papirus, 1995.

FREITAS, L. C. Neotecnicismo e formação do educador. In: ALVES, N. (Org.). *Formação de professores: pensar e fazer*. São Paulo: Cortez. 2011. p. 95-108.

FREITAS, L. C. Os reformadores empresariais da educação: da desmoralização do magistério à destruição do sistema público de educação. *Educação & Sociedade*, Campinas, v. 33, n. 119, p. 379-404, 2012.

FREITAS, L. C. Os reformadores empresariais da educação e a disputa pelo controle do processo pedagógico na escola. *Educação & Sociedade*, Campinas, v. 35, n. 129, p. 1085-1114, out./dez. 2014.

FRIGOTTO, G. Interdisciplinaridade como necessidade e como problema nas ciências sociais. *Revista do Centro de Educação e Letras*, v. 10, n. 1, p. 41-62, 2008.

MACHADO, C. S. *Formação de educadores e a construção da escola do campo: um estudo sobre a prática educativa no Colégio Estadual Vale da Esperança – Formosa/GO*. Brasília: UnB, 2014. Dissertação (Mestrado em Educação) – Universidade de Brasília, Brasília 2014.

MASSON, G. A importância dos fundamentos ontológicos nas pesquisas sobre políticas educacionais: contribuições do materialismo histórico dialético. In: SOUZA, J. V. (Org.). *O método dialético na pesquisa em educação*. Campinas: Autores Associados, 2014.

MICHELOTTI, F. Resistência camponesa e agroecologia. In: MOLINA, M. C. *et al*. (Orgs.). *Práticas contra-hegemônicas na formação dos professores das ciências agrárias: reflexões sobre agroecologia e Educação do Campo nos cursos do Pronera*. Brasília: NEAD, 2014. p. 60-87.

MOLINA, M. C. Análises de práticas contra-hegemônicas na formação de educadores: reflexões a partir do curso de Licenciatura em Educação do Campo. In: SOUZA, José Vieira (Org.). *O método dialético na pesquisa em educação*. Campinas: Autores Associados, 2014.

MOLINA, M. C. *Contribuições do Pronera na construção de políticas públicas de Educação do Campo e desenvolvimento sustentável*. Brasília: UnB, 2003. Tese (Doutorado em Desenvolvimento Sustentável) – Centro de Desenvolvimento Sustentável, Universidade de Brasília, 2003.

MOLINA, M. C. Expansão das Licenciaturas em Educação do Campo: desafios e potencialidades. *Educar em Revista*, v. 55, p. 145-166, 2015.

MOLINA, M. C.; HAGE, S. M. Política de formação de educadores do campo no contexto da expansão da educação superior. *Revista Educação em Questão*, Natal, v. 51, n. 37, p. 121-146, jan./abr. 2015.

MOLINA, M. C.; HAGE, S. M. Riscos e potencialidades na expansão dos cursos de Licenciatura em Educação do Campo. *Revista Brasileira de Política e Administração da Educação*, v. 32, n. 3, p. 805-828, set./dez. 2016.

MOLINA, M. C.; MONTENEGRO, J. L. A.; OLIVEIRA, L. L. N. A. Das desigualdades aos direitos: a exigência de políticas afirmativas para a promoção da equidade educacional no campo. *Raízes*, Campina Grande, v. 28-29, n. 1-2 p. 174-190, jan. 2009/jun. 2010.

MOLINA, M. C.; SÁ, L. M. A Licenciatura em Educação do Campo da Universidade de Brasília: estratégias político-pedagógicas na formação de educadores do campo. In: MOLINA, M. C.; SÁ, L. M. (Orgs.). *Registros e reflexões a partir das experiências-piloto (UFMG, UnB, UFBA e UFS)*. Belo Horizonte: Autêntica, 2011, p. 35-62.

MOLINA, M. C.; SÁ, L. M. Escola do Campo. In: CALDART, R. S. *et al*. (Orgs.). *Dicionário da Educação do Campo*. Rio de Janeiro: EPSJV; São Paulo: Expressão Popular, 2012.

OLIVEIRA, A. U. A mundialização da agricultura brasileira. In: COLÓQUIO INTERNACIONAL DE GEOCRÍTICA, 12., 2012. Disponível em: <http://www.ub.edu/geocrit/coloquio2012/actas/14-A-Oliveira.pdf>. Acesso em: 9 jan. 2019.

PEREIRA, M. L. *As contribuições da Licenciatura em Educação do Campo da UnB na transformação das relações de gênero no Assentamento Virgilândia – GO*. Brasília: UnB, 2014. Dissertação (Mestrado em Educação) –Universidade de Brasília, Brasília, 2014.

PISTRAK, M. M. *A escola-comuna*. São Paulo: Expressão Popular, 2009.

SANTOS, E. M. *Contribuições da Licenciatura em Educação do Campo da UnB para práticas educativas contra-hegemônicas na experiência do ProJovem Campo Saberes da Terra do Distrito Federal.* Brasília: UnB, 2017. Dissertação (Mestrado em Educação) – Universidade de Brasília, Brasília, 2017.

SILVA, K. A. C. P. C. Políticas públicas na formação de professores e a relação teoria e prática: um debate com Gramsci. In: CUNHA, C.; SOUSA, J. V.; SILVA, M. A. (Orgs.). *Avaliação de políticas públicas de educação.* Brasília: Liber Livro, 2012. p. 262-350.

SILVA, K. A. C. P. C. Universidade e escola de educação básica: lugares formativos possibilitando a valorização do profissional da educação. In: CUNHA, C.; SOUSA, J. V.; SILVA, M. A. (Orgs.). *Universidade e educação básica-políticas e articulações possíveis.* Brasília: Liber Livro, 2012. p. 200-212.

SOUSA NETO. A aula. *GEOGRAFARES,* Vitória, n. 2, jun. 2001.

SOUZA, R.; MOLINA, M. C.; ARAÚJO, A. C. (Orgs.). Letramentos múltiplos e interdisciplinaridade na Licenciatura em Educação do Campo. *Decanato de Extensão,* Brasília: UnB, 2016.

TONET, I. Educar para a cidadania ou para a liberdade? *Revista Perspectiva,* v. 23, n. 2, p. 469-484, jul./dez. 2005.

XAVIER, P. H. *Matrizes formativas e organização pedagógica: contradições na transição da escola rural para escola do campo.* Brasília: UnB, 2016. Dissertação (Mestrado em Educação) – Universidade de Brasília, Brasília, 2016.

CAPÍTULO 12

Licenciatura em Educação do Campo na UFMG: da luta à institucionalidade – que caminhos estamos construindo?

Maria Isabel Antunes-Rocha

Este texto foi produzido a partir da palestra realizada na mesa-redonda: A Educação do Campo e sua Institucionalidade. A professora Mônica Castagna Molina e a professora Socorro Silva me antecederam e ambas abordaram o histórico, princípios e conceitos da Educação do Campo como uma matriz que vem referenciando a luta por políticas públicas, pela construção de um conhecimento capaz de orientar a organização do trabalho pedagógico nas escolas e principalmente se constituindo como um paradigma com potencial para se tornar uma abordagem consistente em termos teóricos e metodológicos na área educacional. Com este ponto de partida, considerei como relevante trazer a experiência do curso de Licenciatura em Educação do Campo desenvolvido na Universidade Federal de Minas Gerais (UFMG).

Então, ao falar da prática da qual participo desde os momentos iniciais de sua criação, fico na expectativa de trazer para o debate os desafios e possibilidades para materializar os princípios e conceitos da Educação do Campo. Ao colocar, no título, Licenciatura em Educação do Campo (Lecampo) – da luta à institucionalidade: que caminhos estamos construindo?, quero deixar marcado o fato de estarmos em movimento. Já vivenciamos tantas coisas, conquistamos outras tantas e ainda há muito por fazer. Mas o principal argumento desta reflexão é que temos mantido o curso a partir da afirmação de dois princípios: a) luta contínua pelo protagonismo dos sujeitos coletivos do campo e dos estudantes; b) preocupação em organizar um trabalho pedagógico

217

que faça dialogar o projeto formativo com um projeto de escola e de campo numa perspectiva emancipatória.

Vou iniciar falando deste território, que é a Faculdade de Educação (FaE). Como esta demanda chega aqui. Esta faculdade, desde sua criação em 1969, ocupou-se com a educação rural. Por aqui tivemos um expressivo número de dissertações e teses, cursos de extensão, de produção de material didático, participação na formulação de políticas públicas, seminários, entre outros. Vale ressaltar o envolvimento em projetos em parceria com órgãos públicos para formação inicial e continuada de professores que, naquele momento histórico, eram considerados como leigos. Um volume expressivo de produção marcou presença até cerca de 1988. A partir daí a produção diminuiu, mas marcava presença, principalmente na pós-graduação. Foi o tempo em que a Academia passa a considerar a educação rural como questão resolvida, visto que a diminuição da população campesina e consequentemente, suas práticas de trabalho e modos de vida, era considerada como um fato inexorável (ANTUNES-ROCHA, 1998). Mesmo com as dificuldades para pautar o tema, consideramos que muitos obstáculos foram superados a partir da trajetória histórica da FaE no que diz respeito à educação rural. De certa forma, a preocupação com o campo não era um tema novo na instituição.

Em 1996 alguns professores da FaE retomam a discussão da educação rural, e quase em seguida envolvem-se com os debates sobre a Educação do Campo. A participação no I Seminário Estadual da Educação do Campo em Minas Gerais possibilitou a apresentação de dados produzidos a partir de uma pesquisa que buscava levantar a situação das escolas rurais em Minas Gerais (ANTUNES-ROCHA, 1999). Na sequência, o envolvimento com o Programa Nacional de Educação na Reforma Agrária (Pronera) levou à formulação do Projeto de Alfabetização: Ferramenta para Construção da Cidadania, em 1998. E a partir desse momento, intensifica-se uma aproximação com os movimentos sociais e sindicais por meio de reuniões, palestras, assessorias em projetos educativos desenvolvidos nos assentamentos e apoio na realização de atividades diversas. Se antes apareciam como sujeitos de pesquisa ou como beneficiários de projetos e programas, vimos a emergência de sujeitos demandantes. Essa atitude foi em um primeiro momento, pois mais à frente quero mostrar como de demandantes esses sujeitos foram se constituindo como planejadores e executores das ações.

Uma pausa para uma reflexão. Sim, o Lecampo surge em terreno fértil e já com muita experiência de semeaduras e cultivos. Em um bom número de instituições de educação superior que estão oferecendo a Licenciatura do Campo, podemos não encontrar essa história, mas é possível entender que o próprio curso pode ser o tempo e o espaço de entrada do campo como uma temática de

218 **Formação de formadores**

relevância na Academia. Atividades de pesquisa, de extensão, de ensino, eventos e publicações podem e devem surgir dessa experiência. Se a FaE se constituiu como uma sementeira para a Educação do Campo é porque constata-se uma preocupação constante com a reflexão, sistematização e socialização do que aqui é desenvolvido.

Sobre o Lecampo

Nessa caminhada, a demanda pela turma foi realizada em meados de 2004, por parte do Movimento dos Trabalhadores Rurais Sem Terra (MST). A proposta inicial era realizar um curso de pedagogia, com objetivo de formar professores para os anos iniciais do ensino fundamental com apoio do Pronera. A Faculdade constituiu um grupo de trabalho que, em conjunto com representantes do MST, iniciou a tarefa de planejar como seria a oferta. Ao longo das discussões, o curso se configurou com o objetivo de formar educadores para atuação na educação básica (anos iniciais e finais do ensino fundamental e ensino médio), em alternância, com formação por área do conhecimento (Ciências da Vida e da Natureza, Ciências Sociais e Humanidades, Línguas, Literatura e Arte e Matemática). Esses três aspectos configuravam um curso diferenciado do que já existia no país, mas naquele momento compreendíamos que era necessário ousar, criar possibilidades formativas que apontassem para novas práticas e, consequentemente, uma outra escola no campo. Vale registrar que o nome "Pedagogia da Terra" utilizado para denominar a primeira turma dizia respeito ao fato de considerarmos os aprendizados da luta pela terra como matrizes que orientavam as práticas formativas.

Assim é que em 11 de agosto de 2005, através do Parecer nº 14/2005, o Conselho Universitário da UFMG autorizou o início efetivo das atividades acadêmicas. Eram 60 estudantes, oriundos do MST, da Cáritas Diocesana, da Comissão Pastoral da Terra, do Movimento dos Pequenos Agricultores, do Movimento das Mulheres Camponesas e do Centro de Agricultura Alternativa do Norte de Minas. A estrutura e a dinâmica do currículo permitia que os ingressantes cursassem três períodos de formação básica para, na sequência, se organizar por área do conhecimento em quatro períodos. Em seguida retornavam à formação conjunta por três períodos, totalizando dez períodos em cinco anos (ANTUNES-ROCHA; MARTINS, 2009).

Aqui mais uma parada para reflexão. Assumo a ousadia de dizer que o curso só existiu porque o MST aceitou o desafio e tivemos o apoio do Pronera. Não consigo imaginar, naquela conjuntura, uma experiência com esse formato sendo desenvolvida com o apoio do Ministério da Educação (MEC). Era um curso de educação superior, com organização diferenciada dos tempos e espaços

(Tempo Escola – TE e Tempo Comunidade – TC), com processos de gestão que incluíam a participação dos movimentos sociais e que apresentava um projeto político-pedagógico explicitando a vinculação do projeto de escola com um projeto de campo e de sociedade. Costumo dizer que o Pronera é a sementeira do Programa de Apoio à Formação Superior em Licenciatura em Educação do Campo (Procampo). Isso porque foi a partir da visita do Grupo de Trabalho constituído pelo MEC para elaborar uma proposta para formação de professores que se delinearam os termos do convite para que quatro universidades federais (Universidade de Brasília, Universidade Federal de Sergipe e Universidade Federal da Bahia) ofertassem uma experiência-piloto.

As instituições foram indicadas em consequência do acúmulo acadêmico demonstrado com base nos critérios de experiência em formação de educadores do campo e/ou experiências com implementação da licenciatura por área de conhecimento e/ou experiência em gestão compartilhada com os sujeitos do campo e suas representações. A única alteração foi referente à habilitação, pois o curso proposto pelo MEC excluía a possibilidade de o egresso atuar nos anos iniciais do ensino fundamental. Naquele momento era o mais estratégico, pois seria mais difícil negociar no âmbito da instituição uma proposta de formação em um contexto onde as diretrizes do curso de pedagogia estavam recém-aprovadas. Propor um curso que envolvesse a habilitação para a educação básica dificultaria as negociações. Como participante na construção dessa história, quero registrar que foi a Rosely Salete Caldart, do MST, quem propôs que o nome do curso fosse Licenciatura em Educação do Campo.

Assim é que em 2008 iniciamos a turma com apoio do MEC, por intermédio da Secretaria de Educação Superior (SESU) e da Secretaria de Educação Continuada, Alfabetização, Diversidade e Inclusão (SECADI). Vale ressaltar que uma das referências adotadas para elaborar o projeto-piloto foi a experiência em desenvolvimento com a Turma 2005. Na FaE-UFMG o projeto foi discutido e elaborado em parceria com 12 movimentos sociais, três secretarias municipais de educação e com a Empresa Mineira de Assistência Técnica e Extensão Rural. Foram aprovados, no processo seletivo, estudantes integrantes da Associação Mineira das Escolas Família Agrícola, do Movimento dos Trabalhadores Rurais Sem Terra, do Centro de Agricultura Alternativa do Norte de Minas Gerais, da Federação dos Trabalhadores na Agricultura do Estado de Minas Gerais, do Centro de Agroecologia do Vale do Rio Doce, da Federação dos Trabalhadores na Agricultura Familiar, do Movimento dos Pequenos Agricultores, professores da Rede Municipal de Francisco Sá, da Rede Municipal de Miradouro, da Rede Municipal de São João das Missões e da Rede Municipal de Almenara e do grupo técnico da Empresa Mineira de Assistência Técnica e Extensão Rural. O Curso contou com a participação de 73 estudantes, com duração de quatro anos com habilitação para a docência por área do conhecimento nos anos finais do ensino fundamental e no ensino médio (Antunes-Rocha; Diniz-Menezes; Oliveira, 2011).

Essa foi, sem dúvida, uma experiência desafiadora. Organizar um processo de gestão compartilhada com 13 organizações sociais, com princípios e práticas diferenciadas, remeteu-nos à constante necessidade de reflexão cotidiana do que estava sendo desenvolvido. Um dos estudantes elegeu como tema da monografia o processo de construção da organicidade da turma. Nesse trabalho, ele relata que:

> [...] um dos fatores que contribuiu com a vivência do coletivo foi quando cada pessoa/movimento compreendeu que ali estavam reunidas várias ideologias com um só objetivo. Eram movimentos sociais, organizações não governamentais, movimento sindical, prefeituras e empresa de assistência técnica que tinham a missão de construir algo maior que os princípios de um ou de outro, ou seja, a Educação do Campo. Esta foi a que possibilitou a união e a construção coletiva desse grupo (Viana, 2011, p. 64).

Em 2009, com o apoio do Programa de Reestruturação e Expansão das Universidades Federais (REUNI), surge a possibilidade de apresentar o Lecampo como um curso a ser implantado como regular na universidade. Foi necessária uma intensa mobilização interna para garantir a aprovação. Isso porque as duas turmas anteriores (2005 e 2008) eram cursos especiais, e a transformação em curso regular demandou negociações e debates em torno de variados temas relevantes aos sujeitos e ao contexto campesino. Sendo assim, passou o Lecampo se estruturar com uma entrada anual de 35 alunos, habilitando professores para a docência num currículo organizado por áreas do conhecimento: Ciências Sociais e Humanidades, Letras e Artes, Ciências da Vida e da Natureza e Matemática.

O curso se organiza em tempos e espaços diferenciados. São 3.070 horas de formação, com duração de quatro anos. A oferta das habilitações não é simultânea, isto é, a cada ano é ofertada uma área. Como curso regular, sua organização curricular tem previsão de formação complementar e livre, isto é, o estudante pode optar por um adensamento em sua formação em qualquer outro curso da Universidade, bem como apresentar cargas horárias de cursos, congressos e seminários realizados fora do âmbito universitário para compor o histórico escolar.

Essas três experiências formativas (os dois cursos ofertados como especiais e o curso regular) apresentam eixos estruturantes comuns; formação por alternância; organização dos conteúdos por área de conhecimento e gestão democrática. A organização dos tempos e espaços formativos em alternância – TE realizado na UFMG e Tempo Comunidade realizado nos locais de moradia e/ou de trabalho. Os estudantes permanecem na universidade por 30 dias no início do semestre e realizam atividades por aproximadamente 100 dias no tempo comunidade.

A organização dos conteúdos por área do conhecimento – Ciências Sociais e Humanidades; Ciências da Vida e da Natureza; Línguas, Artes e literatura; Matemática – confere ao egresso uma habilitação com potencial de atuação interdisciplinar.

A estrutura de gestão é formada por Coordenação Geral, Colegiado, Coordenação de Área do Conhecimento, Organicidade dos Estudantes e Comissão Interinstitucional – composta por representantes de movimentos sociais e sindicais, organizações governamentais e não governamentais, com função de atuar como consultora do projeto junto à universidade.

Aqui vale ressaltar a organicidade dos estudantes. São os movimentos sociais e sindicais do campo em luta pela terra que trazem para a universidade a experiência da organicidade (ROSENO, 2010). No Lecampo, a organicidade chegou com as primeiras turmas iniciadas em 2004 e 2008:

> [...] desde a proposta de criação do curso, iniciado pelo MST e depois juntamente com outros Movimentos, reivindicou-se que o curso tivesse uma gestão compartilhada entre os parceiros na relação da teoria com a prática. [...] Assim, desde o início os Sujeito-Educandos se organizaram em torno de uma proposta de gestão que atendesse as demandas e que se alinhasse ao modo de gerir dos próprios Movimentos (ROSENO, 2010, p. 125).

Quando o curso se tornou regular, a partir de 2009, a organicidade foi apropriada como uma prática curricular. Sendo assim, a organicidade passa a ser desenvolvida no âmbito da disciplina Processos de Ensino Aprendizagem.

Figura 12.1 – O processo da organicidade das turmas do Lecampo

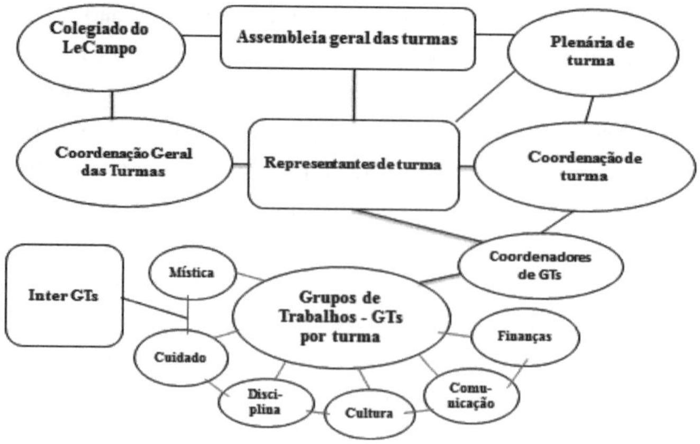

Fonte: Elaborado pela autora

No que diz respeito às atividades relacionadas à organicidade assumidas pelos estudantes do Lecampo, observa-se uma estrutura de Assembleias Gerais de todas as turmas quando estas se juntam, assembleias de cada turma em particular e os Grupos de Trabalho (GTs) que se formam no âmbito das turmas. Os GTs possuem seus coordenadores eleitos entre seus pares. Os coordenadores de GTs formam um Conselho de turma. Além disso, ocorre a eleição para escolha da representação de turma. Os representantes de cada turma formam um Conselho Geral, os quais integram o Colegiado do curso. Os GTs, base de organização de cada uma das quatro turmas, correspondentes às quatro áreas de formação do Lecampo (Ciências Sociais e Humanidades, Ciências da Vida e da Natureza, Linguagem, Arte e Literatura e Matemática), emergem a partir das demandas de trabalho efetivo, em torno dos interesses coletivos dos estudantes. Esses GTs configuram-se na responsabilidade dos estudantes pelo desenvolvimento das místicas, cuidado com a saúde e o bem-estar; alimentação; hospedagem, transporte; comunicação e memória das atividades; disciplina; cultura e lazer; finanças, entre outros, conforme a necessidade. A experiência está sugerindo a duração de um ano para o funcionamento da composição do grupo para que cada educando possa vivenciar outros temas, através do rodízio em outros GTs. Assim, a coordenação eleita para os GTs e a representação das turmas são orientadas para o mandato de um ano, visando à alternância no poder. Os inter-GTs são uma das possibilidades para potencializar a organicidade, favorecer o planejamento das ações. Por exemplo, os GTs de Mística (cada turma possui o seu) reúnem-se para planejar as místicas, quem assume em cada semana ou dia, se juntos ou cada um em particular, cronograma, temáticas, entre outros.

A Plenária de Turma consiste em pelo menos uma reunião a cada uma das cinco semanas do Tempo Escola. As assembleias gerais das turmas acontecem em três momentos, sendo uma no início, outra no meio e outra no final, podendo ocorrer mais vezes, havendo necessidade. É um espaço de decisões que ocorrem sempre a partir de discussões que, metodologicamente, começaram nos GTs, passam pelas plenárias de cada turma e são socializadas e sintetizadas na assembleia geral, instância máxima de debates e formulações de ideias e propostas para o funcionamento do Lecampo.

O Conselho Geral das Turmas mantém uma agenda de reuniões, conforme a necessidade de cada Tempo Escola. O Colegiado, instância institucional do curso perante a universidade, conta com a participação do representante de cada turma e se reúne uma vez no Tempo Escola e outra o Tempo Comunidade. Todas essas instâncias de participação são fundamentais para o compartilhamento do funcionamento geral do curso, incluindo aí seus aspectos pedagógicos, administrativos e econômicos.

Nas avaliações processuais, os estudantes participaram emitindo opiniões sobre aspectos do funcionamento do curso. Observa-se, neste ponto, um avanço com o enfoque mais substantivo nos conteúdos, metodologias das áreas de conhecimento, nos materiais e recursos didáticos, entre outros, sendo que os aspectos de logística como o transporte, alimentação, hospedagem, antes recorrentes nas assembleias gerais, que demandavam intervenções de parte da coordenação do curso, passaram a ser resolvidas nos coletivos dos próprios estudantes.

Nos trabalhos realizados no Tempo Comunidade, percebe-se que os discentes se reportaram às reflexões e práticas sobre a organicidade desenvolvidas no Tempo Escola, afirmando que elas lhes ajudaram a observar práticas de organicidade nas pesquisas empíricas realizadas em grupos organizados de suas comunidades, bem como lhes deu inspiração e bases para participação e engajamento nesses grupos.

A organicidade vem se constituindo em um dos princípios fundamentais da Educação do Campo, consequentemente, das Licenciaturas em Educação do Campo, por isso, ela se faz necessária para potencializar os processos de formação docente e da construção de uma pedagogia social, visando aos processos da educação escolar e do seu entorno. Ela se apresenta como uma das possibilidades de superação das práticas sociopedagógicas ancoradas em um líder autoritário, paternalista, assistencialista, carismático ou bonzinho, visto que esse formato não contribui para uma aprendizagem por parte de todos os envolvidos e que as decisões se centralizam nas lideranças. Por outro lado, um grupo sem liderança, que não se organiza para as lutas, favorece a individualização e o enfraquecimento dos vínculos grupais. A história das lutas populares demonstra que a forma de organização que os trabalhadores do campo constroem permite um avanço considerável em termos de conquistas, bem como sinalizam para a formulação do conceito de sujeito coletivo (MOLINA, 2009).

A organicidade é, portanto, um referencial que indica a um grupo um modelo de organização baseado em princípios que valorizam a participação individual, em pequenos grupos, em médios grupos e em plenárias. A divisão e o rodízio de tarefas, a colaboração e a ajuda mútua, a disciplina em termos do cumprimento de horários e atividades, o cuidado de uns com relação aos outros, partilha de poderes e saberes, entre outros aspectos, são considerados como estruturantes para uma ação coletiva que tem a organicidade como referência.

Nesse formato, já temos dez turmas de ingressantes, com seis turmas concluintes. De maneira geral os estudantes são oriundos das regiões Norte de Minas, Vale do Jequitinhonha, Vale do Mucuri, Vale do Rio Doce, Zona da Mata, Sul de Minas, Noroeste e Campo das Vertentes. Na Figura 1 é possível observar a concentração nas regiões onde encontramos os maiores índices de pobreza, de concentração de terras e também a presença de movimentos sociais e sindicais em luta por terra e por direitos.

Figura 12.2 – Territórios de origem dos estudantes do Lecampo

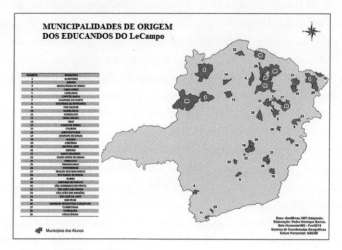

Fonte: Secretaria do Lecampo 2016

Algumas considerações sobre o Lecampo em sua luta pela institucionalidade

Em sua luta pela institucionalidade, o Lecampo vivencia um conjunto de desafios. Isso porque não se trata somente de institucionalizar uma experiência, mas de criar condições para que nesse processo não se percam os princípios e práticas que estruturam o curso e o vinculam à matriz teórica, política e metodológica da Educação do Campo. A ordem em que essas reflexões aparecem no texto não significa maior ou menor importância, pois todas estão articuladas entre si e compõem o todo, que é o curso em suas infinitas tessituras vinculadas aos sujeitos e ao contexto campesino.

Podemos iniciar abordando o tema do financiamento. O Lecampo não se estruturou a partir do Edital 2012 publicado Procampo, e sim com apoio do REUNI. Esse fato cria uma situação diferenciada para o curso, pois não se obteve apoio financeiro suficiente para garantir sua especificidade. Seria necessário o apoio diferenciado do Procampo para garantir o acesso e a permanência dos estudantes no Tempo Escola, bem como a realização das atividades de acompanhamento do Tempo Comunidade. O fato de estarmos na matriz orçamentária coloca o curso na lógica do Fator 1, indicador utilizado pelo MEC para definir o volume de recursos para os cursos de graduação. Ocorre que esse é o fator que incide menor valor, o que inviabiliza a efetivação do curso em sua especificidade.

Esse é um tema sobre o qual temos envidado esforços para encontrar caminhos. Mas não tem sido fácil. Ampliar o fator para aproximar dos custos de um curso com especificidades formativas, como os da área da saúde ou da agronomia, seria uma das possibilidades. Até o momento a alternativa para os estudantes tem sido garantir o apoio para a realização das atividades no Tempo Comunidade por meio do apoio do Procampo até 2016. Desde então os estudantes contam com apoio do Programa de Educação Tutorial (PET), o Programa Institucional de Bolsas de Iniciação à Docência (Pibid) e algumas bolsas de extensão e pesquisa. A partir de 2017 a Reitoria da UFMG, por meio da Pró-Reitoria de Assuntos Estudantis, vem envidando esforços para garantir recursos para o transporte, estadia e alimentação durante o Tempo Escola. Mas esta é também uma situação temporária, tendo em vista as dificuldades orçamentárias que as universidades públicas estão vivenciando nos últimos anos. Mas, por mais importante que seja a garantia do Tempo Escola, estamos com dificuldade para institucionalizar as atividades do Tempo Comunidade.

O Lecampo, desde a sua primeira turma, tem como uma de suas práticas a realização dos Encontros do Tempo Comunidade, que em 2015 passa ser denominada Jornada Socioterritorial do Lecampo. O princípio da Jornada é garantir a presença de todos os estudantes em um mesmo município por um período de três a quatro dias visando não deixar que o processo formativo no Tempo Comunidade se concentre somente nas atividades isoladas de cada estudante. A escolha sobre o município é realizada de forma coletiva pelos estudantes no Tempo Escola do mês de julho. No Tempo Comunidade subsequente, cabe aos discentes que residem naquele município estabelecer contato com prefeituras, sindicatos, movimentos sociais, organizações não governamentais, entre outros, visando à construção da proposta. Em seminário no Tempo Escola, os estudantes desenvolvem estudos sobre as características (econômicas, sociais, culturais e políticas) do município escolhido para realizar a jornada.

Após exposição, são realizadas discussões e aprovação do Plano de Trabalho que será desenvolvido. No Tempo Escola de janeiro do ano seguinte, as atividades de preparação da jornada são realizadas através de encontros com os alunos como atividades das disciplinas do eixo integrador. Estabelece-se as tarefas para cada grupo de trabalho e organizam-se os preparativos necessários relativos ao deslocamento, hospedagem e alimentação. Nesse período, os professores fazem, pelo menos, duas visitas de pré-campo ao município visando efetivar a organização da proposta. Para o desenvolvimento das atividades contemplando as quatro áreas de formação, os grupos são organizados com um educando de cada área. O sentido é propiciar o diálogo entre os campos disciplinares instituídos, a partir das temáticas que cada município demanda, aliadas às questões da Educação do Campo.

É importante salientar que, para a efetivação dessas atividades na Educação do Campo, uma questão fundamental é a do financiamento – que, na atualidade, é um desafio para o Lecampo – pode se constituir em desafio para as licenciaturas implantadas a partir do edital. Isso porque, com a extinção do repasse por parte do MEC, o curso passa a receber recursos a partir do Fator 1, o que pode inviabilizar um conjunto de atividades que garantem a formação diferenciada.

Outro ponto importante diz respeito ao número e tipo de vínculo dos professores que atuam no Lecampo. Como não participamos do edital 02/2012 do Programa de Apoio à Formação Superior em Licenciatura em Educação do Campo (Procampo), não temos docentes contratados especificamente para atuar no curso. Significa dizer que o grupo que atua com as disciplinas no Tempo Escola e no Tempo Comunidade desenvolve projetos de pesquisa e extensão, orienta monografias e participa dos coletivos de luta em âmbito estadual e nacional; são educadores que também trabalham nos cursos de pedagogia e ofertam disciplinas para todas as licenciaturas da UFMG. Estão também atuando em comissões, colegiados e representações diversas relacionadas à administração. Esta é uma característica específica do Lecampo, pois as demais instituições contam com corpo docente próprio para atender as demandas do curso.

A questão relacionada à disponibilidade de docentes tem repercussão direta no formato do Lecampo. O curso oferta as quatro áreas do conhecimento. A cada ano ingressa uma turma em uma área específica. Esse desenho constitui um desafio para garantir professores de todas as áreas em um contexto onde não se tem dedicação exclusiva ao curso. Sem dúvida, este é um dos pontos críticos na gestão do Lecampo. Em síntese, temos quatro cursos que conta, como um, pois o perfil dos profissionais que atuam é diferente para cada área.

Para garantir um mínimo de condição de trabalho, temos uma coordenação para cada área e um coordenador geral do curso. Cabe à coordenação de área fazer as articulações junto aos departamentos para mobilizar docentes com interesse em atuar no Lecampo. Temos muitas dificuldades nessa tarefa, mas o ponto positivo é que vai se formando um grupo de docentes que, além de atuar no ensino, vai se envolvendo na pesquisa, na extensão e na produção acadêmica. Ao longo desses 13, podemos dizer que temos um crescente interesse por parte dos professores com relação ao Lecampo, mesmo com o desafio de conciliar com atividades em outros cursos de graduação e de pós-graduação.

Ao abordar o tema da organização docente para atuar no curso, nós nos aproximamos das questões relacionadas à gestão. E, neste ponto é importante trazer a discussão sobre a participação dos movimentos sociais e sindicais, organizações não governamentais, secretarias municipais e estaduais de educação e outras entidades nas quais se vinculam os estudantes. Na primeira e na segunda turma não houve dificuldades para compor um Colegiado Especial com representação de todas as organizações por meio das quais os educandos participavam. Na mesma perspectiva, a presença de representantes na coordenação executiva do curso garantiu uma prática com protagonismo dos sujeitos coletivos. Mas, quando o curso se torna regular, essa participação deixa de ser deliberativa para assumir uma função consultiva.

O Estatuto da UFMG não considera a participação de membros da comunidade na composição dos Colegiados de Curso. Essa decisão impacta nos processos de gestão do curso. Para garantir a condição de participação com direito a deliberação, será necessária uma mudança estatutária, o que não acontece em um prazo mínimo. Essa é uma luta que teremos que travar por meio da construção de práticas que garantam a inserção dessa condição no estatuto que deverá ser reelaborado em um futuro que ainda não está agendado. O que fazemos? Criamos, por meio de portaria, uma Comissão Interinstitucional com poder consultivo, mas que é ouvida e levada em conta pelo Colegiado, constituída com representação de um expressivo número de entidades organizadas que atuam no contexto campesino.

Mas também construímos outras estratégias para tornar a participação dos sujeitos coletivos mais substantiva. No início deste texto, dissemos que a presença dos sujeitos vinculados aos movimentos sociais e sindicais, bem como as redes públicas e comunitárias de ensino foram ganhando densidade para além de se constituírem como alunos da graduação. A realização de cursos de aperfeiçoamento, de especialização, oferta de bolsas para atuação em pesquisas, abertura da Linha Educação do Campo no mestrado profissional e a articulação com as linhas de pesquisa da pós-graduação acadêmica criou condições para a presença de egressos do Lecampo e de outros sujeitos com trajetória de luta coletiva na Faculdade de Educação. Importante dizer que esse grupo permanece na universidade durante o Tempo Comunidade dos estudantes do Lecampo, e com isso mantém a presença da identidade campesina na instituição.

Esses sujeitos, ao estarem na faculdade realizando diferentes atividades, envolvem-se com o Lecampo e com a Educação do Campo como um todo. Vamos aos poucos constituindo um coletivo que, mesmo com renovação de tempos em tempos, vai fortalecendo e possibilitando que os princípios, conceitos e práticas

228 Formação de formadores

de uma formação emancipatória sejam plantados na universidade. São sementes *crioulas* que trazem a diversidade, a diferença e a vida para o cotidiano acadêmico.

Projetos como o Escola Ativa, Saberes da Terra, Escola da Terra, avaliação do Programa Nacional do Livro Didático-Campo, Observatório da Educação do Campo e pesquisas desenvolvidas com apoio de agências de fomento possibilitam a inserção de estudantes e egressos do curso e sujeitos campesinos que atuam em escolas e/ou se formaram em outras instituições. Quase sempre procuramos desenvolver ações de extensão e pesquisa em municípios e regiões onde habitam estudantes e egressos. Esta é certamente uma estratégia com alta potência em termos da formação de redes e de geração de conhecimentos que contribuem para que o Lecampo se constitua em um território onde pulsa a vida real, com seus desafios e potencialidades.

Essa é, sem dúvida, uma ação relevante, pois no início de nossas lutas já entendíamos que não se tratava somente de garantir o ingresso e a permanência da população campesina no ambiente universitário. Era necessário garantir que esses povos construíssem ferramentas necessárias para também entrar na universidade como professores e técnicos administrativos, isto é, estarem presentes como propositores e não somente como demandantes.

E mais recentemente, estamos construindo uma "Rede de Amigos do Lecampo" que está se organizando com participação de estudantes e egressos de outros cursos, sindicatos de diferentes categorias, professores aposentados, religiosos, entre outros. Essa rede tem se constituído como um importante ponto de apoio para o curso, principalmente para os estudantes durante o Tempo Escola e o Tempo Comunidade.

Aqui vale registrar que outra ação relevante que construímos no Lecampo com relação à participação dos povos campesinos diz respeito ao envolvimento dos professores com ações de luta nos coletivos das esferas públicas (municipal, estadual e federal) e junto aos movimentos sociais, sindicais e organizações não governamentais. Procuramos participar de eventos, de comissões, de grupos de trabalho e de um conjunto de atividades vinculadas à construção da Educação do Campo como uma referência política, teórica e metodológica na área educacional. Temos uma professora que participa da Comissão de Gestão dos Conflitos Agrários em Minas Gerais, outra participa da Comissão Estadual da Educação do Campo, além de um professor da Rede Mineira da Educação do Campo, e nesta trajetória vamos tecendo redes. Dessa forma, tentamos desestruturar o discurso que a participação é uma mão de via única, isto é, trata-se de garantir somente a participação dos povos campesinos na universidade. É preciso também cuidar da participação dos profissionais da academia no contexto campesino.

A preocupação com a produção de práticas e saberes que sejam relevantes para a luta dos povos do campo nos traz também a preocupação contínua com a produção acadêmica. Essa preocupação gerou a construção da parceria com a Autêntica Editora para publicar a Coleção Caminhos da Educação do Campo, que já está no 9º volume, a parceria com a Revista *Presença Pedagógica*, onde publicamos a Seção Educação do Campo por quase uma década. E a construção do Encontro Mineiro da Educação do Campo (EMEC) que já está em sua quarta versão. Também a criação da Linha Educação do Campo no Mestrado Profissional em Educação e a articulação com as Linhas de Pesquisa da Pós-Graduação acadêmica visando garantir o ingresso de temáticas vinculadas às demandas dos povos campesinos.

Em 2017 contabilizamos 23 trabalhos de pesquisas concluídos nos últimos 15 anos, entre dissertações e teses na perspectiva da Educação do Campo. É importante também ressaltar a produção de monografias pelos estudantes do curso de graduação e dos cursos de especialização.

A preocupação com a institucionalização também passa pelas questões acadêmicas. O formato em alternância dificultava o diálogo com os sistemas de dados da UFMG que atendem à organização presencial e/ou à distância. Mas essa questão foi resolvida com uma conquista recente. Na reforma das normas da graduação, conseguimos conquistar que a alternância conste como uma das estruturas formativas. Em seu Art. 7º, as Normas Gerais de Graduação informam que:

> Os cursos e estruturas formativas serão organizados tomando como referência um dos seguintes formatos pedagógicos:
>
> I – ensino presencial: formato pedagógico no qual as atividades acadêmicas curriculares são desenvolvidas predominantemente por encontros presenciais dos estudantes com o docente ou docentes responsáveis, em horários e locais preestabelecidos.
>
> II – ensino a distância: formato pedagógico no qual a mediação didático-pedagógica nos processos de ensino aprendizagem ocorre com a utilização de meios e tecnologias de informação e comunicação que permitam a estudantes e professores desenvolver atividades educativas em lugares ou tempos diversos, com atividades presenciais obrigatórias conforme legislação vigente; e
>
> III – ensino em alternância: formato pedagógico no qual as atividades acadêmicas curriculares são desenvolvidas alternando períodos nos quais as turmas de atividades acadêmicas curriculares encontram-se reunidas em um só local e a carga horária é desenvolvida de forma concentrada e nos períodos nos quais as turmas das atividades acadêmicas curriculares encontram-se geograficamente dispersas junto a comunidades ou locais de trabalho externos a UFMG e a carga horária é disposta de forma a se compatibilizar com o regime de funcionamento próprio destes locais (UFMG, 2018).

São essas pequenas/grandes conquistas que sustentam o curso em sua construção cotidiana. Ter um sistema próprio para gerar informações específicas sobre o curso e os estudantes é um processo que garante uma institucionalização nas práticas rotineiras da instituição. A garantia que os tempos e espaços formativos vivenciados nas comunidades sejam contabilizados como crédito curricular é, sem dúvida, a consolidação de um princípio fundamental para a luta dos povos campesinos pelo direito a um projeto educativo que atenda as suas especificidades.

Em termos da luta pela institucionalidade no âmbito da UFMG, posso dizer que duas conquistas recentes se constituem como relevantes na trajetória do Lecampo: o acesso dos estudantes aos recursos das políticas de apoio estudantil gerenciadas pela universidade e a inclusão da alternância como um formato pedagógico legitimado como uma das possibilidades para organizar as atividades curriculares. São duas conquistas significativas e que geram possibilidades para encontrarmos caminhos para continuar resistindo, ainda que tenhamos tempos difíceis pela frente.

Da nossa experiência posso dizer que temos agora o desafio de fortalecer a articulação com as Licenciaturas em Educação do Campo. Desde a adesão ao convite para ofertarmos a Turma 2008, temos apoiado as universidades que ingressaram nos diferentes editais do Procampo. Não medimos esforços para estar presentes por meio de palestras, participação em bancas, envio de documentos e narrando nossa experiência. Com o Seminário de Formação, entendemos que essa estratégia se fortalece. Estamos registrando a experiência com este livro e agora é tempo de criar mecanismos para estarmos em contínua conexão. A experiência de trabalhos em conjunto já temos, pois realizamos pesquisas, cursos de formação e eventos. De lutas também. Nosso coletivo consegue se fazer presente sempre que um curso demanda algum tipo de apoio. Mas precisamos avançar para práticas que envolvem, por exemplo, intercâmbios de professores e estudantes. Enfim, fortalecer o que já temos e ampliar para novas possibilidades.

Nesta oportunidade de estar com representantes dos cursos de Licenciatura em Educação do Campo, posso dizer que o Lecampo, com todos os desafios, vem se afirmando como um curso da UFMG e contribuindo para que seus egressos ocupem as escolas. Estamos com um estudo em andamento cujos dados iniciais mostram que os egressos estão conseguindo aprovação em concursos públicos para atuarem nas escolas, estão ocupando funções de relevância em Assembleias Legislativas, Câmara de Vereadores, Prefeituras Municipais, Organizações Não Governamentais, Sindicatos e em diferentes espaços públicos e privados.

No entanto, de tudo que dissemos até aqui fica uma aprendizagem. Nossa institucionalidade é para além da Academia. Seremos fortes e duradouros se conseguirmos articular com os sujeitos e o contexto campesino. A Licenciatura em Educação do Campo se constitui em um intenso diálogo com a instituição UFMG e com os sujeitos campesinos, principalmente com as organizações sociais que os representam. Por isso, ouvir de um egresso: "Sou um Camponês-Professor"[1] coloca para o Lecampo o desafio de manter-se como um curso camponês de graduação para formação de educadores do campo.

Referências

ANTUNES-ROCHA, M. I. A construção histórica da escola no meio rural em Minas Gerais. In: ENCONTRO ESTADUAL POR UMA EDUCAÇÃO BÁSICA DO CAMPO, 1., 1999, Belo Horizonte. *Cadernos...* Belo Horizonte: CEDEFES, 1999. v. 1, p. 5-12.

ANTUNES-ROCHA, M. I. Fixar o homem no campo: o paradoxo da escola pensada para o meio rural. In: ENCONTRO DE PESQUISA DA FACULDADE DE EDUCAÇÃO DA UFMG, 5., 1998, Belo Horizonte. *Anais...* Belo Horizonte: FaE-UFMG, 1998. v. 1, p. 310-318.

ANTUNES-ROCHA, M. I.; DINIZ, L. S.; OLIVEIRA, A. M. Percurso formativo da Turma Dom José Mauro: segunda turma do curso de Licenciatura em Educação do Campo da FaE-UFMG. In: MOLINA, Mônica Castagna; SÁ, Laís Mourão. (Orgs.). *Licenciaturas em Educação do Campo: registros e reflexões a partir das experiências-piloto.* 1. ed. Belo Horizonte: Autêntica, 2011. v. 1, p. 19-34.

ANTUNES-ROCHA, M. I.; MARTINS, A. A. (Orgs.). *Educação do Campo: desafios para a formação de professores.* 1. ed. Belo Horizonte: Autêntica, 2009.

MOLINA, M. C. Cultivando princípios, conceitos e práticas. *Presença Pedagógica,* Belo Horizonte, v. 15, n. 88, p. 30-36, jul./ago. 2009.

ROSENO, S. M. *O curso de Licenciatura em Educação do Campo: pedagogia da terra e a especificidade da formação dos educadores e educadoras do campo de Minas Gerais.* Belo Horizonte: UFMG, 2010. Dissertação (Mestrado em Educação) – PROGRAMA DE PÓS-GRADUAÇÃO: CONHECIMENTO E INCLUSÃO SOCIAL EM EDUCAÇÃO, Universidade Federal de Minas Gerais, Belo Horizonte, 2010.

UNIVERSIDADE FEDERAL DE MINAS GERAIS – UFMG. Conselho de Ensino, Pesquisa e Extensão. *Resolução Complementar nº 01/2018, de 20 de fevereiro de 2018.* Aprova Normas Gerais da Graduação e resoluções correlatas. Belo Horizonte: UFMG, 2018.

VIANA, V. L. *A organicidade na Turma Dom José Mauro: possibilidades e limites de construção do sujeito coletivo no curso de Licenciatura em Educação do Campo.* Belo Horizonte: UFMG, 2011. Monografia – Faculdade de Educação, Universidade Federal de Minas Gerais, Belo Horizonte, 2011.

---

[1] Expressão utilizada pelo entrevistado Armando na pesquisa sobre Repercussões dos Cursos do Pronera em Minas Gerais.

CAPÍTULO 13

A Educação do Campo e sua institucionalidade: o "fio da navalha" pela criação e institucionalização das Licenciaturas em Educação do Campo[1]

Maria do Socorro Silva

Para início de conversa

Discutir sobre a Educação do Campo e a institucionalidade das Licenciaturas em Educação do Campo num cenário pós-golpe 2016, no Brasil, nos leva a lutar e reafirmar a democracia como eixo fundamental para a sociedade brasileira. Três questões se colocam como estratégicas para isso: uma primeira, a afirmação de eleições diretas livres como pré-requisito para retomada do Estado de direito no país; uma segunda, a auto-organização e o fortalecimento dos movimentos sociais populares contra a perda dos direitos sociais e trabalhistas tão duramente conquistados nos últimos anos, fortalecendo um campo popular de resistência ativa ao avanço do golpe; e a terceira, a luta nas três esferas do governo – União, Estado e Municípios – contra o fechamento das escolas do campo, pela defesa da universidade pública, e manutenção da Licenciatura em Educação do Campo. Por isso, neste cenário a palavra de ordem "Fora Temer" representa o posicionamento contra o avanço do conservadorismo, do neoliberalismo e de todas as forças políticas que representam o retrocesso do país.

Assim, o objetivo deste texto é contribuir para a continuidade do debate sobre a institucionalidade da Educação do Campo, especialmente das Licenciaturas em Educação do Campo, e para tal, precisamos reafirmar alguns pressupostos que são fundamentais para esta reflexão:

---

[1] Este texto origina-se da fala que realizamos na mesa-redonda: Educação do Campo e sua institucionalidade, realizada durante o I Seminário de Formação Continuada dos(as) Professores(as) do Campo no Brasil, de 2 a 4 de agosto de 2017.

1. A discussão da Educação do Campo tem como ponto de partida um projeto contra-hegemônico de campo e de agricultura familiar/camponesa, que se fundamenta na agroecologia, na Reforma Agrária e na soberania alimentar. Isso coloca a institucionalidade da Licenciatura em Educação do Campo num território de contradições que não tem apenas dimensões administrativas, pedagógicas e financeiras, mas tem a ver com a luta de classes e a revalorização do trabalho do camponês, seja para a emancipação humana e a recriação, seja para a resistência dos sujeitos do campo por meio dos seus saberes.

2. A reafirmação da materialidade de origem do Movimento da Educação do Campo a partir das lutas e organizações sociais e sindicais campesinas, numa vinculação direta com o trabalho, a cultura e a formação humana emancipadora e crítica. A Educação do Campo emerge do contexto social de luta do campesinato, como protagonista para pensar/construir esta educação. Instaura-se, de maneira ressignificada, o conflito entre agricultura capitalista e agricultura camponesa.

3. A disputa pela formulação e controle social de políticas públicas dentro de um Estado patrimonialista e marcado por condicionantes estruturais históricos de concentração da terra e da riqueza, sob a influência ostensiva de sua lógica e o acesso massivo à escola contextualizada e de qualidade social, que rompa as desigualdades educacionais historicamente construídas no campo brasileiro. Se por um lado o Estado promulga leis que dialogam com as demandas por uma Educação do Campo, por outro lado, é omisso no que se refere ao fortalecimento da política de nucleação e fechamento das escolas.

4. A decisão política de lutar pela formação de educadores(as) do campo em cursos superiores, como um direito desses sujeitos a sua formação inicial e continuada crítica e contextualizada na prática pedagógica das escolas do campo. A escola constitui-se em um espaço de sociabilização para o homem/mulher do campo, na medida em que reforça essas relações, que contribuem para a consciência de si e de classe, para a construção de conhecimentos outros.

5. A proposição de uma formação cuja produção do conhecimento tenha uma posição epistemológica de abordagem da realidade como totalidade, permitindo um cenário favorável a que todos possam ampliar sua leitura sobre o mundo, que não separa o conhecimento acumulado pela humanidade na forma de conhecimento científico, daquele adquirido pelos(as) educandos(as) no cotidiano das suas relações culturais e materiais. A organização do currículo em áreas não subentende a substituição

da especificidade de cada componente, e sim a compreensão de que há um objeto comum que fundamenta o estudo das particularidades do objeto específico de cada componente.

6. A necessidade de pensar não somente a produção de conhecimento que acontece dentro das Licenciaturas em Educação do Campo, com uma postura epistemológica de romper com a fragmentação dos conhecimentos, com uma perspectiva metodológica da alternância de tempos e espaços, que possibilitam o diálogo de saberes, entre teoria e prática, e que fomentam uma práxis crítica na perspectiva da transformação.

7. A certeza de que a Educação do Campo, se efetiva dentro do cenário educacional, pode ter retrocessos, perdas de direitos; entretanto, todas as lutas conquistas acumuladas até aqui já representam marcas substanciais na história da educação brasileira. Não somente com uma nova abordagem sobre o processo de ensino/aprendizagem, mas com perspectivas outras sobre o papel da escola, do currículo, da formação docente, da relação entre educação básica e ensino superior. Ou seja, não tem como falar em educação pública contemporânea sem fazer referência à educação do campo.

Em tempos tenebrosos: resistência ativa

A primeira questão que gostaria de levantar é que nós precisamos sair desse atordoamento que o Poder Executivo, o Legislativo, o Judiciário e os meios de comunicação têm imposto à sociedade civil, a partir de tantos retrocessos, conservadorismo e perda de direitos. Não podemos recuar diante disso tudo; somos formados na luta e na resistência, que não começou agora com o golpe de 2016. O Movimento da Educação do Campo emergiu no Brasil em pleno governo FHC, no qual as concepções neoliberais e gerencialistas na definição das políticas educacionais hegemonizavam as discussões e as ações governamentais.

No Brasil essa tendência neoliberal na educação vem ganhando mais visibilidade a partir da criação do Movimento Todos pela Educação, inciativa que busca um alinhamento entre a inciativa privada, governos e organismos internacionais, com o objetivo de reformular a educação pública no Brasil, a partir da lógica empresarial. Essa lógica tem por base as ideias de responsabilização, gerencialismo, meritocracia, regulação, resultados, entre outros, incidindo nas políticas públicas para a educação, bem como adquirindo um status de especialista em educação (MARTINS, 2016).

O enfrentamento que estamos fazendo hoje, seja com o neoliberalismo, com o conservadorismo que cada vez mais se afirma, não começou agora com o impeachment. Ele tem início desde 1995, e nós passamos todo esse tempo convivendo com essa lógica e esse modelo de sociedade. Talvez esteja nos espantando porque nós tivemos, num intervalo de 13 anos, a vivência de um governo numa dimensão social desenvolvimentista, cuja centralidade nas políticas de renda e de inclusão social suscitou a participação, espaços institucionais, programas, financiamentos que efetivamente contribuíram para dar visibilidade às necessidades e às demandas da diversidade de sujeitos campesinos, quilombolas, indígenas e tantos outros que habitam as periferias urbanas e o campo brasileiro.

Na educação, o governo federal desenvolveu programas, estabelecendo parcerias com os municípios, com os movimentos sociais, com as redes da sociedade, e com as escolas diretamente, muitas vezes sem a mediação dos estados. Consolida-se, assim, um novo modelo de gestão de políticas públicas e sociais, portanto, permeada por rupturas e ao mesmo tempo pelas contradições das permanências das políticas anteriores.

As práticas educativas da Educação do Campo foram gestadas numa perspectiva contra-hegemônica ao projeto de sociedade capitalista e ao modelo de escola que estava posto para as comunidades campesinas, aos diferentes processos de desterritorialização e territorialização da vida e produção da agricultura familiar/camponesa. Começamos com a luta, com a organização, com as práticas que começaram a se constituir por todo este país, e que possibilitaram a realização da Conferência da Educação do Campo, em 1998, em Luziânia.

O marco da Conferência da Educação do Campo é a constituição de um coletivo de luta, a construção coletiva de conhecimentos e proposições para a prática educativa e a luta. Um movimento coletivo que adentra a instituição escola. Não tínhamos uma teoria educacional pronta, ou não nos juntamos para teorizar sobre isso, mas nossas práticas sinalizavam para matrizes contra a opressão, pela humanização e emancipação do ser humano, para a luta, a organização e o trabalho como produtores de conhecimento e de vida. E apostamos que "nós poderíamos fazer diferente". Ou como nos afirma Arroyo (2012, p. 233), "as resistências à opressão e as lutas pela libertação são múltiplas e se reforçam, porque há consciência de que os processos históricos de opressão são múltiplos e se reforçam".

Certamente, constitui um dos primeiros elementos da institucionalidade da Educação do Campo: a constituição e o fortalecimento de espaços coletivos em rede que buscam fortalecer as práticas educativas existentes, e suscitar práticas outras. Esses espaços coletivos deram visibilidade aos diferentes sujeitos do campo na sua diversidade sociocultural e territorial, mas principalmente sujeitos de direitos, que passavam não só a disputar, mas também a ensinar outras formas de pensar e propor a política a partir do Estado Brasileiro, e a organização da escolarização campesina.

A disputa das políticas públicas: lutar pela materialidade da escola no campo

As desigualdades educacionais no campo, que se expressam na precarização das escolas, na inexistência da oferta da escolarização em todos os níveis e modalidades e na falta de condições de trabalho para os profissionais dessas escolas, foram constatadas desde a origem do Movimento da Educação do Campo. Isso nos levou a um posicionamento político e pedagógico de lutar pela existência de uma escola de qualidade social e contextualizada no território rural.

A dita escola moderna republicana – com espaço físico apropriado, com material didático, com professorado titulado – não chegou à maioria dos territórios brasileiros, e em especial ao campo. O modelo urbanocêntrico, seriado e classificatório, impôs, para as escolas existentes no campo, um lugar de segunda categoria, de escola precarizada e estereotipada. Ao longo do tempo os gestores públicos em diferentes esferas do governo – União, Estado e Municípios – encontraram, como estratégia fundamental para resolução deste cenário, a nucleação, levando crianças e adolescentes para as sedes dos municípios realizando o fechamento das escolas.

Outro desafio essencial para a educação escolar do campo diz respeito à presença da escola nas próprias comunidades. Considerando que a maioria das escolas localizadas no campo é multisseriada, a ausência de uma proposta pedagógica específica para a realidade das multisseriadas é fortalecida pelas Secretarias de Educação, quando definem encaminhamentos pedagógicos e administrativos padronizados, sem considerar a diversidade dessas escolas.

A articulação de vários movimentos sociais em torno da luta pela educação pública para as camadas populares do campo traz em si duas premissas básicas: o caráter emancipatório da educação, por isso, relacionada à organização, à luta e ao trabalho do campo; e a dimensão de classe social, ao afirmar os camponeses e camponesas em sua diversidade, como protagonistas dessa proposição, suscitando um novo paradigma no cenário contemporâneo: a Educação do Campo. Ela, como movimento, possui uma dimensão política (luta pela escola pública), epistemológica (nova proposição na construção do conhecimento) e pedagógica (contextualização do conhecimento numa perspectiva crítica e criativa).

Iniciamos um movimento cuja bandeira principal inicial era: como assegurar a educação básica no campo, como ter uma escola que dialogasse com a vida, com o contexto, com os sujeitos campesinos. Isso nos motivou para ir disputar, na esfera do Estado, políticas educacionais e marcos regulatórios que modificassem essa precarização e descontextualização que gera, quase compulsoriamente, a exclusão.

Uma escola que não estava construída, e que, portanto, nós iríamos também construir. Então era uma escola em construção, um movimento em construção, e, portanto, o cenário era desafiador e contraditório.

Segundo analisa Arroyo (2005, p. 1), a "Educação do Campo tem hoje, como grande tarefa, primeiro construir uma estrutura pública de Educação do Campo que ainda não existe e que é apenas um arremedo de um sistema também muito incipiente de educação urbana, sobretudo popular". A realidade vivenciada pelos sujeitos nas escolas existentes no campo evidencia grandes desafios a serem enfrentados para que sejam cumpridos os marcos operacionais anunciados nas legislações educacionais.

Por força dessa luta, o Estado aprovou o Programa Nacional de Educação na Reforma Agrária (Pronera), as Diretrizes Operacionais para a Educação Básica nas Escolas do Campo, por meio da Resolução CNE/CEB nº 1, de 3 de abril de 2002 (BRASIL, 2002); criou o Grupo Permanente de Trabalho em Educação do Campo, no âmbito do Ministério da Educação, a Secretaria de Educação Continuada, Alfabetização e Diversidade (SECAD),[2] que se tornaram espaços importantes da disputa na proposição e planejamento das políticas. Contudo, não se pode esquecer de que "não é o planejamento das políticas públicas que planeja o capitalismo, mas é o capitalismo que planeja o planejamento das políticas públicas" (CALAZANS, 1996), entre estas, a política educacional.

Dessa forma, as conquistas que a Educação do Campo alcançou necessitam refletir muito mais as cosmovisões campesinas que as do Estado. Por isso, a luta não se finda na conquista dos marcos normativos, mas necessita ser realizada todos os dias na efetivação da Educação do e no Campo.

A luta pela política de formação docente: o direito à formação específica e contextualizada na vida, no trabalho e na luta dos povos campesinos

A ausência do Estado historicamente assegurando o direito dos sujeitos do campo à escolarização, de uma formação de professores consistente e contextualizada para o trabalho com as escolas localizadas no campo foram a marca histórica da política educacional ao longo das décadas no Brasil.

---

[2] Esta secretaria passa posteriormente a se chamar SECADI, com a inclusão das políticas da inclusão educacional.

A desvalorização dos profissionais das Escolas no Campo, refletidas nas precárias condições de trabalho, na desvalorização salarial, na inexistência de uma política específica de formação inicial e continuada, para realizar os processos de ensino com os povos campesinos, nos levou a propor uma política específica para formação de educadores(as) do campo na agenda governamental.

A II Conferência Nacional de Educação do Campo (CNEC), realizada em Luziânia-GO, em agosto de 2004, reafirmou a necessidade de elaboração de uma proposta para formação de educadores(as) do campo.

> O que queremos: [...] 3. Valorização e formação específica de educadoras e educadores do campo por meio de uma política pública permanente que priorize: a formação profissional e política de educadores e educadoras do próprio campo, gratuitamente; formação no trabalho que tenha por base a realidade do campo e o projeto político e pedagógico da Educação do Campo; incentivos profissionais e concurso diferenciado para educadores que trabalham nas escolas do campo; definição do perfil profissional do educador do campo (CNEC, 2004, p. 4).
> O que vamos fazer: [...] 17. Garantir a formação específica de educadoras e educadores do campo, pelas universidades públicas, pelo poder público em parceria com os movimentos sociais. [...] Investir na formação e na profissionalização dos educadores/das educadoras e outros profissionais que atuam no campo, priorizando os que nele vivem e trabalham (CNEC, 2004, p. 6).

Essa proposição ganha força a partir da instituição de um Grupo de Trabalho, na SECADI, responsável pela elaboração de uma proposta de formação dos educadores(as) do campo. O acúmulo teórico e prático advindo das experiências do Pronera, das parcerias construídas com as universidades, possibilitou a elaboração de uma nova proposta de formação representada pela Licenciatura em Educação do Campo (LEdoC, Lecampo, LEPC[3]).

Com base nessa proposição, em 2006 o MEC aprovou o Programa de Apoio à Formação Superior em Licenciatura em Educação do Campo (Procampo), com o intuito de apoiar a criação do curso de Licenciatura Plena em Educação do Campo em universidades públicas no país.

Nosso curso foi resultado de um grande processo de articulação do território do Cariri Ocidental Paraibano. Esse espaço de concertação das políticas públicas inserida na política de desenvolvimento territorial possibilitou o espaço de diálogo, proposição e mobilização para reinvindicação da construção do Campus de Sumé (CDSA), e da Lecampo como um dos cursos desse novo campus.

O fato de existir no território a ação da universidade camponesa e a mobilização territorial já afirmou a Licenciatura em Educação do Campo como

---

[3] As Licenciaturas em Educação do Campo adotam diferentes siglas para nomear o curso.

um dos cursos regulares do Centro de Desenvolvimento Sustentável do Semiárido. O fato de não receber financiamento específico do Procampo como um programa específico nos levou a pensar estratégias de implementação do curso dentro da matriz orçamentária universitária e da infraestrutura existente dentro do campus.

Outra questão importante para a organização da oferta da Licenciatura na UFCG (Universidade Federal de Campina Grande) foi a configuração territorial do Cariri Paraibano, como, a distância do município de Sumé com os outros 17 municípios do território, a integração com rodovias da maioria deles e a marca de ruralidade muito forte nesses municípios. Isso contribuiu para pensar uma dinâmica curricular com uma presença mais permanente na universidade, intercalada por Tempo Comunidade (TC) mais curto.

A dinâmica da organização curricular, da alternância dos tempos e espaços, do acompanhamento dos estudantes, teve a marca das particularidades desse território e da universidade na institucionalidade da Lecampo. Isso evidencia que temos formas diferentes de institucionalizar a licenciatura, e essa diversidade precisa ser refletida como algo positivo para o fortalecimento dessa proposta.

As diferenças intracampo nos mostraram a diversidade das territorialidades e dos sujeitos camponeses, e vimos que o mesmo se dá com a implementação da alternância nas universidades em todo Brasil. Essas marcas acabam gerando um desenho bastante diverso nas licenciaturas em todo país, o que representa também uma nova forma de pensar e materializar a política educacional, rompendo com seu caráter historicamente homogeneizador.

Certamente, as licenciaturas-piloto efetivadas em 2007[4] tiveram características distintas das que se organizaram pelo Procampo em 2009 ou no edital de 2012. A entrada na universidade, devido à licenciatura, de um grupo de docentes que em sua maioria não tinha experiência anterior como docentes universitários, ou que não possuía militância nos movimentos sociais do campo ou exercício profissional junto às escolas do campo agregou uma diversidade na composição dos docentes formadores da Lecampo.

A Educação do Campo, ao propor uma licenciatura específica para formar educadores(as) para as escolas do campo, revela também a necessidade de formar os(as) formadores(as), uma vez que tradicionalmente a formação docente universitária acaba por priorizar conhecimentos e atuação disciplinares. Assim, a formação dos(as) formadores(as) enfatiza, sobretudo, a compreensão da totalidade dos processos sociais em que estão inseridos os(as) educandos(as), os

---

[4] A partir do debate entre movimentos sociais do campo e as universidades, ligadas à Educação do Campo (UFMG, UnB, UFBA e UFS), começam as experiências-piloto das licenciaturas no Brasil.

princípios e fundamentos da Educação do Campo e epistemologias outras que potencializem a práxis humana emancipadora.

A diversidade da organização da licenciatura: epistemologias outras

Por que a entrada das LEdoCs/Lecampo dentro das universidades vai causar tanto impacto, tanto tensionamento e tantas contradições? Por que tanto desconhecimento neste tipo de formação? Vemos duas explicações.

Primeiro, o paradigma da Educação do Campo traz uma desobediência política ao tirar da invisibilidade sujeitos individuais e coletivos que foram subalternizados pelo colonialismo e expansão do capitalismo no campo. Assim, o fato mais inquietante é o lugar onde emerge essa licenciatura – os movimentos sociais e sindicais camponeses –, e o direito de entrar e estar na universidade – para os(as) quilombolas, os(as) ribeirinhos(as), os(as) assentados(as), os(as) agricultores(as) – fazem a diversidade desses sujeitos ganhar rosto, corpo, cores e vozes dentro do espaço acadêmico.

Segundo, a necessidade de se repensar a matriz que hegemonicamente organizou os currículos na educação básica e no ensino superior, em que o modelo linear disciplinar, caracterizado por disciplinas justapostas, com saberes especializados, fragmentados e com linguagens particulares, na forma de tratar o conhecimento e o saber construído pela humanidade (SANTOMÉ, 1998) foi outro questionamento gerado com a institucionalização das LEdoCs/Lecampo nas universidades.

Os limites epistemológicos, administrativos e pedagógicos próprios, seja da organização institucional da academia, na efetivação de uma licenciatura com este perfil, seja das escolas públicas normatizadas pelas Secretarias Municipais de Educação dentro da lógica da seriação e da fragmentação do conhecimento em disciplinas justapostas, com gramáticas próprias, métodos, direcionamento do campo profissional. O que termina ocultando e descaracterizando os processos de afirmação política, econômica, social, de afirmação dos diferentes em lutas tão radicais por terra, território, trabalho, teto, renda, memórias, culturas, identidades.

Essa radicalidade política não cabe na dicotomia em que continuam estruturados os currículos: base comum nacional a ser complementada por uma parte diversificada que contemple as diversidades regionais e locais e até as contribuições das diferentes culturas e etnias na formação da sociedade brasileira.

Existe uma interação entre os fenômenos, a recombinação e conexões de saberes, a interação para construir sentidos, pois o estudo das partes, por mais preciso que seja, não é suficiente para compreensão da organização, da interação e dinâmica da vida.

A necessidade de ampliar os horizontes e relativizar o que era tido como verdade nos leva a outra proposição curricular:

> E neste contexto que esta organização curricular por área do conhecimento, que tem neste curso como desafio principal a habilitação para a docência por área, mas também a organização do estudo para além das aulas, e as aulas para além de um ensino apenas transmissivo, mas que não descuide da apropriação do conhecimento historicamente produzido pela humanidade e que ajudem a compreensão da realidade que precisamos transformar (CALDART, 2002, p. 105).

Nesse sentido,

> [...] a alternância de tempos e espaços tem por objetivo uma atuação orientada pela lógica da articulação teoria/prática, visando instrumentalizar o educando, na percepção dos problemas vivenciados em sua realidade cotidiana, bem como intervir, significativamente, neste campo de atuação. A construção da alternância está alicerçada em experiências diferenciadas, mas que estão conectadas pela necessidade de promover a articulação entre teoria/prática (ANTUNES-ROCHA; MARTINS, 2012).

Essa diversidade na institucionalidade das LEdoCs/Lecampo precisa ser aprofundada dentro do Movimento da Educação do Campo, da mesma forma que precisamos encarar o debate sobre o financiamento desta licenciatura com ou sem subsídio específico do Procampo.

As diferentes formas de manutenção da licenciatura nas universidades pela "Matriz Andifes"[5] necessita ser debatida e compreendida pelo coletivo.

As mudanças na relação com o governo no cenário atual geraram uma fragilidade no financiamento dos cursos, inclusive ameaçando a continuidade de alguns deles, o que também carece de ser avaliado pelo Movimento da Educação do Campo.

A institucionalidade da LEdoC/Lecampo na dimensão financeira precisa ser repensada: O que é a oferta com recursos do Procampo, e o que é a oferta dentro

---

[5] A Matriz Andifes é uma metodologia que reúne uma série de indicadores para alocação de recursos nas Ifes. Com o decreto presidencial nº 7.233, de 19 de julho de 2010, foram feitas mudanças significativas no modo como o orçamento era dividido entre as universidades brasileiras. Com as alterações, o sistema passou a ser compreendido de maneira heterogênea, procurando enxergar as características e particularidades de cada instituição. O principal indicador utilizado pela matriz é o aluno-equivalente, empregado para fins de análise dos custos de manutenção dos estudantes. São analisados diversos dados para compor esse indicador, como curso, turno, local, tempo médio de permanência, entre outros, nos níveis de graduação, mestrado, doutorado e residência médica. Também são levados em conta os gastos das universidades com as despesas gerais de custeio (http://www.andifes.org.br/).

da matriz orçamentária de cada universidade? O fato de a Lecampo/UFCG desde o início já ter funcionado como um curso regular nos levou a organizar uma oferta considerando a realidade da instituição, do contexto territorial de inserção do curso e do perfil dos estudantes do curso.

Uma das principais conquistas do Movimento da Educação do Campo, nesta perspectiva da permanência e da institucionalidade, foi a conquista de 600 vagas de concurso docente no âmbito da educação superior para oferta dessas licenciaturas. A diversidade de itinerários formativos dos docentes, de envolvimento com os movimentos campesinos, de conhecimento das comunidades rurais e das escolas gera ao mesmo tempo um tensionamento dentro das licenciaturas, mas também, uma potencialidade de mudanças, de constituição de novos coletivos de aprendizagens, de novas relações com as comunidades campesinas e com as escolas básicas.

A permanência da LEdoC/Lecampo nas universidades públicas brasileiras, à medida que mantém sua identidade, certamente gera contradições e tensionamentos pela forma elitizada que estas foram organizadas historicamente. As necessidades e as demandas dos sujeitos campesinos em sua diversidade suscitam outras práticas dos docentes, dos técnicos administrativos, das normas acadêmicas, da organização dos tempos e espaços: biblioteca, residência universitária, restaurante, transporte, laboratórios etc...

A convivência com os outros estudantes dentro do campus torna-se também uma dimensão importante para formação docente. No CDSA, temos a Unidade Acadêmica de Educação do Campo, em que os docentes são vinculados especificamente à licenciatura, e por ser um curso regular da universidade, os estudantes convivem no cotidiano com os outros estudantes, com as potencialidades e limites existentes no campus como qualquer outro estudante. Isso tem uma dimensão formativa importante para a vivência universitária, contudo, não se pode anular as especificidades do curso e dos sujeitos que dele fazem parte.

Precisamos pensar como organicamente estamos vinculados à vida universitária, aos movimentos e às comunidades. Parece que o isolamento da licenciatura desses territórios de pertencimento causa uma fragilidade para as licenciaturas, que se acentua no atual cenário que estamos vivendo no país.

Necessidade de uma articulação orgânica das ações de Educação do Campo

A institucionalidade da Licenciatura em Educação do Campo depende também de uma articulação orgânica entre as várias ações e políticas da Educação do Campo. Não podemos trabalhar de forma fragmentada e isolada as ações de ensino, pesquisa e extensão que envolvem os sujeitos do campo.

Um exemplo que podemos citar é o Programa Institucional de Bolsa de Iniciação à Docência para a Diversidade (Pibid Diversidade), uma vez que sabemos o papel que ele tem como iniciação a docência e na formação continuada para os(as) educadores(as) do campo, mas também como ele possibilita a permanência dos estudantes na LEdoC/Lecampo. Qual o ônus efetivo da falta de articulação entre a licenciatura e outras ações do campo, como Projovem Campo Saberes da Terra, Programa Escola da Terra, Pibid?

O Movimento da Educação do Campo, enquanto um espaço coletivo de construção e diálogo entre os movimentos sociais e sindicais, universidades, organizações não governamentais que atuam com as práticas educativas do campo precisa estabelecer conexões entre as várias ações e espaços coletivos de diálogo e as várias instituições envolvidas, as organizações e sujeitos sociais para pensar estratégias de como fortalecer a política da Educação do Campo, a Escola do Campo, a formação dos(as) educadores(as).

A luta pela conquista e manutenção das ações da Educação do Campo torna-se fundamental não somente para possibilitar a formação dos estudantes, o diálogo com as escolas públicas, mas também para contribuir significativamente para a permanência dos estudantes na universidade e no curso. Acho que nossa garra, luta e criatividade precisam nos ajudar a buscar formas de enfrentamento das situações adversas, e o fato de funcionar dentro da Matriz Andifes não deve se tornar motivo para acabar as licenciaturas.

Os egressos da licenciatura: direito à formação continuada e ao campo de trabalho

A institucionalidade da licenciatura se fortalece também na medida em que pensamos estratégias de acompanhamento dos egressos dos cursos. Como estamos preparando o território em que estamos inseridos para a entrada desses novos profissionais, os licenciados em Educação do Campo. Quais os debates realizados sobre esta questão? Quais as articulações que estamos fomentando? Qual a inserção deles nos espaços coletivos: fóruns, comitês, movimentos sociais?

Na Licenciatura em Educação do Campo da Universidade Federal de Campina Grande (Lecampo/UFCG) temos buscado, como forma de promover espaços de continuidade e da formação do grupo, a inserção dos egressos em diferentes atividades desenvolvidas na universidade: cursos de especialização, projetos de extensão, Pibid Diversidade, Seminário Integrador da Licenciatura e outros eventos acadêmicos.

Os egressos da Lecampo também constituíram uma articulação entre eles, e o grupo se reúne periodicamente, e tem realizado algumas ações importantes no território, como visitas nos municípios para conversar com os gestores, com as câmaras de vereadores, acompanhamento dos editais de concurso, participação no Fórum Territorial da Educação Camponesa do Cariri e participação na mobilização contra o fechamento das escolas.

Os estudantes das licenciaturas e os egressos precisam assumir cada vez mais a autoria do curso, o protagonismo na sua formulação, no seu fortalecimento, na sua divulgação na sociedade, porque eles/elas são os licenciados em Educação do Campo.

Os egressos é que estão chegando ao chão da escola e das comunidades formados por esse curso, e assumindo a coordenação, a gestão e a docência. Estão materializando a prática pedagógica dessa licenciatura, colocando o currículo por área de conhecimento em ação. Por isso, fico encantada quando vejo nossos egressos em sala de aula trabalhando o conhecimento contextualizado, integrado, crítico, criativo. Portanto, precisamos refletir: como a formação que tiveram contribuiu para esta prática? Quais os outros espaços que possibilitaram este aprendizado?

Uma bandeira estratégica para a institucionalidade da licenciatura tem sido a luta por concursos públicos que incluam o perfil desse profissional, como uma forma de assegurar o direito ao campo de trabalho, o conhecimento desta formação e o direito de as escolas do campo terem um profissional com formação específica para exercício nesta realidade.

Portanto, o acompanhamento, monitoramento e formação continuada dos egressos da licenciatura precisam ser discutidos e planejados coletivamente. Não podemos tratar isso de forma espontaneísta e descontínua.

A organização dos egressos dos cursos superiores da Educação do Campo, e não apenas da LEdoC/Lecampo, precisa ser potencializada, pois precisamos ter uma visão dos resultados dos processos formativos desenvolvidos nestes 20 anos da Educação do Campo. Alguns dados necessitam ser sistematizados e socializados para dar visibilidade a essa atuação e formação. Entre eles: quantos docentes formamos na Pedagogia da Terra? Quantos formamos nas LEdoCs/Lecampo? Quantos já fizeram especialização e mestrados? Qual o campo de atuação desses egressos?

Para continuar conversando...

O momento é desafiador para as Licenciaturas de Educação do Campo. Precisamos identificar claramente quais os obstáculos que impedem nosso fortalecimento para pensar estratégias de superação. Não podemos nos isolar em cada universidade. O diálogo com os movimentos sociais, os fóruns da Educação do Campo, os estudantes e egressos precisam ser permanentes na afirmação desta política na sociedade e na universidade.

O fato de o curso ser resultado do protagonismo dos movimentos sociais e sindicais do campo, das universidades que estão comprometidas com a Educação do Campo, de organizações não governamentais que atuam com populações campesinas precisa gerar um debate neste coletivo que nos ajude a refletir sobre:

✓ Como está a vinculação entre a formação inicial da licenciatura e a formação continuada dos professores(as) das redes públicas?

✓ Como estamos discutindo nas universidades o financiamento e a autossustentação desta Licenciatura?

✓ Quais as ações que estamos desenvolvendo nas escolas de educação básica?

✓ Como nos organizamos na perspectiva da institucionalidade financeira desta formação?

✓ Sem abrir mão dos fundamentos da alternância de tempos e espaços, como podemos redimensionar sua organização?

✓ Como assegurar o diálogo de saberes e articulação prática-teoria dentro de um orçamento financeiro da Matriz Andifes?

Começamos esta luta pelo sonho que podíamos contribuir para a construção de uma escola diferente, porque acreditamos no "inédito viável" de uma sociedade igualitária e justa, porque acreditamos no papel da educação no processo de formação e humanização do ser humano. Nós vamos voltar atrás? Não acredito! A Educação do Campo vive desafios, contradições, retrocessos, todavia, tem muita luta, muita prática, muita gente, muita reflexão.... Temos construído também uma teoria educacional. A Educação do Campo não tem volta!

Referências

ANTUNES-ROCHA, M. I.; MARTINS, M. de F. A. Tempo Escola e Tempo Comunidade: territórios educativos na Educação do Campo. In: ANTUNES-ROCHA, M. I.; MARTINS, M. de F. A.; MARTINS, A. A. (Orgs.). *Territórios educativos na* Educação do Campo: *escola, comunidades e movimentos sociais*. Belo Horizonte: Autêntica, 2012.

ARROYO, M. G. Que educação básica para os povos do campo? In: SEMINÁRIO NACIONAL EDUCAÇÃO BÁSICA NAS ÁREAS DE REFORMA AGRÁRIA DO MST. 2005, Goiás. Transcrição de palestra revista pelo autor. Disponível em: <https://pt.scribd.com/document/105828463/Que-Educacao-Basica-Para-Os-Povos-Do-Campo-Texto-de-Miguel-Arroyo>. Acesso em: 1 nov. 2018.

ARROYO, M. G. Diversidade. In: CALDART, R. S. *et al.* (Org.). *Dicionário da Educação do Campo.* Rio de Janeiro: EPSJV; São Paulo: Expressão Popular, 2012. p. 229-236.

BRASIL. CONSELHO NACIONAL DE EDUCAÇÃO CÂMARA DE EDUCAÇÃO BÁSICA. *Resolução CNE/CEB nº 1, de 3 de abril de 2002.* Institui Diretrizes Operacionais para a Educação Básica nas Escolas do Campo. Disponível em: <http://portal.mec.gov.br/index.php?option=com_docman&view=download&alias=13800-rceb001-02-pdf&category_slug=agosto-2013-pdf&Itemid=30192>. Acesso em: 7 jan. 2019.

BRASIL. Conselho Nacional de Educação Câmara de Educação Básica. *Resolução CNE/CEB nº 2, de 28 de abril de 2008*. Institui Diretrizes Operacionais para a Educação Básica nas Escolas do Campo. Disponível em: <http://portal.mec.gov.br/arquivos/pdf/resolucao_2.pdf>. Acesso em: 7 jan. 2019.

CALAZANS, Maria Julieta. Planejamento da educação no Brasil: novas estratégias em busca de novas concepções. In: KUENZER, Acácia Zeneida *et al. Planejamento e educação no Brasil*. São Paulo: Cortez, 1996.

CALDART, Roseli S. Por uma Educação do Campo: traços de uma identidade em construção. In: KOLLING, Edgar Jorge; CERIOLI, Paulo Ricardo; CALDART, Roseli Salete (Orgs.). *Educação do campo: identidade e políticas públicas*. Brasília DF: Articulação Nacional "Por Uma Educação Do Campo", 2002. Caderno 4.

CONFERÊNCIA NACIONAL POR UMA EDUCAÇÃO DO CAMPO LUZIÂNIA, 2, 2004, Goiás. *Declaração final (Versão plenária)*. Goiás: Confederação Nacional dos Trabalhadores da Agricultura – Contag, 2004. Disponível em:<http://www.contag.org.br/imagens/f302II_Conferencia_Nacional_de_Educacao_%20do_%20Campo.pdf>. Acesso em: 1 nov. 2018.

FÓRUM NACIONAL DA EDUCAÇÃO DO CAMPO – FONEC. Notas para análise do momento atual da Educação do Campo. In: SEMINÁRIO NACIONAL, 2012, Brasília DF. *Anais...* Brasília, 2012. Disponível em: <https://educanp.weebly.com/uploads/1/3/9/9/13997768/fonec_-_notasanlisemomentoatualeducampo_set.pdf>. Acesso em: 1 nov. 2018.

FREITAS, Luís Carlos. *Crítica da organização do trabalho pedagógico e da didática*. 6. ed. Campinas: Papirus, 2003.

MARTINS, E. M. *Todos pela educação? Como os empresários estão determinando a política educacional brasileira*. Rio de Janeiro: Lamparina, 2016.

SANTOMÉ, Jurgo T. *Globalização e Interdisciplinaridade: o currículo integrado*. Porto Alegre: Artmed, 1998.

UFMG, Universidade Federal de Minas Gerais, Conselho de Ensino, Pesquisa e Extensão, Parecer 14/2005, 14 de agosto de 2005.

CAPÍTULO 14

A Educação do Campo e sua institucionalidade: formação inicial dos docentes para a Educação Básica do Campo

Divina Lúcia Bastos

O Ministério da Educação (MEC), como órgão máximo de ação propositiva, implementativa e de monitoramento da Política Nacional de Educação, tem realizado diferentes movimentos no sentido de universalizar e qualificar a política de formação de professores.

Para enfrentar esse cenário, a Secretaria de Educação Continuada, Alfabetização, Diversidade e Inclusão (SECADI/MEC), mais especificamente a Coordenação Geral de Políticas de Educação do Campo, responsável por conduzir as Políticas de Educação do Campo, tem priorizado, no âmbito do Programa Nacional de Educação do Campo (Pronacampo) (Portaria nº 86/2013), as ações de formação inicial e continuada de professores em exercício da Rede Pública de Ensino que são executadas em regime colaboração com o Sistema de Público de Ensino e tem por objetivo beneficiar as escolas do campo.

Vale ressaltar que a priorização da Formação de Professores da Educação do Campo pela SECADI iniciou-se, em 2006, com o Programa de Apoio à Formação Superior em Licenciatura em Educação do Campo (Procampo), como experiência-piloto em quatro universidades federais – Universidade Federal de Minas Gerais (UFMG), Universidade de Brasília (UnB), Universidade Federal de Sergipe (UFS) e Universidade Federal da Bahia (UFBA) – e tem com a missão dois eixos principais: 1) suprir a carência de professores do campo com formação específica; 2) promover a formação inicial dos professores e educadores que atuam em exercício na rede pública e em experiências alternativas em Educação do Campo.

A ampliação do Procampo para outras universidades foi ancorada em editais publicados nos anos 2008, 2009 e 2012, os quais retomaremos mais adiante.

Na perspectiva de garantir a manutenção e o desenvolvimento da Educação do Campo nas Políticas Públicas Educacionais, consideramos o Decreto 7.352 de 2010, que institui a Política de Educação do Campo, um marco importante na luta histórica dos movimentos sociais, universidades e das escolas do campo na superação das defasagens históricas de acesso à educação escolar pelas populações do campo.

Para dar operacionalidade/concretude ao Decreto 7.352 de 4 de novembro de 2010, segundo Faria (2014), foi constituído:

> [...] um Grupo de Trabalho coordenado pelo MEC/SECADI, formado com a participação do Conselho dos Secretários Estaduais de Educação – CONSED, da União dos Dirigentes Municipais de Educação – UNDIME, Universidade Federal de Minas Gerais – UFMG, Universidade de Brasília – UnB e representantes da Confederação Nacional dos Trabalhadores da Agricultura – CONTAG, do Movimento dos Trabalhadores e Trabalhadoras Sem Terra – MST, da Federação dos Trabalhadores da Agricultura Familiar – FETRAF, da Rede do Semiárido Brasileiro – RESAB. Na perspectiva da participação de diferentes setores e da promoção da intersetorialidade das políticas públicas, contribuíram nesse processo, o Fórum Nacional de Educação do Campo – FONEC, a Rede Centro e Escolas Familiares de Formação por Alternância – CEFFAs, a Secretaria Nacional da Juventude – SNJ, o Ministério do Desenvolvimento Agrário – MDA e o Ministério do Desenvolvimento Social e Combate à Fome – MDS (FARIA, 2014, p. 17).

Como resultado dos trabalhos do GT, foi instituído o Programa Nacional de Educação do Campo no Palácio do Planalto em 2012, e posteriormente oficializado pela Portaria MEC nº 86/2013, com o objetivo de formar professores, educar jovens e adultos e garantir práticas pedagógicas específicas para as populações do campo com o intuito de reduzir as distorções no cenário educacional do campo brasileiro.

Ao fazer esse breve histórico da institucionalidade da Política de Educação do Campo pelo governo federal, e passados 12 anos do lançamento da experiência-piloto, vale ressaltar, em especial, que as ações voltadas para a formação inicial e continuada dos professores da educação básica do campo ainda se colocam como um grande desafio para a SECADI, pois, segundo os dados do Instituto Nacional de Estudos e Pesquisas Anísio Teixeira – (INEP) há uma demanda alta de professores por formação. Essa constatação foi evidenciada a partir do mapeamento dos dados do Censo Escolar no período de 2012 a 2017 e do último Censo da Educação Superior (INEP/MEC, 2016).

Nessa perspectiva, ao analisarmos os dados do Censo Escolar, período 2012 a 2017, constatamos a gravidade da situação dos professores que atuam em espaços escolares situados no campo, e que ainda necessitam da formação inicial ou continuada para alcançar a melhoria e a qualidade da Educação do Campo.

250 **Formação de formadores**

Ao depararmos com os dados do Censo Escolar 2017, observamos que há 345.604 professores que atuam no campo, sendo que, deste total, 213.252 são professores com formação no ensino superior, 130.510 com ensino médio e 1.842 possuem o ensino fundamental. Esse quantitativo de professores atua em 60.694 escolas do campo realizando processo formativo para 5.573.385 milhões de estudantes matriculados na educação básica do campo no Brasil.

Porém, ainda ancorada nos dados do INEP (2017), outra questão revelada foi que mesmo com uma diminuição real do número de professores no período entre 2012 a 2017, foi crescente o número de professores que atuam nas escolas do campo com formação em licenciatura, passando de 169.705 para 206.227; com especialização, de 62.056 para 94.488; com mestrado, de 2.441 para 4.620; e, com doutorado, 591 para 1.146. No entanto, não é possível identificar se a certificação dos professores está relacionada com as temáticas voltadas para a Educação do Campo, como a Licenciatura em Educação do Campo e Formação Continuada (aperfeiçoamento e especialização) em Educação do Campo, apoiadas pela SECADI.

Ano do Censo	Número de professores[1]	Com ensino superior			Com pós-graduação[2]		
		Total	Com licenciatura	Sem licenciatura	Com especialização	Com mestrado	Com doutorado
2012	346.896	176.659	169.705	6.954	62.056	2.441	591
2013	351.246	187.827	180.927	6.900	69.204	2.684	635
2014	349.677	196.859	190.108	6.751	75.306	2.967	674
2015	346.885	199.826	192.744	7.082	80.361	3.362	766
2016	345.722	207.188	199.761	7.427	88.024	3.958	939
2017	345.604	213.252	206.227	7.025	94.488	4.620	1.146

Fonte: INEP – Censo Escolar da Educação Básica de 2012 a 2017.

Notas: 1)Inclui os docentes ativos que atuam no Ensino Regular, Especial e/ou
2)O mesmo professor pode ter mais de uma pós-graduação (especialização e mestrado, especialização, mestrado e doutorado) e mestrado e/ou doutorado. Ele será computado em todos os casos.

A Educação de Jovens e Adultos (EJA) na Secretaria de educação Continuada, Alfabetização, Diversidade e Inclusão (SECADI) foi contemplada, entre o período de 2006 a 2012 pelos seguintes (Editais 02/2008, 09/2009 e 02/2012). Além desses editais, esta secretaria apoiou as universidades federais, universidades estaduais e institutos federais na oferta de cursos de Licenciatura em Educação do Campo, contribuindo dessa forma para a expansão dos cursos no território nacional, se considerarmos que em 2006 foram apoiadas quatro IES e quatro cursos e em 2012 foram apoiados 44 cursos em 26 universidades federais e seis IFETs.

Os dados da expansão são extremamente relevantes para compreendermos o quanto tínhamos de demanda para formação de professores para as escolas do campo e o quanto foi possível de atendimento. E foi através dos Editais/Procampo que efetivamente criaram-se as possibilidades para a expansão da LEdoC por todas as grandes regiões do território brasileiro, com maior inserção nas regiões Nordeste e Sul (2008, 2009 e 2012). A Região Sul registra um acentuado acréscimo de IES com oferta do Procampo a partir do Edital do Procampo nº 02/2012.

Fonte: Coordenação Geral de Políticas de Educação do Campo/SECADI/MEC

Entre o período de 2008 a 2012 foram aprovados e apoiados, por meio de editais, 85 cursos em Instituições Públicas de Ensino Superior, considerando que, em 2006, foram apoiados quatro cursos; em 2008, apoiados 27 cursos; em 2009, apoiados dez cursos novos e a abertura de seis novas turmas em cursos em andamento; e, em 2012, apoiados 44 cursos (cursos selecionados independentemente de implementação), conforme consta o mapa abaixo. Os únicos estados que não ofertam a Licenciatura em Educação do Campo são o Amazonas, o Acre e o Mato Grosso.

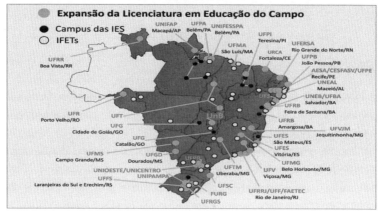

Fonte: Coordenação Geral de Políticas de Educação do Campo/SECADI/MEC

É importante destacar que desde 2008 a SECADI tem articulado, nos diferentes programas dentro do próprio ministério e nas próprias Instituições Públicas de Ensino Superior ofertantes das Licenciaturas em Educação do Campo, apoio técnico e financeiro na institucionalização do Procampo enquanto política pública. Nesse sentido, podemos registrar três movimentos importantes na institucionalização da formação inicial: 1) descentralização dos recursos financeiros para a manutenção e continuidade das turmas do Procampo na Matriz Orçamentária das Universidades, o que facilitou o cronograma de execução dos cursos que geralmente iniciam em janeiro; 2) publicação do Edital nº 02/2012 com a institucionalização dos cursos nas instituições selecionadas; para tanto, receberam incentivos financeiros e códigos de vagas de docentes e técnicos administrativos para implementação e oferta permanentemente das Licenciaturas em Educação do Campo nas instituições; 3) criação, em 27/04/2017, de um Grupo de Trabalho (GT), pelo Conselho Pleno da Associação Nacional dos Dirigentes das Instituições Federais de Ensino Superior (Andifes), ocorrido na CLXII Reunião Ordinária, para analisar e elaborar ações de apoio à continuidade, estabelecimento e permanência dos programas Procampo e Prolind de iniciativa dos reitores das universidades ofertantes das LEdoCs.

É de fundamental importância para consolidação da institucionalização que as instituições das ofertantes dos cursos garantam que as informações referentes a ingressantes, matrícula, e concluintes das Licenciaturas em Educação do Campo, conforme definido na Nota Técnica Conjunta 3/2016/GAB/SECADI/SESU, integre o conjunto de dados da Instituição de Ensino, que formam a base para a elaboração da Matriz de Orçamento de Outros Custeios e Capital (OCC), instrumento de distribuição anual dos recursos destinados à manutenção e ao funcionamento das instituições federais de educação superior, bem como registrem, no Censo da Educação Superior, os estudantes e os cursos da licenciatura como oferta regular de cada IFES.

A SECADI, para além dos editais do Procampo, vem, ao longo dos anos, dialogando com outras Secretarias do Ministério da Educação (MEC) como a Coordenação de Aperfeiçoamento de Pessoal de Nível Superior (Capes), Sistema Educacional Brasileiro (SEB), Secretaria de Educação Superior (SESU), Secretaria de Educação Profissional e Tecnológica (SETEC), Instituto Nacional de Estudos e Pesquisas Educacionais Anísio Teixeira (INEP), e mesmo outros ministérios, com a intenção de que os programas e as ações atendessem às especificidades dos projetos de extensão e pesquisas desenvolvidos no âmbito da Licenciatura de Educação do Campo. Nessa perspectiva foram instituídos o Programa Institucional de Bolsa de Iniciação à Docência para a Diversidade (Pibid Diversidade); Programação de Educação Tutorial (PET Conexões);

Observatório da Educação, Mais Educação Campo, Programa de Extensão Universitária - ProExt; e mais recentemente Residência Pedagógica – RP (2018), Programa Nacional de Acesso ao Ensino Técnico e Emprego (Pronatec Campo) etc.

Referências

FARIA, Viviane Fernandes. Concepção e objetivos do PNLD Campo. In: CARVALHO, Gilcinei Teodoro; MARTINS, Maria de Fátima Almeida (Orgs.). *Livro didático e Educação do Campo*. Belo Horizonte: Faculdade de Educação do Campo/UFMG, 2014.

INSTITUTO NACIONAL DE PESQUISA EDUCACIONAL ANÍSIO TEIXEIRA – INEP. *Censo Escolar 2017*. Brasília: INEP/MEC, 2017. Sinopse. Disponível em: <http://inep.gov.br/sinopses-estatisticas-da-educacao-basica>. Acesso em: 5 jan. 2019.

INSTITUTO NACIONAL DE PESQUISA EDUCACIONAL ANÍSIO TEIXEIRA – INEP. *Censo da Educação Superior 2016*. Brasília: INEP/MEC. Disponível em: <http://portal.inep.gov.br/censo-da-educacao-superior>. Acesso em: 5 jan. 2019.

BRASIL. Ministério da Educação – Secretaria de Educação Continuada, Alfabetização, Diversidade e Inclusão – MEC/SECADI. Procampo – Programa Nacional de Educação do Campo. *Edital de convocação nº 9/2009, de 29 de abril de 2009*. Brasília, 2009.

BRASIL. Ministério da Educação – Secretaria de Educação Continuada, Alfabetização, Diversidade e Inclusão – MEC/SECADI. Procampo – Programa Nacional de Educação do Campo. *Edital de seleção nº 2, de 31 de agosto de 2012*. Brasília, 2012.

BRASIL. Ministério da Educação. Matriz Orçamento de Custeio e Capital. *Portaria MEC nº 651/203*. Brasília: MEC/SESU, 2013. Disponível em: <http://www.forplad.andifes.org.br/sites/default/files/forplad/Modelos/comissao/Portaria%20n_651-Matriz%20OCC.pdf>. Acesso em: 5 jan. 2019.

CAPÍTULO 15

Pedagogia da Alternância em movimento

João Batista Begnami

Introdução

Este texto tem o objetivo de indagar sobre a Pedagogia da Alternância, seus contornos conceituais e seus pressupostos teóricos e metodológicos, historicamente elaborados nos contextos dos Centros Educativos Familiares de Formação por Alternância (CEFFAs)[1] e suas movimentações em diferentes contextos, inspirando outros espaços de formação e aspirando outros contornos teóricos e metodológicos, numa perspectiva emancipatória.

O CEFFA é uma construção social originária de camponeses franceses na década de 1930, e que se expande pelo mundo a partir da década de 1960. No Brasil começa com as Escolas Famílias Agrárias (EFAs) na década de 1960, por meio do Movimento de Educação Promocional do Espírito Santo (MEPES), as Casas Familiares Rurais (CFRs) na década de 1980, associadas às Associações

---

[1] O termo CEFFA, conforme as acepções de Begnami (2003), Queiroz (2004), Begnami; De Burghgrave; Hillesheim (2014) e o Parecer CEB/CNE nº 1/2006, é um conceito originário no Brasil, que se materializa em um fórum político de lutas por reconhecimentos da Pedagogia da Alternância e do financiamento público por meio de marcos regulatórios educacionais no âmbito federal. Expressa os movimentos educativos que adotam a Pedagogia da Alternância e a autogestão comunitária por meio da Associação de famílias e comunidades camponesas. Compõem a organicidade dos CEFFAs: as Escolas Famílias Agrícolas (EFAs), Casas Familiares Rurais (CFRs) e Escolas Comunitárias Rurais (ECORs).

Regionais de CFRs (ARCAFARs) e às Escolas Comunitárias Rurais (ECORs), iniciadas ao final dos anos de 1980.

O Movimento da Educação do Campo iniciado no Brasil na década de 1990 reconhece e adota a alternância como uma de suas metodologias de organização curricular e práticas pedagógicas. Antônio Munarim, primeiro coordenador na Diretoria de Educação do Campo no âmbito da então Secretaria de Educação Continuada, Alfabetização e Diversidade (SECAD), criada em 2003, é um dos que vocalizam esse reconhecimento:

> Quanto aos CEFFAs [...], através de participações especiais, têm prestado sua contribuição especialmente com a já referida Pedagogia da Alternância. [...] importa apenas aludir que esta prática pedagógica se expandiu para além das escolas dos CEFFAs, alcançando a Educação de Jovens e Adultos – EJA, nos sistemas oficiais e até mesmo a formação superior em universidades e institutos públicos. [...] a Pedagogia da Alternância compõe o âmago de todo o Movimento Nacional de Educação do Campo (MUNARIM, 2011, p. 10).

A Pedagogia da Alternância tem se tornado referência para a Educação do Campo, sobretudo para a formação docente, por meio das Licenciaturas em Educação do Campo. Contudo, o movimento da alternância para o contexto da Educação Superior coloca uma série de questões e a necessidade de pesquisas para responder a perguntas como: Que alternância ocorre em outros espaços formativos e educativos além dos CEFFAs, sobretudo, na educação superior? Adota-se a Pedagogia da Alternância ou princípios da alternância? Adota-se a alternância dos CEFFAs ou se estão construindo outras alternâncias, outras Pedagogias de Alternância?

Do mesmo modo que o movimento CEFFA questiona "que alternância é essa praticada em outros contextos educativos", a Educação do Campo tenciona a Pedagogia da Alternância em vários aspectos, sobretudo em seus referenciais teóricos, que limitam suas finalidades educativas na perspectiva emancipatória da formação humana e da coerência na construção de uma contra-hegemonia para um novo projeto de campo e sociedade.

Em nossas pesquisas verificamos que a alternância ganha novos sentidos nas universidades e nos movimentos sociais de luta pela terra que a utilizam, e isso coloca a necessidade de repensar seus pressupostos teóricos e epistemológicos, numa perspectiva de uma Pedagogia da Alternância brasileira, latino-americana. A celebração de 50 anos de caminhada dos CEFFAs no Brasil nos desafia a fazer apontamentos de caminhos possíveis de sínteses de uma Pedagogia da Alternância aliada aos movimentos sociais, à luta pela terra e à agroecologia na perspectiva camponesa.

A construção da Pedagogia da Alternância nos contextos dos CEFFAs

Contornos conceituais

O direito à afirmação da Pedagogia da Alternância no Brasil ainda não é um terreno totalmente firme na cena das ciências da educação. Mas "ela aponta para uma nova estação na história da educação", segundo Manfio (2014, p. 38). Manfio sugere verificar essa palavra na gramática latina, onde "alter" é raiz das palavras alternativa e alternância, que traz o sentido de outro. Alter também é um pronome indefinido para indicar um dentre dois sujeitos. Sendo assim, poderíamos falar da alternância como "educação alternativa" ou uma "escola alternativa" como possibilidades recorrentes iguais e não diferenciadas, ou seja, um simples substitutivo de equivalência ao que já existe, conforme o que ensina a gramática (RAVIZZA, 1956, p. 256, *apud* MANFIO, 2014, p. 38).

Mas quando os agricultores franceses inventaram a fórmula da alternância para a escola de seus filhos, eles estavam reivindicando uma escola diferenciada. A identificação dos agricultores brasileiros com a alternância também evoca esse sentido da busca por outra escola, diferente da escola rural ou do modelo de escola hegemônica da cidade, que ele conhece e que dela não se sente parte, tampouco vê sentido nela para sua realidade.

Na relação entre pedagogias, segundo Manfio (2014, p. 39), ocorre que "algumas são hegemônicas e servem aos interesses do poder; outras, subalternas, promovem as expectativas dos subalter(nos), e com eles lutam para conquistar a condição de alter(nativas)". Por isso, ele afirma que "a rigor, não poderíamos falar de 'pedagogias alternativas', senão na acepção de 'subalternizadas.'" Neste caso, o alternativo seria um fato provisório, enquanto não se ganhasse a hegemonia em outra sociabilidade, mas na perspectiva da hegemonia, seria sempre tratada numa condição inferior e nunca na equivalência de outra.

> [...] enquanto não se constrói consenso sobre a denominação adequada, é forçoso reconhecer pedagogias como fato radicalmente diferente, como outro ente, ontologicamente alter(nativo), que significa o outro diferente de todos os demais. Sua existência histórica se afirma em oposição às demais pedagogias, as hegemônicas, não como luta necessária, mas pela impossibilidade de convivência prática ou síntese dialética (MANFIO, 2014, p. 39).

A complexidade em torno das práticas da alternância dificulta a catalogação e capturação da materialidade de seus movimentos no campo do real para o processo de análise, reflexão e formulação de conceitos mais precisos que delineiam suficientemente este fazer pedagógico, que emerge como um novo paradigmático, alternativo no campo da educação, afirmam os estudiosos sobre o assunto. O fato é que a expansão de experiências de formação por alternância provoca igualmente uma grande confusão em torno desta modalidade pedagógica, pois "basta apenas que uma formação escolar tenha qualquer relação com um terreno profissional para que ela seja qualificada de alternância" (SILVA, L., 2003, p. 26).

Lesne (1982, p. 9), estudioso do assunto, conclui que a alternância é "proteifórmica", embora se trate de "práticas pedagógicas, mas imbricadas a outras práticas circundantes do ato pedagógico *stricto sensu*". A prática pedagógica alternante, em seu vigor, tem sentido abrangente; segundo o autor, envolve aspectos "organizacional ou o institucional [...], o jurídico [...], o político [...], ideológico (concepções de homem, de sociedade, de educação) [...] e também o utópico". Por isso, cautelosamente, Lesne (1982), frente a esta dificuldade em suas pesquisas, preferirá explicar a alternância empregando-lhe o termo de noção, em vez de conceitos.

Frente à expansão da alternância na educação, surge um conjunto de pesquisas evidenciando a identificação de diferentes traços e perspectivas aproximativas, dando à luz uma infinidade de práticas originais de alternâncias no plural. Mesmo diante das imprecisões identificadas, os pesquisadores criam critérios de classificação, propondo a análise da alternância à luz de tipologias ou modelizações. Este trabalho não tem a pretensão de fazer um mapeamento aprofundado sobre definições, classificações e as tipologias elaboradas sobre a alternância, pois estudos a este respeito já foram amplamente elaborados e divulgados no Brasil, a exemplo de Silva, L. (2003) e Queiroz (2004), entre outros. Por isso, este tema será apresentado de maneira panorâmica.

As classificações de alternância

As classificações de alternância na educação aparecem no trabalho de Malglaive (1979). Esse autor tipifica a alternância como "falsa", "aproximativa" ou "real". Outra pesquisa, nesse mesmo período, representada por Bourgeon (1979) segue nesta mesma linha de Malglaive, porém com outras terminologias, identificando a falsa alternância por "justapositiva", a associativa por "aproximativa" e a real por "copulativa". Lerbert (1995) também cria modelos com nomes diferentes, mas associados aos três apresentados por Malglaive e Bourgeon. Em lugar de falsa ou justapositiva, ele fala de "alternância de ritmos", em vez de aproximativa ou associativa, e fala em "inversão", e no lugar de real ou copulativa, ele fala em "reversibilidade".

No conjunto das tipologias identificadas, a alternância copulativa de Bourgeon (1979) é assim classificada por haver, segundo esse autor, uma conjunção entre os dois espaços/tempos: centro educativo e meio produtivo, formando uma unidade de tempo educativo único. Essa tipologia exige maior implicação do alternante na atividade produtiva, onde ele deve interatuar como sujeito, bem como na atividade intelectual, em que o processo é de produção e não apenas de consumo de saberes, conforme (GIMONET, 2007). E essa construção deve se processar dialeticamente entre ação-reflexão-ação, buscando os porquês e os como das coisas e implicando mais os sujeitos alternantes no processo de reflexão e na ação. Os conhecimentos dos dois espaços dialogam e se integram. Sendo assim, a alternância falsa, justapositiva ou de ritmos é aquela que não integra teoria e prática, mas faz apenas uma sucessão rítmica de tempos e espaços. A alternância aproximativa, associativa ou inversão seria uma relação teoria e prática, onde pode haver uma inversão hierárquica ora da teoria para a prática, ora da prática para a teoria, mas nunca uma unidade no sentido da práxis. O alternante, quando vai a campo, é um espectador, mas não se compromete com a realidade. Ou seja, numa perspectiva liberal, forma-se para o trabalho, na perspectiva da emancipação humana, forma-se pelo trabalho e sua desalienação.

A alternância como "sistema interface" é uma linha de pesquisa que busca classificar e compreender as relações implicadas numa formação por alternância articulada entre tempo de estudo e o tempo no mundo da empresa, no mercado de trabalho concreto. No mundo da empresa é preponderante a "lógica econômica de produção de bens e serviços, [...] da produção de saberes que devem ser confiáveis para ser utilizado [...] utilização de saberes da prática". No mundo da escola a preponderância é da "lógica da transmissão de saberes em vista de uma aquisição" (GEAY, 1998, p. 30). A preponderância que se coloca como lógica nos dois espaços reforça, muitas vezes, uma oposição entre saberes da prática e saberes teóricos, ou seja, a velha oposição entre trabalho manual e intelectual, o distanciamento entre teoria e prática e a separação entre escola e o mundo da produção. O sistema interface proposto pelo autor seria para equilibrar as oposições entre esses dois tempos e espaços.

André Duffaure e Daniel Chartier são os autores que mais contribuíram com suas explicações sobre os processos de formação por alternância. Para Duffaure (1993),

> [...] o ensino por alternância constitui um tempo completo, de estudo realizado numa sucessão de períodos de trabalho em um mundo econômico de verdadeira grandeza e de períodos de estudos de tempo completo em estabelecimentos de formação. [...] O essencial, segundo minha opinião, reside no estreito vínculo que saberá reunir estes distintos momentos a fim de constituir uma unidade de formação. Esta unidade de formação nos parece fundamental. [...] se trata em todo caso de realizar uma continuidade de formação em uma descontinuidade de atividades (DUFFAURE, 1993, p. 81).

Temos aí uma compreensão da alternância como um processo de formação contínua, mesmo que numa descontinuidade de atividades nos tempos e espaços diferentes. Deseja-se, com a alternância, uma unidade da formação nos espaços e tempos Escola e Comunidade, onde as atividades mesmo que diferentes e contraditórias se entrelaçam numa relação de vínculo, numa dimensão de integração, de unidade e não de complementariedade.

Autores orgânicos ao movimento CEFFA sintetizam as tipologias de alternância até aqui classificadas e cunham a "alternância integrativa" (CHARTIER, 1986, p. 155). Com base na assertiva de Duffaure, Gimonet (2007, p. 120) reforça a noção de Chartier, reiterando a noção de alternância integrativa. Esta definição tem base na assertiva de Duffaure (1993) apresentada acima e é seguida por outros, a exemplo de Gimonet (2007, p. 120), como forma de traduzir a "formação contínua na descontinuidade de atividades", segundo Duffaure (1993, p. 81).

Já Puig-Calvó (2001) introduz a terminologia "alternância interativa", pois esse modelo educativo consiste numa interação entre os diversos atores, meios e sistemas. "Isto quer dizer colaboração, cogestão, coabitação, entre os atores da educação. Estes intervêm na escola e esta intervém na comunidade. São intervenções-interativas complexas e complementares" (PUIG-CALVÓ, 2001, p. 9). Concordamos com Puig-Calvó quanto à proposta de introduzir o termo "interação", mas discordamos quando ele fala em complementariedade, pelo fato de essa ideia sugerir hierarquia de valor, rompendo com a ideia da unidade indissociável entre teoria e prática.

Os contornos conceituais e as classificações da Pedagogia da Alternância refletem os referenciais teóricos aos quais ela se associa em seus contextos históricos no tempo e no espaço e aos sujeitos coletivos que a ela se identificam e dela se apropriam.

Referências teóricas e epistemológicas da Pedagogia Alternância

No contexto francês, a Pedagogia da Alternância foi uma elaboração histórica que percorreu longos caminhos de "invenção e implementação de um instrumental pedagógico, que traduzia, nos seus atos, os sentidos e os procedimentos da formação", afirma Gimonet (2007, p. 23). Na sua gênese, ela se encontra com o movimento de educação popular promovido pela Juventude Agrária Católica (JAC) e adota a sua metodologia "Ver-Julgar-Agir". Por sua vez, esse movimento tinha por base a Filosofia Personalista de Emmanuel Mounier. O personalismo está umbilicalmente ligado ao pensamento social católico. Faz parte do humanismo idealista, reformista e universalista cristão, circunscrito ao período entre a Primeira e a Segunda Guerra Mundial. A tendência de o catolicismo se voltar mais ao povo e às questões sociais tem motivação na encíclica papal "Rerum Novarum",[2] que trata da doutrina social da Igreja Católica para a ocasião.

Conforme Chartier (1986), havia uma influência forte do pensamento social católico, por intermédio do padre Granereau, que, a princípio, idealizou o movimento dos CEFFAs como uma ação pastoral da Igreja, em reparação ao que ela e o Estado não faziam pelo campo (NOSELLA, 2012). Havia nas bases da doutrina social católica uma crítica à desumanização provocada pelo capitalismo, mas também uma preocupação em preservar os cristãos do avanço do comunismo, pelo seu teor ateísta.

À medida que o movimento se expande e exige organicidade, os agricultores demonstram um protagonismo tal que, em 1945, na Assembleia Geral da União das MFRs, o seu presidente intervém com a seguinte fala: "as MFRs não podem ser nem do Estado, nem da Igreja, e sim das famílias" (GARCIA-MARIRRRODRIGA; PUIG-CALVÓ, 2010, p. 40). Essa assembleia marca um processo de autonomia do movimento em termos políticos e administrativos, mas o fato da ruptura da orientação religiosa não rompe com a filiação ideológica ao humanismo cristão.

É o humanismo cristão católico que animará a alternância em sua fase inicial na França. A presença de André Duffaure e, na sequência, Daniel Chartier na coordenação pedagógica do Centro de Formação contribui fundamentalmente para um processo de sistematização da experiência com bases nas Ciências e na Psicologia da Educação. A Pedagogia da Alternância irá beber na corrente da pedagogia ativa de Decroly, R. Cousinet, J. Dewey, C. Freinet, Montessori, Steiner e mais tarde, em J. Piaget, C. Rogers, B. Schwartz (GIMONET, 2007, p. 23-24).

A sistematização e, mais tarde, a teorização atribuem importância para o processo da compreensão das práticas, da alimentação e ressignificação da ação no terreno e também ajudam a situar-se no horizonte educativo, a sair de isolamentos, criar identidade, posicionar-se e afirmar-se politicamente na história, afirma Gimonet (2007). Esse autor, um dos sucessores de André Duffaure e Chartier como diretor do Centro Nacional Pedagógico, sustenta a abordagem humanista da Pedagogia da Alternância. Sua tese doutoral, *Alternância e relações humanas*, tem bases fundamentadas em C. Rogers. (GIMONET, 1984).

A afirmação de que a alternância é elaborada em um processo criativo, com a primazia da ação e da experimentação, é uma abordagem da compreensão,

---

[2] "Das Coisas Novas", em Português, trata-se de uma encíclica escrita pelo papa Leão XIII em 15 de maio de 1891, que fala da condição dos operários e da classe trabalhadora, baseada em ideias distributivistas.

da teorização da prática que se opera um pouco depois no sentido de J. Piaget.[3] Ou seja, Gimonet e o movimento da alternância na França, dado momento, conforme a literatura disponível, caminham para a apropriação de teorias mais críticas, trazendo, em seus estudos fortes, relações com J. Piaget.

Atualmente, a tendência da Pedagogia da Alternância, sobretudo na França, é de referenciar-se à "teoria da complexidade" de Edgar Morin. Ao analisar as correntes pedagógicas, Gimonet (2007) afirma que, na atualidade, a pedagogia da complexidade, à qual ele inscreve a Pedagogia da Alternância, centra no sujeito em formação e sua realidade, por isso sua dimensão mais complexa (GIMONET, 2007, p. 108).

A alternância seria uma pedagogia da realidade ou da complexidade, pelo fato de

> [...] todos os componentes da vida real da pessoa e da instituição escolar constituírem um cadinho de formação e educação. A realidade é uma representação que cada um se faz do real e não se reveste da mesma significação ou valor de uma pessoa para outra. Por isso, convém considerar a palavra "realidade" no sentido da *complexidade*, como E. Morin a definiu. A saber: "[...] de constituintes heterogêneas inesperavelmente associadas (como uma tapeçaria)". O mundo é um tecido de acontecimentos, de ações, de interações, retroações, determinações, acasos, incertezas e contradições [...] Supõe articular, distinguir, sem separar, associar sem reduzir. Coloca o paradoxo do um e do múltiplo, mas também que o todo é mais que a soma das partes (GIMONET, 2007, p. 111-112).

Ao revestir a Pedagogia da Alternância com a Teoria da Complexidade, faz sentido, pois, segundo Gimonet (2007), esta pedagogia não se reduz às simplificações e dicotomias de uma abordagem binária da relação teoria-prática. Na sucessão das alternâncias entre as duas entidades (escola-comunidade), corre-se o risco do privilégio em um dos polos da relação, criando hierarquias da teoria sobre a prática ou vice-versa, típicas da alternância aproximativa, associativa ou reversa.

Numa perspectiva idealista, dedutiva, o foco poderá recair na teoria, centrada na escola, a qual pauta o processo, determinando o meio como lugar de aplicação dos conhecimentos ali transmitidos. Na perspectiva empirista, indutiva, a prática ganha destaque pautando a escola como lugar de formalização das experiências. Nessa perspectiva, critica-se a tendência de a alternância se tornar uma via utilitarista, próprio do pragmatismo, presente nas

---

[3] Gimonet se baseia em: PIAGET, J. *Réussir et Comprendre*. Paris: Puf, 1974. Uma das obras mais referenciadas pela Pedagogia da Alternância na França.

tendências tecnicistas, para o desenvolvimento de relações entre os aparelhos de formação e de produção com vistas a atender as demandas do mercado de trabalho e a necessidade de qualificação ou requalificação para o emprego, conforme Gimonet (2007).

Para Gimonet (2007), a alternância tem um corolário da complexidade por envolver a vida quotidiana como um todo, nos seus aspectos políticos, sociais, comunitários, culturais, ambientais, religiosos, não se reduzindo apenas à dimensão econômica da produção e das demandas do mercado de trabalho). Sendo assim, a alternância é uma Pedagogia da Complexidade por suas características "multidimensionais e relacionais". Ela é uma "Pedagogia das relações": "relações de espaços e tempos" escola-família-comunidade; "relações de saberes" teóricos e práticos; "relações de processos metodológicos", envolvendo a epistemologia da práxis: ação-reflexão-ação; a "relação entre pessoas", o alternante, os pais, os educadores, os mestres de estágio, as lideranças comunitárias e "relações entre instituições", a escola, família, comunidade, sindicatos, igrejas, movimentos sociais etc., conforme Gimonet (2007, p. 121). Neste ponto da conceituação da alternância como uma pedagogia das relações, estamos de acordo com Gimonet, mas ponderamos quanto à sua filiação à teoria da complexidade. A realidade do campo brasileiro aponta para outras necessidades de fundamentação teórica da Pedagogia da Alternância.

Aproximações da Pedagogia da Alternância com a Teologia da Libertação e a Educação Popular no Brasil

No Brasil, a base social que constrói a Pedagogia da Alternância tem ligações com os setores da Teologia da Libertação. A "opção preferencial pelos pobres" demonstra outra postura e abordagem do pobre, não mais visto como objeto da caridade, promovida pela filantropia, mas como sujeito da história. Segundo Figueiredo (2015) e Araújo (2005), as mudanças da Igreja na abordagem dos "pobres", vistos agora como "sujeitos políticos que protagonizam sua história, promovem uma aproximação com o pensamento freireano [...], com o seu princípio metodológico da ação-reflexão-ação, que possibilita uma leitura do cotidiano vivido como parte da aprendizagem escolar" (FIGUEIREDO, 2015, p. 60).

As Comunidades Eclesiais de Base (CEBs), alimentadas pela Teologia da Libertação e fomentadoras dessa nova abordagem teológica latino-americana, constituíram celeiros de formação de lideranças populares, na resistência e na luta contra o regime político da ditadura militar no Brasil. A partir delas, ações pastorais sociais e políticas mobilizaram a recriação de sindicatos, partidos políticos de esquerda, associações de moradores, associações de lutas por direitos, movimentos de direitos humanos, movimentos de luta pela terra. As EFAs surgem e se desenvolvem no terreno da emergência das CEBs, em plena ditadura militar e, mais tarde, no processo da redemocratização, com o movimento sindical de trabalhadores rurais, movimentos sociais, extrativistas da Amazônia, entre outros (Begnami, 2004).

A aproximação dos CEFFAs com Freire ocorre no Brasil, por meios das EFAs capixabas, bem no seu início de implantação. Já na década de 1970, o Centro de Formação do MEPES traduzia textos de Paulo Freire e os disponibilizava de forma mimeografada,[4] para subsidiar a formação de monitores/educadores das EFAs. Esses estudos materializam o início de novas adoções teóricas e metodológicas da Pedagogia da Alternância no Brasil.

Em nossa análise sobre a primeira fase das EFAs no Brasil, identificamos a EFA como centro de educação popular que oferecia cursos livres, com duração de dois anos, onde os princípios da alternância enfatizavam a formação não de técnicos agrícolas, na perspectiva escolar, mas de agricultores técnicos, que deveriam se engajar em suas comunidades como lideranças (Begnami, 2003, p. 32-33), Segundo Figueiredo (2015), essa fase representa uma primeira aproximação entre alternância e educação popular.

Com o passar do tempo, as EFAs regularizam e oficializam seus cursos e a escolarização passa a ocupar lugar central no processo. Por um lado, isso representa um avanço no campo do direito à educação, requerido pela classe camponesa, por outro lado, corre-se o risco do enfraquecimento da dimensão como centros de cultura, de educação popular, tornando-se mais escola e menos família-comunidade. Nossa afirmação sobre a EFA como um centro de educação popular surge de observações empíricas nos anos de 2000. Em trabalho recente sobre a participação camponesa na construção da EFA, Rogério Caliari (2013) tece uma ampla análise sobre a Pedagogia da Alternância e seus tangenciamentos com a educação popular.

> Ao falarmos em Educação Popular e de suas aproximações com a Pedagogia da Alternância/Escolas Famílias Agrícolas, estamos nos referindo a práticas educacionais que se firmam a partir das mediações entre um aprendizado escolar alternativo e os saberes presentes na cotidianidade das classes populares impedidas historicamente do acesso à escolarização (Caliari, 2013, p. 275).

O trabalho de Caliari aprofunda suas análises sobre as aproximações do Movimento de Educação de Base (MEB) com as EFAs, e destes com a Ação Católica e Paulo Freire. A materialização dessas aproximações fica patente, entre outas coisas, nas finalidades desses movimentos em relação ao público camponês, a

---

[4] Informação obtida em conversas com Sérgio Zamberlan, ex-coordenador do Centro de Formação de Monitores do MEPES.

inspiração no método Ver-Julgar-Agir, ligado à Ação Católica, e na adoção dos "temas geradores", baseados em Freire (1983).

A despeito das contradições que o processo da escolarização formal provoca, o CEFFA mantém assim mesmo suas aproximações com a educação popular, pois, além de trabalhar conteúdos contextualizados à realidade camponesa e desenvolver o método dialético da ação-reflexão-ação, mantém, sobretudo, uma marca social, dada pela classe social que o frequenta – os camponeses, geralmente, empobrecidos, pequenos sitiantes, extrativistas, sem terras, quilombolas, trabalhadores assalariados.

A partir do início da década de 1990, com a consolidação e expansão de várias conquistas dos movimentos sociais e sindicais, como a reforma agrária, políticas públicas para o campo, a Pedagogia da Alternância começa a ser amplamente disputada na sociedade brasileira por se revelar estratégica na democratização do acesso dos trabalhadores à educação como direito humano e social.

Práticas e compreensões de alternância em outros espaços de formação e educação

A Pedagogia da Alternância dos CEFFAs do Brasil inspira processos de formação por alternância em diversos espaços de formação e educação. Ou seja, ela vem sendo disputada na sociedade brasileira, conforme Silva, S. (2013). De uma iniciativa comunitária autogestionada, ela se estende às esferas públicas municipal, estadual e federal. Já ocorre em todos os níveis e modalidades da educação básica, tanto regular, quanto na Educação de Jovens e Adultos (EJA) e na educação superior. Está presente em programas governamentais[5] e centros educativos vinculados a Organizações Não Governamentais (ONGs) de empresas[6] e de organizações sociais vinculadas aos movimentos sociais.

Descobrimos experiências recentes de alternância na alfabetização de crianças em escolas públicas do norte capixaba, conforme os trabalhos de Silva, F. (2014) e Baldotto (2016). A alternância desperta interesse e ganha terreno na organização curricular e práticas pedagógicas, desenvolvidas pelo Programa de Educação de Jovens e Adultos (Proeja), na Rede dos Institutos Federais (IFs).[7] Pesquisas

---

[5] Programas governamentais que propõem a organização do trabalho pedagógico por Alternância: o Programa Nacional de Educação na Reforma Agrária (Pronera); o Projovem Campo Saberes da Terra e o Programa de Apoio à Formação de Educadores do Campo (Procampo).

[6] O trabalho de Camacho (2013) investiga experiências de Alternância nos ambientes de ONGs vinculadas a empresas, cuja finalidade é formar empreendedores como empresários rurais.

[7] Plano de curso técnico em agroindústria nível médio subsequente e concomitante na Pedagogia da Alternância. Disponível em: <http://www.ifb.edu.br/attachments/article.pdf>. Acesso em: 15 fev. 2017.

acadêmicas começam a se multiplicar evidenciando essas práticas Brasil afora, conforme Oliveira (2016) e Ferrari (2015). Nos cursos técnicos de nível médio dos IFs, a alternância ganha terreno também, conforme os trabalhos de Vieira (2017) e Souza (2015). Na Rede Pública Estadual e Municipal, encontramos registros feitos pelos trabalhos de Aniszewski (2014) e Correa (2014).

O MST e a Via Campesina[8] foram pioneiros na adoção da alternância em seus cursos. Mas adotam a alternância de tempos e espaços, Tempo Escola (TE) e Tempo Comunidade (TC). Além do Instituto Técnico de Capacitação e Pesquisa da Reforma Agrária (ITERRA), outros espaços de formação adotam esta metodologia. Os trabalhos de Barros (2016), Caldart (2000), Camini (2009), Figueiredo (2015) e Silva, E. (2016) refletem essas experiências e afirmam que elas adotam "princípios da alternância", mas não se filiam à Pedagogia da Alternância.

Na educação superior destacamos duas pesquisas que investigam a alternância na Licenciatura em Educação do Campo: Barbosa (2012) e Santos (2013). O trabalho de Barbosa conclui que, no curso em análise, a LEdoC[9] na UnB, a alternância na organização curricular, articulando TE-TC, com todos os seus desafios, representa uma das contra-hegemonias na institucionalidade acadêmica e na sociedade. Analisando o mesmo curso, Santos busca compreender como a alternância orienta o trabalho pedagógico nos tempos formativos, TE e TC, e conclui que a alternância é uma proposta em construção, e contribui com a reflexão sobre a utilização no ensino superior, numa perspectiva emancipatória dos sujeitos.

Ambos os trabalhos não colocam em questão se a Licenciatura em Educação do Campo apropria ou se inspira na Pedagogia da Alternância e a ressignifica na educação superior, assim como veremos nas experiências educativas formalizadas pela Via Campesina, onde se afirmam trabalhar princípios da alternância e não, propriamente, com a Pedagogia da Alternância.

Princípios da alternância na formação

Examinando os pressupostos teóricos da alternância no contexto dos CEFFAs, percebe-se que eles divergem daqueles adotados pela alternância presente nos cursos da Via Campesina no Brasil,[10] afirma Ribeiro (2010, p. 340). A autora

---

[8] O Caderno nº 9 do Instituto Técnico de Capacitação e Pesquisa da Reforma Agrária (Iterra).

[9] As Licenciaturas em Educação do Campo recebem siglas diferenciadas: LEdoC (UnB), Lecampo (UFMG), Licena (UFV), LEC (UFVJM) etc.

[10] Trata-se dos diferentes cursos oferecidos pela Fundação de Ensino e Pesquisa da Região Celeiro (FUNDEP); pelo Instituto de Capacitação e Pesquisa da Reforma Agrária (ITERRA), Veranópolis/RS, e pela Escola Florestan Fernandes, em Guararema no estado de São Paulo. Outras experiências

problematiza se o TE e o TC, aplicados na organização de cursos ligados ao Movimento Sem Terra (MST), poderiam ser chamados de Pedagogia da Alternância. Segundo Cerioli (*apud* RIBEIRO, 2010, p. 227-228), "a pedagogia da alternância não é uma pedagogia; ela é apenas um detalhe da organização do curso e da escola". Porém, a tendência reducionista da alternância não é hegemônica. Segundo Kolling (2002, p. 55), todos os cursos formais organizados pelo MST e os movimentos da Via Campesina "são realizados no sistema da alternância. Essa modalidade nos permite trabalhar de forma conjugada o TE e o TC. Experiência que vem se mostrando muito promissora".

Outros teóricos do MST, como Caldart (2000) e Camini (2009), também reconhecem a importância da Pedagogia da Alternância e afirmam que a pedagogia do MST a politiza, mas não se filia a ela. "O que remete ao fato de que o MST e outros sujeitos da educação fazem, com base nos seus fins políticos, uma leitura própria do significante flutuante da alternância", afirma Figueiredo (2015).

A alternância entre estudo e trabalho se encontra nos socialistas utópicos, Fourier e Robert Owen (1771-1858), inspiradores das ideias de Marx e Engels. Gimonet (2007), ao tratar dos antecedentes da alternância, afirma que ela está presente na Pedagogia Socialista. "[...] a escola socialista [...] busca suas ideias em K. Marx, cuja teoria da educação é de unir a educação ao trabalho, que segundo ele, apresenta um imenso potencial formativo e educativo e permite ao homem realizar-se, 'criar um homem novo'" (GIMONET, 2007, p. 114). Assim, podemos afirmar que a alternância é um "princípio educativo" que se faz presente nos pensadores como Marx, Lenin e Gramsci até o pensamento cristão católico romano, inaugurado com a experiência dos CEFFAs na França, de acordo com Ribeiro (2010), Mesquita e Nascimento (2014) e Figueiredo (2015). Evidentemente, o princípio da alternância do trabalho com o tempo escolar não é aplicado à fábrica, mas à família e à comunidade, no contexto originário dos CEFFAs. "O discurso universalista cristão é quem animava esse princípio metodológico, longe, portanto, do *éthos* marxista revolucionário." (MESQUITA; NASCIMENTO, 2014, p. 1091).

O fato de os Projetos Político-Pedagógicos, das experiências de educação presentes nos movimentos da Via Campesina citarem explicitamente os clássicos do socialismo científico como Marx, Engels, Gramsci, Lenin, entre outros, e se referenciarem na experiência educacional da Pedagogia Socialista, legada pela

---

de alternância ocorrem nos Cursos de Pedagogia da Terra organizados pelo MST em parceria com universidades. O primeiro curso iniciou em 1998 na Universidade de Ijuí (UNIJUÍ) no Rio Grande do Sul com a participação de educadores da reforma agrária de 14 estados do país, conforme Kolling (2002, p. 55). Os cursos de Pedagogia da Terra se multiplicaram pelo Brasil e serviu de inspiração, assim como os CEFFAs, para a criação das Licenciaturas em Educação do Campo na UFMG em 2005 e demais universidades a partir de 2008.

Rússia pós-revolucionária, destacando os pioneiros Pistrak, Makarenko, entre outros, são os ingredientes da diferença entre a alternância dos CEFFAs e aquela dos movimentos da Via Campesina, conforme Ribeiro (2010, p. 321-322).

Sendo assim, "O MST, que articula cristianismo e marxismo (via Teologia da Libertação) (STÉDILE, 2005), desloca o princípio da alternância do sentido cristão humanista e o ressignifica no bojo de um projeto revolucionário socialista em que o camponês desempenha um papel de suma importância" (MESQUITA; NASCIMENTO, 2014, p. 1092). Nesses aspectos reside a ação criativa do MST na sua interpretação, ressignificação em torno de suas práticas dos princípios da alternância.

Também na relação da Educação do Campo com a Pedagogia da Alternância percebe-se um movimento de aproximações com vários olhares e práticas onde emergem ressignificações criativas, chegando-se a compreensões as mais diversas. Parece-nos que uma das mais acertadas é de que não se aplica à Pedagogia da Alternância, mas princípios da alternância nas diversas experiências de educação alternada. Tal assertiva encontra-se nos estudos de Figueiredo (2015) e Mesquita e Nascimento (2014). Esses autores afirmam que há um princípio de alternância perpassando a história do século XIX ao século XX, nas relações trabalho-educação. Por isso, defendem a nomenclatura princípios de alternância para substituir a Pedagogia da Alternância nos contextos de educação alternada dos movimentos da Via Campesina. Tal consideração poderia se estender a todos os outros contextos de educação alternada, a exemplo da alternância proposta para a Licenciatura em Educação do Campo?

A alternância no Lecampo da UFMG

Nosso olhar sobre a alternância no Lecampo da UFMG, neste texto, toma por base os Projetos Político-Pedagógicos (PPPs) do curso em suas três versões – 2005, 2008 e 2009, os trabalhos de Antunes-Rocha (2011); Antunes-Rocha; Martins; Machado (2012) e Antunes-Rocha; Martins (2012) e as nossas observações a partir da inserção no terreno.

A análise da alternância presente na descrição do PPP do Lecampo, desde a sua primeira versão de 2005, bem como a partir das nossas observações das práticas de organização e execução do trabalho pedagógico em seu cotidiano, revelam tangenciamentos com as práticas e acepções identificadas nas experiências de alternância desenvolvidas no âmbito dos CEFFAs e dos cursos do Pronera. Ou seja, esta experiência não se filia à Pedagogia da Alternância na sua acepção e prática nos CEFFAs, portanto, não a reproduz, isto é, o Lecampo cria suas próprias mediações pedagógicas no desafio da unidade formativa entre os tempos/espaços Escola e Comunidade.

Na Lecampo da UFMG, "a alternância [...] assume o sentido da comunidade, como espaços físico, social e político, como dimensão formativa. Esse espaço inclui a família, mas não a tem como centralidade" (ANTUNES-ROCHA, 2011, p. 50).

> [...] escola e comunidade são tempos/espaços para a construção e avaliação de saberes e que, portanto, seria necessário buscar superar a perspectiva de que a escola é lugar da teoria e a comunidade é o lugar a aplicação/transformação. [...] Assim se afirmaram os conceitos de Tempo Escola e Tempo Comunidade, como processos contínuos de aprendizagem (ANTURES-ROCHA; MARTINS; MACHADO, 2012, p. 201).

Assim, as autoras afirmam os conceitos de TE e TC, tomados das experiências de alternância nos contextos de formação da Via Campesina, do MST e do Pronera, como processos de formação contínua que traduzem no contexto do Lecampo outra forma de expressar a alternância. Este conceito expressa o sentido da Pedagogia da Alternância integrativa que assume um propósito de promover uma unidade formativa nos tempos e espaços com suas distintas lógicas e atividades. Porém, no âmbito do Lecampo, a forma de referenciar a alternância como inspiração e não apropriação demonstra um cuidado para com um constructo teórico e metodológico que constitui uma matriz historicamente construída no âmbito dos CEFFAs.

> A alternância já se constitui em tema consolidado de pesquisas nos programas de pós-graduação em educação do país e do exterior. Em 2006, a CEB/CNE, no Parecer nº 1/2006, expõe motivos e aprova os dias de estudos na comunidade como dias letivos para a Pedagogia da Alternância (ANTUNES-ROCHA, 2011, p. 45).

Os CEFFAs constituem-se numa elaboração em construção pelo movimento camponês, com uma história; uma organicidade com autogestão; uma proposta educativa diferenciada, com princípios, conceitos, metodologia e instrumentos pedagógicos; bases legais e pesquisas acadêmicas, conforme os trabalhos sobre o estado da arte da Pedagogia da Alternância referenciados em Ferrari *et al.* (2016); Silva e Sahr (2017) e Teixeira *et al.* (2008). Com esse repertório pode-se afirmar que a Pedagogia da Alternância é uma matriz teórica e metodológica paradigmática desse movimento educativo, assim como a Educação do Campo vem se constituindo em um novo paradigma na educação brasileira.

Nessa perspectiva de referenciar a alternância como inspiração, o Lecampo da UFMG, em seus 13 anos de caminhada com seu repertório de conquistas e muitos desafios, desenvolve uma relação TE e TC com sete princípios de alternância interatuando, conforme a nossa descoberta: 1) o projeto de campo e sociedade; 2) parcerias com os movimentos sociais; 3) relação tempos-espaços – prática-teoria- prática; 4) organicidade e protagonismo dos sujeitos;

5) mediações pedagógicas; 6) formação por área de conhecimento; 7) o trabalho docente em equipe.

Um novo projeto de campo e sociedade é intencionado no Projeto Político Pedagógico, evidenciado no trabalho pedagógico do curso, evocado nos discursos dos estudantes e dos professores mais comprometidos com o projeto. O projeto de campo implica assumir o paradigma da questão agrária, da luta pela territorialidade camponesa.

As parcerias com os movimentos sociais e sindicais expressam o vínculo com as raízes da Educação do Campo. Manter vivo este vínculo é fundamental no aspecto político da sustentação do futuro do curso e no aspecto pedagógico da relação com as matrizes formadoras do currículo do curso: a terra, a luta pela terra, a dimensão formadora das lutas e dos movimentos sociais e sindicais; as grandes temáticas que envolvem a territorialidade camponesa hoje: a produção sustentável da vida no campo com base na agroecologia, nos alimentos saudáveis, seguros, na sucessão da juventude rural, na relação com o trabalho no campo, na escola do campo, entre tantos outros.

A relação tempos-espaços Escola-Comunidade – prática-teoria-prática. A relação TE-TC configura um princípio estratégico da formação por alternância. Primeiro, facilita o acesso e a permanência na escola como direito aos trabalhadores. No Lecampo, a organização dos TEs e TCs está bem configurada com a realidade dos estudantes que trabalham, sobretudo, em espaços escolares. Ou seja, o contexto de trabalho dos estudantes em escolas do campo condiciona a programação de TEs nos tempos de férias escolares e os TCs nos tempos de trabalho na escola. Segundo, para quem vive distante dos centros educativos, a frequência escolar em tempos alternados na escola evita a saída da comunidade, mantém os vínculos familiares, comunitários. Terceiro, essa organização dos processos formativos nos espaços e tempos Escola e Comunidade é uma inflexão na escola como único lugar de possiblidades de ensinar e aprender.

A relação prática-teoria-prática demarca uma perspectiva epistemológica da práxis crítica e transformadora. Ela horizontaliza as relações educador-educando-comunidade. Há uma preocupação dos educadores em aproximar da realidade objetiva dos educandos, em contextualizar o ensino e a aprendizagem e em valorizar e dialogar com os saberes locais. O desafio neste aspecto está nas condições objetivas para facilitar mais espaços de reuniões em vista do trabalho pedagógico em equipe, para a discussão sobre as possibilidades de relações dos campos de conhecimentos, a constituição de temáticas geradoras para pesquisas da realidade e realização sistemática de seminários integradores para socialização das pesquisas realizadas nos TCs a cada chegada dos estudantes nos TEs.

A organicidade e o protagonismo dos sujeitos. A organicidade no Lecampo envolve a organização dos docentes dos monitores que auxiliam nos processos de ensino e aprendizagem, no trabalho pedagógico em equipe; o colegiado do curso; a comissão interinstitucional, espaço descrito como possibilidade de participação dos movimentos sociais e, sobretudo, a auto-organização dos estudantes. A organicidade no Lecampo é um processo de aprendizado pela reflexão e prática. A organização dos grupos de trabalho favorece o aprendizado do trabalho coletivo, do compromisso com o curso, do protagonismo dos sujeitos, do exercício da liderança e da participação social.

A auto-organização é um desafio a fazer da escola uma comunidade de vida social, inserida na realidade atual, com todas as contradições que ela engendra. A organicidade é uma das estratégias para formar educadores do campo com competência técnica, mas também com compromisso político de engajamento na luta pela transformação social, conforme Pistrak (2009).

As mediações pedagógicas são pontes fundamentais para a operacionalização de uma alternância mais integrativa entre os tempos e espaços, entre os processos metodológicos e epistemológicos na construção do conhecimento, entre os sujeitos e as instituições envolvidas. Conforme a nossa pesquisa, no Lecampo da UFMG identificamos um conjunto de mediações pedagógicas que interatuam no TE, TC e nas interfaces TE-TC. Análise da Prática Pedagógica (APP), Organicidade e Místicas formam um bloco de mediações que operacionalizam com maior intensidade o TE; Monitoria, Guia do Estudante e o Trabalho de Conclusão de Curso são mediações que operam na interface entre TE-TC e a pesquisa, prática social/profissional, Jornada Socioterritorial e Estágios são mediações que caracterizam mais o TC.

A formação por área de conhecimento é uma ousadia, inédita na formação docente no Brasil. Um desafio que o Lecampo vem se propondo a enfrentar, assim como o conjunto da Licenciatura em Educação do Campo no país. Umas das exposições de motivos para esta escolha é a necessidade premente de "ampliar as possibilidades de oferta da educação básica no campo, especialmente, no que diz respeito ao ensino médio, pensando em estratégias que maximizem a possibilidade das crianças e jovens do campo estudarem em suas localidades de origem" (MOLINA; SÁ, 2011, p. 48). Além desse objetivo específico, as autoras destacam a intencionalidade maior da formação por área de conhecimento: "contribuir com a construção de processos capazes de desencadear mudanças na lógica de utilização e de produção de conhecimento no campo" (p. 48). Esses objetivos estão colocados no Projeto Político Pedagógico do Lecampo e a experiência tem mostrado que a proposta é um acerto, conforme nossa observação sobre o curso.

Por fim, o trabalho em equipe é uma necessidade vital para empreender uma formação por alternância. Essa mediação demonstra ser estratégica para engenhar as demais mediações. Talvez seja uma das mediações mais difíceis no Lecampo, dada a impossibilidade da dedicação dos professores ao curso. Essa situação, limitada por determinações da institucionalidade acadêmica, tem sido contornada com um núcleo básico que se forma em torno do curso. Esse núcleo é formado pelos professores que atuam como coordenadores de cada uma das quatro áreas em funcionamento, juntando com os coordenadores gerais, efetivo e suplente e a coordenação do eixo integrador, forma-se o núcleo básico. Mas isso tem se revelado insuficiente, provocando inquietações, sobretudo no que tange ao tempo para pensar o curso, realizar reuniões conjuntas para organizar o trabalho pedagógico de forma mais coletiva e interdisciplinar e acompanhar mais os estudantes no TC.

Mesquita e Nascimento (2014), em seus estudos sobre o assunto, identificam mais um princípio na alternância, o da contra-hegemonia, com ancoragem na construção do conhecimento na perspectiva da práxis transformadora.

A alternância na contra-hegemonia

Uma das primeiras aproximações de análise feita por autores orgânicos ao movimento CEFFA em torno do encontro da Pedagogia da Alternância com a Educação do Campo no Brasil, a partir do final da década de 1990, pode ser encontrada na pesquisa de Telau (2015) e no trabalho de pesquisa que estamos concluindo sobre a alternância no Lecampo/FaE-UFMG.

Para Telau (2015), o encontro da Pedagogia da Alternância com a Educação do Campo lhe traz o vigor de revisão e ressignificação no contexto interno dos CEFFAs e em outros contextos. Contudo, segundo o autor, esse encontro não foi passivo aos tensionamentos. Tensionamentos da ordem da relação escola-família que deveria ampliar-se para uma relação escola-comunidade, numa perspectiva de "processos mais coletivos da organização do trabalho"; da "relação da produção com as questões sociais e políticas"; relação dos "conteúdos com a finalidade de que eles não servissem apenas como instrumentos de aperfeiçoar o trabalho no campo, mas de entender as relações sociais, tecnológicas e políticas que se desenvolvem nesse e em outros contextos"; relação com o Estado, enfim, "tensionamentos na forma do pensar, sentir, agir, aprender e ensinar nos CEFFAs" (TELAV, 2015, p. 43-44).

Na visão de Telau, com a qual concordamos, a corrente humanista historicamente envolvida na Pedagogia da Alternância "colocou em cheque a sua identidade histórica como pedagogia popular do campo, trazendo entraves para que os CEFFAs se constituíssem na perspectiva contra-hegemônica da sociedade, ou seja, que realizassem uma educação comprometida com a emancipação humana", com outro projeto de campo e sociedade (TELAV, 2015, p. 43-44).

Ao que Telau nos põe em tela, Caldart (2004) joga mais luzes.

> O Vínculo da Educação do Campo com os movimentos sociais aponta [...] para algumas dimensões da formação humana que não podem ser esquecidas em seu projeto político e pedagógico: pensar que precisamos ajudar a educar não apenas trabalhadores do campo, mas também lutadores sociais, militantes de causas coletivas e cultivadores de utopias sociais libertárias (CALDART, 2004, p. 31).

A pesquisa de Camacho (2014) faz uma diferenciação da Educação do Campo e da alternância adotada em contextos onde o paradigma não é o da questão agrária, da territorialidade camponesa, mas do capitalismo agrário, ligado a perspectivas econômicas que aproximam mais do agronegócio e que não se colocam, portanto, numa perspectiva de educação emancipatória, libertadora da classe trabalhadora.

> [...] a Educação do Campo *emancipatória*. [...] é uma *educação contra o capital*, mais especificamente, contra o agronegócio. Pois, o mesmo é inimigo do campesinato. A agricultura camponesa e a agricultura capitalista são formadas por classes antagônicas. Logo, os interesses entre as mesmas são, *a priori*, antagônicos. Esta perspectiva demonstra que a Educação do Campo no Paradigma da Questão Agrária tem um *recorte de classe* bem definido. Neste contexto, a Educação do Campo se transforma em um instrumento de *resistência cultural e política da classe camponesa frente ao capital* (CAMACHO, 2014, p. 763, grifos do autor).

Para "a Pedagogia da Alternância se constituir como uma experiência contra-hegemônica na construção dessa sociedade, é preciso que se ajuste a um referencial que a instrumentalize nessa perspectiva," afirma Telau (2015, p. 167). Telau assevera ainda que a luta do Movimento da Educação do Campo e a do Movimento CEFFA deve ser a mesma.

Estamos de acordo que um dos desafios é se esforçar para transformar dilemas em possibilidades de reelaborações e ressignificações da Pedagogia da Alternância, buscando sínteses que a incluam numa perspectiva da dialética crítica e transformadora. Assim como Camacho (2013, p. 396) afirma que a Educação do Campo foi constituída, principalmente, com base nos pressupostos teóricos e metodológicos da Pedagogia Socialista, Pedagogia Libertadora-Freireana, Pedagogia do Movimento e a Pedagogia da Alternância, possamos afirmar que a Pedagogia da Alternância, como elaboração teórica e prática dos CEFFAs, deve ser uma obra em construção permanente, com base nos pressupostos teóricos e metodológicos da Educação do Campo, Pedagogia Socialista, Pedagogia Libertadora-Freireana e Pedagogia do Movimento. Apesar das contradições e dilemas da alternância, o fato é que ela vem se tornando referência na Educação do Campo.

Considerações finais

A alternância no contexto dos CEFFAs conta com uma longa história, com sujeitos e contextos camponeses, com uma base organizativa, institucional; com princípios e finalidades; mediações pedagógicas; lutas por bases legais e financiamento público; pressupostos teóricos e metodológicos e conhecimentos produzidos pelas pesquisas acadêmicas. Assim sendo, a Pedagogia da Alternância é matriz teórica e metodológica embasada na práxis socioeducativa dos CEFFAs. Mais, a Pedagogia da Alternância vem se constituindo como um novo paradigma no contexto da educação e em um dos referenciais para a Educação do Campo no Brasil.

O fato é que a alternância revoluciona a organização curricular e o trabalho pedagógico; diversifica e complexifica as formas e os lugares e tempos de ensinar e aprender, de construir o conhecimento na lógica do diálogo e da troca dos saberes, desafiando as fragmentações e hierarquizações dos conhecimentos. O que alça o caráter pedagógico da alternância são os espaços e tempos que ela articula no processo educativo, levados à categoria de espaços e tempos formadores com mediações pedagógicas apropriadas. Sem isso, são ritmizações sucessivas de idas e vindas sem comprometimentos.

Vimos que a alternância diversifica a sua expansão, pois ela está em disputa por vários movimentos sociais, organizações públicas e privadas da sociedade brasileira. É notório nas conclusões da maioria das pesquisas acadêmicas a respeito que na relação da Educação do Campo com a Pedagogia da Alternância ocorre um movimento de aproximações com vários olhares e práticas, onde emergem ressignificações criativas, chegando-se a compreensões as mais diversas. Parece-nos que uma das mais acertadas definições é de que não se aplica a Pedagogia da Alternância, mas regime de alternância com o desenvolvimento de princípios da alternância nas diversas experiências de educação alternada para além dos CEFFAs.

A Pedagogia da Alternância dos CEFFAs transcende a dimensão de uma simples metodologia e se torna uma proposta pedagógica mais sistêmica e universal. Ela é um "princípio educativo" que se faz presente na proposta da escola do trabalho de Marx, Lenin, Gramsci, Pistrak, Makarenko, entre outros, até o humanismo cristão. A Educação do Campo tenciona a Pedagogia da Alternância na perspectiva de sua ressignificação, provocando-lhe a fazer uma inflexão da filosofia personalista, humanista, cristã, para a filosofia da práxis transformadora, aproximando mais de Marx, Gramsci, Freire, entre outros, para potencializar suas finalidades educativas, na perspectiva da formação emancipatória, na contra-hegemonia por um novo projeto de campo e sociedade.

Para melhor expressar a diversidade das práticas de alternância em seus mais diversos contextos e das mais diversas possibilidades pedagógicas para sua dinamização nos tempos e espaços Escola e Comunidade, seria pertinente afirmá-la no plural: Pedagogias da Alternância, em vez de simplesmente transformar o pedagógico em adjetivo da alternância, ao querer diferenciá-la, propor inverter Pedagogia da Alternância por Alternância Pedagógica.

Enfim, vimos que a Pedagogia da Alternância está em plena movimentação, sobretudo, nos contextos dos CEFFAs do Brasil e mais ainda em outros contextos de formação e educação, o que nos leva a constatar uma Pedagogia da Alternância em movimento, em construção e em disputas. Em todos os espaços, onde quer que ela esteja, ela precisa ser pedagogizada e politizada para potencializar a sua dimensão formadora na perspectiva contra-hegemônica.

Referências

ANISZEWSKI, Sania Lopes Bonfim. *A Pedagogia da Alternância na esfera pública: um estudo em Barra de São Francisco – ES*. São Mateus: FVC, 2014. Dissertação (Mestrado Profissional em Gestão Social, Educação e Desenvolvimento Regional) – Faculdade Vale do Cricaré, São Mateus, 2014.

ARAÚJO, Sandra Regina Magalhães. *Escola para o trabalho, escola para a vida: o caso da escola família agrícola de Angical – Bahia*. Salvador: UEBA, 2005. Dissertação (Mestrado em Educação) – Faculdade de Educação, Universidade do Estado da Bahia, Salvador, 2005.

BALDOTTO, Ozana Luzia Galvão. *Educação do Campo em movimento: dos planos à ação pedagógica em escolas multisseriadas e anos iniciais de São Mateus (ES) e Jaguaré (ES)*. São Mateus/Vitória: UFES, 2016. Dissertação (Mestrado em Educação) – Faculdade de Educação, Universidade Federal do Espírito Santo, Vitória, 2016.

BARBOSA, Anna Isabel Costa. *A organização do trabalho pedagógico na Licenciatura em Educação do Campo na UnB: do projeto às emergências e tramas do caminhar*. Brasília: UnB, 2012. Tese (Doutorado em Educação) – Faculdade de Educação, Universidade de Brasília, Brasília, 2012.

BARROS, Analisa Bescia Martins. *Quando o problema é de classe! Trabalho e educação em um curso de ensino médio profissional: relações e tensões entre a formação política e a formação técnica no IEJC (ITERRA/MST)*. Porto Alegre: UFRS, 2016. Tese (Doutorado em Educação) – Faculdade de Educação, Universidade Federal do Rio Grande do Sul, Porto Alegre, 2016.

BEGNAMI, João Batista. Uma geografia da Pedagogia da Alternância no Brasil. In: *Documentos Pedagógicos*. Brasília: Unefab, 2004. p. 3-20.

BEGNAMI, João Batista. *Formação pedagógica de monitores das Escolas Famílias Agrícolas e alternâncias: um estudo intensivo dos processos formativos de cinco monitores*. Lisboa/Portugal: NOVA, 2003. Dissertação (Mestrado em Ciências da Educação e Desenvolvimento Sustentável) – Universidade Nova de Lisboa, Lisboa, 2003.

BOURGEON, G. *Sócio pédagogie de l'alternance*. Maurécourt: Mésonance, 1979.

CALDART, Roseli Salete. *Pedagogia do Movimento Sem Terra*. São Paulo: Expressão Popular, 2004.

CALIARI, Rogério Omar. *A presença da família camponesa na Escola Família Agrícola: o caso de Olivânia*. Vitória: UFES, 2013. Tese (Doutorado em Educação) – Faculdade de Educação, Universidade Federal do Espírito Santo, Vitória, 2013.

CAMACHO, Rodrigo Simão. *Paradigmas em disputa na Educação do Campo*. Presidente Prudente: UEP, 2014. Tese (Doutorado em Educação) – Faculdade de Educação, Universidade Estadual Paulista, Presidente Prudente, 2014.

CAMINI, Isabela. *Escola itinerante na fronteira de uma nova escola*. São Paulo: Expressão Popular, 2009.

CHARTIER, Daniel. *À L'Aube des formations par Alternance: Histoire d'une Pédagoie Associative dans le Monde Agricole et Aural*. Paris: Editions Universitaires/UNMFREO, 1986.

CORREA, Solange Maria Vinagre. *Conhecimento químico e princípios agroecológicos na formação de jovens e adultos agricultores do curso técnico em agropecuária do IFPA – Campus Castanhal*. Fortaleza: UFCE, 2014. Tese (Doutorado em Educação) – Faculdade de Educação, Universidade Federal do Ceará, Fortaleza, 2014.

DUFFAURE, André. *Educación, Medio y Alternancia*. Textos elegidos y presentados por Daniel Chartier. Traducción de Alicia Perna y Susana Vidal. Buenos Aires: APEFA, 1993.

FERRARI, Gláucia Maria; FERREIRA, Oseias Soares. Pedagogia da Alternância nas produções acadêmicas no Brasil (2007-2013). *Revista Brasileira de Educação do Campo*, Tocantinópolis/TO, v. 1, n. 2, p. 495-523, jul./dez. 2016

FERRARI, Gláucia Maria. *Pedagogia da Alternância: Um olhar para o PROEJA*. Niterói: UFF, 2015. Dissertação (Mestrado em Educação) – Faculdade de Educação, Universidade Federal Fluminense, Niterói, 2015.

FIGUEREDO, Severino Ramos Correia. *Princípio da alternância: experiência de educação contra-hegemônica nos cursos de militantes do Movimento dos Trabalhadores Rurais Sem Terra e na Escola de Formação Missionária*. Recife: UFPE, 2015. Dissertação (Mestrado em Educação) – Faculdade de Educação, Universidade Federal de Pernambuco, Recife, 2015.

FREIRE, Paulo. *Pedagogia do oprimido*. 14. ed. Rio de Janeiro: Paz e Terra, 1983.

GARCIA-MARIRRODRIGA, R.; CALVÓ, P. P. *Formação em Alternância e desenvolvimento local: o movimento educativo dos CEFFA no mundo*. Belo Horizonte: O Lutador, 2010.

GEAY, André. *L' école de l'alternance*. Paris: L'Harmattan, 1998.

GIMONET, J. C. *Alternance et relations humaines*. Paris: Mésonance/UNMFREO, 1984.

GIMONET, J. C. *Praticar e Compreender a Pedagogia da Alternância dos CEFFAs*. Tradução de Thierry De Burghgrave. Petrópolis: Vozes; Paris: AIMFR, 2007. Coleção AIDEFA.

KOLLING, E. J. Alternância e formação universitária. O MST e o Curso de Pedagogia da Terra. In: SEMINÁRIO INTERNACIONAL – PEDAGOGIA DA ALTERNÂNCIA – FORMAÇÃO EM ALTERNÂNCIA E DESENVOLVIMENTO SUSTENTÁVEL, 2., 2002, Brasília. *Anais...* Brasília: Cidade Gráfica, 2002. p. 54-61.

LERBERT, Georges. *Bio-cognition, formation et alternance*. Paris: L'Harmattan, 1995.

LESNE, M. *Education et alternance*. Paris: Edilig, 1982.

MALGLAIVE, G. La formation alternée de formater. *Revue Française de Pédagogie*, Paris, v. 30, p. 34-48, 1979.

MANFIO, A. J. No rastro das pedagogias alternativas: pedagogia da esperança e da alternância. In: BAUER, C.; ROGGERO, R.; LORIERI, M. A. (Orgs.). *Pedagogias Alternativas*. Jundiaí: Paco, 2014. p. 37-54.

MESQUITA, R. de M. de; NASCIMENTO, G. W do. Educação do MST e crise do paradigma moderno de ciência. *Revista Brasileira de Educação*, v. 19, n. 59, p. 1077-1099, out./dez. 2014.

MUNARIM, A. Educação do Campo: uma construção histórica. *Revista da Formação por Alternância*, Brasília: UNEFAB, ano 6, n. 11, p. 6-12, 2011.

MOLINA, M. C.; SÁ, L. M. A Licenciatura em Educação do Campo da Universidade de Brasília: Estratégias Político Pedagógicas na formação de educadores do campo. In: MOLINA, M. C.; SÁ, L. M. A (Orgs.). *Licenciaturas em Educação do Campo: Registros e reflexões a partir das experiências piloto (UFMG, UnB; UFS e UFBA)*. Belo Horizonte: Autêntica Editora, 2011.

NOSELLA, Paolo. *Origens da Pedagogia da Alternância no Brasil*. Vitória: EDUFES, 2012.

OLIVEIRA, Iraldirene Ricardo de. *Pedagogia da Alternância no PROEJA: percursos e práxis em campi de Institutos Federais de Educação, Ciência e Tecnologia*. Vitória: UFES, 2016. Tese (Doutorado em Educação) – Faculdade de Educação, Universidade Federal do Espírito Santo, Vitória, 2016.

BRASIL. Ministério da Educação. Parecer CNE/CEB nº 1, de 2 de fevereiro de 2006. *Educação do Campo: marcos normativos*. Brasília: MEC/SECADI, 2012.

PISTRAK, M. M. (Org). *Escola-Comuna*. São Paulo: Expressão Popular, 2009.

PUIG-CALVÓ, Pedro. *Definiciones de alternancia*. Coloquio na sesión de avaliación de monitores. Brasília: UNEFAB, 2001. Texto de circulação interna da Equipe Pedagógica Nacional.

QUEIROZ, João Batista Pereira de. *Construção das Escolas Famílias Agrícolas no Brasil – Ensino Médio e Educação Profissional*. Orientador: Yves Chalout. Brasília: UnB, 2004. Tese (Doutorado em Sociologia) – Programa de Pós-Graduação, Universidade de Brasília, Brasília, 2004.

RIBEIRO, Marlene. *Movimento camponês, trabalho e educação: liberdade, autonomia, emancipação: princípios e fins da formação humana*. São Paulo: Expressão Popular, 2010.

SANTOS, Silvanete Pereira. *A concepção de alternância na Licenciatura em Educação do Campo na Universidade de Brasília*. Brasília: UnB, 2013. Dissertação (Mestrado em Educação), Universidade de Brasília, Brasília, 2013,

SILVA, Eliezer Nunes. *Contribuição da prática pedagógica da alternância na trajetória escolar de alunos do curso técnico em agricultura no campus Novo Paraíso/IFRR*. Boa Vista: UERR, 2016. Dissertação (Mestrado em Educação) – Faculdade de Educação, Universidade Estadual de Roraima, Bao Vista, 2016.

SILVA, Fabrícia Alves da. *Qualidade de ensino – aprendizagem nas salas multisseriadas na Educação do Campo Capixaba*. São Paulo: UPM, 2014. Dissertação (Mestrado em Educação) – Faculdade de Educação, Universidade Presbiteriana Mackenzie, 2014.

SILVA, Lourdes Helena. *As experiências de formação de jovens do campo: Alternância ou alternâncias?* Viçosa: UFV, 2003.

SILVA, Lourdes Helena. Novas faces da Pedagogia da Alternância na Educação do Campo. In: BEGNAMI, João Batista; DE BURGHGRAVE, Thierry (Orgs). *Pedagogia da Alternância e Sustentabilidade.* Brasília: Embrapa Informação Tecnológica, 2013. p. 167- 179.

SILVA, W.; SAHR, C. L. L. Os Centros Educativos Familiares de Formação por Alternância nas reflexões sobre desenvolvimento: o estado da arte da produção acadêmica brasileira. *Geosul,* Florianópolis, v. 32, n. 64, p. 193-216, 2017.

SOUZA, Nazaré Serrat Diniz de. *Na Belém Ribeirinha, a juventude e o direito à escolarização com formação profissional: análise da experiência da Casa Escola da Pesca.* Belém: UFPA, 2015. Tese (Doutorado em Educação) -Faculdade de Educação, Universidade Federal do Pará, Belém, 2015.

STÉDILE, J. P. *Programa Agrário Unitário dos Movimentos Camponeses e entidades de Apoio – 2003. Programas de Reforma Agrária: 1946-2003.* São Paulo: Expressão Popular, 2005. v. 3, p. 233-236.

TEIXEIRA, Edival S.; BERNARTT, Maria de L.; TRINDADE, Glademir A. Estudos sobre Pedagogia da Alternância no Brasil: revisão de literatura e perspectivas para a pesquisa. *Revista Educação e Pesquisa da USP,* São Paulo, v. 34, n. 2, p. 227-242, maio/ago. 2008.

TELAU, Roberto. *Ensinar – incentivar – mediar: dilemas nas formas de sentir, pensar e agir dos educadores do CEFFAs sobre os processos de ensino/aprendizagem.* Belo Horizonte: UFMG, 2015. Dissertação (Mestrado em Educação) – Faculdade de Educação, Universidade Federal de Minas Gerais, Belo Horizonte, 2015.

VIEIRA, Leonice Chaves. *A Pedagogia da Alternância do curso em Agroecologia: um estudo de caso no IFSul.* Pelotas: IFMG, 2017. Dissertação (Mestrado Profissional em Educação e Tecnologia) – Instituto Federal de Educação, Ciência e Tecnologia, Pelotas, 2017.

CAPÍTULO 16

Epistemologia da práxis na formação de professores

Kátia Augusta Curado Pinheiro Cordeiro da Silva

Introdução

Começo este texto com a poesia de um homem e poeta do campo:

Ao ver hoje as crianças com todos os brinquedos, dos mais simples aos mais sofisticados, vejo-os insatisfeitos, têm tudo e não possuem nada, volto-me ao passado, e mesmo volto-me aos camponeses, e me vejo sem brinquedos sofisticados, mas feliz junto do meu pai, minha irmã, meus irmãos, no trabalho que ao mesmo tempo é brinquedo e brincadeira, edificando algo e me tornando amigo das coisas e dos animais, assim foi com a porteira e dela me fiz amigo, essa linda lembrança que hoje trago no peito me faz assim escrever, a poesia é "porteira do sertão": Erguida no meio do Sertão eu era ainda uma criança/ Mas ajudei a fazer sua travação no peito lá no fundo era linda a Esperança/ Na sombra do pequizeiro que lhe dava proteção, minha mãe, meu pai e boiadeiro descansava e fazia refeição/ Com a porteira eu conversava/ Tinha até resposta que seu rangido triste falava aconselhando e fazendo propostas/ Uma amiga sincera eu tinha certeza de ter/ Às vezes parecia severa com minhas peraltices de ser/ Assim o tempo passou, anos e anos de alegria/ Meu pai, minha mãe Deus levou, início do fim de uma fantasia/ Duas lágrimas teimosas em meu peito caiu/ Vi como a vida é maldosa, um passado inteiro destruído/ Voltei para ver minha amiga, estava aos cacos queimada/ À beira de uma estrada antiga onde pelo progresso foi derrubada/ A Deus nosso Senhor fiz uma oração sem juízo!/ Pai, num cantinho que for, nos pratos do paraíso, plante aí com o seu amor a porteira e o pequizeiro que preciso para brincar com papai e mamãe como quando criança fazia com vigor. Bié/ Gabriel Pinheiro/ o meu pai. Porteira do Sertão.

Trago esse poema como forma de mística que apresento na escrita a fim de que possam conhecer um pouco do lugar que estou falando, e para que possamos conversar sobre a produção do conhecimento na formação de professores, mas sempre tendo a ideia de que existem diversos conhecimentos. E como formadores de professores, e aqui especificamente como formadores de professores da Educação do Campo, nós podemos produzir conhecimentos legitimados pela Academia, mas ao mesmo tempo produzir conhecimento onde estamos, na Educação do Campo e respeitando esta diversidade e o lugar de pertencimento.

Quando nós falamos da educação na formação de professores, de forma geral há um predomínio a partir da década de 1990 nas reformas educacionais sobre a formação de professores da epistemologia da prática. Entretanto, sabemos como a Educação do Campo resiste, insiste e cria novas formas epistemológicas para a formação de professores. Então, a partir desta leitura do campo na formação de professores retomo estudos do início do século XX e venho denominando de "epistemologia da práxis para formação de professores".

Porque epistemologia? Há diferentes formas de compreender como o homem conhece, como que ele produz e acumula conhecimentos, e uma dessas formas é a epistemologia da práxis. Em Hegel (1998), está posta a possibilidade ontológica do ser; há um anúncio no próprio Hegel que a constituição da consciência explica uma forma de conhecimento relacionada à atividade criativa e transformadora do homem. Marx (1984) parte dessa premissa e elabora um conjunto de teses e principalmente uma explicação ontológica do ser social que vai ser aprofundada em Lukács (1979). A epistemologia da práxis, portanto, é a compreensão do conhecimento do homem no nascimento da consciência pelo trabalho.

A perspectiva ontológica é o primeiro elemento. O ser homem e a humanização se dão na relação transformadora entre homem e natureza: é o primeiro processo de conhecimento. Há uma dimensão, portanto, compreensiva e interpretativa a partir da atividade humana. Nesse momento, já se inaugura uma perspectiva epistemológica. Uma segunda premissa é que essa atividade humana é a própria criação da realidade e compreensão. Portanto, nos leva a uma terceira premissa de que só é possível conhecer essa realidade pela práxis, ou seja, pela atividade humana criativa e transformadora. Defende-se uma práxis em que a relação teoria e prática não se dá por associação, nem aplicação, mas pela unidade. A quarta premissa da epistemologia da práxis referenciada na dialética materialista é que não há instância verificadora do conhecimento para validar algum conhecimento que está posto no objeto, mas é a própria construção de uma compreensão da realidade pelo pensamento abstrato de forma que tenha a possibilidade de transformação dessa realidade, a fim de

280 Formação de formadores

valer cada vez mais a perspectiva objetiva e subjetiva da formação do homem e da transformação da sua realidade. Essas quatro premissas, que eu poderia desenvolver mais, vão explicar o que seria uma teoria do conhecimento a partir daqueles autores que eu seleciono, que é a epistemologia da práxis.

O desenho abaixo apresenta as categorias, eixos estruturantes e os pilares políticos de uma perspectiva da epistemologia da práxis na formação de professores.

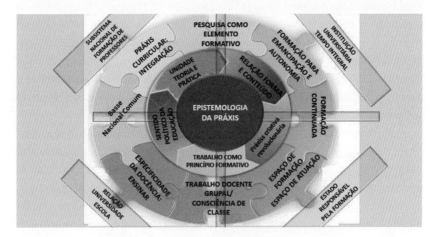

O presente artigo não trabalhará o detalhamento da proposta, mas algumas teses como proposição que discutimos e defendemos, por serem fundantes de um projeto de formação de professores na perspectiva da epistemologia da práxis.[1]

Pressupostos para a formação de professores na epistemologia da práxis

Trabalhar com conceito de formação crítica emancipadora refere-se a desenvolver o par dialético da crítica e da transformação do real. Ou seja, requer uma ação pedagógica que toma a possibilidade da educação como artífice na construção da consciência crítica, capaz de se apropriar da análise objetiva da realidade para impulsionar as ações humanas em busca da liberdade humana (MARX, 2010). Por emancipação agregam-se todas as expectativas possíveis à humanidade, desde o livre acesso a todos os bens produzidos pela humanidade

---

[1] Em textos anteriores, Curado Silva (2008, 2011, 2012) e Freitas e Curado (2014) utilizaram o termo "crítico-emancipatória". O conjunto de estudos realizados nesse período nos remeteu ao uso do termo "crítica emancipadora". A opção se deu por entender que o sufixo "ória" relaciona-se a um verbo substantivado que indica o modo de pertinência e ser do sujeito e o sufixo do verbo "ora", já por expressar o verbo, representa, entre outras ideias, *a prática de ação*.

até uma relação subjetiva autônoma e consciente com o mundo. Assim, a emancipação humana, por ser total e radical, só pode efetivar-se, portanto, quando for para todos, sem exceção.

Entendemos a educação escolar como um meio de luta (transitório) para o sujeito na busca da emancipação humana, que envolve, para o seu alcance efetivo, a revolução social. Para tanto utilizamos o conceito de bloco histórico (GRAMSCI, 1981), a articulação interna de uma situação histórica precisa. O bloco histórico representa a relação orgânica e dialética da estrutura – conjunto das relações materiais – e superestrutura – conjunto das relações ideológico-culturais. Tal compreensão da articulação estrutura e superestrutura nos permite compreender que é preciso chegar a um processo de teoria e prática para ação libertária da opressão, a construção de uma cultura revolucionária e reforma intelectual e moral para as novas exigências de luta, que exige formação crítica e luta coletiva.

A apreensão teórico-prática do bloco histórico possibilita a criação de uma concepção revolucionária da sociedade, dando à mesma uma epistemologia sistemática e hegemônica, práxis revolucionária, para compreensão da totalidade do real visando essencialmente a uma grande revolução no sentido da emancipação humana.

A educação para emancipação deve ser primeiramente crítica no sentido da análise e síntese do resgate da verdadeira história como ser humano que está situada num contexto social e objetivo concreto. Esse movimento corrobora um pensamento que fundamenta uma educação para a emancipação, reconhecendo a possibilidade da construção da autonomia de um sujeito racional, que tem conhecimento e liberdade e que, coletivamente, pode romper com a estrutura social opressora e construir uma sociedade emancipada por lutas coletivas sociais.

Na medida em que se assume uma proposta emancipatória, a visão de emancipação humana acima exposta poderá servir de base para a formação de professores. A relação entre educação e emancipação tem levado a formação de professores para diferentes projetos, ora a perspectiva de que a formação poderia e deveria realizar uma emancipação de forma direta, cabendo descobrir uma *técnica* ou o *saber docente* que funcionasse neste sentido, ora não haveria nada que a formação docente poderia contribuir com a emancipação, visto que a educação seria um campo da alienação social.

Quando se procura construir elementos que subsidiem a epistemologia da práxis, toma-se o professor como um sujeito histórico-social. Este, como trabalhador da educação, necessita ter elementos teórico-metodológicos para realizar sua atividade de forma crítica e politizada, levando em consideração as relações de poder desde o espaço da escola até o contexto mais amplo, a fim de interferir na realidade.

Para esse movimento, faz-se necessário identificar uma fundamentação consistente, tanto teórica quanto epistemológica, que possa conferir ao professor

282 Formação de formadores

a capacidade de compreender e atuar na dimensão técnica, estética, política e didática na concretização de uma educação para emancipação e autonomia do ser humano. Como concretização dessa proposta, argumenta-se em favor da superação de um modelo de formação pautado na racionalidade técnica na e para a epistemologia da prática, a partir da indissociabilidade entre teoria e prática qualificada na atividade do trabalho docente. Neste, o sujeito histórico, o professor, possui elementos na formação e nas condições objetivas da sua atividade de interpretar e interferir na própria prática intencional e conscientemente, tornando-a objeto de reflexão e questionamento entre o que se explica e o que se faz. Essa dialética de integrar sujeito e ação prática amplia os vácuos decorrentes da não articulação de teorias com as práticas referentes. A práxis tanto é objetivação do homem e domínio da natureza como realização da liberdade humana e, portanto, possibilidade da emancipação.

Em síntese, entende-se que a epistemologia da práxis permite ao homem conformar suas condições de existência, transcendê-las e reorganizá-las, pois a dialética do próprio movimento transforma o futuro, e essa dialética carrega a essencialidade do ato educativo: sua característica finalista, conforme Vásquez (1968), a construção do oposto ao ser dado.

Defendemos, assim, uma formação que não pode se desvincular da atividade, por ser parte integrante desta e que, por isso mesmo, deve contemplar todas as suas dimensões: cognitiva, ética, estética, afetiva e política, e na qual o professor tenha um papel ativo, desde a formulação das políticas até a intencionalidade e intervenção da própria prática.

Estamos denominando de perspectiva o modo como se analisa determinada situação ou objeto, ou seja, a maneira que estamos sistematizando a formação de professores tendo como referência de totalidade a epistemologia da práxis. A adjetivação de crítica emancipadora refere-se ao ato do formar e fazer a docência que se pauta pela análise do real a fim de sua compreensão, libertação e transformação. Encontramos esse adjetivo nas duas formas: "emancipadora" ou "emancipatória"; "emancipadora" refere-se mais a ação, educação, processo, práxis, prática, e "emancipatória" refere-se mais a concepção, ideal, teoria, princípios, avaliação, currículo, ética, potencial, racionalidade, competência, conceito, concepção, perspectiva.

Por isso, uma perspectiva emancipadora (na ação) da formação de professores ao desenvolver a capacidade de pensar criticamente a realidade, fundada na ética, e respeitando a dignidade e a autonomia dos sujeitos envolve a estratégica do professor como intelectual transformador e a escola como um espaço de contestação e de construção de uma visão crítica da sociedade.

Em relação ao projeto de formação de professores que se pretende crítica emancipadora, é necessário compreender os projetos de sociedade que estão em disputa ou, ao menos, tentar analisar o nível de permeabilidade ou de sensibilidade às questões sociais e humanas. Nesse sentido, apontamos quatro teses que podem contribuir para uma formação nessa perspectiva.

Organizar a formação de professores na e para a práxis

Defendemos a posição teórica de que a práxis é uma categoria fundamental que explica uma teoria do conhecimento e, portanto, pode oferecer elementos para compreensão e proposição da formação do professor. Isso porque a concepção de práxis no processo de produção do conhecimento rompe tanto com a perspectiva idealista (os objetos são criados pela consciência) quanto fenomenológica (o conhecimento como reflexo dos objetos do mundo exterior no espírito humano). A teoria do conhecimento fundamentada a partir da categoria práxis tem a atividade prática social dos indivíduos concretos historicamente como referência para a compreensão do real. Dessa forma, ela se faz necessária frente à realidade do trabalho docente em relação ao que se intenta ou se pretende atingir no campo educacional, ou seja, a função docente de ensinar na e para a constituição da emancipação humana.

Mas qual práxis? Segundo Vásquez (1968), a práxis reflexiva é a atividade teórico-prática consciente de sua finalidade, estrutura que a rege, assim como das possibilidades objetivas de sua realização na direção da emancipação. É a consciência da objetividade com seu aspecto subjetivo, implicando em consciência das possibilidades objetivas de transformação social que pode se realizar. O conceito de práxis implica, portanto, o conceito de um sujeito intencional não como um ser passivo, mas como um ser social que age no mundo com o objetivo de transformá-lo de acordo com um fim.

A relação dialética sujeito-objeto tem como pressuposto que a teoria se altera no trânsito com a realidade, assim como esta se altera com a teoria. Em outras palavras, é preciso transformar a "verdade prática" (âmbito da aparência, do fenômeno) em "verdade teórica" (âmbito do conhecimento) para que a primeira adquira um conteúdo de práxis transformadora. Essa atitude epistemológica que tem a preocupação de transformar a "verdade prática" em "verdade teórica" é necessária de modo permanente para que seja superada a perspectiva pragmatista de redução da práxis ao mundo da vivência espontaneísta e pragmática.

Partindo dos conceitos e das relações entre teoria e prática, pode-se entender que a primeira depende da segunda, na medida em que a prática é o fundamento da teoria, já que determina o horizonte de desenvolvimento e progresso do conhecimento. O progresso do conhecimento teórico aparece vinculado às necessidades práticas dos homens. A dependência da teoria em relação à prática e a existência desta como último fundamento e finalidade da teoria evidenciam que a prática, concebida como uma práxis humana total, tem primazia sobre a

284 Formação de formadores

teoria; mas esse seu primado, longe de implicar numa contraposição absoluta à teoria, pressupõe uma íntima vinculação com ela.

A partir da consideração da práxis como categoria fundamental da epistemologia e do caráter relacional entre sujeito e objeto no processo de construção do conhecimento, pode-se afirmar que nesse processo há um sujeito histórico que se relaciona com o objeto construindo e sendo ao mesmo tempo construído por este. O que se defende nesta perspectiva é a concepção de que a formação de professores aspira uma formação do sujeito histórico baseada em uma relação indissolúvel entre a teoria e a prática, a ciência e a técnica, constituída no trabalho e que garanta a esses sujeitos a compreensão da realidade socioeconômica e política e que sejam capazes de orientar e transformar as condições que lhes são impostas.

Para tal movimento, faz-se necessário identificar uma fundamentação consistente, tanto teórica quanto epistemológica, e que possa conferir ao professor a capacidade de compreender e atuar na dimensão técnica, estética, política e didática na concretização de uma educação para a emancipação e autonomia do ser humano. Como concretização dessa proposta, argumenta em favor da superação de um modelo de formação pautado na racionalidade técnica e na epistemologia da prática, para a epistemologia da práxis, a partir da indissociabilidade entre teoria e prática.

Como tomar tal premissa nos cursos de formação de professores? Primeiramente, essa não pode ser uma tese ou perspectiva isolada num projeto político de formação, mas necessita estar em articulação com outros elementos. Por exemplo, a própria compreensão do trabalho docente que permite articular de modo permanente o saber e o fazer, a análise do real pela pesquisa e produção do conhecimento que vise à crítica e ao debate político da sociedade, bem como uma proposta pedagógica que permita uma sólida formação.

Afirmar a necessidade de articular teoria e prática não pode significar a confirmação de uma prática que ocorra em detrimento da aquisição dos conhecimentos teóricos. Por isso, o discurso do progressivismo como melhoria da qualificação profissional numa concepção pragmática não avança na emancipação humana e representa as reformas do capitalismo e do padrão de formação do trabalhador, pelo qual o homem não é contemplado, mas apenas outro tipo de trabalhador.

A prática, atividade intencional do homem, é, com certeza, muito importante, pois é ela que determina a consciência. Por isso mesmo é que para se transformar o mundo é preciso transformar a prática, porém não se muda a prática sem a partilha de uma concepção de mundo moderna, revolucionária e unitária, na qual a "consciência de fazer parte de uma determinada força hegemônica (isto é, consciência política) é a primeira fase de uma ulterior e progressiva autoconsciência na qual teoria e prática finalmente se unificam" (GRAMSCI, 1995, p. 52).

Também não há uma defesa da teoria; existe, sim, um receio da inversão atual, para a exacerbação da prática e diluição da teoria, mantendo a visão associativa entre teoria e prática, o que faria permanecer as atuais condições docentes de má-formação e profissionalização, já que o estudo de Curado Silva (2008) denuncia a formação de um educador pragmático e tecnicista.

Apoiado na concepção gramsciana, compreendemos ser imprescindível "a relação orgânica entre a produção de conhecimento [...] e a universalização do conhecimento por meio do sistema educacional" (GRAMSCI, 1995, p. 63). Pensando a epistemologia da práxis, não significa apenas fazer individualmente descobertas "originais"; significa, também, e sobretudo, difundir criticamente verdades já descobertas, "socializá-las", por assim dizer, e, portanto, transformá-las em bases de ações vitais, em elemento de coordenação e de ordem intelectual e moral.

Sobre a possibilidade de romper a cotidianidade institucional alienada e reverter o processo de recuo da teoria atualmente em curso na formação de professores, Duarte e Fonte (2010) sustentam:

> A vida cotidiana é constituída por atividades heterogêneas, realizadas de forma pragmática, espontânea, quase automática, apoiadas sempre em um conhecimento puramente pragmático [...] as pessoas procuram economizar energia, pensamento e tempo [...] essa aprendizagem, que é indispensável à formação de todo ser humano, pode tornar-se problemática quando relações sociais fetichizadas impedem as pessoas de superar a naturalidade da vida cotidiana. [...] Ocorre aí uma inversão alienante, pois as esferas não cotidianas de objetivação do gênero humano como ciência, a arte, e a filosofia, deveriam ser a mediação entre cada ser humano e sua vida cotidiana (DUARTE; FONTE, 2010, p. 72).

Nessa perspectiva, a formação de professores funcionaria como mediadora na formação do indivíduo, entre os campos da vida cotidiana e não cotidiana da atividade social a partir do conhecimento social. Em síntese, a educação, na sua dimensão da epistemologia da práxis, emerge como auxiliar na formação do novo bloco histórico, pois produz elementos de construção da nova hegemonia na organicidade intelectual dos professores que podem operar na busca da emancipação humana.

Aliar a formação de professores ao debate político da educação: a crítica social

A retórica do reconhecimento e da valorização é dominante no campo da formação de professores e nas políticas públicas educacionais, entretanto, há um predomínio do progressivismo[2] nos discursos, que pode ser observado e

---

[2] Refere-se a um conjunto de doutrinas filosóficas, éticas e econômicas baseado na ideia de que o progresso, entendido como avanço científico, tecnológico, econômico e social, é vital para o

constatado na materialidade da formação e do trabalho docente. Por exemplo, na desvalorização social, profissional e salarial da carreira docente; no ofício difícil, mas que no discurso parece fácil, nos processos de proletarialização e na não atratividade da carreira docente.

Na perspectiva do progressivismo, os problemas educacionais, especificamente os escolares, são constantemente reduzidos a questões que podem ser resolvidas no âmbito do indivíduo, do esforço pessoal do professor ou do aluno, centrado na reflexão da ação e tendo como referência resultados de avaliações externas e padronizadas. As profecias de salvação por meio da escola encerram os professores em ambições excessivas, e tendem a responsabilizá-los por todos os fracassos das reformas educativas. Mascaram que os problemas da educação são problemas econômicos, políticos, sociais e culturais, na relação da estrutura e superestrutura e, portanto, não serão resolvidos apenas no interior da escola.

Entende-se a política educacional como parte de uma totalidade e deve ser repensada sempre em sua articulação com essa totalidade, com o planejamento mais global que a sociedade constrói como seu projeto que se realiza por meio da ação do Estado (AZEVEDO, 1997). Portanto, é necessário compreender como esta sociedade se organiza, sua forma de produção e sobrevivência e que o Estado[3] articula a partir desta constituição, para que se possa um perceber e entender os demais campos de atividade como a Educação.

A educação como um campo político, ou seja, espaço de disputa hegemônica para se definir em ações e direções, pode ser entendida como uma política pública social. A compreensão de políticas públicas se refere ao "Estado em ação" e ao de políticas sociais, à ação do Estado que determina o padrão de proteção social, estas voltadas para a diminuição das desigualdades estruturais. Assim, a implementação de políticas públicas sociais educacionais fica vinculada à concepção de Estado que o grupo hegemônico adota, em consequência dos interesses de classe que representa, bem como as pressões sociais que demandam ações do Estado.

Os projetos de mudanças na sociedade estão atrelados também a reformas do sistema educativo, sendo que o embate de diferentes projetos políticos de sociedade aparece em diferenças muitas vezes sutis (FRIGOTTO, 1996). Corre-se o risco, assim, de se confundir refuncionalização, reformas, com mudanças que

---

aperfeiçoamento da condição humana. Essa ideia de progresso integra o ideário iluminista e tem como corolário a crença de que as sociedades podem passar da barbárie à civilização, mediante o fortalecimento das bases do conhecimento.

[3] O Estado na teoria marxista está associado à noção de poder, ou seja, à capacidade de uma classe social de realizar os seus interesses e objetivos específicos, portanto é um campo estratégico de ações, consequentemente um campo de luta, no qual a disputa hegemônica proporciona certos acordos que diminuam a tensão, uma vez que as classes sociais estão constantemente em luta.

realmente poderiam alterar a natureza das relações sociais na perspectiva da emancipação humana.

É nessas contradições e lutas que se situam as possibilidades de movimento da educação que, historicamente, se caracteriza como campo de disputa pela hegemonia: "esta disputa dá-se na perspectiva de articular concepções, a organização dos processos e dos conteúdos educativos na escola e, mais amplamente, nas diferentes esferas da vida social, aos interesses de classe" (FRIGOTTO, 1996, p. 25).

Por isso é necessário que se distingam reforma e mudança, já que, muitas vezes, esses termos têm sido usados nos meios educacionais como possuindo o mesmo significado. Para Popkewitz (1997),

> [...] reforma é uma palavra que faz referência à mobilização dos recursos públicos e às relações de poder na definição do espaço público... Reforma é uma palavra cujo significado varia conforme a posição que ela ocupa, se dentro das transformações que têm ocorrido no ensino, na formação de professores, nas ciências da educação ou na teoria do currículo a partir do final do século XIX. Ela não possui significado ou definição essencial. Nem tampouco significa progresso, em qualquer sentido absoluto, mas implica, sim, uma consideração das relações sociais de poder. [...] reforma é melhor entendida como parte da regulação social (POPKEWITZ, 1997, p. 12).

Seguindo a mesma linha conceitual, o autor observa que

> [...] mudança possui um significado que, à primeira vista, tem uma perspectiva menos normativa e mais "científica". O estudo da mudança social representa um esforço para entender como a tradição e as transformações interagem através dos processos de produção e reprodução social. Refere-se ao confronto entre ruptura com o passado e com o que parece estável e "natural" em nossa vida social. Representa um esforço para entender como a tradição e as transformações interagem através dos processos de produção e reprodução social. [...] Como é afirmado constantemente nas discussões, as nossas concepções de mudança social são práticas que estabelecem prioridades e posições para os indivíduos nas suas relações sociais (POPKEWITZ, 1997, p. 11).

Para romper com o discurso e as ações do progressivismo, ou seja, reformista, é necessário um trabalho político com maior presença dos professores nos debates públicos sobre a educação, sua função, seu sentido e suas ações normativas. Para tanto, a formação de professores tem como um dos pressupostos centrais, por meio da epistemologia do conhecimento, a construção do compromisso político e ético dos professores, cuja análise política da direção de um projeto educativo, séria e concreta, permite desvelar as possibilidades e é capaz de impulsionar o enfrentamento dos conflitos e das adversidades da escola pública, no sentido mais autêntico da tarefa educativa, ou seja, a construção do humano forjado na emancipação real.

A formação política do professor orienta a construção da identidade profissional e de um projeto de escola. Como princípio, defendemos que a formação possibilite ao professor conhecer e dominar as bases epistemológicas em que a função da escola vai sendo constituída e que orienta seus objetivos e suas formas de trabalho. Há um caminho percorrido, fomentado por significados políticos que são atribuídos à escola e que contribuíram para o sentido político do ser professor (ROCHA, 2015).

É possível supor que o maior engajamento político de professores é uma das condições necessárias, mas não suficiente, para que se construa uma perspectiva de classe para si (expressão de uma consciência revolucionária), ou seja, de lutas coletivas em torno das reivindicações docentes juntamente aos demais trabalhadores. Além disso, a formação política de professores ancorada na perspectiva da transformação social é concomitante a um desenvolvimento de formas mais elevadas de consciência política desses indivíduos que irão formar novos sujeitos.

Compreender e articular o trabalho docente como espaço de formação da identidade docente

A filosofia da práxis concebe o homem como conjunto das relações sociais, sendo o trabalho a base da vida humana. Entende-se trabalho como uma atividade cujo processo requer a exteriorização teleológica, portanto, intencional, e a objetivação do homem no mundo, pelo qual ele assume o mundo humanizado ao reconhecê-lo como resultado de sua ação e a finitude que este lhe opõe à sua vontade infinita. O trabalho "é a condição básica e fundamental de toda a vida humana. E em tal grau que, até certo ponto, podemos afirmar que o trabalho criou o próprio homem" (ENGELS, 2004, p. 13).

O trabalho como princípio ontológico é a essência humana produzida pelos próprios homens, pois, agindo sobre a natureza mediante o processo de trabalho, o homem também se modifica, se faz homem, se humaniza. "Atuando assim sobre a natureza externa e modificando-a, ao mesmo tempo modifica sua própria natureza. Desenvolve as potencialidades nela adormecidas e submete ao seu domínio o jogo das forças naturais" (MARX, 1999, p. 211).

Portanto, o homem é sua própria natureza humanizada. Afirma Marx (1999, p. 177): "O olho fez-se um olho humano, assim como seu objeto se tornou um objeto social, humano, vindo do homem para o homem. Os sentidos fizeram-se assim imediatamente teóricos em sua prática." Assim conclui Marx: "toda a assim chamada história universal nada mais é do que a produção do homem pelo trabalho humano [...]" (p. 181). A individualidade humana não está dada *a priori* como se fizesse parte de uma natureza humana pronta, acabada e natural. Ao contrário, a natureza humana é histórica, entendendo a história como devir.

Sendo assim, "a humanidade que se reflete em cada individualidade é composta de diversos elementos: 1) o indivíduo; 2) os outros homens; 3) a natureza" (GRAMSCI, 1995, p. 413). Significa que a individualidade humana é construída a partir das relações orgânicas que o homem estabelece com os outros homens e com a natureza na atividade intencional da objetivação, do reconhecimento e da negação. Resulta que o homem é uma formação histórica a qual denominamos segunda natureza.

Advém aqui o princípio educativo do trabalho. Se a existência humana não é garantida pela natureza, ele forma-se homem. Ele não nasce sabendo produzir-se como homem. Ele necessita aprender a ser homem, precisa aprender a produzir sua própria existência, necessita humanizar-se. Portanto, a produção do homem é, ao mesmo tempo, a formação do homem, isto é, um processo educativo. A origem da educação coincide, então, com a origem do homem mesmo (SAVIANI, 2007, p. 154).

Sem tomar a categoria trabalho e o trabalho como centro da existência humana, seria impossível o conhecimento do concreto. O concreto não é apenas o material; ele é trabalho morto, ou seja, o trabalho historicamente posto, que nos atinge mais de perto, e que hoje sinaliza mais uma fundamental ruptura histórica: o não trabalho ou o trabalho intelectual plenamente realizado no interior e no exterior do homem. Trata-se de uma forma histórica fundamental, que nega todas as formas mais "naturais" de trabalho, e que se tornou, por sua vez, um elemento determinante de todas as formas posteriores de trabalho, até o nosso tempo. Este é o trabalho humano abstrato, um elemento universal produzido pelo homem, que, no entanto, escapa às simples representações do senso comum.

Não há investigação, exposição e compreensão do concreto, do real revelado e desnudado da pseudoconcreticidade sem investigação e exposição do trabalho humano. Nesse sentido, para a realização da atividade intencional e imaterial do ensino do concreto, faz-se necessária uma filosofia e uma ciência que explicitem com profundidade o valor do trabalho e sua forma de ser na constituição da existência humana. Essa filosofia é a filosofia da práxis, ou seja, a filosofia do trabalho, da práxis humana.

Sendo assim, a compreensão do trabalho docente perpassa o estudo do objeto de suas práticas, as técnicas para fazê-lo, os diferentes projetos, as intencionalidades e as propostas pedagógicas para a efetivação do projeto educativo, as condições de realização do trabalho, mas também duas questões que elegemos neste momento para estudo: 1) o princípio educativo e 2) o conceito a ser ensinado como uma totalidade de projeto social.

Quanto ao princípio educativo, a filosofia da práxis explica que o trabalho existe na relação dialética que ocorre na prática social, na historicidade das diferentes sociedades e é concebido como positividade e negatividade ao mesmo tempo. Positividade, porque é realizador e criador da vida, e negatividade, porque, em determinadas condições sociais, é destruidor da vida.

Saviani (2007) afirma que o trabalho pode ser considerado como princípio educativo em três sentidos diversos, mas articulados entre si. Num primeiro sentido, o trabalho é princípio educativo, na medida em que determina, pelo grau de desenvolvimento social atingido historicamente, o modo de ser da educação em seu conjunto. Nesse sentido, aos modos de produção correspondem modos distintos de educar com uma correspondente forma dominante de educação. E em um segundo sentido, o trabalho é princípio educativo, na medida em que coloca exigências específicas que o processo educativo deve preencher, em vista da participação direta dos membros da sociedade no trabalho socialmente produtivo. Finalmente, o trabalho é princípio educativo num terceiro sentido, à medida que determina a educação como uma modalidade específica e diferenciada de trabalho: o trabalho pedagógico.

Portanto, um processo educativo emancipatório na formação de professores compreende, a partir da leitura crítica das condições e relações de produção de sua existência, a dimensão ontocriativa do trabalho. Trata-se de entender que, diferente do animal que vem regulado e programado por sua natureza – e por isso não projeta sua existência, não a modifica, mas se adapta e responde instintivamente ao meio –, os seres humanos criam e recriam, pela ação consciente do trabalho, pela cultura e pela linguagem, a sua própria existência. Além disso, é necessário o estudo crítico da noção ideológica no campo do trabalho docente que precariza e proletariza retirando do professor a autonomia do trabalho intelectual, e traz a afirmação do individualismo e da inversão da realidade responsável por todo o processo de formação do outro, uma noção que acaba culpabilizando os docentes. Dessa forma, projeta sua existência, não a modifica, mas se adapta e responde instintivamente ao meio – os seres humanos criam e recriam, pela ação consciente do trabalho, pela cultura e pela linguagem, a sua própria existência.

Quanto ao conceito a ser ensinado como uma totalidade de projeto social, a formação de professores, na epistemologia da práxis, compreende que o conceito a ser ensinado jamais pode ser tomado em separado de uma concepção teórico-metodológica. Ele faz parte de uma filosofia e de várias ciências que, ao longo da história do homem, respondem a problemas práticos. Ou seja, o ensino do conceito pressupõe sua articulação com outros conceitos como totalidade do saber elaborado. O conhecimento do conceito pressupõe o conhecimento da história da produção do próprio conceito, como também da história da produção daquele conceito dentro daquela ciência e daquela filosofia.

Portanto, o conceito não é um simples fragmento de saber, um enunciado; ele é parte de uma teoria. Sem o conhecimento da teoria que dá sustentação ao conceito, este se torna uma ideia abstrata difícil de ser compreendida e assimilada. No âmbito da formação de professores, faz-se necessária uma formação com aprofundamento teórico-metodológico que dê conta de formar o professor como um profissional que domina o conceito. É com base no domínio do conceito que se forma o professor pesquisador que constrói sua autonomia e possibilidade de trabalho emancipado.

Está em curso um projeto educativo para o trabalho docente que tenta desarticular a antiga pedagogia do trabalho docente e superá-la por uma nova pedagogia – a racionalidade prática – mais flexível e que objetiva contar com uma maior participação dos professores. A nova conformação do trabalho docente ensejada pelas políticas para o magistério após as reformas educacionais se expressa na articulação entre força e persuasão, ou melhor, cooptação no neotecnicismo. Freitas (1995) já apontava

> [...] que a formação de um "novo trabalhador" traria consequências diversas para a educação: a) o ensino básico e técnico vai estar na mira do capital pela sua importância na preparação do novo trabalhador; b) a didática e as metodologias de ensino específicas (em especial alfabetização e matemática) vão ser objeto de avaliação sistemática com base nos seus resultados (aprovação que geram); c) a "nova escola" que necessitará de uma "nova didática" será cobrada também por um "novo professor" – todos alinhados com as necessidades do novo trabalhador; d) tanto na didática quanto na formação do professor haverá uma ênfase muito grande no "operacional", nos "resultados" – a didática poderá restringir-se cada vez mais ao estudo de métodos específicos para ensinar determinados conteúdos considerados prioritários, e a formação do professor poderá ser aligeirada do ponto de vista teórico, cedendo lugar à formação de um prático; e) os determinantes sociais da educação e o debate ideológico poderão vir a ser considerados secundários – uma "perda de tempo motivada por um excesso de politização da área educacional" (FREITAS, 1995, p. 127).

Ao mesmo tempo, sugerimos que a precarização das relações de emprego, aí incluídas as mudanças sobre o estatuto do magistério, os planos de cargos e salários e a carreira, configura uma precarização profissionalizadora. Quando se lança sobre o professorado a extinção ou não criação de postos de trabalho e funções necessários, arrochos salariais, estratégias de terceirização e flexibilização nas relações trabalhistas, está-se operando um processo de precarização das relações de trabalho. Esta dimensão atinge o trabalho docente tanto individual quanto coletivamente. Ao mesmo tempo, isso conduz o conjunto dos trabalhadores docentes a se adequar às novas relações de emprego, ou, em outras palavras, a se qualificar para as novas formas de subsunção do trabalho do modo de acumulação flexível.

Ao tomar o trabalho como princípio educativo, estamos reafirmando a partir da filosofia da práxis a ontologia do ser social, e, no caso do trabalho docente, reiterando que o saber e/ou o conceito a ser ensinado não pode ser apenas passivamente assimilado, mas apreendido construtivamente, pois apenas dessa forma estaremos em condições de construir intensamente e de modo criativo a sociedade emancipada.

Referenciar na Base Comum Nacional que compreende os sentidos epistemológico, político, ético estético da formação de professores

O movimento dos educadores firmou o princípio da formação de professores: *a docência constitui a base da identidade profissional de todo educador* (Conarcfe, 1983). Tal princípio passou a ser alvo de debates intensos no sentido da sua formulação como um novo paradigma, e os primeiros entendimentos versam sobre a necessidade de construir uma base comum nacional que daria unidade a um projeto epistemológico, político e profissional. Nesse sentido, a Base Comum Nacional seria:

a) garantia de uma prática comum nacional a todos os educadores, qualquer que fosse o conteúdo específico de sua área de atuação. Esta base comum deveria, portanto, contemplar estudos comuns a todas as licenciaturas, objetivando formar o hábito da reflexão sobre as questões educacionais no contexto mais amplo da sociedade brasileira e a desenvolver a capacidade crítica do educador, em face da realidade da sua atuação;

b) um processo, tendo, portanto, caráter histórico e evolutivo;

c) uma diretriz envolvendo uma concepção básica de formação do educador e que se concretiza através da definição de um corpo de conhecimento fundamental. Essa concepção deveria traduzir uma visão de homem situado historicamente, uma concepção de educador comprometido com a realidade do seu tempo e com um projeto de sociedade justa e democrática;

d) um corpo de conhecimento capaz de aprofundar o domínio filosófico, sociológico, político e psicológico do processo educativo, dentro de uma abordagem crítica que explore o caráter científico da educação, tomando como referência o contexto socioeconômico e político brasileiro;

e) um ponto de referência para a articulação curricular de cada instituição formadora do profissional da educação;

f) um instrumento de luta e a diretriz para a reformulação dos cursos de formação do educador (*apud* Scheibe; Aguiar, 1999, p. 228-229)

A compreensão da necessidade de uma política global de formação e valorização dos profissionais da educação contemplando a formação inicial e continuada vinculada às questões de carreira e salário assumidas pelo movimento nacional proporcionou a elaboração da defesa e organização de uma base comum nacional.

Assim, a base comum nacional mostrava a resistência do movimento nacional ao currículo mínimo fixado pelo Conselho Federal de Educação e negava a ideia de um elenco de disciplinas, que poderia restringir essa definição a um rol de matérias que se agrupariam num núcleo comum de conhecimentos básicos de formação do educador (BRZEZINSKI, 1996, p. 172-173).

A Associação Nacional pela Formação dos Profissionais da Educação (AN-FOPE) continua a defender, pesquisar e a reafirmar sua posição, entretanto os movimentos históricos apresentam contradições que contêm avanços e retrocessos. Na Figura 1 buscamos apresentar um esquema que demonstra o movimento na discussão da temática na ANFOPE e na sociedade civil e política. A formulação de uma Base Comum Nacional dentro da ANFOPE é marcada por um sentido epistemológico, expresso no documento como uma *concepção básica de formação do educador e a definição de um corpo de conhecimento fundamental* (CONARCFE, 1983 p. 4). A questão epistemológica pode ser traduzida na necessidade de se colocar a formação do professor nas condições objetivas em que ele se encontra hoje, como problema de conhecimento. Essa perspectiva de formação está fortemente ancorada nas relações teoria-prática que se configuram na experiência prática do professor e se constituem juntamente com a teoria no fundamento da práxis.

Entretanto, as atuais políticas, a partir Lei de Diretrizes e Bases da Educação Nacional, de 1996, e o Plano Nacional de Educação, de 2014, veem uma Base Nacional Comum Curricular (BNCC) para todas as etapas da educação básica, que compreende a educação infantil, o ensino fundamental e o ensino médio. São diferentes as interpretações sobre como deve se constituir essa base comum. Alguns falam de currículo mínimo, ou de currículo unificado, ou de conteúdo a ser ensinado em todas as escolas brasileiras; outros, de conhecimentos comuns e de direitos à aprendizagem e ao desenvolvimento. Essas diferentes interpretações são a expressão de que este é um espaço de disputas de poder pela definição de um projeto de formação de professores nas diferentes perspectivas e pela seleção e distribuição dos conhecimentos relevantes na sociedade atual.

Os termos "base nacional comum" e "base comum nacional" não são apenas um trocadilho de expressões, mas indicam projetos em disputa e perspectiva de formação curricular distinta, das quais é preciso estar atento à cooptação da categoria. A Base Nacional Comum, ainda em discussão, parece estar tomando a referência ou a ideia de uma apresentação de um currículo básico para a educação básica e a formação de professores.

O conceito de base comum nacional está marcado por dois sentidos complementares: 1) um sentido político, caracterizando-a como instrumento de luta pela formação e carreira do educador e 2) um sentido teórico, constituindo-a como princípio orientador dos currículos dos cursos de formação dos educadores.

No sentido político, a ideia de base comum nacional tem por objetivo servir de "instrumento de luta e resistência contra a degradação da profissão do magistério, permitindo a organização e reivindicação de políticas de profissionalização que garantissem a igualdade de condições de formação" e a valorização social do educador (ANFOPE, 2002 p. 9). Vinculado a este objetivo está, ainda, o de que a base comum nacional serviria de elemento de unificação da profissão.

É significativo reafirmar que, do ponto de vista político, propõe-se a assumir a base comum nacional como instrumento de luta contra a degradação da profissão, a favor do reconhecimento do valor social dos profissionais da educação no contexto brasileiro, aliada a outros movimentos em defesa das condições materiais de trabalho. Sendo uma concepção crítica que permeia os currículos de formação do educador, a base comum nacional requer, para sua materialização, a construção de uma política, no âmbito institucional, vinculada organicamente ao Sistema Público de Ensino, bem como a uma Política Nacional de Formação dos Profissionais de Educação, que foi o Plano Nacional da Educação (PNE) 2014-2024.

No sentido teórico, como princípio orientador dos currículos dos cursos de formação de educadores, a base comum nacional *opunha-se* ao modelo representado pelo "padrão federal" (1939) e, mais tarde, pelo "currículo mínimo" (1969). Ao longo das discussões, consensuou-se que a base comum nacional "teria como função servir de 'ponto de referência para a articulação curricular de cada instituição formadora do profissional da educação' [...] e a sua concretização dar-se-ia por eixos articuladores" (CONARCFE, 1990, p. 5).

Os eixos articuladores estabelecidos para a base comum foram os seguintes: sólida formação teórica e interdisciplinar, unidade entre teoria e prática, gestão democrática da escola, compromisso social e ético, trabalho coletivo e interdisciplinar, articulação da formação inicial e continuada. Em torno desses eixos, articular-se-ia um corpo de conhecimentos, selecionado em função da concepção sócio-histórica de formação, abrangendo três dimensões fundamentais e intrinsecamente relacionadas, a saber: 1) dimensão profissional – consubstanciada por um corpo de conhecimentos capaz de identificar toda a categoria profissional e, ao mesmo tempo, corresponder à especificidade de cada profissão; 2) dimensão política – organizada por um corpo de conhecimentos que permitisse uma visão globalizante das relações entre educação-sociedade e do papel do educador na superação das desigualdades existentes; 3) dimensão epistemológica – abrangendo um corpo de conhecimentos onde o científico teria espaço privilegiado, de ruptura com o senso comum buscando a compreensão da totalidade do trabalho docente e de instituição de uma concepção mais ampla da atividade educativa, tendo em vista os princípios que conferem sustentação à proposição de base comum nacional (CONARCFE, 1990; ANFOPE, 1994, 1996, 1998, 2002, 2004, 2006, 2008, 2010, 2014).

Essa concepção requer formação teórica ampla sobre as questões afetas ao universo educacional e uma adequada tradução para o campo da prática educativa. Idealmente, implica na preparação de um profissional com "pleno domínio e compreensão da realidade de seu tempo, com desenvolvimento da consciência crítica que lhe permita inferir e transformar as condições da escola, da educação e da sociedade" (FREITAS, 1995, p. 139).

A formação do profissional de educação para contemplar as dimensões acima citadas só será possível se construída sobre uma sólida atividade de pesquisa, compreendida como parte integrante de sua formação e de sua prática profissional. Só assim ele poderá ser crítico de problemas socioculturais e educacionais, propondo ações que enfrentem as questões da qualidade do ensino e medidas que visem à emancipação humana.

Considerações finais

Como as quatro teses propostas sustentam a perspectiva de formação crítica emancipadora? Elas poderiam ser adotadas objetivando a formação de professores fincada em conhecimentos essenciais para a atitude crítica no sentido da busca da emancipação humana. Esses pressupostos defendidos enriqueceriam sobremaneira a práxis educativa na luta por uma sociedade mais justa e humana. Ademais, as lutas pelas mudanças na educação caminham lado a lado das lutas dos seres humanos no mundo inteiro por uma vida sem divisões de classes e plena de sentido.

Na exposição, procuramos fundamentar a elaboração de uma perspectiva crítica emancipadora tendo como referência a epistemologia da práxis. Essa construção não é algo novo no campo da formação de professores. A busca e o desafio deste estudo baseados nas teses expostas são a construção de um conhecimento sobre a formação e o trabalho docente que subsidie de forma a promover a dimensão teórica e prática como unidade e, portanto, a partir do estudo criterioso e crítico da práxis.

As lutas contra as cisões do cotidiano escolar somente alcançarão sentido emancipador se compreendidas como elementos de mediação para superar as grandes e principais cisões dos seres humanos alicerçadas numa socialidade que separa proprietários de não proprietários. De um lado e de outro, a sociedade gera seres cindidos, unilaterais, enquanto o desenvolvimento mundial possibilita atualmente, mais do que nunca, a formação de seres humanos omnilaterais. Superar esta divisão é a chave de um rico processo emancipatório não somente de professores, mas da humanidade.

Referências

ASSOCIAÇÃO NACIONAL PELA FORMAÇÃO DOS PROFISSIONAIS DA EDUCAÇÃO – ANFOPE. *Documento Final do VI, VII, VIII, IX, X, XI, XII, XIII, XIV, XV e XVI Encontro Nacional.* Ano: 1994, 1996, 1998, 2002, 2004, 2006, 2008, 2010, 2014. Disponível em: <http://anfope.com.br>. Acesso em: 1 nov. 2014.

AZEVEDO, Janete M. L. de. *A educação como política pública.* Campinas: Autores Associados, 1997.

BRZEZINSKI, Iria. *Pedagogia, pedagogos e formação de professores: busca e movimento.* Campinas: Papirus, 1996.

COMITÊ PRÓ-FORMAÇÃO DO EDUCADOR. *Documento Final do I Encontro Nacional.* Belo Horizonte, 1983. Mimeo.

ENCONTRO DA COMISSÃO NACIONAL DE REFORMULAÇÃO DOS CURSOS DE FORMAÇÃO DO EDUCADOR – CONARCFE. *Documento Final do V Encontro Nacional.* Belo Horizonte, 1990. Mimeo.

CURADO SILVA, Kátia Augusta Pinheiro Cordeiro. A formação de professores na perspectiva crítico-emancipadora. *Linhas Críticas*, Brasília, v. 17, n. 32, p. 13-31, jan./abr. 2011.

CURADO SILVA, Kátia Augusta Pinheiro Cordeiro. *Professores com formação* stricto sensu *e o desenvolvimento da pesquisa na educação básica da rede pública de Goiânia: realidade, entraves e possibilidades.* Goiânia: UFG, 2008. 292 f. Tese (Doutorado em Educação) – Programa de Pós-Graduação em Educação, Faculdade de Educação, Universidade Federal de Goiás, Goiânia, 2008.

CURADO SILVA, Kátia Augusta Pinheiro Cordeiro; BARREIROS, Dayse. Sentido e Significado do Currículo *stricto sensu* na formação de professores da Educação Básica. In: COLÓQUIO SOBRE QUESTÕES CURRICULARES, 10, 2012.

DUARTE, Newton; FONTE, Sandra Soares Della. *Arte, conhecimento e paixão na formação humana: sete ensaios de pedagogia histórico-crítica.* Campinas: Autores Associados, 2010.

ENGELS, Friedrich. Sobre o papel do trabalho na transformação do macaco em homem. In: ANTUNES, Ricardo (Org.). *A dialética do trabalho: escritos de Marx e Engels.* São Paulo: Expressão Popular, 2004.

FREITAS, Daniel; CURADO SILVA, Kátia Augusta Pinheiro Cordeiro. Programas de formação inicial de professores: um estudo de caso sobre o Pibid no Distrito Federal. *Revista Educação*, Santa Maria, v. 39, n. 3. p. 589-604, set./dez. 2014.

FREITAS, Luis Carlos de. *Crítica da organização do trabalho pedagógico e da didática.* Campinas: Papirus, 1995. Coleção Magistério: Formação e Trabalho Pedagógico.

FRIGOTTO, Gaudêncio. *Educação e crise do capitalismo real.* 2. ed. São Paulo: Cortez, 1996.

GRAMSCI, Antonio. *Concepção dialética da História*. Tradução de Carlos Nelson Coutinho. 10. ed. Rio de Janeiro: Civilização Brasileira, 1995.

GRAMSCI, Antonio. Materialismo histórico e a filosofia de Benedetto Croce. Rio de Janeiro: Civilização Brasileira, 1981.

HEGEL, Georg Wilhelm Friedrich. *Fenomenologia do Espírito*. Parte II. Petrópolis: Vozes, 1998. p. 208.

MARX, Karl. *Glosas críticas marginais ao artigo "O rei da Prússia e a reforma de social" de um prussiano*. São Paulo: Expressão Popular, 2010.

MARX, Karl. *O capital-crítica de economia política. Livro primeiro: o processo de produção do capital*. 17. ed. Rio de Janeiro: Civilização Brasileira, 1999. v. 1.

Marx, Karl. *O capital: crítica da economia política*. Tradução de Régis Barbosa, Flávio R. Kothe. São Paulo: Abril Cultural, 1984. v. 1, t. 2.

PLANO NACIONAL DE EDUCAÇÃO – PNE. *Portal do Observatório do PNE*. Disponível em: <http://www.observatoriodopne.org.br/>. Acesso em: 3 nov. 2014.

POPKEWITZ, T. S. *Reforma educacional: uma política sociológica. Poder e conhecimento em educação*. Tradução de Beatriz Affonso Neves. Porto Alegre: Artes Médicas, 1997.

ROCHA, Deise Ramos. *Os sentidos políticos atribuídos à educação escolar pelos professores iniciantes: continuidade, utopia, resistência e revolução*. Brasília: UnB, 2015. Dissertação (Mestrado em Educação) – Faculdade de Educação, Universidade de Brasília, Brasília, 2015.

SAVIANI, Dermeval. Trabalho e educação: fundamentos ontológicos e históricos. *Revista Brasileira de Educação*, Rio de Janeiro, v. 12, n. 34, jan./abr. *2007*.

SCHEIBE, Leda; AGUIAR, Marcia A. formação de profissionais da educação no brasil: o curso de pedagogia em questão. *Educação & Sociedade*, Campinas, ano XX, n. 68, 1999.

VÁSQUEZ, Adolfo. *Filosofia da Práxis*. Rio de Janeiro: Paz e Terra, 1968.

CAPÍTULO 17

A Licenciatura em Educação do Campo e a importância do conhecimento na formação de professores

Natacha Eugênia Janata

Este texto foi escrito após a apresentação na mesa compartilhada com Katia Curado,[1] "Organização e produção do conhecimento: desafios para a formação de professores", no II Seminário de Formação Continuada de Professores das Licenciaturas em Educação do Campo do Brasil, ocorrido na Universidade Federal de Minas Gerais, no período de 30 de novembro a 1 de dezembro de 2017. É, portanto, uma reflexão *a posteriori*, que toma como base a exposição realizada, incorporando elementos do debate com os demais participantes, cotejados com outras leituras e estudos.[2] Embora soe repetitivo, frisamos de início que a formação também formou a formadora.

A qual Educação do Campo e Licenciatura em Educação do Campo nos referimos?

Decorridos cerca de 20 anos de Educação do Campo e dez da Licenciatura em Educação do Campo, presenciamos a ampliação e a institucionalização de

---

[1] Kátia Augusta Curado Pinheiro Cordeiro da Silva. Professora da Universidade de Brasília.

[2] A participação no encontro nos fez revisitar estudos realizados no mestrado (JANATA, 2004) e doutorado (JANATA, 2012) na busca por retomar autores e reflexões pertinentes e que ao longo do tempo, com o acúmulo de atividades, foram ficando em segundo plano. Além disso, cabe registrar a contribuição dos debates junto ao GECA/UFSC, o Grupo de Estudos e Pesquisa em Educação, Escola do Campo e Agroecologia, no qual temos lido, estudado e trabalhado coletivamente, docentes e discentes, num intenso aprendizado frente a um ambiente acadêmico extremamente individualizado.

políticas, programas e práticas com "forças" em luta (SILVER, 2005) no que diz respeito aos pressupostos filosóficos, epistemológicos e gnoseológicos. Em outros termos, podemos afirmar que há uma trajetória e, nela, disputas, sendo assim, cabe questionar de que Educação do Campo se trata? Que Licenciatura em Educação do Campo se almeja, baseada em que concepção de formação de professores?

Albuquerque (2011; 2014)[3] indica enfaticamente a produção do conhecimento da Educação do Campo vinculada majoritariamente com a perspectiva "pragmatista e pós-moderna", além da tradição fenomênica-existencialista, com "vertentes pós-modernistas (pós-estruturalismo, neopragmatismo, neoweberianismo)" (ALBUQUERQUE, 2011, p. 155). Qual a problemática de tais concepções?

Compreendemos que tais produções contribuem na medida em que apresentam elementos significativos ao retratar uma variedade de recortes da realidade em relação ao tema. O que costumamos afirmar é que essas pesquisas se encerram justamente no ponto em que para nós poderiam iniciar reflexões, problematizações e sínteses críticas a partir de uma categoria-chave na análise que é a luta de classes. O projeto de sociedade de superação do capitalismo está na origem da Educação do Campo; ela nasce no seio da luta de classes travada pelos movimentos sociais e, nesse sentido, assumir uma visão de mundo idealista e pragmatista significa negá-la, situando-se na contramão do que é fundamento e raiz da mesma.

Para além da produção acadêmica, há experiências em curso que vêm ganhando intensidade no sentido de uma apropriação da Educação do Campo voltando-a à subalternidade do capital, como apontam Lamosa (2015) e Camacho (2017), para registrar alguns.

Tomando como base uma visão de mundo materialista, histórica e dialética, na qual situamos nosso debate acerca da Educação do Campo e da formação de professores, é essencial partir da compreensão de como se dá a produção do conhecimento nessa perspectiva, trazendo à tona a centralidade do trabalho no processo de formação do ser social. Em tempos de primazia do pragmatismo,[4] não é demais retomar a tão conhecida (e por muitas vezes esquecida!) passagem de Marx (2010), em que afirma:

---

[3] Embora possamos tecer críticas no sentido de algumas análises da autora carecerem de elementos que explicitem contradições, importa considerar que limites são inerentes ao fazer humano e as pesquisas, inevitavelmente, apresentam lacunas as quais servem de base para a continuidade das mesmas. Os dados apresentados na tese de Albuquerque (2011) são impactantes e demonstram inegavelmente as perspectivas teóricas que vêm se sobressaindo nas produções sobre Educação do Campo.

[4] Duarte (2010) é um dos autores que têm demonstrado a influência do pragmatismo nas propostas educacionais contemporâneas e seus impactos na escolarização da classe trabalhadora.

Antes de tudo, o trabalho é um processo entre o homem e a Natureza, um processo em que o homem, por sua própria ação, media, regula e controla seu metabolismo com a Natureza. Ele mesmo se defronta com a matéria natural como uma força natural. Ele põe em movimento as forças naturais pertencentes à sua corporalidade, braços e pernas, cabeça e mão, a fim de apropriar-se da matéria natural numa forma útil para sua própria vida. Ao atuar, por meio desse movimento, sobre a Natureza externa a ele e ao modificá-la, ele modifica, ao mesmo tempo, sua própria natureza. Ele desenvolve as potências nela adormecidas e sujeita o jogo de suas forças a seu próprio domínio [...] Pressupomos o trabalho numa forma em que pertence exclusivamente ao homem (Marx, 2010, p. 149).

Na continuação do trecho, o autor explicita o caráter teleológico do trabalho humano, fazendo uso das seguintes comparações:

Uma aranha executa operações semelhantes às do tecelão, e a abelha supera mais de um arquiteto ao construir sua colmeia. Mas o que distingue o pior arquiteto da melhor abelha é que ele figura na mente sua construção antes de transformá-la em realidade. No fim do processo do trabalho aparece um resultado que já existia antes idealmente na imaginação do trabalhador. Ele não transforma apenas o material sobre o qual opera; ele imprime ao material o projeto que tinha conscientemente em mira, o qual constitui a lei determinante do seu modo de operar e ao qual tem de subordinar sua vontade. E essa subordinação não é um ato fortuito. Além do esforço dos órgãos que trabalham, é mister a vontade adequada que se manifesta através da atenção durante todo o curso do trabalho (Marx, 2010, p. 149).

Em síntese, a produção de conhecimento ocorre como resultado da atividade vital denominada trabalho, o qual por sua vez se constitui como a ação humana intencional de transformação metabólica da natureza – dos seres orgânicos e inorgânicos, e do próprio ser humano.[5] Tal intercâmbio é motivado pela necessidade material de sobrevivência, produzindo conhecimentos de diferentes dimensões, em relação à própria natureza e ao próprio ser, que se constitui como social.

Com a ajuda de Pinto (2005), temos que o trabalho tem um papel fundamental no processo de hominização, forjando a espécie humana como ser social, bem como de humanização. Este segundo aspecto, possibilitado pela atividade vital, é o caminho que leva à apropriação, em cada indivíduo, de todo o legado já acumulado. A humanização é possibilitada pelo que denominamos educação,

---

[5] Como falado durante a exposição no seminário, demarcamos que a utilização do termo "ser humano" ao em vez de "homem" não é trivialidade. Longe de querer repercutir críticas que minimizam as contribuições de Marx e Engels, resumindo-os à adjetivação de machistas, compreendemos ambos como algo que efetivamente foram, seres humanos filhos do tempo histórico em que viveram, com seus determinantes e possibilidades. Cabe a nós, trabalhadores da virada do século XX para o XXI, fazer as adequações que consideramos pertinentes ao acúmulo do debate para avançar na articulação da luta de classes na atualidade. Nesse sentido, não podemos deixar de considerar que somos homens e mulheres, genericamente seres sociais, seres humanos.

ou trabalho educativo, o qual permite "produzir, direta e intencionalmente, em cada indivíduo singular, a humanidade que é produzida histórica e coletivamente pelo conjunto dos" seres humanos (SAVIANI, 1997, p. 17).

O trabalho como característica definidora do ser social[6] é pressuposto para pensar a formação humana. Aqui se apresenta uma contradição muito cara para as discussões acerca da formação de professores. Somos em essência seres multilaterais, mas, contraditoriamente, vivemos em uma sociedade que, pela propriedade privada dos meios de produção e a divisão social do trabalho, torna o ser unilateral, possuindo, portanto, característica de desumanização (MARX; ENGELS, 2006).

Uma das manifestações da unilateralidade do trabalho e, portanto, do ser, mediante as relações sociais de produção capitalista é a divisão social entre trabalho intelectual e manual, sendo este princípio fundante de organização da escola atual.

Aqui chegamos a um ponto de diálogo necessário com o recorte que tratamos no texto, considerando o par formação de professores e trabalho docente. As escolas do campo são também expressão dessa escola conformada sob a ordem do capital. Há instituições que conseguem avançar em experiências de práticas pedagógicas que minimamente fazem uma crítica a esse modelo, e quase todas se encontram vinculadas a movimentos sociais. Todavia, é preciso destacar que essas não representam nem de longe a maioria das escolas públicas do campo brasileiras. Nelas, o que impera é uma escola dual, que está pautada na cisão entre trabalho intelectual e manual, formando para sua reprodução. Um exemplo que temos vivenciado no acompanhamento dos estudantes durante o Tempo Comunidade (TC)[7] é a identificação de pouquíssimas escolas do campo que contêm uma estrutura não precarizada, experiências diferenciadas e articulação com os movimentos sociais, para citar alguns aspectos.

---

[6] Como não é possível desenvolver adequadamente todos os fundamentos teóricos no texto, cabe fazer referência à "ontologia do ser social", desenvolvida por Lukács (1979), que toma a atividade vital – o trabalho como fundante do ser social, responsável pelo salto ontológico do ser meramente biológico, ou orgânico, ao ser social.

[7] A alternância de estudos é um formato de organização do tempo escolar legalmente aceitável desde a LDB 9394/96, em seu artigo nº 23. A Licenciatura em Educação do Campo da Universidade Federal de Santa Catarina tomou por base o modelo da Pedagogia da Alternância desenvolvida sobretudo pela União Nacional das Escolas. Famílias Agrícolas do Brasil (UNEFAB) e Associação Regional das Casas Familiares Rurais (ARCAFAR), como pode se depreender do documento de aprovação do curso na instituição, embora a referência não seja explícita (UFSC, 2008). A finalidade é possibilitar a permanência dos estudantes oriundos do campo no ensino superior por meio da alternância entre um período com aulas da universidade – o Tempo Universidade – e um período com atividades em suas comunidades de origem – o Tempo Comunidade. Os Editais Públicos lançados pelo MEC para a criação das Licenciaturas em Educação do Campo nas instituições de ensino superior tinham a alternância como requisito na organização curricular (BRASIL, 2008, 2009, 2012).

Essa é a condição material das escolas do campo e não podemos negá-la se pretendemos avançar mediante as possibilidades existentes, uma vez que corroboramos com Marx (2004, p. 107) ao indicar que, "Por um lado é necessário modificar as condições sociais para criar um sistema de ensino, por outro lado, falta um sistema de ensino novo para poder modificar as condições sociais. Consequentemente, é necessário partir da situação atual".

O que a "situação atual" parece indicar para a formação de professores na Licenciatura em Educação do Campo é a urgente e necessária transformação da escola, a qual se assente na necessidade de construir projetos político-pedagógicos[8] que tenham em vista a omnilateralidade e a emancipação humana.

Na esteira dessa acepção, Manacorda (2000) afirma que de um lado o trabalho orientado pela consciência e imaginação humanas, "como um ato de liberdade, de criação livre do" ser humano é fonte de emancipação, estando situado no "reino da liberdade", uma possibilidade a ser construída no sentido de uma "associação onde o livre desenvolvimento de cada um é condição do livre desenvolvimento de todos" (MARX; ENGELS, 2006, p. 107). No outro polo, como ato mecânico de busca imediata de sobrevivência, ficando circunscrito ao "reino da necessidade", o trabalho é fonte de alienação,[9] uma realidade existente.

Heller (1994), ao tratar do tema da liberdade, enfatiza o seu alcance somente mediante a supressão da alienação, da opressão e da exploração do trabalho, junto à transformação da estrutura social em seu conjunto. A necessidade de uma "reestruturação

---

[8] Aqui mais uma vez chamamos a atenção para a importância de resgatarmos termos utilizados historicamente pelos trabalhadores da educação e que têm sido apropriados e substituídos como sinônimos por outros, como se significassem o mesmo. Em texto já publicado (JANATA; ANHAIA, 2014) trazemos o projeto político-pedagógico como aquele que contém a sistematização da visão de mundo e de educação, com a consequente organização do trabalho pedagógico, curricular e previsão de práticas pedagógicas, planejamento, que coadunem com tais visões. A sua origem remete aos debates do Fórum em Defesa da Escola Pública, estaduais e nacional, existentes desde o processo da Constituinte de 1988, após a reabertura política do Brasil. As discussões em torno da Lei de Diretrizes e Bases da Educação Nacional, aprovada em 1996, trouxe a relevância de as instituições escolares terem a incumbência de organizarem coletivamente seus projetos político-pedagógicos. Não nos cabe neste texto tratar dos avanços e das derrotas do fórum com a promulgação da Lei nº 9394/96. O que nos interessa é referendar o projeto político-pedagógico, em vez de proposta curricular, proposta pedagógica, entre outros, que propositadamente, ou não, retiram o político da terminologia, como se fosse possível o ato educativo não ser intencional.

[9] Pela importância história da intelectual Agnes Heller (1994) urge recuperar as distinções entre "work" e "labour" para explicar as distinções entre um trabalho que humaniza de um lado e de outro, uma atividade que desumaniza. A autora trata "work" como aquele que promove "el intercambio orgánico entre naturaleza y sociedad, y cuyo resultado es la reproducción material y total de la sociedad". Como trabalho alienado, objetivado, temos o "labour", e "la alienación del *labour* no puede ser eliminada a través del proceso de trabajo, sino solamente con la transformación (em dirección al comunismo) de la estructura social en su conjunto" (HELLER, 1994, p. 214).

verdadeiramente radical" é demonstrada por Mészáros (2002, 2007) como única forma para alcançar a emancipação humana e a omnilateralidade.

Sendo a emancipação humana e a formação omnilateral inviabilizadas no seio das relações sociais de produção capitalistas, o que restaria como elemento para orientar a formação de professores na Licenciatura em Educação do Campo? Reiteramos Marx (2004), para arriscar uma resposta que traz a contradição como elemento de análise. Ao mesmo tempo que a escola em geral, e em nosso caso particular, a do campo, encontra-se determinada pela "situação atual", é justamente essa condição que entendemos ser, como afirma a linguagem coloquial, "o fermento do pão", aquilo que anima e põe como horizonte a luta por sua transformação.

Em nossa tese de doutorado já afirmamos que:

> Formar para a omnilateralidade significa buscar ampliar as próprias finalidades da educação, pois, mesmo não sendo possível a fruição no hoje, diante de um sistema capitalista que nos retira toda a condição humana e falseia nossa consciência, é significativo que aprendamos a usufruir os bens espirituais, a arte, as manifestações culturais como elementos do novo, mediante o velho. Dessa forma, alcançada uma nova forma de produzir a existência, pela autoatividade, com a produção nas mãos dos "indivíduos livremente associados", poderemos usufruir a possibilidade, [...] de "hoje fazer tal coisa, amanhã outra, caçar pela manhã, pescar à tarde, [...] segundo meu desejo, sem jamais me tornar caçador, pescador, pastor ou crítico" (MARX; ENGELS, 1999, p. 47). A formação para a omnilateralidade está no limite da impossibilidade de sua realização plena sob o capital, porém coloca-se, ao mesmo tempo, como uma força em luta [...] (JANATA, 2012, p. 185).

Como síntese do que consideramos possível realizar desde já no sentido da busca pela transformação das escolas do campo e, em última instância, pela formação de seres humanos conscientes das contradições das relações sociais capitalistas e que se organizam coletivamente na busca pela sua superação, trazemos três elementos-chave que entendemos serem indispensáveis para os projetos político-pedagógicos das Licenciaturas em Educação do Campo em curso. A apresentação segue uma ordem que permite a fluência na leitura, mas compreendemos que não há maior grau de importância, pois são três eixos interdependentes, atuando um sobre o outro.

Escola do campo: conhecimento, luta social e pensamento complexo

Acesso aos conhecimentos das ciências, das artes e da filosofia articulando escola e vida a partir do trabalho, bem como viver, promover e inserir as lutas sociais nas escolas do campo e, por fim, ter como finalidade a superação dos conceitos espontâneos mediante o desenvolvimento do pensamento complexo são os elementos que sintetizamos como os suscetíveis para balizar o planejamento e a realização das práticas pedagógicas nas escolas do campo. São, portanto, aspectos essenciais a serem problematizados nas Licenciaturas em Educação do Campo nas suas diferentes habilitações: Linguagens, Ciências da Natureza, Ciências Humanas e Sociais, Matemática e Ciências Agrárias.

Entendemos como tarefa da educação o ensino intelectual, a educação física/ginástica e o ensino tecnológico, conforme Marx (1982, 2010) trata em pelo menos dois textos. A união instrução e trabalho com a finalidade de formar "seres humanos plenamente desenvolvidos" ganha relevância e, com ela, a busca pela unidade teoria e prática, a qual também aparece em Engels (1982).

Ao longo da última década do século XX e início do XXI presenciamos na educação brasileira as influências da reorganização do processo produtivo, bem como a refundação da teoria do capital humano, com o que Saviani (2010) caracterizou como neoescolanovismo, neoconstrutivismo e neotecnicismo.

Na formação de professores, essa configuração foi traduzida no que se denominou epistemologia da prática (DUARTE, 2010), que, por ser restrita a uma visão de mundo pragmática, tem colocado o trabalho docente e as licenciaturas no âmbito da formação de um ser humano unilateral. A Licenciatura em Educação do Campo está imersa nesse contexto, o qual não é tampouco restrito ao Brasil, tratando-se de uma estratégia do capital em nível internacional. Em alguma medida somos determinados por essa condição histórica e, tenhamos consciência ou não, podemos estar assumindo uma concepção de formação humana unilateral, sobretudo pela ênfase que muitos dos nossos cursos têm colocado nas premissas da prática, do aprender a aprender, do professor reflexivo, entre outras.

Curado Silva (2017a), num posicionamento crítico, situando a epistemologia da práxis na formação de professores, contribui para a análise da relação teoria e prática afirmando que:

> Partindo dos conceitos e das relações entre teoria e prática pode-se entender que a primeira depende da segunda, na medida em que a prática é o fundamento da teoria, já que determina o horizonte de desenvolvimento e progresso do conhecimento. O progresso do conhecimento teórico aparece vinculado às necessidades práticas dos homens. A dependência da teoria em relação à prática e a existência deste como último fundamento e finalidade da teoria evidenciam que a prática, concebida como uma práxis humana total tem primazia sobre a teoria; mas esse seu primado, longe de implicar numa contraposição absoluta à teoria, pressupõe uma íntima vinculação com ela. [...] O que se defende nesta perspectiva é a concepção de que a formação de professores aspira uma formação do sujeito histórico baseada em uma relação indissolúvel entre a teoria e a prática, a ciência e a técnica, constituída no trabalho e que garanta a estes sujeitos a compreensão da realidade

sócio-econômica-política e que sejam capazes de orientar e transformarem as condições que lhes são impostas (Curado Silva, 2017a, p. 7).

Sobre o acesso ao conhecimento, destacamos também a necessária e urgente tarefa da produção acadêmica em trazer à baila as contribuições da obra de Paulo Freire inserida em algo mais amplo que foi e tem sido o Movimento de Educação Popular no Brasil e na América Latina. Paludo (2008, 2015) tem elaborado análises nesse sentido e Alberton[10] (2018), tomando como base as contribuições da autora, afirma:

> O Movimento de Educação do Campo tem uma origem similar da Educação Popular – organização dos trabalhadores, permanência no campo popular, na própria perspectiva fundamental da luta de classes. A Educação do Campo evidencia uma parcela da população, das trabalhadoras e trabalhadores desse espaço, o Movimento da Educação Popular vai ganhando centralidade no espaço urbano. Tanto um como o outro sofrem influências do capitalismo o qual busca retirar de ambos a sua vinculação com a luta de classes, na apropriação de suas bandeiras de lutas (Alberton, 2018, p. 19).

Afirmamos isso por considerar, juntamente com Alberton (2018, p. 19), que o "Movimento de Educação Popular é mais amplo que a sistematização metodológica derivada da contribuição de Freire, a partir da Pedagogia do Oprimido, portanto é maior do que a escola". Colocado dessa forma, a relação conhecimentos populares e científicos não deixa de ter sua relevância, entretanto, também não permite a relativização do conhecimento científico na escolarização dos filhos da classe trabalhadora, em nosso caso particular, do campo, os quais em grande medida não encontram outro local para acessá-los.

Assumimos fundamentalmente o Movimento de Educação Popular e dentro dele as importantes contribuições de Paulo Freire para a Educação do Campo e a formação de professores. Entretanto, o esvaziamento do conteúdo advindo do conhecimento científico, fruto de concepções que, de alguma forma, se referenciam no autor, não é base para a concepção de Educação do Campo aqui apresentada.

---

[10] Agradeço às trocas com Junior Alberton, meu orientado na sistematização do texto final apresentado como requisito para certificação como atualização do curso de Educação e Realidade Brasileira (CRB), realizado na Universidade Federal de Santa Catarina de março de 2017 a maio de 2018. O citado curso foi desenvolvido pelo GECA/UFSC em parceria com movimentos sociais e sindicais de Santa Catarina, tendo como Coordenação Político-Pedagógica o Movimento dos Trabalhadores Rurais Sem Terra, a Central Única de Trabalhadores, o Centro Acadêmico Livre de Educação do Campo, a Escola de Formação Sul (CUT), o Levante Popular da Juventude e o Sindicato dos Trabalhadores na Indústria de Energia Elétrica de Florianópolis.

Essa importância dada ao acesso ao conhecimento científico, filosófico e artístico não é puro "diletantismo", como afirma Freitas (2011). Questionamos se é possível ter o horizonte da superação do capitalismo no século XXI, sem entender de robótica, transgenia, nanotecnologia, entre tantos outros, e seus impactos na vida terrestre, para o capital e para o trabalho? Pensamos que não é possível uma sociedade que supere o capital abrindo mão do desenvolvimento das forças produtivas alcançadas até agora.

Todavia, se não abrimos mão do acesso ao conhecimento científico, filosófico e artístico, temos a clareza de que é necessária também uma crítica, uma vez que o desenvolvimento das forças produtivas que impulsiona a sua sistematização é necessidade inerente à reprodução da forma social do capital, procurando o aumento de produtividade. Aparentemente esse argumento poderia servir de explicação para reiterar a negação e o esvaziamento da ciência, da arte e da filosofia na escola. Indo mais a fundo, percebemos que para fazermos contraponto à forma de produção da vida sob o capital, desvelando seus determinantes e ao mesmo tempo suas possibilidades, não podemos abrir mão de apropriá-la, compreendê-la, analisá-la, pois como avançar para um outro projeto histórico de sociedade senão partindo do que já se tem de acúmulo da humanidade?

Situar a produção do conhecimento em sua historicidade, como resultado e processo da ação humana, é um aspecto que auxilia para uma compreensão não estanque, nem elitizada, seja da ciência, da filosofia ou da arte. De que conhecimento se trata e como ele foi produzido ao longo da história da humanidade? Essas são questões orientadoras para um trabalho crítico acerca do mesmo. Permite a socialização mediante a apropriação do seu resultado, bem como do próprio processo de sua constituição e, além disso, abre caminho para potencializar a relação entre o resgate de conhecimentos tradicionais e a produção científica, uma característica presente na Educação do Campo e fortalecida na interação com a agroecologia.

O esvaziamento do conteúdo escolar é uma questão séria a ser enfrentada na educação em todos os níveis e etapas, da educação básica ao ensino superior, passando pela formação de professores. Desde a concepção apresentada, a Licenciatura em Educação do Campo não está para fazer coro a isso e concordamos com Curado Silva (2017) ao colocá-la no enfrentamento à epistemologia da prática, a partir da epistemologia da práxis na formação de professores.[11]

Uma vez mais reiteramos que a luta por escolas no campo e com projetos político-pedagógicos vinculados aos trabalhadores do campo ocorre porque queremos que nossas crianças, adolescentes, jovens e adultos estudem, aprendam

---

[11] Refere-se a sua apresentação na mesa que compartilhamos no referido seminário.

e se desenvolvam justamente pela possibilidade de acesso aos conhecimentos sistematizados que essa instituição proporciona.

Nesse primeiro elemento, ainda que rapidamente, trazemos uma provocação para ser aprofundada que diz respeito às contribuições que a pedagogia histórico-crítica (SAVIANI, 1997, entre outros) tem a dar para as Licenciaturas em Educação do Campo. Desde a constituição da Educação do Campo, viemos sofrendo críticas desse campo teórico, sobretudo pela relação particularidade-universalidade na educação e pela aproximação aos ideários da pós-modernidade com a ênfase na cultura dos sujeitos do campo. Se de um lado entendemos que precisamos, podemos, devemos e estamos fazendo o enfrentamento teórico-prático de tais críticas, de outro compreendemos que negar a existência de sua contribuição para pensar o ensino das diferentes áreas do conhecimento é recusar um acúmulo da elaboração da educação brasileira e, portanto, um avanço que é possível fazer também a partir da Educação do Campo. A pedagogia histórico-crítica é uma construção teórico-metodológica brasileira que traz indicativos para o trabalho pedagógico nas escolas do campo, sobretudo no que se relaciona com o ensino das diferentes disciplinas que compõem as áreas do conhecimento.

Contudo, o acesso ao conhecimento científico, artístico e filosófico é ainda insuficiente, posto que a Educação do Campo traz para a escola a discussão da forma e conteúdo e, no âmbito da formação multilateral, as lutas sociais. Isso é um legado da trajetória dos movimentos sociais que estão no alicerce da Educação do Campo, com ênfase para o Movimento dos Trabalhadores Rurais Sem Terra no início, e mais recentemente, aos movimentos da Via Campesina Brasil, os quais trazem

> [...] atenção à matriz formativa das lutas sociais, na busca por garantir uma formação de educadores lutadores, já que é necessário conquistar escolas no campo e se contrapor ao processo de fechamento das mesmas, ao mesmo tempo em que é necessário e urgente a tarefa de construção de uma outra forma escolar, virada para processos formativos alargados e multilaterais (JANATA; ANHAIA, 2018, [s. p.]).

Formar lutadores é uma perspectiva da Pedagogia Socialista[12] (PISTRAK, 2000; KRUPSKAIA, 2017; SHULGUIN, 2013) e da Pedagogia do Movimento (CALDART,

---

[12] Cabe registrar meus agradecimentos aos aprendizados do Círculo de Leituras da Pedagogia Socialista, ideia germinada no seminário "Construção Histórica da Pedagogia Socialista: Legado da Revolução Russa de 1917 e os desafios atuais" (ocorrido em maio de 2017 na Escola Nacional Florestan Fernandes) e realizada desde o segundo semestre de 2017, coletivamente, com docentes e estudantes da Licenciatura em Educação do Campo, bem como da Pós-Graduação em Educação da UFSC, interessados no tema: Antony Corrêa, Julia Boemer, Cynthia Romero, Diones Reis, Pedro Coloma, e mais recentemente, Inara Fonseca.

2000), ambas bases teóricas para a Educação do Campo. Aliado ao acesso aos conhecimentos científicos, filosóficos e artísticos, a experiência de se inserir nas lutas sociais, além de promovê-las, é um aspecto que abre espaço na forma escolar para a auto-organização, seja dos estudantes e/ou dos educadores, podendo configurar-se como "trabalho socialmente necessário" (Shulguin, 2013) e, portanto, como potencial de ampliação da matriz formativa, no sentido da multilateralidade.

Embora não seja possível detalhar, a articulação entre escola e vida é ainda outro aspecto nesse sentido. Mészáros (2005, p. 59) ressalta a "contribuição vital" que a instituição escolar pode oferecer quando se articula com as lutas sociais mais amplas, numa perspectiva abrangente da educação "como a nossa própria vida".

Por fim, o último elemento que consideramos chave vai na linha de como a apropriação dos conhecimentos filosóficos, artísticos e científicos contribuem para uma formação humana voltada para a multilateralidade. Toma como pressuposto as sínteses elaboradas pela psicologia histórico-cultural, com os estudos do que Duarte (1996) nomina como Escola de Vigotski.

Para Vigotski (2010, p. 104), "o processo de desenvolvimento segue o da aprendizagem" e sendo assim, cabe ao ensino antecipar-se ao mesmo. Em termos básicos temos que a apropriação dos conhecimentos científicos provoca o desenvolvimento das funções psicológicas superiores (atenção voluntária, memória lógica, pensamento abstrato, entre outras). Além disso, a compreensão da periodização do desenvolvimento humano e da "atividade principal" ou dominante em cada estágio são essenciais no estabelecimento de estratégias pedagógicas que "favoreçam a apropriação do conhecimento científico", conforme destaca Facci (2004, p. 76).

A escola do campo assume com isso a finalidade de proporcionar o desenvolvimento do pensamento complexo, considerando a assertiva de Vigotski (2001):

> A instrução escolar induz um tipo de percepção generalizante, desempenhando assim um papel decisivo na conscientização do processo mental por parte da criança. Os conceitos científicos, com o seu sistema hierárquico de inter-relações, parecem ser o meio em que primeiro se desenvolvem a consciência e o domínio do objeto, sendo mais tarde transmitidos para outros conceitos e áreas do pensamento. A consciência reflexiva chega à criança através dos portais dos conceitos científicos (VIGOTSKI, 2001, [s. p.]).

As operações mentais de abstração e generalização são conquistas históricas dos seres sociais em seu processo de humanização. São elas, entre outras funções psicológicas superiores, que nos distinguem dos demais seres animais, portanto, a comparação entre a abelha e o arquiteto feita por Marx e citada neste texto é explicada por essas capacidades humanas. Colocá-las no fulcro do debate educacional é trazer a humanização como horizonte.

Desafios na Licenciatura em Educação do Campo

Em uma exposição no II Seminário das Licenciaturas em Educação do Campo do Paraná e I Seminário da Licenciatura em Educação do Campo do Sul, ocorrido na Universidade Federal da Fronteira Sul, campus Laranjeiras do Sul, em novembro de 2012, Caldart (2012) aponta três itens sobre os desafios da matriz formativa do curso:

> Tempo comunidade como prática do trabalho socialmente necessário voltado aos objetivos do curso (estágios não bastam); tratar a área como opção tática (meio) e não como estratégia (fim) principal do trabalho com o conhecimento; garantir apropriação e discussão dos conteúdos das disciplinas da área no currículo atual da educação básica (CALDART, 2012, [s. p.]).

Os três itens apresentados pela autora são problemáticas existentes nos cursos desde seu início e expressam em suas entrelinhas um posicionamento que coaduna com os nossos três eixos expostos – conhecimento, luta e pensamento complexo.

Em relação ao que Caldart (2012) traz nos questionamos sobre as 400 horas de estágio das licenciaturas em geral, inclusive da Educação do Campo: como organizá-las para que deem conta do acesso aos conhecimentos científicos, filosóficos e artísticos, bem como do exercício da docência, imbricados com as contradições presentes no entorno de cada escola onde se realiza? A organização dos TC, e neles dos estágios, a partir da experiência do "trabalho socialmente necessário", é algo que auxilia na inserção dos nossos estudantes nas comunidades como lutadores do campo, além de permitir a relação com o acesso aos conhecimentos a partir da vida – singular e universal, com suas contradições.

Quanto à área do conhecimento, cabe destacar que a discussão sobre a interdisciplinaridade, ou do currículo integrado, não assume para nós centralidade diante dos embates na Licenciatura em Educação do Campo, principalmente pelo devido cuidado de, paradoxalmente, terminar por contribuir para a relativização e o esvaziamento do conhecimento. Ela é meio, como Caldart (2012) afirma, por evitar a fragmentação da carga de trabalho em várias escolas, possibilitando professores com seus horários preenchidos em uma escola do campo, condição *sine qua non* para um engajamento efetivo na mesma.

Particularmente, na trajetória de docente da Licenciatura em Educação do Campo da Universidade Federal de Santa Catarina, em alguns momentos de discussão do Núcleo Docente Estruturante ou de outros espaços formativos realizados, foi se percebendo que a disciplina de Ciclos Biogeoquímicos da produção da vida (UFSC, 2008), a qual era a responsável por trabalhar por área os conhecimentos da Física, Química, Biologia e Matemática[13] desde o início do curso, apresentava problemas na apropriação por parte dos estudantes. As falas recorrentes eram de que eles faziam o componente curricular, mas não conseguiam aprender e isso aparecia ainda mais forte nos momentos dos estágios, nos dois anos finais do curso, em que precisavam dar conta desses conhecimentos no exercício da docência. Em uma visão particular, parece-nos que há nesses casos um avanço de vontade, mas não de realidade.

Como enfrentamento a essa e outras questões que não cabem aqui, realizou-se uma adaptação curricular, em que no primeiro ano do curso os fundamentos foram separados, havendo um componente para Física, um para Química, outro para a Biologia e enfim, um para a Matemática. A partir do segundo ano os fundamentos passam então a ser por área, denominado de Fundamentos da Ciência da Natureza e Matemática,[14] na busca pelo trabalho coletivo, articulado e integrado dos conhecimentos específicos de cada disciplina (UFSC, 2012).

É uma experiência em curso. Não dispomos ainda de dados mais detalhados para apresentação de uma reflexão, cabendo tão somente o registro de como a questão da formação por área do conhecimento pode assumir uma potência de reorganização da matriz curricular. Entretanto, o central ainda reside em: como se constroem espaços de articulação entre as diferentes disciplinas que compõem cada área? A relação escola e vida, com a centralidade do trabalho, direciona respostas teórico-práticas a esse questionamento.

A compreensão do ponto de partida da articulação e integração de conhecimentos não diz respeito à aproximação do que cada disciplina tem em comum. Em nossa compreensão da Licenciatura em Educação do Campo, a integração curricular, que leva ao trabalho coletivo, ou vice-versa, tem a compreensão da vida, em seus fenômenos sociais e naturais,[15] com suas contradições, como central. Nesse sentido, a agroecologia tem muito a contribuir com a Educação

---

[13] A disciplina, em tese, deveria ser ministrada por quatro professores, um de cada disciplina, os quais desenvolvem o trabalho de forma coletiva, articulada e integrada. Em tese, porque nos primeiros anos de existência do curso, ainda não havia número suficiente de docentes contratados que dessem conta dessa proposta, e mais recentemente, embora já haja quantidade, as diferentes compreensões dos docentes do que deva ser o encaminhamento da disciplina, muitas vezes leva a apenas um compartilhamento de carga horária e não efetivamente um trabalho coletivo.

[14] O nome completo é Fundamentos das Ciências da Natureza e Matemática na Educação Básica para Escolas do Campo do I ao VI, correspondendo do 3ª ao 8º semestre.

[15] Conforme já trabalhamos em nossa dissertação de mestrado, Gramsci (1982).

do Campo no rumo de um avanço de ligação da escola com a vida. Embora não caiba desenvolver essa discussão, indicamos para leitura o texto de Caldart (2017), pelas contribuições que aponta.

Para finalizar:
"Lutar! Construir a Educação do Campo popular"[16]

Que ser humano pretendemos formar? A resposta à indagação nos fornece os pressupostos que podem unificar enquanto projeto societário, enquanto luta não só por uma formação diferenciada de professores ou para o acesso e permanência dos trabalhadores do campo no ensino superior, isso é apenas uma parte, não é o todo. É, antes, apenas o "começo da conversa".

O que é possível fazer nesse cotidiano de ser professor das escolas do campo, tendo em vista a transformação da escola, porém atuando e incidindo sobre o existente? Tal questionamento, por sua vez, leva a problematizar a formação por área de conhecimento e a decorrente estrutura curricular dos nossos cursos, a burocracia de um histórico escolar e de um diploma ante aos sistemas de ensino municipais e estaduais existentes, entre outros.

Essas são questões que se têm debatido em diversos espaços, no Fórum Nacional da Educação do Campo, bem como em suas instâncias locais; nos Seminários Nacionais das Licenciaturas da Educação do Campo; em audiências públicas, enfim, há uma preocupação posta acerca disso. Nossa percepção é de que há momentos em que perdemos de vista o que é a materialidade das escolas do campo na atualidade e de que é preciso conhecê-la para enfrentá-la. Isto porque é com essa realidade estrutural que nos deparamos cotidianamente e se nossos egressos não conseguirem assumir efetivamente o cargo de professor, com seus diplomas e históricos validados, com concursos que prevejam nossa formação por área, a possibilidade de atuação com o conteúdo e a forma da escola do campo fica inviabilizada.

Encharcar-se de contradições é uma ousadia necessária mediante os condicionantes da "situação atual", os quais, ao mesmo tempo que limitam as ações, também se apresentam como desafios na construção de processos educativos voltados para além do capital. De forma elucidativa, em epígrafe da obra *Para além do capital*, Mészáros (2002) cita a seguinte passagem de Goethe:

> Em Frankfurt, como na maior parte das cidades velhas, existia a prática de ganhar espaço em prédios de madeira fazendo não apenas o primeiro, mas também os pisos

---

[16] Referência ao lema do 6º Congresso Nacional dos Trabalhadores Rurais Sem Terra, realizado em fevereiro de 2014 no Distrito Federal.

mais altos, se projetarem sobre a rua, o que incidentalmente tornava as ruas, principalmente as estreitas, sombrias e depressivas. Finalmente foi feita uma lei permitindo que apenas o primeiro andar de uma casa nova se projetasse para fora do terreno, enquanto os andares superiores deveriam se manter nos limites do térreo. Para evitar perder o espaço que se projetava sobre a rua no segundo andar, meu pai contornou a lei, como outros o tinham feito antes dele, escorando as partes mais elevadas da casa, tirando um andar depois do outro, da base para cima, enquanto ele introduzia a nova estrutura, de tal modo que, apesar de ao fim nada da velha casa ter restado, o prédio totalmente novo poderia ser considerado mera renovação (MÉSZÁROS, 2002, p. 515).

Precisamos urgentemente, para seguir com a referência de Mészáros (2005), de uma "restruturação verdadeiramente radical". Partimos da crítica às relações sociais de produção capitalistas, ao modelo de educação e escolarização decorrentes, para sinalizar a superação da condição dada. Entretanto, não há outro jeito que não o de construir a casa nova por dentro da velha.

Um último ponto que retomamos é a afirmação de que a Educação do Campo nasce na luta social e continuará nesse bojo enquanto o projeto societário que supera o antagonismo entre capital e trabalho não for viabilizado coletivamente. O horizonte colocado traz uma perspectiva singular, que é a luta cotidiana de ser determinado professor e/ou estudante de uma Licenciatura em Educação do Campo em cada universidade brasileira que a assumiu.

Diante do exposto, cabe aos indivíduos que ingressam nessa "roda da história"[17] a luta por espaço na universidade, por alojamento-moradia, por recursos financeiros que possibilitem uma formação de qualidade que considere todas as especificidades que a Licenciatura em Educação do Campo contém, enfim, a organização coletiva. Isso porque não vamos construir as Licenciaturas em Educação do Campo nas universidades brasileiras fora do espaço da luta social.

Nesse sentido reiteramos a concepção de Educação do Campo exposta ao início do texto, justificando-a pela perspectiva de superação da alienação entre teoria e prática, pelo projeto histórico de sociedade vislumbrado, uma vez que a Educação do Campo nasce da luta dos trabalhadores do campo e não dos capitalistas, e o que constatamos é que a universidade está muito longe de desenvolver o pensamento crítico, coletivo, de elevar a consciência de classe, de contribuir com a formação filosófica, epistemológica e política.

Para finalizar faço alusão ao poema de Mauro Iasi intitulado "Aula de voo". A escolha é proposital, não apenas por seu conteúdo, mas também pelo autor, que

---

[17] Referência à letra da música de Ademar Bogo, "Manter a esperança", do CD *Arte em Movimento* do MST, novembro de 2002.

é um intelectual-lutador-poeta. Nada mais apropriado, aos termos, como eixo de discussão, uma escola que possibilite uma formação ampliada das diferentes dimensões humanas, almejando a omnilateralidade.

Referências

ALBERTON, Junior. *Movimento da educação popular, educação do campo e a luta de classes*. Florianópolis: UFSC, 2018. Monografia (TCC em Educação e Realidade Brasileira) – Faculdade de Educação, Universidade Federal de Santa Catarina, Florianópolis, 2018.

ALBUQUERQUE, Joelma. Produção do conhecimento sobre a formação dos professores do campo no Brasil: teses e antíteses. *Revista HISTEDBR On-line*, Campinas, n. 59, out. 2014. Disponível em: <https://periodicos.sbu.unicamp.br/ojs/index.php/histedbr>. Acesso em: 8 ago. 2018.

ALBUQUERQUE, Joelma. *Crítica à produção do conhecimento sobre a Educação do Campo no Brasil: teses e antíteses sobre a educação dos trabalhadores no início do século XXI*. Campinas: Unicamp, 2011. Tese (Doutorado em Educação) – Faculdade de Educação, Universidade Estadual de Campinas, Campinas, 2011.

BRASIL. Ministério da Educação. SECAD. *Edital de convocação nº 09, de 29 de abril de 2009*. Disponível em: <http://portal.mec.gov.br/dmdocuments/edital_procampo_20092. pdf>. Acesso em: 8 ago. 2018.

BRASIL. SESU/SETEC/SECADI/MEC. *Edital de Seleção nº 02/2012, de 31 de agosto de 2012*. Disponível em: <http://pronacampo.mec.gov.br/images/pdf/formacao_continuada_licenciatura_educ_campo_09052016.pdf>. Acesso em: 8 ago. 2018.

BRASIL. Ministério da Educação. *Edital nº 2, de 23 de abril de 2008*. Chamada pública para seleção de projetos de instituições públicas de ensino superior para o Procampo. Disponível em: <http://portal.mec.gov.br/arquivos/pdf/edital_procampo.pdf>. Acesso em: 8 ago. 2018.

CALDART, Roseli. Sobre a especificidade da Educação do Campo e os desafios do momento atual. In: V SEMINÁRIO DAS LICENCIATURAS EM EDUCAÇÃO DO CAMPO DO PARANÁ, 2., 2012, Laranjeiras do Sul. SEMINÁRIO DA LICENCIATURA EM EDUCAÇÃO DO CAMPO DO SUL, 1., 2012, Laranjeiras do Sul. *Anais…* Laranjeiras do Sul: UFFS, 2012.

CALDART, Roseli. *Pedagogia do Movimento Sem Terra: escola é mais do que escola*. Petrópolis: Vozes, 2000.

CALDART, Roseli. Trabalho, agroecologia e educação politécnica nas escolas do campo. In: PIRES, João Henrique; NOVAES, Henrique; MAZIN, Angelo; LOPES, Joyce (Orgs.). *Questão agrária, cooperação e agroecologia*. São Paulo: Outras Expressões, 2017. v. III.

CAMACHO, Rodrigo. A Educação do Campo em disputa: resistência versus subalternidade ao capital. *Educação & Sociedade*, Campinas, v. 38, n. 140 jul./set. 2017.

CURADO SILVA, Kátia Augusta Pinheiro Cordeiro. Epistemologia da práxis na formação de professores. *Revista Ciências Humanas*, Frederico Westphalen, v. 18, n. 2. set./ dez. 2017a.

CURADO SILVA, Kátia Augusta Pinheiro Cordeiro. *Organização e produção do conhecimento: desafios para a formação de professores*. In: SEMINÁRIO DE FORMAÇÃO

CONTINUADA DE PROFESSORES DAS LICENCIATURAS EM EDUCAÇÃO DO CAMPO DO BRASIL, 2., 2017, Belo Horizonte. *Anais...* Belo Horizonte: UFMG, 2017b.

DUARTE, Newton. Educação escolar, debate contemporâneo das teorias pedagógicas. In: MARTINS, Lígia; DUARTE, Newton (Orgs.). *Formação de professores: limites contemporâneos e alternativas necessárias.* São Paulo: Ed. da Unesp; São Paulo: Cultura Acadêmica, 2010.

DUARTE, Newton. *Educação escolar, teoria do cotidiano e a escola de Vigotski.* Campinas: Autores Associados, 1996.

ENGELS, Friedrich. *Princípios básicos do comunismo.* Moscovo: Progresso; Lisboa: Avante!, 1982. Obras escolhidas.

FACCI, Marilda. A periodização do desenvolvimento psicológico individual na perspectiva de Leontiev, Elkonin e Vigotski. *Caderno Cedes*, Campinas, v. 24, n. 62, p. 64-81, abr. 2004. Disponível em: <http://www.fcedes.unicamp.br>. Acesso em: 8 ago. 2018.

FREITAS, Luiz Carlos de. Formação de quadros técnicos ou formação geral? Riscos de um falso dilema para o MST. In: VENDRAMINI, Célia R.; MACHADO, Ilma Ferreira (Orgs.). *Escola e movimento social: a experiência em curso no campo brasileiro.* São Paulo: Expressão Popular, 2011.

GRAMSCI, Antonio. Para a investigação do princípio educativo. In: _____. *Os intelectuais e a organização da cultura.* Rio de Janeiro: Civilização Brasileira, 1982.

HELLER, Ágnes. *Sociología de la vida cotidiana.* Barcelona: Península, 1994.

JANATA, Natacha E. *"Juventude que ousa lutar!" Trabalho, educação e militância de jovens assentados do MST.* Florianópolis: UFSC, 2012. Tese (Doutorado em Educação) – Programa de Pós-Graduação em Educação, Universidade Federal de Santa Catarina, Florianópolis, 2012.

JANATA, Natacha. "Fuxicando" sobre a cultura do trabalho e do lúdico das meninas-jovens-mulheres de assentamentos do MST. Florianópolis: UFSC, 2004. Dissertação (Mestrado em Educação) – Programa de Pós-Graduação em Educação, Universidade Federal de Santa Catarina, Florianópolis, 2004.

JANATA, Natacha; ANHAIA, Edson. *As bases teóricas da Educação do Campo e suas contribuições para a Licenciatura em Educação do Campo.* Florianópolis, 2018. No prelo.

JANATA, Natacha; ANHAIA, Edson. Projeto político pedagógico, possibilidade de repensar as classes multisseriadas? In: D'AGOSTINI, Adriana (Org.). *Experiências e reflexões sobre escolas/classes multisseriadas.* Florianópolis: Insular, 2014.

KRUPSKAIA, Nadezdha. *A construção da pedagogia socialista.* São Paulo: Expressão Popular, 2017.

LAMOSA, Rodrigo. O agronegócio nas escolas. *Revista Caros Amigos*, São Paulo, 23 out. 2015. Entrevista. Disponível em: <http://www.carosamigos.com.br/index

LUKÁCS, György. Questões metodológicas preliminares. In: _____. *Ontologia do ser social: os princípios ontológicos fundamentais de Marx.* São Paulo: Ciências Humanas, 1979.

MANACORDA, Mario Alighiero. *Marx e a pedagogia moderna.* São Paulo: Cortez, 2000.

MARX, Karl. Exposição nas seções dos dias 10 e 17 de agosto de 1869 no Conselho Geral da AIT. In: MARX, Karl; ENGELS, Friedrich. *Textos sobre educação e ensino.* São Paulo: Centauro, 2004.

MARX, Karl. *Instruções para os delegados do conselho geral provisório: as diferentes questões.* Moscovo: Progresso; Lisboa: Avante!, 1982. Obras escolhidas.

MARX, Karl. *O capital: crítica da economia política.* Rio de Janeiro: Civilização Brasileira, 2010. Livro 1, v. 1, I, V, VI, XIII.

MARX, Karl; ENGELS, Friedrich. *O Manifesto do Partido Comunista.* São Paulo: Global, 2006.

MARX, Karl; ENGELS, Friedrich. A ideologia alemã (I – Feuerbach). São Paulo: Hucitec, 1999.

MÉSZÁROS, István. *A educação para além do capital.* São Paulo: Boitempo, 2005.

MÉSZÁROS, István. Atualidade histórica da ofensiva socialista. In: _____. *Para além do capital.* São Paulo: Boitempo, 2002.

MÉSZÁROS, István. *O desafio e o fardo do tempo histórico: o socialismo no século XXI.* São Paulo: Boitempo, 2007.

PALUDO, Conceição. Educação Popular como resistência e emancipação humana. *Caderno Cedes,* Campinas, v. 35, n. 96, p. 219-238, maio/ago. 2015.

PALUDO, Conceição. *Movimentos sociais e educação popular: atualidade do legado de Paulo Freire.* In: SEMINÁRIO DIÁLOGOS COM PAULO FREIRE: EDUCAÇÃO POPULAR, FORMAÇÃO PROFISSIONAL E MOVIMENTOS SOCIAIS, 2, 2008. Disponível em: <http://ambientedetestes2.tempsite.ws/ciencia-para-educacao/publicacao/paludo-conceicao-movimentos-sociais-e-educacao-popular-atualidade-do-legado-de-paulo-freire-in-ii-seminario-dialogos-com-paulo-freireeducacao-popular-formacao-profissional-e-movimentos-sociais/>. Acesso em: 8 ago. 2018.

PINTO, Álvaro Vieira. *O conceito de tecnologia.* Rio de Janeiro: Contraponto, 2005. v. 1.

PISTRAK, Moisey. *Fundamentos da escola do trabalho.* São Paulo: Expressão Popular, 2000.

SAVIANI, Dermeval. O neoprodutivismo e suas variantes: neoescolanovismo, neoconstrutivismo, neotecnicismo (1991 – 2001). In: _____. *História das ideias pedagógicas no Brasil.* Campinas: Autores Associados, 2010. cap. XIV.

SAVIANI, Dermeval. *Pedagogia histórico-crítica: primeiras aproximações.* 6. ed. Campinas: Autores Associados, 1997.

SHULGUIN, Victor. *Rumo ao politecnismo.* São Paulo: Expressão Popular, 2013.

SILVER, Beverly J. *Forças do trabalho: movimentos trabalhistas e globalização desde 1870.* São Paulo: Boitempo, 2005.

UNIVERSIDADE FEDERAL DE SANTA CATARINA – UFSC. *Proposta de Adaptação Curricular.* Curso de Licenciatura em Educação do Campo. Florianópolis: UFSC, 2012.

UNIVERSIDADE FEDERAL DE SANTA CATARINA – UFSC. *Proposta pedagógica curricular.* Licenciatura em Educação do Campo. Florianópolis: UFSC, 2008.

VIGOTSKI, Lev S. Aprendizagem e desenvolvimento intelectual na idade escolar. In: VIGOTSKI, Lev; LURIA, Alexander; LEONTIEV, Alexis. *Linguagem, desenvolvimento e aprendizagem.* 11. ed. São Paulo: Ícone, 2010.

VIGOTSKI, Lev S. *Pensamento e Linguagem.* cap. 6. 2001. Disponível em: <http://www.ebooksbrasil.org/eLibris/vigo.html#ind4>. Acesso em: 8 ago. 2018.

PARTE II

Socialização e sistematização das experiências das Licenciaturas em Educação do Campo do Brasil

CAPÍTULO 18

Acesso e permanência de estudantes e a formação por área de conhecimento nos cursos de Licenciatura em Educação do Campo: experiências compartilhadas na formação dos formadores

Aline Aparecida Angelo

Daniele Cristina de Souza

Introdução

Os cursos de Licenciatura em Educação do Campo (LECs) têm sua origem no Brasil por meio da luta do Movimento da Educação do Campo por políticas públicas de educação, para assegurar aos sujeitos do campo acesso à educação pública de qualidade. A Educação do Campo é um fenômeno na educação brasileira, com origem no final dos anos de 1990, que se constituiu em uma articulação nacional da luta dos trabalhadores do campo pela educação. Desde então, esse movimento tem materializado ações de "disputa pela formulação de políticas públicas no interior da política educacional brasileira, que atendam aos interesses sociais dos trabalhadores do campo" (CALDART, 2015, p. 2).

A demanda de formação de professores para atuar em escolas do campo surge das proposições da II Conferência Nacional Por uma Educação do Campo, realizada em 2004. A proposta específica de uma Licenciatura em Educação do Campo começou a ser construída por um Grupo Permanente de Trabalho de Educação do Campo na SECADI/MEC e em novembro de 2006 o MEC decidiu convidar universidades para a realização de projetos-piloto do curso por meio do Programa de Apoio à Formação Superior em Licenciatura em Educação do Campo (Procampo). As universidades escolhidas foram a UFMG, UnB, UFBA e UFS, que em 2008 davam início aos cursos. Em 2009 o Procampo lança edital para que outras universidades pudessem desenvolver esse projeto-piloto.

Para a elaboração da proposta da LEC foi fundamental para esse Grupo de Trabalho (GT) o acúmulo de práticas e experiências desenvolvidas pelo

Pronera com cursos de licenciatura, tais como Letras, Geografia, História, Ciências Sociais, Pedagogia e, principalmente, a experiência do curso de Pedagogia da Terra da Faculdade de Educação da UFMG (FaE-UFMG), que ousou formar educadores para atuação nas séries finais do ensino fundamental e ensino médio. Esse curso serviu de lastro para a concepção da política do Procampo, por ter sido o primeiro a ter dado um salto de um curso de Pedagogia da Terra para uma Licenciatura em Educação do Campo, com apoio do Pronera, em função da sua organização curricular e formação por área de conhecimento.

Essas experiências-piloto foram muito importantes para a elaboração das Diretrizes do Procampo, que, por meio do Edital SESU/SETEC/SECADI nº 2/2012 (BRASIL, 2012), apresentou às universidades brasileiras a proposta de formação da LEC. As universidades interessadas em implementar o curso puderam concorrer ao edital, que selecionou 42 universidades e disponibilizou 600 vagas de concurso docente para a oferta dessas LECs.

Para garantir a manutenção dos princípios da Educação do Campo, o FONEC demandou a criação de um GT que pudesse acompanhar a implementação dessas licenciaturas. A Portaria nº 01, de 2 de janeiro de 2014, é lançada pela SECADI instituindo este grupo com representação de várias secretarias do MEC, universidades, Capes e movimentos sociais. Esse GT teve como principais ações: a elaboração de um documento orientador para o processo de implementação das LECs nas universidades e a promoção de encontros regionais com as instituições selecionadas pelo Edital 02/2012 para compartilhar e discutir as experiências de desenvolvimento das LECs no Brasil (MOLINA; ANTUNES-ROCHA, 2014).

A Nota Técnica Conjunta nº 3/2016/SECADI (BRASIL, 2016), oriunda das ações do mencionado GT, destaca no item 2.11 a importância das instituições garantirem processos seletivos "nos quais se resguardem as condições para o ingresso do público-alvo ao qual se destina essa política pública, prioritariamente, os povos do campo, conforme prevê o Decreto nº 7.352 de 2010" (BRASIL, 2016, p. 2). Essa nota reafirma também as disposições do Edital do Procampo no que compete à formação por área de conhecimento para a docência multidisciplinar.

O Seminário de Formação Continuada de Professores das Licenciaturas em Educação do Campo do Brasil, realizado em agosto e novembro de 2017 e em abril de 2018, é fruto da necessidade de promover a formação continuada dos formadores da LEC, de provocar discussões e articulações entre os docentes e de propiciar trocas de experiências entre as IES que ofertam a LEC. Esse seminário constituiu-se numa experiência única no campo de formação de professores, pela capacidade que teve em reunir docentes formadores comprometidos em discutir e avançar nas intencionalidades e princípios formativos da LEC no âmbito do Movimento da Educação do Campo.

As reflexões deste capítulo se fazem a partir da análise dos relatórios produzidos nos Grupos de Estudo (GE) e nos GTs acerca das condições de acesso e permanência dos estudantes das LECs e dos debates sobre concepções, práticas e experiências que envolvem a formação por área de conhecimento na LEC. Os GEs fizeram parte da organização do I Seminário e foram organizados por região, para que os docentes apresentassem a situação atual de seus cursos e demandas para aprofundamento nos próximos seminários. Assumindo o aprofundamento de temáticas que emergiram do I Seminário, o II Seminário e o III Seminário contaram com a organização de GTs organizados por área, no Seminário II, e por área e região, no Seminário III.

Os relatórios utilizados na composição deste texto não expressam a totalidade daqueles que foram produzidos durante os seminários, pois nem todos os relatores repassaram à comissão organizadora as sínteses que produziram em seus GEs e GTs. Porém, durante as plenárias de socialização dos grupos, foi possível identificar elementos comuns entre eles, o que nos permite, como participantes dos espaços, apontar algumas reflexões.

Acesso e permanência nos cursos de Licenciatura em Educação do Campo

O acesso das camadas populares ao ensino superior no Brasil foi estimulado por uma série de políticas públicas características desse início de século. De certo modo, tais políticas contribuíram para o avanço do capital no quadro de expansão do ensino privado no país, por meio da inserção de dinheiro público nas universidades privadas a fim de oferecer bolsas de estudos para estudantes pobres, pelo Programa Universidade para Todos (PROUNI), ou financiamento dos cursos de graduação pelo Programa de Financiamento Estudantil (FIES). Todavia, também registramos, no início dos anos de 2000, a expansão de universidades públicas e institutos federais acompanhada com o debate provocado pelos movimentos sociais e organizações populares acerca da democratização de seu acesso. O desdobramento desse debate ocorreu com muitas universidades, promovendo ações afirmativas e aderindo ao sistema de cotas visando à inserção de estudantes pobres e de grupos étnico-raciais nas universidades públicas. Guimarães (2006) observa que essas ações afirmativas estão relacionadas tanto com a garantia de reparação ou correção de desigualdades na distribuição de oportunidades como para assegurar a presença da diversidade cultural e étnica de segmentos historicamente ameaçados por um estado homogeneizador.

Contudo, apesar da crescente expansão das universidades e das políticas de cotas, ainda é significativa a desigualdade entre as classes sociais no acesso à universidade pública. Segundo Lisboa (2015) dados do Instituto Brasileiro de Geografia e Estatística (IBGE), divulgados em 2015, revelam que em 2004 a proporção de estudantes pertencentes ao quinto mais pobre da população representava 1,2% e, em 2014, 7,6% dos estudantes nas instituições públicas de ensino superior. Apesar do significativo crescimento, esse dado ainda expressa o caráter excludente da universidade pública para as classes populares.

As LECs são uma conquista dos sujeitos coletivos do campo, e garantir o acesso e a permanência destes em seus cursos é uma prerrogativa para sua existência. A Nota Técnica nº 3/2016/SECADI dispõe sobre a necessidade de assegurar efetivamente o acesso dos sujeitos do campo nas LECs, porém sabemos que o acesso, por si só, não caracteriza o "sucesso escolar" daqueles que se inserem nas instituições públicas de ensino superior. A permanência de estudantes pobres e trabalhadores nas universidades, com qualidade acadêmica e pertinência social, sempre foi um desafio dessa classe social, que vem interrogando as políticas para educação superior.

O Movimento da Educação do Campo tem incorporado aspectos da Pedagogia da Alternância desenvolvida pelos Centros Educativos Familiares de Formação por Alternância (CEFFAs)[1] em cursos de formação do Pronera, Procampo e Residência Agrária, por exemplo. Ao adotar o Regime da Alternância, a LEC propicia tanto uma formação que integra permanentemente tempos e espaços educativos da universidade e da comunidade, denominados Tempo Escola (TE) e Tempo Comunidade (TC), como possibilita a permanência do vínculo dos estudantes com o trabalho no campo, seja na agricultura familiar, nas escolas do campo ou em outras formas de trabalho camponês. Dessa forma, a organização do curso por alternância assegura que os estudantes trabalhadores continuem contribuindo com a renda familiar e, ainda, permite maior aproximação do trabalho com o estudo.

Sobre a especificidade do acesso na LEC, no III Seminário de Formação houve maior compartilhamento de experiências, em especial no GT Região Nordeste, que realizou ampla discussão sobre como os cursos têm desenvolvido critérios de ingresso visando assegurar a entrada do perfil almejado desta Licenciatura, ou seja, os sujeitos do campo conforme Decreto nº 7.352 de 2010 (Brasil, 2010). Na fase atual das LECs, observou-se, nas socializações dos GTs, que quase todos os cursos asseguram uma entrada anual de estudantes, exceto aqueles que enfrentam dificuldades para sua institucionalização, como é o caso da Universidade Federal do Triângulo Mineiro (UFTM) e da Universidade Federal de Mato Grosso do Sul (UFMS), que estavam sem entrada. A principal forma de ingresso nos cursos é o Vestibular Especial, feito de múltiplas maneiras; porém, em sua realização, é comum, em uma de suas etapas, o uso de prova de conhecimentos gerais e/ou de redação. Como critério específico

---

[1] CEFFAs expressa todos os movimentos educativos que adotam a Pedagogia da Alternância e a autogestão com a presença de uma associação comunitária.

há diferentes formas de se garantir a inserção dos sujeitos do campo, por exemplo, através de comprovante de vínculo com o campo, carta de intenção ou memorial.

Em menor proporção, outras universidades têm feito uso da nota do Enem e mais um critério de comprovação de vínculo com o campo, a exemplo, do comprovante de residência para a Universidade Federal de Minas Gerais (UFMG) e a da escrita de memorial para a Universidade Federal Fluminense (UFF-Pádua). Universidades como a Fundação Universidade Federal de Rondônia (UNIR), que anteriormente fazia uso do Vestibular Especial e na última seleção utilizou a nota do Enem, avaliam de forma negativa somente a utilização do Enem como critério de inserção na LEC. Essa avaliação também esteve presente em alguns GTs, em que os docentes discutiram sobre os riscos de o Enem se caracterizar como uma forma de excluir o público do campo, que muitas vezes nem chegam a realizar suas provas.

A permanência dos discentes nas LECs envolve, especialmente, condições estruturais nas Instituições de Ensino Superior (IES) para o TE e para o desenvolvimento do TC. O TE requer das instituições estrutura para alojamento e alimentação dos discentes, e o TC, transporte e estadia de docentes para a realização das atividades nas comunidades dos estudantes. As IES que receberam os cursos das LECs se dispuseram a se comprometer com a inserção dessa estrutura para a institucionalização do curso, que é, em sua origem, uma Política Afirmativa para garantir o direito à educação aos povos do campo no ensino superior, conforme previsto no Edital SESU/SETEC/SECADI nº 2/2012 e na Nota Técnica 03/2016. Sem essa estrutura, as LECs enfrentam dificuldades em atender o público majoritário da Educação do Campo e em garantir a institucionalização do curso, pois os sujeitos que a este acessam são oriundos de famílias com baixa renda. Todavia, no conjunto das universidades presentes, foi possível notar que algumas instituições ainda não assumiram o curso como institucional e, portanto, têm criado barreiras para sua institucionalização e inviabilizado essa estrutura para os discentes, como é o caso da Universidade Federal do Triângulo Mineiro (UFTM) e da Universidade Federal de Mato Grosso do Sul (UFMS).

Universidades como Universidade de Brasília - UnB, Universidade Federal do Maranhão (UFMA), Instituto Federal do Maranhão (IFMA), Universidade Federal do Espirito Santo UFES (campus São Mateus), Universidade Federal dos Vales do Jequitinhonha e Mucuri (UFVJM) conquistaram alojamento para a estadia dos estudantes durante o TE. Já universidades como Universidade Federal de Minas Gerais (UFMG), Universidade Federal do Piauí (UFPI/Teresina) e Universidade Federal de Viçosa (UFV) não dispõem de alojamento específico para os estudantes da LEdoC, mas é garantido pela instituição sua estadia em hotéis ou em hospedagens vinculadas aos movimentos sindicais. Instituições como Universidade Federal Fluminense (UFF/Pádua), Universidade Federal do Piauí (UFPI/Picos) não alugam estadia e nem possuem moradia própria, e as estratégias encontradas pelos estudantes vão desde a utilização de recurso do programa Bolsa Permanência (ou de outras bolsas que possuem) à construção de acampamentos nas universidades, como forma de resistência pela falta de assistência, como é o caso de UFRB-Feira de Santana. Em geral, as universidades que dispõem de restaurantes universitários conseguem garantir a alimentação dos alunos durante o TE e aquelas que não possuem, como é o caso da Universidade Federal do Maranhão (UFMA), dependem da liberação de recursos da instituição para a compra de refeições para os estudantes.

Esses exemplos acima indicam como as questões referentes a moradia e alimentação dos alunos durante o TE representam grandes desafios para as LECs, em especial, para aquelas instituições que têm apresentado dificuldades para dedicar tal assistência para os discentes. Outras formas de garantir a permanência dos estudantes é via programas de bolsas de assistência estudantil presentes em boa parte das licenciaturas, como o já citado Bolsa Permanência, Bolsa Quilombola/ Indígena, projetos de extensão como as Cirandas Infantis, desenvolvidas na Universidade de Brasília (UnB) e Universidade Federal do Espírito Santo (UFES/Vitória) e Bolsa Especial de Alternância. Esta última constitui uma conquista inovadora da Universidade Federal da Grande Dourado (UFGD).

Conforme disposto na Nota Técnica 03/2016, as LECs devem interagir com os programas institucionais de ensino, pesquisa e extensão, sendo ofertadas na modalidade presencial. Os relatos trazidos pelos docentes revelam ampla participação dos cursos em tais projetos, em especial do Programa Institucional de Bolsa de Iniciação à Docência para a Diversidade (Pibid) e do Programa de Educação Tutorial (PET), e de grupos e laboratórios vinculados a projetos de ensino e extensão.

Para além das questões que envolvem o acesso e a permanência dos estudantes nas LECs, observou-se, nos GTs, o avanço de alguns cursos em realizar a formação continuada de seus egressos por meio de cursos de especializações, mestrado profissional em Educação do Campo, criado pela Universidade Federal do Recôncavo da Bahia (UFRB), e de projetos de ensino e extensão que visam à atuação dos egressos em escolas do campo. Essas experiências firmaram o desejo das LECs em construir parcerias para a realização da formação continuada e de pesquisas e extensão que possam acompanhar os egressos em seus ambientes de trabalho.

Formação por área de conhecimento nos cursos de Licenciatura em Educação do Campo

As LECs foram criadas no Brasil assumindo como característica a habilitação por área de conhecimento para atuação nas séries finais e ensino médio da educação básica, "articulando a esta formação a preparação para gestão dos processos educativos escolares e para gestão dos processos educativos comunitários" (SÁ; MOLINA, 2010, p. 370). Um dos objetivos da formação por área de conhecimento é ampliar as possibilidades de oferta da educação básica, especialmente em relação ao ensino médio, visto que as escolas da zona rural, geralmente, não ofertam esse nível de ensino e também faltam professores com formação específica em nível superior.

Assim, considerando a realidade concreta que predomina no campo, Antunes-Rocha (2009), ao discutir a experiência da primeira Licenciatura do Campo (Lecampo/UFMG), afirma o potencial em garantir o funcionamento de salas de aula do segundo segmento do ensino fundamental e do ensino médio, construindo-se como uma alternativa em um cenário em que a nucleação e transporte de alunos para escolas distantes tem se configurado como uma das únicas vias para a escolarização dos povos do campo. Torna-se, assim, uma estratégia fundamental para viabilizar que crianças e jovens estudem em suas localidades de origem.

Além disso, a formação por área implica romper com visões fragmentadas da produção do conhecimento e superar o modelo disciplinar na formação docente. Sua materialidade exige o trabalho coletivo e interdisciplinar, a partir da promoção da análise concreta e histórica da sociedade e da produção do conhecimento científico, considerando as contradições na relação ser humano e sociedade, no contexto das lutas do/no campo. Nesse sentido, a formação por área reafirma possibilidades aos educandos para a construção de uma visão de totalidade sobre os processos sociais, sendo que essa formação deve se dar em consonância com a função social da escola, dos educadores e da formação continuada (SILVA, 2017). E ainda como Molina (2015), destaca uma formação que possibilite aos egressos participar ativamente do processo construção do ideal de escola que o Movimento de Educação do Campo nos coloca: uma escola do campo.

Considerando a centralidade da questão da área de conhecimento na formação de educadores do campo, o debate sobre a experiência de formação por área de conhecimento nos cursos de LEC esteve presente nos GTs no II e III Seminário e foi pautada como uma prática em construção e consolidação revelando aspectos desafiantes e inovadores para a formação de educadores do campo.

Em todos os seminários observou-se, nos debates, a necessidade de muitos docentes em compreender, para além da concepção de formação por área de conhecimento na Educação do Campo, como sair da forma disciplinar de trabalhar o conhecimento científico e os conteúdos visando à prática da interdisciplinaridade.

Durante os GTs, os docentes compartilharam experiências, inquietações e necessidades de definições quanto ao debate em torno da formação por área de conhecimento, tendo como principais:

a) a preocupação em construir uma identidade para as áreas de conhecimento desenvolvidas nas LECs, a fim de evitar distorções quanto a sua concepção no âmbito da Educação do Campo e construir um caminho orientador para o debate das áreas nas LECs;

b) a importância do diálogo entre o conhecimento popular e o conhecimento científico;

c) a necessária luta política para garantir reconhecimento da formação por área nas legislações estaduais de educação, para inserção profissional dos egressos, via concursos e contratos, nas escolas do campo;

d) o desafio da realização dos estágios supervisionados obrigatórios de profissionais com formação por área de conhecimento, considerando que as escolas possuem organização disciplinar e não necessariamente com uma concepção de Educação do Campo;

e) o fortalecimento acadêmico e político das LEC a partir da divulgação da produção de conhecimento, com a organização de eventos, construção de periódicos ou o fortalecimento dos espaços acadêmicos já existentes;

f) a necessária formação do formador.

A organização curricular das LEdoCs possui uma estrutura comum conforme consta na Nota Técnica 03/2016, a qual dispõe que todas as LEdoCs devem partir de um grupo de disciplinas compondo o Núcleo Básico, destinado à formação geral e política do educador, o Núcleo de Estudos Específicos, envolvendo a formação específica de determinada área de conhecimento, e o Núcleo Integrador ou de Atividades Complementares, que visa à diversificação e integração dos estudos das áreas de atuação profissional. Dessa forma, as áreas de conhecimento existentes nas LECs são: Linguagens e Códigos; Ciências Humanas; Ciências da Natureza; Matemática; Ciências Agrárias. Em algumas instituições essas nomenclaturas das áreas aparecem um pouco diferentes e no caso da área de Linguagens e Códigos observam-se, inclusive, algumas variações quanto às ênfases possíveis em sua terminalidade. Conforme relato do GT de Linguagens e Códigos, as variantes encontradas foram: "a) Linguagens e Códigos (UFVJM e UFMS); b) Linguagens e Literatura (UNIFESPA); c) Língua, Arte e Literatura (UFMG); d) Artes Visuais e Música (UFT/Arraias); e) Artes e Música (UFT/Tocantinópolis)" (GT – Linguagens e Códigos, II Seminário, novembro de 2017).

As experiências nas diferentes áreas de conhecimento trazem diversas formas de organização curricular visando à formação por área. Algumas universidades possuem, em seus PPPs, disciplinas com nomes que demonstram a integração de saberes disciplinares em áreas temáticas, e a codocência, isto é, professores de diferentes formações atuando juntos para garantir o diálogo dos saberes científicos e populares com os discentes. Já as universidades em que a tematização ainda não está expressa no nome da disciplina trabalham com outras estratégias, como a utilização de eixos temáticos que variam em proposição e temática, podendo ser uma questão, uma contradição ou uma problemática local, ou ainda as dimensões do trabalho do educador do campo, dos territórios, identidades, práticas e processos educativos etc. Em ambas as experiências a interdisciplinaridade é almejada no saber-fazer docente e a agroecologia emerge como um eixo transversal presente na formação por área de conhecimento.

O potencial dessas diferentes estratégias está na consolidação do *trabalho coletivo* como um dos princípios que caracteriza o trabalho docente na Educação do Campo e se efetiva na atuação dos docentes formadores a partir de planejamentos coletivos, da docência compartilhada de disciplinas, da utilização de eixos temáticos na organização curricular, que contemplem temas interdisciplinares e que exigem a contribuição de diferentes áreas.

O resultado é uma diversidade de práticas pedagógicas e metodologias de trabalho elaboradas e incorporadas de diferentes experiências como da Educação Popular e da Pedagogia Socialista, e ressignificadas na Educação do Campo. A utilização de Temas Geradores ou Eixos Temáticos de inspiração freireana; Complexos Temáticos, inspirados na pedagogia socialista de Pistrak; Planos de Estudo e Colocação em Comum, presentes nas experiências das Escolas Famílias Agrícolas; e outros instrumentos pedagógicos como Inventário da Realidade, Memoriais, visitas de campo, Seminários Integradores, Portfólios, entre outros, revelam a capacidade das LECs em ressignificar experiências de formação da classe trabalhadora objetivando metodologias, posturas docentes e processos que permitam a necessária dialética entre educação e experiência.

A formação na LEC tem como proposição a transformação da escola do campo e a conquista de políticas públicas é uma base necessária para esse processo. A formação por área de conhecimento é uma experiência inovadora que as LECs trazem para o campo de formação de professores ao transgredir com a formação disciplinar padrão das demais licenciaturas. Por esse fator, ainda é um desafio para as LECs conquistar reconhecimento da formação por área na estrutura burocrática das universidades e no campo das legislações estaduais e municipais, para garantir a atuação de egressos em escolas de ensino fundamental e médio.

Durante os GTs foi destacado pelos docentes a firme atuação dos movimentos sociais e sindicais com estudantes e egressos na luta por esse reconhecimento. Entre as estratégias adotadas por estes se destacam a formação de GTs, Fóruns, Comitês e Redes de Educação do Campo composta por universidades, estudantes, egressos e movimentos sociais e sindicais, que atuam no debate e construção de políticas públicas. Estados como Minas Gerais, Rio Grande do Sul, Maranhão, Santa Catarina avançaram com a publicação de diretrizes estaduais de Educação do Campo, concursos ou de editais de contratação que reconhecem a formação por área.

Entre desafios e estratégias compartilhadas ao longo do seminário, os docentes representantes de seus cursos destacaram:

a) a relevância do seminário para a articulação dos cursos e a importância da pressão política para a viabilização da formação por área de conhecimento enquanto política pública;

b) a importância de superar a fragmentação do conhecimento na formação por área e do trabalho docente individualizado, ainda presente em alguns cursos. O compartilhamento de experiências quanto à reformulação dos PPPs, de trabalho coletivo e de práticas pedagógicas sedimentam ações e contribuem para que outros cursos se organizem e programem a superação de suas dificuldades nestes quesitos.

c) a instituição de um debate sobre quais os conhecimentos necessários para a formação por área, de acordo com os princípios da Educação do Campo, e proposição de enfrentamento das políticas neoliberais em evidência, como a Reforma do Ensino Médio e a Base Nacional Curricular Comum;

d) a necessidade de as LECs estarem em constante articulação com movimentos sociais e sindicais do campo, pois são estes que dão materialidade e sentido político para a LEC e as políticas públicas para escolas do campo.

Considerações finais

A leitura das sínteses elaboradas nos GTs dos três seminários de formação permite apontar alguns elementos conclusivos sobre o debate em torno do acesso e permanência de estudantes e da formação por área de conhecimento nas LECs.

No que se refere ao acesso e à permanência de estudantes das LECs nas universidades, observamos que é significativa a presença de processos seletivos especiais para assegurar a entrada do público que compõe os sujeitos do campo. A diversificação de procedimentos nas etapas revelam as necessidades regionais e institucionais de cada LEC. Quanto ao acesso, o desafio das instituições é continuar garantindo a inserção dos sujeitos do campo e evitar, no campo institucional, padronização dos vestibulares que possa comprometer essa inserção.

Quanto à permanência dos estudantes nos cursos, nota-se que ainda é desafiante para as LECs garantir na institucionalização a oferta de moradia estudantil e alimentação. Essa é uma pauta de luta que tem mobilizado estudantes, movimentos sociais e professores nas instituições. Nesse sentido, o que tem viabilizado e contribuído são as bolsas provenientes de ações afirmativas, como Bolsa Quilombola/Indígena, Bolsa

328 Formação de formadores

Permanência, bolsas provenientes de projetos de ensino, pesquisa e extensão ou ações no âmbito da extensão, como a Ciranda Infantil, que somam esforços para garantir a permanência dos estudantes nos cursos. Todavia, mesmo com essas dificuldades, os docentes relatam que há pouca evasão de alunos nos cursos.

Em relação à formação por área, podemos apontar alguns elementos importantes de análise. O primeiro deles é o entendimento de que a formação por área se inscreve dentro de uma circunstância histórica determinada, como uma ferramenta que viabiliza a docência para a transformação da escola do campo ao proporcionar a formação de docentes multidisciplinares que possam contribuir para a desfragmentação do currículo escolar e construir um vínculo mais orgânico entre os estudos (conhecimento científico) e a vida dos sujeitos do campo, em outras palavras, significa promover a educação que interessa à classe trabalhadora.

Inicialmente, no decorrer dos debates entre os docentes sobre a formação por área, notava-se grande incômodo deles com a presença de ementas/conteúdos marcadamente disciplinares presentes nos PPPs de seus cursos. Todavia, quando os docentes compartilham e compreendem que o trabalho coletivo e o esforço em promover o diálogo entre diferentes formações em torno da área são caminhos para concretizar a concepção de formação por área, considera-se que a presença dessas ementas e conteúdos é contraditória, mas não limitadora para a realização do trabalho interdisciplinar na LEC. O que se coloca como desafio para os docentes que retornam desse seminário para seus cursos é o de continuar o debate para construir bases fortes para a superação do individualismo ainda presente e de promover práticas pedagógicas, metodologias e instrumentos que viabilizem a aproximação do conhecimento científico com o popular, com as necessidades territoriais, identitárias e de trabalho dos sujeitos do campo.

O segundo aspecto a se considerar em torno da formação por área é a intencionalidade dos docentes em unificar e seguir com o debate sobre: a concepção e os sentidos da formação em cada área de conhecimento para a Educação do Campo; quais conhecimentos devem ser trabalhados; e que articulações são necessárias para o reconhecimento dessa formação nas universidades e nas políticas estaduais de educação. Em tempos de avanços de políticas neoliberais na educação básica, como a Reforma do Ensino Médio e a BNCC, a Educação do Campo deve reafirmar sua concepção de educação e a proposta de formação por área se comprometer com objetivos formativos mais amplos, fundamentados em uma abordagem histórico-dialética de compreensão da realidade e do modo de produção do conhecimento.

Para finalizar, entendemos que a realização dos Seminários de Formação Continuada de Professores das Licenciaturas em Educação do Campo do Brasil foi fundamental para reafirmar as concepções originárias dessa licenciatura para o Movimento da Educação do Campo. As diferentes fases em que se encontram as LECs no Brasil enriqueceram os debates e proporcionaram acúmulo de

Acesso e permanência de estudantes e a formação por área de conhecimento 329

saberes entre os docentes, que retornam para seus cursos com o compromisso de compartilhar e promover a continuidade das discussões.

Referências

BRASIL. Presidência da República. Decreto nº 7.352, de 4 de novembro de 2010. Dispõe sobre a política de educação do campo e o Programa Nacional de Educação na Reforma Agrária – Pronera. Disponível em: <http://www.planalto.gov.br/ccivil_03/_ato2007-2010/2010/decreto/d7352.htm>. Acesso em: 13 jun. 2019.

BRASIL. Ministério da Educação. Edital de Seleção Nº 02/2012, de 3 setembro de 2012. Convoca instituições federais a apresentarem projetos pedagógicos de cursos presenciais de Licenciatura em Educação no Campo. Disponível em: <http://portal.mec.gov.br/index.php?option=com_docman&view=download&alias=11569-minutaeditais-selecao-ifesifets-03092012&Itemid=30192>. Acesso em: 13 jun. 2019.

BRASIL. Ministério da Educação. *Portaria nº 1, de 2 de janeiro de 2014*. Estabelece o Calendário 2014 de abertura do protocolo de ingresso de processos regulatórios no sistema e-MEC. Disponível em: <http://www.lex.com.br/legis_25201440_PORTARIA_NORMATIVA_N_1_DE_2_DE_JANEIRO_DE_2014.aspx>. Acesso em: 13 jun. 2019.

BRASIL. Ministério da Educação. Nota Técnica Conjunta Nº 3/2016/GAB/SECADI/SECADI. Dispõe sobre os programas de Licenciatura em Educação no Campo. Disponível em: <http://portal.mec.gov.br/index.php?option=com_docman&view=download&alias=39261-nt-conjunta-03-2016-setec-sesu-secadi-pdf&category_slug=abril-2016&Itemid=30192>. Acesso em: 13 jun. 2019.

CALDART, Roseli Salete. Sobre a especificidade da Educação do Campo e os desafios do momento atual. In: FRIGOTTO. G. e CIAVATTA, M. (Orgs.). *Teoria e educação no labirinto do capital*. 4. ed. São Paulo: Expressão Popular, 2016, p. 317-353.

GUIMARÃES, A. S. A. Depois da democracia racial. *Tempo Social*, São Paulo, v. 18, n. 2, p. 269-287, nov. 2006.

INSTITUTO BRASILEIRO DE GEOGRAFIA E ESTATÍSTICA – IBGE. *Negros e pobres ocupam 7,6% dos alunos de faculdades públicas contra 36,4% de brancos ricos*. Disponível em: <https://www.huffpostbrasil.com/2015/12/04/ibge-negros-e-pobres-ocupam-7-6-dos-alunos-de-faculdades-publi_a_21686380/>. Acesso em: 7 ago. 2018.

LISBOA, Vinícius. IBGE: Negros e pobres ocupam 7,6% dos alunos de faculdades públicas contra 36,4% de brancos ricos. *HuffPost Brasil*, São Paulo, 4 dez. 2015. Disponível em: <https://www.huffpostbrasil.com/2015/12/04/ibge-negros-e-pobres-ocupam-7-6-dos-alunos-de-faculdades-publi_a_21686380/>. Acesso em: 10 ago. 2018.

MOLINA, Mônica C.; ANTUNES-ROCHA, Maria Isabel. Educação do Campo: história, práticas e desafios no âmbito das políticas de formação de educadores – reflexões sobre o Pronera e o Procampo. *Revista Reflexão e Ação*, Santa Cruz do Sul, v. 22, n. 2, p. 220-253, jul./dez. 2014.

MOLINA, Mônica C. Expansão das licenciaturas em Educação do Campo: desafios e potencialidades. *Educar em Revista*, Curitiba, n. 55, p. 145-166, jan./mar. 2015.

SILVA, M. C. L. *Caminhos da interdisciplinaridade: da formação por área de conhecimento à prática educativa de egressos da Licenciatura em Educação do Campo Procampo/IFPA/Campus de Castanhal, PA*. Fortaleza: UFCE, 2017. Tese (Doutorado em Educação) – Faculdade de Educação, Universidade Federal do Ceará, Fortaleza, 2017.

CAPÍTULO 19

A alternância nas Licenciaturas em Educação do Campo no Brasil: concepções e práticas compartilhadas na formação dos formadores

Daniele Cristina de Souza

Aline Aparecida Angelo

Introdução

A Educação do Campo nasce na década de 1990 como contraponto ao silêncio do Estado e às propostas da chamada educação rural ou educação para o meio rural no Brasil. Suas raízes estão na trajetória da Educação Popular e nas lutas sociais da classe trabalhadora do campo. É uma oposição aos projetos sustentados em uma visão instrumentalizadora da educação que a coloca a serviço das demandas de um determinado modelo de desenvolvimento do campo. Sendo assim, procura-se construir uma educação enquanto formação humana, omnilateral, portanto, afirma-se como uma educação emancipatória, vinculada a um projeto histórico para construção de uma nova forma de organização das relações sociais, econômicas, políticas e culturais, contrapondo-se à forma atual que é a capitalista (Santos; Paludo; Oliveira, 2010).

Diversos são os desafios históricos a serem superados para a consolidação da Educação do Campo no cenário nacional. Entre eles, podemos citar a desvalorização do meio rural, colocado como um território atrasado e a ser superado pela cidade, o que é refletido em políticas de diluição ou descaracterização das escolas em funcionamento nos espaços rurais, com o fechamento de muitas delas, transportando os alunos para escolas distantes no ambiente urbano; ou ainda a intensa desvalorização dos saberes populares e modos de vida provenientes destes. Outro grande desafio é a constatação da falta de estrutura de muitas escolas do campo, não só de estrutura física, material e de investimentos, mas de profissionais qualificados para a realização de uma ação capaz do enfrentamento dos desafios que se colocam a educação dos povos camponeses.

Além dos desafios anteriormente listados, podemos pontuar outros tantos que derivam dos cursos de Licenciatura em Educação do Campo decorrentes do Programa de Apoio à Formação Superior em Licenciatura em Educação do Campo (Procampo), dando origem aos cursos de Licenciatura em Educação do Campo (LEC) em todo o território nacional com oferta regular e contínua. É no início do século XXI e nos últimos anos que a Educação do Campo ganha especial atenção pelo Estado. As LECs surgem, inicialmente, como turmas-piloto de 2008 e 2009, e a partir destas, conquista-se o curso regular e contínuo visando a contribuir com a transformação da educação existente no campo brasileiro. Organizado em regime de alternância entre Tempo Escola (TE) e Tempo Comunidade (TC) e com habilitação para docência multidisciplinar nos anos finais do ensino fundamental e no ensino médio em uma das áreas do conhecimento: Linguagens e Códigos, Ciências Humanas, Ciências da Natureza, Matemática e Ciências Agrárias (BRASIL, 2013).

Nesse sentido, foi publicado no Diário Oficial de 5 de setembro de 2012 o Edital nº 02, a partir do qual diferentes Instituições Federais de Ensino (IFES) enviaram um projeto de curso. Aquelas instituições selecionadas tiveram 600 vagas de docentes, equipe administrativa e aporte financeiro de custeio e capital para a implantação de novos cursos e turmas do Procampo, viabilizando a oferta a partir de 2013 (BRASIL, 2013). A partir desse edital, foram selecionadas 42 instituições, cabendo lembrar que, anteriormente a estes cursos, outros já existiam, considerados como cursos-piloto, ampliando-se consideravelmente a ramificação da Educação do Campo no ensino superior.

A formação de educadores do campo nas LECs se assenta em uma matriz formativa específica, resultante de um processo histórico de luta mobilizado por diferentes atores sociais. Essa matriz exige que seja explicitado o projeto de sociedade, de campo e de escola que se pretende construir. Nesse sentido, no ponto de partida dessa formação, há um compromisso político com a construção da educação para a classe trabalhadora do campo, para a construção de outro projeto de desenvolvimento para o campo. Seu oferecimento na modalidade da alternância tem o propósito de viabilizar a entrada e a permanência de professores leigos que estão em exercício sem abandonar o trabalho na escola, ou mesmo jovens e adultos do campo que possuem possibilidades de atuação nas escolas do campo, sem forçá-los a deixar o território rural (MOLINA, 2017; MOLINA; ANTUNES-ROCHA, 2014).

Conforme afirmam Molina e Antunes-Rocha (2014), o educador do campo precisa ter um compromisso com a superação das práticas e ideias em torno da educação e da escola nos territórios rurais no país, exigindo-se que sua formação alcance as questões de luta pela terra, conhecimento sobre a constituição histórica da educação no contexto do campo em conformidade com a lógica da acumulação de capital no campo. Isso, para que se desenvolva capacidade de leitura e inserção social que promovam ruptura e superação da hegemonia, por meio da construção de alternativas de organização do trabalho escolar, a qual parte da imbricada relação da escola com a comunidade, considerando a dinâmica do território e sua relação com a totalidade social.

Passados cinco anos da publicação do edital e dez anos da existência de curso de LEC, Molina (2017) destaca diversos contributos para as políticas públicas de formação de professores, possuindo, na alternância dos tempos-espaços educativos e suas intencionalidades, um meio propício para o estabelecimento de outras relações e questões formativas do educador do campo. De acordo com a autora, efetivamente os cursos pautam-se: na redefinição do papel social da escola, na consideração das especificidades dos sujeitos a educar, na sua organização por área de conhecimento que traz possibilidade para o trabalho coletivo e a interdisciplinaridade. Assim, a formação amplia-se para além da docência, focando também na gestão de processos educativos escolares e comunitários, assim como há ressignificação entre educação básica e educação superior e entre a formação inicial e continuada, resultante da constante busca pela relação teoria e prática.

Ao consolidar a matriz político-pedagógica do curso de LEC e torná-la possível, concordamos com Molina e Antunes-Rocha (2014) no que concerne a outro desafio da área: a garantia contínua e permanente da formação dos próprios formadores, objetivando contemplar questões em torno da apropriação sobre os processos em disputa no campo brasileiro, as diferentes visões de modelo de desenvolvimento e de agricultura, e também o exercício do trabalho interdisciplinar decorrente da organização por área de conhecimento.

Nos últimos anos avançamos no âmbito das políticas públicas de formação continuada dos formadores. A realização das três edições do Seminário de Formação Continuada das Licenciaturas em Educação do Campo do Brasil, durante 2017 e o primeiro semestre de 2018, conjugando formadores de todo o território brasileiro, é representativo disso. Que curso de licenciatura promove processos de formação continuada coletivos com vistas à consolidação de seus princípios e intencionalidades? Notamos mais um potencial de sua matriz político-pedagógica para a transformação da escola do campo e também da própria formação profissional, visto que esses outros eventos nacionais são representativos do compromisso dos atores envolvidos com a Educação do Campo.

No presente capítulo estabeleceremos reflexões a partir do debate dos docentes sobre a materialidade, as concepções e práticas do regime de alternância existentes em seus cursos. Certo que os aspectos abordados em outros eixos temáticos fazem parte e dialogam com essa matriz formativa, realizamos um recorte a partir das seguintes questões: Que possibilidades formadoras e que desafios o regime de alternância tem apresentado nas LECs? A partir das discussões nos seminários, que apontamentos podemos fazer sobre a experiência da alternância nas LECs?

A alternância na formação dos formadores: uma sistematização do debate

A promoção do protagonismo por parte dos professores formadores, a reflexão e a sistematização sobre os fundamentos, organização e funcionamento das LECs foram características dos três seminários. Foi um espaço de formação continuada de seus participantes, mas, sobretudo, um espaço de empoderamento e construção coletiva do Projeto Político-Pedagógico das LECs em todo o território nacional, buscando reafirmar os marcos originários do projeto da Educação do Campo, vislumbrar a unidade na diversidade e intervir diretamente nos processos de reformulação curricular vigente nas LECs no país.

Não possuímos todos os registros escritos produzidos pelos Grupos de Estudo (GEs) e Grupos de Trabalho (GTs), pois as discussões se deram numa dinâmica bastante complexa em seu conteúdo e forma, e muitos aspectos não foram passíveis de sistematização por escrito ou, em alguns casos, seus relatores não compartilharam os registros produzidos. Mesmo nessas condições possuímos um conjunto de dados que nos permite destacar questões e ampliar o debate sobre o regime de alternância nas LECs. Seguem abaixo os relatos que tomamos como base para as análises aqui trazidas:

- I Seminário: Sistematização de todos os relatos contendo as questões mais representativas de todos os GEs – por região.
- II Seminário: a) Registro do GT – Ciências da Vida e da Natureza e Matemática; b) Registro GT – Ciências Humanas e Sociais; Registro do GT – Línguas, Artes e Literatura;
- III Seminário: a) Registro do GT – Ciências Agrárias; b) Registro do GT – Ciências da Vida e da Natureza e Matemática; c) Registro do GT – região Nordeste.

As discussões dos GE por região no I Seminário foram, predominantemente, sobre uma descrição de cada um dos cursos representados, com uma diversidade de caracterizações sobre os seguintes eixos temáticos: Ingresso e Permanência; Institucionalização; Organização e Dificuldades; Alternância; Área de Formação. Seguem abaixo os eixos abordados por cada uma das regiões.

334 Formação de formadores

Quadro 19.1 – Eixos temáticos debatidos em cada um
dos Grupos de Estudo, por região do país

Eixos	Região Sul	Região Sudeste	Região Centro-Oeste	Região Nordeste	Região Norte
I -Ingresso e permanência	X	X	X		
II – Institucionalização	X	X			
III – Organização e dificuldades		–		X	X
IV – Alternância		X	X		
V – Área de Formação	X	X	X	X	X

Fonte: Registro de sistematização do I Seminário (nov., 2017).

Como podemos notar, o eixo Alternância esteve em discussão explícita apenas na Região Sudeste e na Centro-Oeste. Por esse motivo e considerando a centralidade da temática na constituição das LECs, a organização do evento destacou para o II Seminário o eixo "Alternância nos Cursos: modos de organização e funcionamento dos espaços-tempos de formação". Foi dada continuidade a tal dimensão no III Seminário, indicando aos GTs, por região do país, que cada curso fizesse uma sistematização sobre a "A alternância nos cursos" e "Institucionalização, Articulação e Protagonismo dos Sujeitos do Campo". Apresentamos na sequência os principais aspectos abordados nos outros dois eventos.

Decorrentes da proposição do II Seminário, o GT da área de Ciências da Vida e da Natureza e Matemática, no conjunto dos cursos e considerando as descrições das práticas/experiências, compreendeu que a alternância é expressa pelo predomínio do movimento na direção do TE ao TC, em que o conteúdo curricular presente no Projeto Pedagógico do Curso (PPC) é o principal orientador das ações realizadas na relação TE-TC. Embora haja essa predominância, as limitações a um plano curricular não necessariamente interdisciplinar foram reconhecidas, e vários desafios e tentativas de superação, socializados. Na alternância, o TC foi considerado como central no que diz respeito ao espaço de diálogo dos saberes, organização e fortalecimento da institucionalização da Educação do Campo enquanto curso de ensino superior.

Os princípios da alternância e as formas de organização dos PPCs dos cursos foram discutidos, destacando-se os seguintes: 1) o saber não está só na universidade, mas também no campo; 2) o saber não está só no professor, mas também na comunidade; 3) a importância do reconhecimento da intencionalidade pedagógica da alternância; 4) assumir a pesquisa como princípio educativo; 5) a necessária integração entre a teoria e a prática. Visando contemplar tais princípios, vários cursos procuram organizar os currículos por meio de eixos temáticos ou temas geradores que estabeleçam relação direta com os territórios e com a formação do educador do campo, e também indicam a existência de disciplinas integradoras, a realização de eventos e intervenções nas comunidades etc.

As abordagens para viabilizar a integração entre os diferentes espaços e temporalidades são diversas, destacando-se o uso da História, Filosofia, Sociologia da Ciência, da história das disciplinas escolares e sua relação com a Educação do Campo, visando problematizar a questão da hegemonia dos currículos escolares; a articulação com os movimentos sociais na organização do currículo; o diálogo com os povos indígenas na validação dos projetos propostos no TE, a experimentação no ensino de ciências para maior apropriação dos conteúdos; e diversos projetos de extensão.

Considerando a dinâmica do curso em alternância, esse GT reflete sobre os principais desafios no âmbito da atuação do professor formador, sendo eles: os modos de organização das disciplinas, no que concerne ao estabelecimento de parcerias e distribuição de carga horária (entre professores e entre tempos de formação); a própria formação dos formadores em campos disciplinares e a dificuldade em conduzir seu trabalho na LEC, que se organiza por área de conhecimento; a diversidade do perfil profissional dos docentes e de seus territórios de origens, visto que muitos são novos na instituição e ainda não conhecem os territórios e os movimentos sociais da região de sua atuação; a existência do individualismo no trabalho docente, entre outros.

O GT da área de Línguas, Artes e Literatura permite identificar uma análise interessante a partir de uma comparação entre as diferentes matrizes dos cursos, identificando que, embora conduzam para a mesma terminalidade formativa, há uma diversidade grande de configurações nos currículos. O registro do GT trouxe apontamentos no conjunto dos cursos.

Nesse contexto, com relação à alternância, indicaram a seguinte questão para o debate coletivo: "Nos cursos em questão, qual a concepção de alternância e quais instrumentos/objetos de aprendizagem/recursos educacionais/metodologias estão sendo utilizados em prol da alternância?". A avaliação do GT partiu de uma concepção de alternância para além dos espaços e tempos de estudos, mas reconhecendo-a como alteração de tempos e espaços que promove o diálogo entre o saber popular e conhecimento científico. Destacam que há uma diversidade de configurações entre os espaços tempos, o que é coerente com a realidade em questão e representativo do que foi registrado das discussões dos outros GT:

> Há aquelas universidades que vão às comunidades uma, duas vezes, ou até mais, por semestre; mas também há aquelas que não disponibilizam mais recursos para essas visitas. As soluções encontradas pelo último grupo são: (1) contar

336 **Formação de formadores**

com a colaboração de membros de movimentos sociais que orientam o Tempo Comunidade (TC) ou (2) enviar atividades com os estudantes para que façam em suas comunidades. Entendemos que a troca de saberes pode acontecer em todos os casos, contudo, a ausência do professor nas comunidades é um dificultador (GT Línguas, Artes e Literatura, nov. 2017).

As discussões desse GT são apresentadas com um conjunto de perguntas importantes a todas as LECs, por exemplo:

- Como se dá o diálogo entre o conhecimento popular e o conhecimento científico?
- Como se configura a atuação do professor mediador no contexto da alternância e da Educação do Campo?
- Como é a atuação do graduando e do egresso dentro de suas próprias comunidades e na Educação do Campo de forma geral?
- Há graduandos e/ou egressos migrando do campo para a cidade? Nesse contexto, como a Educação do Campo contribui em sua formação e carreira?
- Quais são as novas identidades que surgem, possíveis de caracterizar, a partir do curso de Licenciatura em Educação do Campo (empoderamento, lideranças, posturas políticas, posturas e ações como pesquisador etc.)?
- Como se dá a gestão do tempo pelos estudantes? Como a universidade tem contribuído com a gestão do tempo dos estudantes?
- Como proporcionar ao estudante em regime de alternância vivências na universidade que garantam atividades acadêmicas e curriculares do curso (AACC)? (GT Línguas, Artes e Literatura, II Seminário, nov. 2017).

Esse GT abordou os instrumentos/metodologias utilizados pelos docentes para promover o diálogo de saberes, citando: planos de estudo a partir de temas geradores; cadernos de realidade/diário de campo/caderno de alternância; seminários de diagnóstico e de socialização (colocação em comum); conselhos consultivos; visitas de estudos (etnográficos, por exemplo) em comunidades rurais, de permacultura, assentamentos, escolas agrícolas rurais como as Escolas Famílias Agrícolas (EFAs), associações, fundações e afins; visitas de TC com seminários para as comunidades, estudos nas comunidades ou intervenções (pesquisa-ação, por exemplo) em escolas das comunidades e/ou articulação com movimentos sociais; estágios em escolas locais do campo; projetos de pesquisa; projetos de extensão (vídeos, comunicação comunitária, cursos, rádios etc.); e outros.

A alternância no GT da área de Ciências Humanas e Sociais teve foco na organização dos tempos-espaços em concomitância com o calendário acadêmico, indicando que TE e TC ocorriam em períodos distintos ao calendário universitário, considerando os recessos dos demais cursos das instituições. Nas discussões levantadas pelo GT, foi apresentada uma caracterização por cada curso/instituição, reafirmando a diversidade da forma que a alternância entre os diferentes tempos pode ocorrer, variando conforme o contexto institucional e local de origem dos estudantes. A Universidade Federal Rural do Rio de Janeiro (UFRRJ), Universidade Federal de Campina Grande – Sumé-PB (UFCG), Universidade Federal da Fronteira Sul – Laranjeiras do Sul-PR (UFFS), Universidade Federal de Rondônia (UFRO) afirmam que não há aulas durante o recesso universitário, havendo intervalos menores entre o TE e TC, visto que os estudantes estão no entorno da instituição. Já a Universidade Federal de Minas Gerais (UFMG) e a Universidade Federal do Mato Grosso do Sul (UFMS) informam que as aulas ocorrem no recesso universitário. A Universidade Federal de Grande Dourados (UFGD), a Universidade Federal de Santa Catarina (UFSC) e a Universidade Federal do Rio Grande do Norte (UFRN) indicam um cenário bastante diverso na configuração, que depende de cada turma e escolha feita em debates.

No III Seminário, o GT da área de conhecimento das Ciências da Vida, da Natureza e Matemática, debateu, predominantemente, a questão da área em si, visto que a temática da alternância foi discutida no GT, por região. Nesse sentido, destacamos os seguintes aspectos que podem contribuir para a identificação de como buscam realizar o regime de alternância. Cada curso teve em média 10 minutos para apresentar como a questão da área aparecia em seu PPC; alguns foram pautados pelas questões orientadoras do evento, realizando uma abordagem mais geral, e outros focaram nos princípios da Educação do Campo (tais como a agroecologia, a forma com que a área é inserida nas disciplinas e no percurso formativo desenhado, relação com os movimentos sociais, relação com as escolas, pesquisa enquanto princípio educativo), focando, principalmente, no contexto de cada curso e as estratégias utilizadas para implementação desses princípios e/ou seus desafios e limitações dos PPCs em relação ao projeto original da Educação do Campo. Em seu conjunto alguns aspectos se destacam, indicando que os cursos de LEC estão coerentes ou caminhando em direção aos princípios da Educação do Campo, a citar: trabalho coletivo, a preocupação com a realidade e a identidade dos sujeitos do campo (licenciandos), a organização por área de conhecimento. Houve alguns detalhamentos sobre a alternância, e assim destacamos a questão da realidade e a identidade dos sujeitos do campo:

> […] alguns cursos problematizaram o perfil urbano de seus estudantes o que influencia nos tempos e espaços do curso (a alternância). Outros inserem a questão da tomada de consciência dos sujeitos do campo e as estratégias utilizadas para tanto. Os temas que permeiam a organização do tempo comunidade também

leva em consideração estas dimensões ou indicam a necessidade de incorporá-la oficialmente na matriz e não apenas como apêndice visando cumprir um dos propósitos da educação do campo, a formação e fortalecimentos dos sujeitos do campo e suas lutas (GT Ciências da Vida, da Natureza e Matemática, III Seminário, abr. 2018).

A questão da incorporação oficial na matriz do curso é um aspecto bastante relevante, visto que muitos cursos tiveram seus PPCs escritos antes mesmo de o conjunto de docentes chegar às instituições. Assim, essa menção indica o processo de análise da matriz do curso em relação à matriz originária da Educação do Campo, concretizando-se uma das finalidades das três edições do seminário. O reconhecimento de certo distanciamento da estrutura curricular oficial em relação aos marcos originários e às limitações da alternância inscrita, mas com o reconhecimento da existência de organização e práticas, que poderíamos chamar de currículo da ação, indicam caminhos dos cursos para atingirem a formação interdisciplinar, pautada na relação teoria e prática e no fortalecimento dos sujeitos do campo e de sua luta. Esse processo de constante reflexão e movimento da organização curricular é o que Moreno (2014) entende ser ideal para a Educação no Campo, em que haja um currículo que se contraponha a algo estático e formatado, sendo preenchido com experiências inovadoras e metodologias de ensino que permitam aos estudantes o aprendizado crítico e contextualizado com a realidade do campo.

Diferentemente dos seminários anteriores, que incluíram os representantes das LECs de Ciências Agrárias, a área de Ciências da Vida, da Natureza e Matemática, no III Seminário os docentes requisitaram um GT específico para LEC – Ciências Agrárias. Esse GT procurou responder a cada uma das três questões orientadoras desse evento, reconhecendo a alternância como um de seus princípios e a luta pelo seu reconhecimento institucional como forma de organização do trabalho pedagógico na educação superior. Com relação à organização dos tempos e espaços dos cursos, a carga horária do TC é preenchida por atividades diversificadas, estágios supervisionados e trabalho de conclusão de curso. O registro traz a concepção da alternância da seguinte forma:

- Tempo Universidade – compreende o tempo de estudo presencial intensivo em que os alunos permanecem no campus universitário.
- Tempo Escola/Comunidade – compreende o tempo de estudo, pesquisa e práticas pedagógicas orientadas, desenvolvidas nas escolas e demais espaços educativos existentes nas comunidades, entre uma etapa e outra do Tempo Universidade.

Nos cursos com habilitação em Ciências Agrárias, no TC é desenvolvido um conjunto de atividades previamente planejadas no TE, orientadas pelas problemáticas estudadas, o potencial e as demandas específicas dos espaços de origem dos alunos. Tais atividades possuem orientação dos professores das disciplinas ofertadas no TE, a qual pode ser de maneira disciplinar ou com um projeto multidisciplinar envolvendo vários docentes. Para o funcionamento dos tempos educativos, informam a organização do calendário acadêmico respeitando-se a alternância, sendo que o TC é realizado sem a presença física do docente nas comunidades em função de limitações orçamentárias. O acompanhamento dos estudantes no TC é feito à distância ou com alguma ação dos projetos em andamento na comunidade. Entre as estratégias para a realização das atividades de TC, são destacados projetos de iniciação científica, projeto de extensão, Programa de Educação Tutorial (PET), Programa de Bolsas de Iniciação à docência (Pibid), pesquisa a partir do inventário da realidade e memorial descritivo das disciplinas, a organização do trabalho pedagógico por eixos temáticos, projetos integradores, portfólio, visitas de estudo, Prática de Ensino como Componente Curricular, seminário integrador, relato de vivências etc. As potencialidades do regime de alternância destacadas foram:

- Consolidação da alternância pedagógica nos cursos de graduação em licenciatura por área de conhecimento;
- Possibilidade de materialização do trabalho coletivo interdisciplinar e multidisciplinar nas LEdoCs;
- Elaboração de trabalhos acadêmicos a partir das pesquisas realizadas no Tempo Escola/Comunidade;
- Inserção da agroecologia no currículo das escolas de educação básica;
- Contribuição da licenciatura para formação de sujeitos na construção de um projeto de campo (GT Ciências Agrárias, III Seminário, abr. 2018).

Os desafios do regime da alternância destacados foram:

- Cumprir com o calendário planejado dos tempos educativos [sic] em função das limitações orçamentárias da universidade;
- Fortalecer o planejamento pedagógico coletivo e grupos de estudo entre os educadores, com momentos gerais e momentos específicos por área, visando à organização do trabalho pedagógico com vistas à materialização do currículo integrado e interdisciplinar na agroecologia;
- Planejar e executar as atividades de estágio curricular e de elaboração de monografia e sua realização no Tempo Comunidade;
- Fortalecer a interação e comunicação entre saberes diversos, consolidando uma formação multidisciplinar entre os tempos educativos (GT Ciências Agrárias, III Seminário, abr. 2018).

Do III Seminário, entre os GTs por região do país, possuímos apenas o registro do GT Região Nordeste. É trazido um breve relato de cada uma das instituições presentes e estabeleceram trocas de experiências e debates a partir do eixo proposto pelo evento: alternância e institucionalização, protagonismo e articulação com os sujeitos do campo. Sobre a alternância, há uma diversidade de configurações dos TE e TC, alguns com maior distância entre os tempos e outros com intervalos menores. Mencionam a dificuldade no acompanhamento dos estudantes no TC pela falta de condições financeiras, havendo o predomínio do acompanhamento à distância, mas em algumas instituições os docentes vão até o território; também a dificuldade do reconhecimento da alternância pela instituição, havendo trabalho pela incorporação no calendário acadêmico, sendo que algumas instituições já conseguiram o reconhecimento institucional e incorporação da alternância no calendário.

Vários cursos estão em fase de modificações de seus PPC e da própria forma de organização da alternância dos TEs. Alguns informam que alguns cursos indicam que os componentes curriculares orientam o TC, outros, que nem todas as disciplinas possuem parte de realização em TC. Do processo da alternância, destacam-se a aproximação com a comunidade, centros acadêmicos, sindicatos, movimentos sociais.

O registro traz a seguinte síntese dos pontos sobre a alternância, discutidos na primeira parte do GT no período da manhã:

- Alternância: necessidade de aprofundamento da questão; qual estratégia; como trabalhar com a questão alternância.
- Alternância como uma luta comum: garantir que os sistemas institucionais reconheçam a alternância; discutir junto à Andifes e Conif.
- No processo de alternância, garantir que a universidade se faça presente na comunidade, nos territórios dos estudantes e movimentos.
- Financiamento (mudança no valor da matriz Associação Nacional dos Dirigentes de Instituições Federais de Ensino Superior – ANDIFES) (GT Região Nordeste, abr. 2018).

Encaminhamentos do GT, à tarde, a partir das discussões:

- Encaminhar o regulamento que institucionalizou a alternância na UFRB.
- Fortalecer o conteúdo que já existe nas Diretrizes para a Educação do Campo e a resolução 02/2015, que já pressupõe a formação da alternância, apesar de não ser suficiente (GT Região Nordeste, abr. 2018).

Encaminhamentos do GT para os cursos que estão reformulando os PPC:

- Explicitar por que as características das Licenciaturas em Educação do Campo por área de Educação do Campo e por alternância, licenciatura para os anos finais e ensino médio.
- Vinculação com o território de origem (sujeito, escola, biomas).
- Colocar no PPC do curso, claramente, a alternância.
- Inserir [sic], nos sistemas acadêmicos, a alternância.
- Buscar apoio jurídico, no decreto presidencial, nossa fundamentação legal 7352/2010 (GT Região Nordeste, abr. 2018).

Considerações sobre os sentidos da alternância na formação dos formadores

Ao fazermos uma leitura e análise dos registros, mas também considerarmos nossa participação durante os três seminários, podemos identificar algumas convergências com relação à forma com que a alternância vem se configurando nas diferentes IES. Os diálogos certamente foram mais enriquecedores do que os próprios registros nos permitem aprofundar.

Permeou todos os GTs a questão da necessária relação entre a teoria e a prática, pautando-se na questão do diálogo entre os diferentes conhecimentos/ saberes e a realidade própria do estudante, visando formá-lo para uma leitura crítica de realidade e instrumentar intervenções que promovam transformações no contexto das comunidades e das escolas, assim como da própria universidade. Nesse processo, é evidente a busca pela promoção de uma postura investigativa do egresso, em que sua realidade e prática social são consideradas fundamentais para a sua formação e para a produção de conhecimento sobre a prática educativa do/no campo. Assim como encontramos em Gonçalves (2014), os cursos reconhecem a centralidade do TC como tempo-espaço que retroalimenta o processo de ensino e aprendizagem na relação entre ensino-pesquisa-extensão. No entanto, em sua maioria, expressou-se o entendimento de que esse processo de integração precisa ser mais consistente e aprofundado nos cursos.

Em concordância com Molina (2017), notamos a formação para a pesquisa e a alternância como um meio para aproximar a universidade da sociedade, a partir dos diferentes trabalhos disciplinares, projetos e intervenções pedagógicas desenvolvidos no TC. Ademais, o TC ganha grande centralidade e é considerado como o grande espaço de diálogo entre os saberes.

Com relação à realidade dos sujeitos do processo educativo, percebemos o quanto é diversa, expressando igualmente a diversidade do campo no país e, consequentemente, do público-alvo das LECs. Visando atingir esse público, o debate deu centralidade ao trabalho coletivo realizado pelos docentes do curso ou da necessidade de criação de condições, por atingi-lo tanto na oferta das disciplinas durante o TE quanto nas propostas e no acompanhamento do TC.

Os desafios são vários, mas as possibilidades são ricas e diversas. Na troca de experiências, podemos entrar em contato com as diferentes estratégias da/para a alternância. As principais foram: os memoriais, a pesquisa-ação, o caderno de campo, os inventários sobre a cultura local; trabalhos vinculados a disciplinas específicas, sem necessariamente haver uma integração global no curso; trabalhos integrados; provas optativas; práticas orientadas; seminário integrador; TC itinerante em que todos vão a determinado território (Jornada Socioterritorial); assembleia; projeto de pesquisa pedagógica que envolve atividades de pesquisa e intervenção nas escolas; mapas mentais; projetos de extensão; conselho que inclui movimentos sociais; vivência compartilhada por diferentes docentes; a figura do coordenador do TC; monitoria; Pibid; PET; organização do TC por eixos temáticos ou eixos integradores inseridos no currículo ou não; blocos temáticos com realização de projetos; defesa do Trabalho de Conclusão de Curso na comunidade; a realização de seminários na IES ou nas escolas do campo; comissões; Diagnóstico Rural Participativo (DRP), socialização dos resultados do TC em semana acadêmica, entre outros. Em suma, uma variedade, considerando instrumentos mais clássicos da própria história da construção da alternância (caderno de realidade, colação em comum em seminários integradores, memorial etc.) e outros próprios do cenário do ensino superior, demonstrando a sua institucionalidade neste nível de ensino (Projetos de Pesquisa, Projetos de Extensão, PET, Pibid, Pesquisa-ação, entre outros).

Nas discussões reconhecemos a polissemia sobre a alternância e as diferentes formas de sua prática, sendo que ela foi mais mencionada a partir de como é concretizada mais na realidade do que propriamente como uma concepção político-pedagógica que organiza a formação integral dos sujeitos. Em alguns momentos, em cursos que não possuem condições para a ida dos docentes na comunidade, denominaram o TE como o tempo de estudo presencial e o TC como o tempo de acompanhamento à distância. É importante a reflexão sobre o discurso presente no debate, para que não se fortaleça a concepção da alternância como um intercalar de formação presencial e à distância, característicos de cursos em Educação à Distância (EaD) na modalidade semipresencial. A preocupação discursiva com relação à forma de caracterizar os tempos pode expressar uma determinada concepção sobre a alternância que a fragmenta e a descaracteriza, ou mesmo que fortalece tentativas institucionais de descaracterizar o curso em regime de alternância para um curso em regime semipresencial, visando reduzir os investimentos necessários para garantir a sua concretização, o que é um embate é feito em várias IES. As LECs são cursos regulares em regime integral – em alternância, isso precisa ser reafirmado.

Tais aspectos fortalecem o que Ribeiro (2008) afirma sobre a concretude da Pedagogia da Alternância e suas contradições, visto que depende dos sujeitos que as assumem e das regiões onde acontecem, as condições que permitem, limitam ou até impedem a sua realização, assim como as concepções teóricas que alicerçam suas práticas.

Nesse sentido, destacamos que as condições que mediatizam a prática da alternância foram bastante direcionadoras nos debates, a exemplo da preocupação com o reconhecimento da alternância nos calendários das IES, a viabilidade de suporte financeiro e de infraestrutura tanto para o TE quanto para o acompanhamento do TC por parte dos docentes. A troca de experiências em relação à forma de superação de tais condições objetivas é fundamental e fortalece a luta pelas LECs. Essa foi uma demanda dos formadores em formação, mas eles próprios reconheceram a necessidade de aprofundamento teórico e prático em torno dos fundamentos e concepções de alternância assumidas.

Notamos avanços nos sentidos sobre a alternância presente nos registros dos diferentes seminários, a exemplo: o GT de Ciências da Vida, da Natureza e Matemática no II Seminário apresentou uma análise crítica sobre a fragmentação existente entre os tempos, em que os conteúdos curriculares formais organizados de maneira mais tradicional, predominantemente, direcionam as atividades do TC e que, nesse contexto, buscam trabalhar por maior integração entre os tempos e conteúdos visando ao diálogo de saberes. Já no III Seminário, o GT avança na problematização do perfil dos estudantes e de suas realidades diversas, havendo um deslocamento na própria discussão que sai do conteúdo formal e foca no sujeito em formação, o que representa, a nosso ver, uma distinção das relações quase que unidirecionais entre os conteúdos curriculares e a realidade (que aparecia enquanto busca da relação entre os conhecimentos científicos e os saberes e experiências próprias dos sujeitos), para a problematização sobre a realidade própria desses sujeitos, suas identidades e inserção social, reconhecendo-se que esses aspectos precisam estar também inseridos na matriz oficial dos cursos.

As contradições da escola real (que ainda não é uma escola do campo), a inserção dos egressos nesse contexto profissional e como a formação por área e em regime de alternância impacta e é impactada por essa materialidade são pautas fundamentais. A exemplo de resultados dos seminários com impacto concreto nos diferentes territórios, foram citados nos GTs experiências da organização das IES que estão intervindo, até mesmo com a construção de legislação específica, visto que a realização dos seminários de formação foi reconhecida como espaço para a articulação entre os cursos, o que tem sido fundamental na luta política pela institucionalidade das LECs em todo o território nacional.

Para finalizar esta reflexão sobre o processo formativo desenvolvido e indicar demandas para a formação contínua dos formadores em uma diversidade de formas, compreendemos que os cursos pautados no regime da alternância têm se aproximado dos propósitos da Pedagogia da Alternância em direção a promover uma articulação entre a educação e a realidade das populações do campo, buscando a formação de um educador do campo que seja capaz de integrar conhecimentos e construir a escola do campo que o Movimento da Educação do Campo almeja. Sendo assim, estes e outros desafios e avanços mostram a riqueza e a importância de processos nacionais de formação dos formadores das LECs, a partir dos quais seguimos desejando que novos encontros formativos sejam viabilizados em prol da Educação do Campo no Brasil.

Referências

BRASIL. Programa Nacional de Educação do Campo – Pronacampo. *Documento Orientador*. Ministério da Educação, Secretaria de Educação Continuada, Alfabetização, Diversidade e Inclusão/SECADI Diretoria de Políticas de Educação do Campo, Indígena e para as Relações Étnico-Raciais/DPECIRER. Coordenação Geral de Políticas de Educação do Campo/CGPEC. Brasília, jan. 2013.

GONÇALVES, K. L. N. Tempo Comunidade: os movimentos da investigação no itinerário da produção de conhecimento em Educação Matemática. In: SOUZA, I. S. da S. H.; RIBEIRO, N. B. R. (Orgs.). *Práticas contra-hegemônicas na formação de educadores: reflexões a partir do curso de Licenciatura em Educação do Campo do Sul e Sudeste do Pará*. Brasília: Ministério do Desenvolvimento Agrário, 2014. p. 231-254.

MOLINA, M. C. Contribuições das Licenciaturas em Educação do Campo para as políticas de formação de educadores. *Educação e Sociedade*, Campinas, v. 38, n. 140, p. 587-609, jul./set. 2017.

MOLINA, M. C.; ANTUNES-ROCHA, M. I. Educação do Campo: história, práticas e desafios no âmbito das políticas de formação de educadores: reflexões sobre Pronera e o Procampo. *Revista Reflexão e Ação*, Santa Cruz do Sul, v. 22, n. 2, p. 220-253, jul./dez. 2014. Disponível em: <http://online.unisc.br/seer/index.php/reflex/index>. Acesso em: 24 ago. 2019.

MORENO, G. de S. Reflexões sobre a organização curricular em Ciências Agrárias e Naturais na Educação do Campo. In: SOUZA, I. S. da S. H.; RIBEIRO, N. B. R. (Orgs.). *Práticas contra-hegemônicas na formação de educadores: reflexões a partir do curso de Licenciatura em Educação do Campo do Sul e Sudeste do Pará*. Brasília: Ministério do Desenvolvimento Agrário, 2014. p. 175-191.

REFLEXÃO E AÇÃO. Santa Cruz do Sul: UNISC, 2014. Disponível em: <http://online. unisc.br/seer/index.php/reflex/index>. Acesso em: 10 jun. 2018.

RIBEIRO, M. Pedagogia da alternância na educação rural/do campo: projetos em disputa. *Educação e Pesquisa*, São Paulo, v. 34, n. 1, p. 27-45, jan./abr. 2008.

SANTOS, C. E. F. dos; PALUDO, C.; OLIVEIRA, R. B. C. de. Concepção de Educação do Campo. Cadernos Didáticos Sobre Educação no Campo, Salvador: UFBA, p. 13-65, 2010.

PARTE III

Repercussões do processo formativo vivenciado pelos docentes das Licenciaturas em Educação do Campo

CAPÍTULO 20

Páginas de um processo formativo em Educação do Campo: reflexões para educadores, estudantes e defensores do espaçocampesino, em geral

Clarissa Souza de Andrade Honda
Monik de Oliveira Lopes Neves

A história que trazemos aqui se inicia em agosto de 2017, quando iniciamos, na Universidade Federal de Minas Gerais (UFMG), uma jornada de autorreconhecimento, de formação e de valorização de aspectos importantes da vida que, muitas vezes, passam despercebidos. Falamos de nossa participação, como cursistas, no Seminário de Formação Continuada de Professores das Licenciaturas em Educação do Campo no Brasil, ocorrida em Belo Horizonte, como parte da política de formação de professores do Programa de Apoio à Formação Superior em Licenciatura em Educação do Campo (Procampo), que reuniu professores e coordenadores da maior parte das Licenciaturas em Educação do Campo do Brasil.

Deixe que nos apresentemos melhor: somos professoras de uma Licenciatura em Educação do Campo, no Instituto Federal do Rio Grande do Norte (IFRN), em um campus da cidade de Canguaretama (distante aproximadamente 70 km de Natal, capital do estado). No Curso, ministramos disciplinas da área comum de formação, de natureza pedagógica. Somos pedagogas, e, dentro da área de educação, nós nos vinculamos aos trabalhos com formação de professores, o que explica a matriz teórica que respalda boa parte da reflexão aqui tecida. Além de docentes, somos uma ex-coordenadora e uma coordenadora atual de uma Licenciatura em Educação do Campo (LEdoC) na qual nos enxergamos atuando desde sua fase de implementação, ainda na elaboração de seu projeto pedagógico. Apesar disso, nós nos sentimos iniciantes na área. Sentimos que estamos conhecendo, aos poucos, o espaço campesino, suas lutas, seu acúmulo teórico, e, sobretudo, as vivências de um espaço que hoje nos é tão caro e tão respeitado.

Ao contar essa história, alguns objetivos são ancoradores do texto. *Para a formação de professores*: elencar elementos que podem ser importantes para a estruturação de formações continuadas e para a reflexão das práticas pedagógicas por área de conhecimento; *para os sujeitos das LEdoCs*: subsidiar uma reflexão de autorreconhecimento dentro da área de Educação do Campo (que sentidos construímos no nosso percurso com a área, sejamos nós estudantes ou professores?); *para aqueles que defendem o espaço do campo*: identificar alguns desafios urgentes dessa boa luta!

Estruturamos esta narrativa em duas partes: na primeira, descrevemos a formação continuada realizada em Belo Horizonte/MG, a partir de nossa percepção e de nossos olhares, refletindo sobre o processo formativo e procurando evidenciar elementos da Educação do Campo que consideramos fundamentais no curso; na segunda – objetivando trazer os impactos e desdobramentos de nossa participação na referida formação –, buscamos trazer elementos que podem subsidiar a reflexão para a construção da formação continuada docente em Educação do Campo em nosso campus, no Instituto Federal do Rio Grande do Norte (IFRN). Pensamos que o esboço de formação aqui construído pode subsidiar a reflexão para a construção de outros desenhos formativos em outras LEdoCs.

Descrevendo o processo formativo em Educação do Campo vivenciado com educadores de todo o Brasil

O fio condutor desta parte do texto será a ordem cronológica dos momentos do curso, que teve a seguinte organização: Seminário I – Concepção e institucionalidade da Educação do Campo e o projeto de campo; Seminário II – Princípios e práticas da formação de educadores do campo no Brasil; Seminário III – Projeto Político Pedagógico das Licenciaturas em Educação do Campo, ocorridos de agosto de 2017 a abril de 2018. Cada um dos três seminários teve carga horária de 20 horas, divididas em três dias cada um, totalizando, ao final, 60 horas de curso.

Seminário I: sentimento de pertencimento ao grupo

Chegamos ao curso com uma expectativa um tanto pessimista, mas realista para nós: naquele momento histórico que o Brasil vivia (vive!) – de perda de direitos conquistados historicamente, de esfacelamento da democracia, de descrença da população nos rumos políticos do país –, encontraríamos pares da Educação do Campo, abatidos com esse cenário e juntando as últimas forças para não desaparecer como área, considerando que formamos um coletivo que ergue uma bandeira em defesa de uma população marginalizada e que teve direitos negados ao longo de sua vida. Em um contexto antidemocrático, como o descrito, em tese, seria esse o grupo que primeiro seria atacado e derrubado. Ledo engano. Chegando ao seminário, encontramos lutadores da área combativos, indignados, cheios de vigor para os enfrentamentos que já estavam acontecendo, empoderados e encorajadores... a Educação do Campo estava viva, sim, e pronta para a luta! A própria natureza da área explica essa força e vigor: resistência foi motivo de seu nascimento e fez-se presente em toda a sua história. Áreas assim não só se fortalecem no momento em que são atacadas, mas, além disso, mostram-se combativas para a defesa de outras áreas. Compreendemos aí que a Educação do Campo não só não estava fraca, mas que se fazia forte para lutar em linha de frente e fortalecer outras áreas; afinal, assim são espaços de resistência!

Com isso, apesar de todos os discursos produzidos, enfraquecedores da Educação do Campo, aquele momento nos deu ânimo e vigor renovados! A interação com outros atores de LEdoCs no Brasil (estudantes, coordenadores, docentes, militantes, teóricos) nos trazia a sensação de que a história estava acontecendo e a gente estava escrevendo. Esse foi um ponto que fez toda a diferença para nossa formação e que pensamos que devamos investir em nossa jornada formativa da Educação do Campo em nossas instituições: *construir coletivamente*.

Além da forma de construção do conhecimento (coletiva), os conteúdos desse momento da formação foram importantíssimos e destacamos alguns deles aqui. As *concepções originárias da Educação do Campo e sua implicação nos Projetos Pedagógicos das LEdoCs* se fazem imprescindíveis, em nossa percepção, para todo aquele que atua na área. Não se trata de um preciosismo acadêmico (não combina com a Educação do Campo!), mas desempenha um papel de demarcador do espaço teórico e, principalmente, da resistência. Conhecer e compreender os princípios originários faz com que a institucionalização das LEdoCs não perca suas raízes e, assim, a marca da luta.

Alguns dos princípios originários (CALDART, 2008) que devemos retomar e fortalecer em nossas LEdoCs: nascemos da luta dos movimentos sociais (raiz da luta); o debate de "campo" precede o debate "pedagógico" (raiz do trabalho no campo e suas diversidades); a organização por áreas do conhecimento (raiz do diálogo e articulação entre saberes).

Como bem enfatizaram Molina e Caldart durante o seminário, sem os princípios originários corremos o risco de nos transformar em um outro tipo de formação em nossas Instituições Ensino Superior (IES). E diríamos mais do que isso, como ocupa lugar das concepções na formação, direcionam todo o projeto de campo e de educação que defendemos, tanto para os estudantes quanto para os professores. Esse continua sendo um ponto importante de formação com o nosso grupo em nossa instituição. Apesar de ainda termos muito a caminhar, esse curso já trouxe impactos visíveis em algumas formas de pensar, que atingiram diretamente algumas de nossas ações no campus.

Ainda no terreno das concepções originárias, o debate da *questão agrária e da agroecologia* fez-se mais nítido para nós. Embora as leituras já tivessem sido feitas a respeito, não atribuíamos ainda tal nível de importância. Perceber a agroecologia como um dos "braços" da Educação do Campo fez com que reestruturássemos, no momento da volta do primeiro seminário, algumas ações de nosso Tempo Comunidade (TC) e, mais adiante, a revisão de nosso Projeto de Curso.

Não poderíamos deixar de mencionar como, nesse primeiro seminário ainda, foi importante estarmos imersas no ambiente das místicas, das toalhas coloridas das mesas ornamentadas com girassóis, das falas teóricas humildes, dos jeitos de vestir coloridos, das posturas não hierárquicas dos organizadores, do respeito às falas dos estudantes e bolsistas, dos modos de agir de educadores populares, de militantes de ações (e não só de falas)... pensamos que esses elementos foram marcantes na construção de sensibilidades que vão constituindo nossa identidade com o campo. Ver a vibração dos coloridos e das místicas, sentir o amarelo dos girassóis, ouvir a força que emerge de uma fala acalorada e sentir o gosto do pão de queijo coletivo (que testemunhava todos os nossos intervalos de partilha) são sentidos que carregam uma simbologia que serão únicas para nós.

Seminário II: sobre a organização por áreas do conhecimento

Segundo encontro de formação: mesmos atores, nova atuação! Essa era a expectativa que trazíamos conosco para o começo. Desta vez, expectativa contemplada. Daquele grupo que conhecemos, boa parte estava de volta, uns mais, outros menos mudados.

Desta vez o trabalho foi focado nas áreas do conhecimento que configuram as matrizes curriculares das LEdoCs. O que configuram as áreas? Por que essa forma de organização curricular? O que é mais importante dentro da área? Deve haver uma unidade conceitual dentro das áreas? Que motivos levaram as Licenciaturas em Educação do Campo a adotar essa forma de organização? Quais desafios têm sido enfrentados, na prática? Como a alternância pedagógica tem se materializado nas áreas? Essas questões e algumas outras estiverem em cena.

Para Molina (2017):

> [...] a formação por áreas de conhecimento propõe a organização de novos espaços curriculares que articulam componentes tradicionalmente disciplinares a partir de uma abordagem ampliada de conhecimentos científicos que dialogam entre si, tendo como base problemas concretos da realidade. Desse modo, busca-se superar a fragmentação tradicional que dá centralidade à forma disciplinar e mudar o modo de produção do conhecimento na universidade e na escola do campo [...] (MOLINA, 2017, p. 595).

Em nosso campus, as áreas de aprofundamento da LEdoC são: Ciências Humanas e Sociais; Matemática. Cada uma de nós participou do debate em uma das duas áreas, de modo a podermos levar para o campus as discussões e desafios das duas áreas.

No caso das Ciências Humanas e Sociais, vimos que os delineamentos dos currículos eram muito diversos, o que não se constituía como um problema, mas que, assim sendo, requeria que conhecêssemos os diversos desenhos curriculares para reflexão/discussão acerca da unidade da área. O que era comum? O que deveria ser comum? O que constitui a unidade da área?

Conhecemos a riqueza que emergia daquela diversidade e que ela era bem-vinda, desde que não perdêssemos a ideia do que unia aquela grande área: a leitura crítica das realidades do espaço do campo, com suas territorialidades, seus sujeitos, seus modos de vida, suas contradições sociais... tudo com o objetivo de defesa do espaço campesino! As disciplinas ("unidade" curricular que a maioria dos currículos de LEdoCs utiliza) devem ser instrumentos de leitura dessas realidades, e não ter um fim em si mesmas. Assim, outras formas de organização curricular – mais integradoras – devem ser levadas em conta. Como articular e fortalecer a integração na área? De que forma? Foi um dos grandes desafios colocados.

Na discussão da área de Ciências Naturais e Matemática, outros destaques foram feitos. O primeiro remete ao grande número de educadores dessa grande área. Constituíam o maior grupo de trabalho do seminário. Considerando que quase cem por cento das LEdoCs do Brasil estavam representadas nessa formação, ficou evidenciada que a área mais numerosa era a das Ciências Naturais e Matemática entre as LEdoCs no país. A propósito, uma ressalva: a área que nasceu, originalmente, como Ciências Naturais e Matemática já havia sofrido reformulações: temos atualmente cursos que ofertam Ciências Naturais e Matemática, outros, só Ciências Naturais, outros, só Matemática. Os nomes também variam, incluindo variações como Ciências da Vida, entre outros. As razões para o desmembramento da grande área em algumas LEdoCs eram diversas. Uma que chamou atenção por ser recorrente foi a da existência de uma distância conceitual e epistemológica entre as Ciências Naturais e a Matemática, que não impedia a articulação entre elas, mas que trazia um desafio grande demais para um currículo da extensão de uma licenciatura, ainda mais com o perfil formativo de uma Licenciatura em Educação do Campo. Mas isso não se configurou/configura como um consenso dentro das LEdoCs.

No caso da Matemática – área de aprofundamento de nosso campus, em Canguaretama/RN – discutimos os desafios trazidos pela dificuldade e/ou resistência de grande número de educadores matemáticos em oferecer uma formação em Educação do Campo, com área de aprofundamento em Matemática, e não uma formação para licenciatura em Matemática. Discutimos, na ocasião, que a organização curricular construída com maior vínculo entre a Educação do Campo e os saberes matemáticos pode ajudar nessa questão, favorecendo que tanto professores formadores quanto licenciandos mais facilmente construam essa relação.

Seminário III: levando os desafios que foram postos!

O último seminário de formação foi o momento das sistematizações finais. Momento importantíssimo para fecharmos aquele ciclo com conclusões (provisórias), encaminhamentos práticos e delineamento dos desafios para os enfrentamentos.

Para nosso processo de aprendizagem – especialmente nesse último momento – foram fundamentais as colegas Maria do Socorro Silva (Universidade Federal de Campina Grande - UFCG/PB) e Mônica Molina (Universidade de Brasília – UnB/DF). Foram, para nós, "companheiras mais capazes", no sentido vigotskiano do termo. Já as conhecíamos por meio da leitura de seus escritos. Convivendo com elas desde o Seminário I, vigorosas, atuantes e com o fôlego constante do início ao fim, pudemos compreender o que são os teóricos de militância, de pé no chão, de trabalho de base. Ser acadêmico de gabinete não condiz com a área. E elas não são. Além dessa característica, as duas ainda têm em comum algumas outras, que muito nos ajudaram: são excelentes leitoras da realidade, demonstram alta capacidade de pensamento relacional e expressam-se de maneira a contagiar para a luta. Ora, fazer Educação do Campo exige essas "habilidades"! Além dos ganhos visíveis para a área, tais características das professoras formadoras são de grande relevância pedagógica para os processos formativos docentes.

Para elencarmos os desafios postos para a Educação do Campo naquele momento, fizemos uma rica avaliação do percurso da área, trazendo os pontos em que avançamos, aqueles em que precisamos avançar e quais os desafios urgentes.

Sobre os desafios urgentes para nosso fortalecimento e resistência, o primeiro que elencamos foi o fortalecimento da *unidade das LEdoCs*. O fortalecimento do sentido de um curso único, com áreas de aprofundamento, e não de cursos distintos (separados por áreas de aprofundamento) faz-se muito importante para que atuemos em uma unidade que traz em primeiro plano a Educação do Campo, e não sua área de aprofundamento, que configura um segundo plano. Para isso, nos processos de revisão dos Projetos Pedagógicos de Curso (PPC) devemos ter atenção em buscar fortalecer a ênfase nas concepções originárias da Educação do Campo e, na defesa dessa unidade, respeitar as especificidades dos cursos a partir de suas diferenças regionais, territoriais ou institucionais.

Quanto às *áreas de aprofundamento*, também nos processos de revisão dos currículos, buscar construir disciplinas que dialoguem e contribuam para a integração da área, o que não significa abolir a formação disciplinar (como aprofundamento vertical), mas um avanço na construção horizontal (diálogo entre as disciplinas).

Para que consigamos que "cheguem" para a Licenciatura em Educação do Campo como alunos, de fato, os sujeitos do campo que almejamos, ressaltamos a importância dos *processos seletivos próprios* (ou especiais), especificamente construídos para as LEdoCs em nossas instituições, evitando-se processos uniformizadores e gerais, como o Enem ou o Sisu.

Ainda sobre as especificidades das LEdoCs, que lutemos pela *institucionalização de componentes que nos são próprios*, como a alternância pedagógica, buscando que seja reconhecida e implementada pelos sistemas acadêmicos de nossas IES.

Finalizamos nossa formação com a sensação de muito trabalho pela frente, de bons desafios a serem assumidos e, o mais importante, revigoradas para a luta coletiva e com o sentimento de uma rede de apoio formada pelos nossos pares das LEdoCs de todo o país.

O "depois" no campus...

Finalizado o processo formativo, os caminhos para os enfrentamentos estavam postos. Os processos formativos, de modo geral, podem trazer impactos imediatos, de curto, médio e longo prazo. Reconhecê-los, organizá-los e trazer tratamento adequado a cada um deles faz parte dos processos de mudança nos cursos e no desenvolvimento profissional dos professores.

Em nosso processo de revisão do PPC, no IFRN, a formação teve um impacto mais imediato. Em muito, porque estávamos com prazo marcado na instituição para essa revisão e, assim, muitas das defesas construídas no curso foram traduzidas naquele novo projeto de curso. Conseguimos, A nível de projeto curricular, maior integração entre os saberes, com a construção de algumas disciplinas com caráter mais integrador e de busca de estratégias de relações entre componentes disciplinares. Além disso, fortalecemos o braço da agroecologia no curso, tanto reformulando componentes curriculares a ela relacionados como a trazendo como eixo articulador de alguns momentos formativos, especialmente do TC.

Ficamos bastante satisfeitas com o novo PPC que acabamos de redesenhar, mesmo que ainda não o tenhamos implementado. Mas, mesmo com os avanços nesse aspecto (curricular), "nem tudo são flores"... nossa Licenciatura em Educação do Campo (LEdoC) no campus ainda tem muitos enfretamentos e um longo caminho a percorrer.

Para isso, os diálogos cotidianos acerca de nossas escolhas e decisões conjuntas são importantes, e, paralelamente a isso, a *implementação de nossa formação continuada como corpo docente da LEdoC no campus*. Qual ou quais modelos formativos escolher? Procuramos nos afastar de modelos formativos organizados

Páginas de um processo formativo em Educação do Campo

a partir de um *expert*, perito ou acadêmico externo que procura "solucionar" os problemas dos professores. Buscamos nos aproximar de modelos formativos que utilizem os contextos de atuação dos professores, seus saberes, sua capacidade de construir conhecimento pedagógico a partir de seu lócus e de suas necessidades (RAMALHO; NUÑEZ; GAUTHIER, 2003; IMBERNÓN, 2009; IMBERNÓN, 2010). Essa *formação a partir de dentro* (IMBERNÓN, 2009) tem conseguido resultados mais satisfatórios, de acordo com a literatura da área. O próprio processo formativo que acabamos de descrever mostrou o seu alcance a partir desse tipo de formação. Quando, como professores das LEdoCs de todo o Brasil, nos reunimos, discutimos, estudamos e refletimos, a partir de nossas vivências, de nossos contextos reais, trazendo à tona nossos desafios e dificuldades, assim como nossas construções e fazeres em nossos campi de origem, configuramos uma *formação a partir de dentro*. É uma formação nesses moldes que nos interessa construir.

Tendo esse pilar teórico como referência é que traçamos – como resultado da reflexão oriunda do conhecimento construído coletivamente no processo formativo que acabamos de descrever – reflexões acerca de um possível processo formativo em Educação do Campo em nosso campus.

Em busca de um modelo para formação continuada em Educação do Campo em nosso campus

O *olhar para dentro*, conduzido pela formação descrita, permitiu-nos identificar – em articulação com alguns colegas do campus, ao longo dos meses de formação – alguns *grupos de desafios formativos relevantes em nossa formação continuada para o grupo de professores formadores da LEdoC no campus*: 1) compreensão da área e suas principais defesas (para professores novos no curso); 2) construção/reconstrução de sentidos para a educação matemática do campo; 3) construção da integração da grande área de Ciências Humanas e Sociais; 4) aprofundamento de estudo das questões agrárias e de agroecologia que nos permita colocá-las como fios condutores de nossas atividades; 5) construção e manutenção da formação viva e intrínseca a nosso fazer docente.

Como esses desafios são os identificados por nós a partir da vivência no curso e das trocas de ideias com alguns colegas – mas não foram ainda "construídos e validados" pelo grupo todo –, o primeiro passo é uma reflexão coletiva sobre eles (e esse modelo formativo adotado): esse poderia ser um modelo interessante para nós? Se sim, esses desafios se colocam como desafios para todos? Quais outros desafios identificados pelo grupo? Há prioridades? Qual tratamento daremos a eles?

Ramalho e Nuñez (2011), dentro dessa perspectiva teórica de formação, focalizam a importância das *necessidades formativas docentes*. O compartilhamento das necessidades é condição *sine qua non* para prosseguirmos. Necessidades devem ser sentidas como necessidades para os membros do grupo. E essa é uma condição para o "abraçamento" da proposta e para que compartilhemos a sua autoria:

> A dialética entre as necessidades normativas e as necessidades sentidas e desejadas pode ser fonte de motivos para a participação consciente em cursos de formação continuada, uma vez que se constituem numa "brecha" no exercício da profissão, a qual expressa uma contradição/necessidade a ser resolvida via formação, transformando, dessa forma, a "brecha" em objetivos de ação/mudança, o que pode ser traduzido, também, nos objetivos da formação (RAMALHO; NUÑEZ, 2011, p. 78).

Dito isso, as reflexões que fazemos aqui devem ser entendidas como o esforço ainda de parte do grupo (nós duas em diálogo com alguns colegas) de esboço de uma proposta – a partir de um processo formativo que participamos – e que, para o grupo de colegas de nosso campus só servirá se refletido, discutido e (re) construído com todos. Para os leitores da proposta, pode servir como referência para construção de suas próprias propostas formativas, a partir de diretrizes teóricas aqui utilizadas.

Sobre o primeiro ponto: a *compreensão da área e suas principais defesas* – especialmente para professores novos no curso – entendemos ser esse um desafio permanente. Como nossos professores não são exclusivos da LEdoC, além de constantemente o grupo se renovar (com as mudanças de campus dentro de nossa instituição), devemos dedicar uma "atenção especial" àqueles que ingressam no curso como docentes. Para essa tarefa, pode ser salutar dar espaço a *conhecer o que esses professores conhecem sobre temáticas que permeiam a Educação do Campo, mas, mais do que isso, conhecer suas vivências e vinculações com o espaço do campo ou as defesas do campo*. Aqui, estamos buscando trazê-los ao curso usando como porta de entrada seus saberes e suas vivências já constituídas.

Assim, pensamos que os sentidos individuais construídos trarão vínculos mais fortalecidos e mais elementos para o engajamento almejado. Conhecer a área de Educação do Campo iniciando a partir de seus saberes e vivências equivale a ensinar um conteúdo novo a partir dos conhecimentos prévios dos alunos. E não é isso que defendemos no campo didático? Se entendemos um processo formativo docente como um processo de construção de conhecimento, valem as mesmas premissas basilares dos processos de ensino-aprendizagem que ocorrem em qualquer espaço, com qualquer grupo de aprendentes. Assim, a partir desse momento inicial, o estudo coletivo dos princípios originários da área poderia ser feito por meio de momentos formativos envolvendo estudo de textos básicos de modo conjunto, exposição de temas centrais e místicas. Essas últimas cumpririam a função de sensibilizar os novos professores e articular novos e antigos professores, ao passo que buscaria a construção dos sentidos coletivos por meio do "sentir". A mística deve convidar todos à luta, não só os nossos alunos, mas – de modo especial – nossos docentes formadores das LEdoCs!

Quanto à *construção/reconstrução de sentidos para a educação matemática do campo*, questões envolvendo sentidos e concepções que embasam quais os propósitos do curso ainda são muito diversas entre nosso grupo docente. E são essas as questões mais importantes para práticas pedagógicas mais próximas às defesas da área, mas também são as que mais dificilmente se modificam. A esse respeito, não há solução "mágica ou milagrosa" que não diálogo e formação.

Ferri (2009) nos ajuda a refletir sobre esse ponto. Como envolve professores de diferentes áreas, a presença da figura dos *articuladores pedagógicos* pode ser interessante. A autora, ao descrever e analisar um programa de formação continuada para professores formadores de ensino superior em sua IES, menciona a resistência/ dificuldade e forte crítica de professores de outras áreas do conhecimento ao vocabulário e características do discurso específico dos profissionais da educação (pedagogos). A partir disso, relata:

> Para superar essa dificuldade, trabalhamos, a partir de 2002, com a ideia de formar "articuladores pedagógicos", ou seja, profissionais das diversas áreas do conhecimento, vindos dos diversos cursos de graduação da Instituição, e que tinham alguma afinidade ou desejo de aprofundar os conhecimentos pedagógicos. A formação desses profissionais para atuar nas atividades do Programa de Formação Continuada foi agrupada em um subprograma específico: a formação de formadores (FERRI, 2009, p. 276, 277).

Pensamos que a existência dos articuladores pedagógicos pode ajudar a minimizar as barreiras, muitas vezes existentes, entre professores de áreas diferentes, ajudando-nos a nos aproximar e a implementar um diálogo, de fato, onde grupos diferentes podem se ouvir, respeitando suas divergências, mas avançando na troca de ideias, em busca de um lugar comum a ser construído na Educação do Campo por educadores matemáticos e humanísticos. Rumo à construção de um lugar em que a diferença nos fortaleça, e não nos fragilize.

Também a esse respeito, Libâneo (2010) argumenta em favor da articulação entre as Didáticas Específicas e a Geral: em busca do fortalecimento do conhecimento didático, de um lado, e das bases epistemológicas das áreas do saber, de outro, estreitando os laços entre diferentes campos do saber. Destacamos a necessidade desse estreitamento entre a área da Educação e as áreas de aprofundamento das LEdoCs. Só assim podemos avançar na (re)construção de nossas concepções basilares que orientam nossas ações educativas.

Para tratarmos da necessidade de *construção da integração da grande área de Ciências Humanas e Sociais*, optamos por iniciar a tarefa de forma prática. E assim estamos fazendo: a reflexão coletiva dos docentes desta área de aprofundamento está sendo realizada no planejamento e execução da disciplina de Metodologia de Ciências Humanas e Sociais, integrante do currículo de nossa LEdoC no 5º e 6º períodos. Ministrada no 5º período como uma "junção" de áreas disciplinares, e avaliada ao fim do período como "em nada contribuindo para a construção do sentido da grande área de Humanas pelos alunos", os professores de Ciências Humanas e Sociais (CHS) optaram por ministrá-la no 6º período compartilhando o diário docente e fazendo uma atuação conjunta. A construção do sentido (para os docentes) está sendo "exigida" para essa tarefa e sendo realizada, com atenção específica, a partir desse momento. Sendo requerida também como disciplina articuladora do estágio docente para os alunos dessa área de aprofundamento, a construção coletiva está se dando *por meio da práxis*. Com muitas dificuldades e atropelos, é verdade. Mas assim é a práxis. E a realidade também: é difícil, com altos e baixos e bastante cheia de percalços diários. Mas bonita, plena e cheia de vida justamente por estar atrelada ao que vivenciamos, sentimos, enfrentamos e procuramos transformar! Entendida em sua imbricação com a ação humana transformadora, o conceito de práxis não se descola da realidade. Para Curado Silva (2017):

> Compreende-se a práxis como ação humana transformadora, prática eivada e nutrida de teoria e, por isso, capaz de superar os primeiros estágios do pensamento – constatação e compreensão da realidade – para constituir um pensamento novo que, ao ser colocado em prática, pode transformar esta realidade. Deste modo, o trabalho docente é, também, práxis (CURADO SILVA, 2017, p. 126).

E por formar um dueto maravilhoso com uma teoria que construímos e nos nutrimos dela ao mesmo tempo, esse encantamento com a práxis funciona como um impulsionador para a produção de novas ideias e novas práticas pedagógicas no terreno da Educação do Campo. Desse modo, com o andamento da disciplina, os docentes estão podendo – eles próprios – sair, gradualmente, de suas "caixas disciplinares" (tão confortáveis e seguras) para construir um novo lugar na grande área de CHS, o qual, até então, só visualizavam e defendiam em teorização.

Em se tratando do *aprofundamento de estudo das questões agrárias e de agroecologia*, pensamos que o caminho das necessidades reais – que se fazem presentes todos os dias – deve ser o ponto de partida. Conflitos de terra locais e necessidade de enfrentamento de situações que utilizem a lógica agroecológica devem funcionar como *situações-problema reais*, desencadeadoras do estudo de temas que nos leve a incidir sobre problemas reais.

Ao passo que identificamos temas de urgência de estudo e discussão, colocamo-nos como combatentes em questões que nos dizem respeito na defesa do espaço do campo. Ora, estando nosso campus ao lado de um Acampamento do MST, tendo próximo de nós comunidades indígenas e quilombolas e uma vasta extensão de terras de usinas de cana-de-açúcar, situações-problema reais não nos faltam! Novamente, pensamos que a discussão coletiva deve se fazer presente desde a escolha das situações eleitas para o estudo/ação, até as temáticas teóricas que respaldam tais momentos formativos, em um *processo colaborativo*. De acordo com Imbernón (2009), a formação permanente deve:

> [...] centrar-se num trabalho colaborativo para a solução de situações problemáticas. A colaboração é um processo que pode ajudar a entender a complexidade do trabalho educativo e dar melhores respostas às situações problemáticas da prática (IMBERNÓN, 2009, p. 60).

Nesse processo de aprendizagem colaborativa, pensamos que os docentes do campo de agroecologia e de sociologia agrária são bem-vindos como articuladores que nos ajudam na organização e condução dessa parte do percurso formativo.

Para finalizar, sobre o último desafio formativo – *construir e manter a formação continuamente viva e intrínseca a nosso fazer docente* –, pensamos que precisamos construir coletivamente e organizar a proposta formativa, de modo a *formalizá-la como formação continuada oficializada e sistematizada*. Isso faz com que, na prática, não só organizemos nosso tempo de trabalho para tal, mas que valorizemos a formação e construamos o sentido de que ela é fundamental para a nossa prática como docentes formadores da LEdoC.

Valorizar e reivindicar formação faz parte do processo de profissionalização da docência. Para Ramalho, Nuñez e Gauthier (2003, p. 50), a *profissionalização da docência* pode ser descrita como o desenvolvimento sistemático da profissão, tendo como base a prática e a mobilização/atualização de conhecimentos do *métier* profissional, reunindo em si todas as ações ou eventos que se relacionam direta ou indiretamente para melhorar o desempenho do trabalho profissional do professor. E, dentro do processo de profissionalização, damos destaque a uma de suas dimensões: a do profissionalismo.

> O profissionalismo é um processo político que requer trabalho num espaço público para mostrar que a atividade docente exige um preparo específico que não se resume ao domínio da matéria, ainda que necessário, mas não suficiente. O professor, além do domínio do conteúdo precisa conhecer as metodologias de ensino, as epistemologias da aprendizagem, os contextos e diversos fatores para que esteja apto a educar (RAMALHO; NUÑEZ; GAUTHIER, 2003, p. 52, 53).

Na verdade, o aparato formal e sistematizado ajuda a conferir validade e legitimidade a esse processo de construção de saberes coletivos na área. Muito mais do que mera burocracia, funciona como instrumento legítimo para a defesa da formação de modo institucional, além de – o mais importante – nos engajarmos, com os pés na terra, na Educação do Campo! Certamente, não será um processo fácil, harmônico, tranquilo, sem conflitos, valoroso para todos... M as fazer Educação do Campo – entendendo o agir pedagógico como um ato político de resistência – não é, em si, um processo tranquilo. Que façamos buscando organizar nossas ações pedagógicas respaldados por uma formação docente permanente, que nasce da prática e se nutre da prática (como a própria Educação do Campo), em busca da defesa do campo e de mais e mais sujeitos engajados nesta defesa! Esse parece ser nosso dever, nossa responsabilidade, mas também nosso estímulo e nosso exercício da luta!

Sigamos em frente!

Referências

CALDART, R. S. Sobre Educação do Campo. In: SANTOS, C. A. (Org.). *Por uma Educação do Campo*: Campo – Políticas Públicas – Educação. Brasília: Incra/ MDA, 2008.

CURADO SILVA, K. Epistemologia da práxis na formação de professores: perspectiva crítico-emancipadora. *Revista Ciências Humanas*. RS, v. 18, n. 2 [31], p. 121-135, set/ dez 2017.

FERRI, C. Formação continuada de professores universitários: a experiência da Universidade do Vale do Itajaí. In: ISAIA, S. M. A. e BOLZAN, D. P. V. (Org.) *Pedagogia universitária e desenvolvimento profissional docente*. Porto Alegre: EDIPUCRS, 2009.

IMBERNÓN, F. *Formação docente e profissional*: formar-se para a mudança e a incerteza. São Paulo: Cortez, 2010.

IMBERNÓN, F. *Formação permanente do professorado*: novas tendências. São Paulo: Cortez, 2009.

LIBÂNEO, J. C. Epistemologia e Didática. In: *Convergências e tensões no campo da formação e do trabalho docente*. Belo Horizonte: Autêntica, 2010.

MOLINA. M. C. Contribuições das Licenciaturas em Educação do Campo para as políticas de formação de educadores. *Revista Educação e Sociedade*, Campinas, v. 38, n. 140, p. 587-609, jul.-set., 2017.

RAMALHO, B. L. e NUÑEZ, I. B. Diagnóstico de necessidades formativas de professores do ensino médio no contexto das reformas curriculares. *Revista Educação em Questão*, Natal, v. 40, n. 26, p. 69-96, jan./jun. 2011.

RAMALHO, B. L.; NUÑEZ, I. B. e GAUTHIER, C. *Formar o professor, profissionalizar o ensino*: perspectivas e desafios. Porto Alegre: Sulina, 2003.

CAPÍTULO 21

Repercussões do processo formativo vivenciado pelos docentes das Licenciaturas em Educação do Campo: depoimento de um professor aprendiz na Educação do Campo

Frederik Moreira dos Santos

A dialética de uma mística com pé no chão

Foi num pequeno quadrado do mundo
que nos encontramos
Dentro das possibilidades dos seres
Dentro da contingência dos tempos
No cruzamento das histórias
Começamos uma, abençoada por Exú
Assim, me ocorreu este desdobramento
Numa forma de concreto encantamento
É tão bom brilhar sobre o chão
Vivenciar esta mística canção
Nosso chão é nosso guia
Onde semeamos nossa filia
Sem nos afastarmos dos cantos
Onde semeamos nossa alegria
Sem se nos afastarmos das dissonâncias
Onde semeamos nossa utopia
Sem nos afastarmos de nós mesmos
Onde celebramos nossa euforia
Sem nos afastarmos do humano
E assim, sem nunca deixar de ser insano

(Poema do autor)

Os desafios para a construção de um coletivo de professores que atuem na formação dos povos do campo dentro da Educação do Campo não são nada triviais. Além da formação dentro de cada área, ter tendências conteudistas nas universidades em geral, pouquíssima atenção, normalmente, é dada para a formação política. O caso é ainda mais preocupante quando se trata das áreas das ciências formais e naturais, tais como Física, Química e Matemática.

É em meio a desafios ligados a esse contexto e a muitos outros (estruturais, orçamentários, e de formação dos profissionais já presentes na universidade) que o curso de Licenciatura em Educação do Campo foi sendo construído. A primeira versão do Projeto Político Pedagógico do Curso (PPC) foi costurada por várias mãos. Alguns dos profissionais que participaram dessa construção não possuíam a mesma experiência e inserção na Educação do Campo, e tal distanciamento impactou diretamente a construção do nosso PPC. Principalmente na construção de algumas ementas ligadas às áreas específicas das Ciências da Natureza e Matemática.

Para o preenchimento das vagas garantidas para nosso curso, a composição das bancas não enfrentou desafios diferentes. Encontrar profissionais com experiência e apropriação da práxis da Educação do Campo e seus princípios também não se demonstrou algo simples. Porém, nossa área decidiu construir pontos em que cada um tivesse uma composição de temáticas próprias dentro de cada campo de saber específico, sempre atrelando cada uma das temáticas com a Educação do Campo. Essas estratégias para a seleção de professores nos foram de grande valia, porém não eram suficientes para garantir a ocupação de nossas vagas por profissionais com experiência da Educação do Campo. Assim, cada profissional construiu suas próprias estratégias de maior inserção na realidade da luta e fortalecimento dos movimentos sociais. Porém, a despeito das ações de inserção em algum trabalho coletivo, cada profissional traz consigo sua própria carga de experiências e conhecimentos acadêmicos e pessoais. Essa identidade intelectual e subjetiva trouxe e tem sido fonte de tensões e construções dialógicas em alguns momentos, e de conflitos em outros momentos. Enquanto tais conflitos ocorrem em contextos de diálogo e abertura para o aprendizado mútuo, resultados positivos de trabalhos e estudos em conjunto emergiram, porém, quando surgiu a possibilidade de se colocar em risco os princípios fundamentais da Educação do Campo, o conflito caminhou para o confronto interno e externo de forma não conciliadora.

É dentro desse contexto que escolho destacar a importância dos encontros para a formação de formadores das Licenciaturas da Educação do Campo (LEdoCs). Os encontros foram cruciais para pensar e refletir sobre as nossas práticas e estratégias. Tivemos uma visão mais panorâmica daquilo que ocorre

364 Formação de formadores

na práxis em cada curso, assim como as dificuldades de compreensão de certos conceitos dessa práxis e como dialogá-los efetivamente com cada realidade. Destaco os conceitos de alternância, agroecologia, materialismo histórico, pluralismo epistêmico, contextualização, temas geradores, como bem recorrentes nas discussões da plenária e nas discussões da área de Ciências da Natureza.

Particularmente, foi através desse encontro que me senti mais inserido na comunidade de pesquisa e investigação em Educação do Campo. Algo que foi extremamente significativo para mim, dado que eu fazia parte daquele grupo de professores sem história de luta em movimentos sociais do campo. Os encontros fomentaram ainda mais meu interesse em certas leituras na Educação do Campo com um direcionamento aos desafios encontrados durante a realização da práxis em cada curso. No meu caso, foi recorrente, ouvindo as apresentações e discussões nas plenárias, quando passei a acreditar que atualmente poderemos trazer contribuições interessantes para este projeto educacional contra-hegemônico. Nas LEdoCs, nós nos deparamos, algumas vezes, com um desafio emergente ao lidar com o ensino das Ciências Naturais em comunidades tradicionais com visões de mundo que divergem das teorias científicas contemporâneas. A rica pluralidade de visões de mundo pode ser planificada por projetos colonizadores eurocêntricos. Sem levar em conta as possíveis contribuições culturais e práticas das tradições campesinas, tendo sempre em vista os princípios norteadores da Educação do Campo, assim como a importância dos conhecimentos acumulados na história da humanidade. Acredito que o diálogo intercultural pode ser bem-vindo e as contribuições efetivas de cada tradição podem ser explicitamente postas sobre a mesa e mutuamente avaliadas. Assim, poderemos ter uma compreensão sob uma perspectiva material, levando em conta a historicidade de cada tradição, as razões do poder e valor real de cada forma de saber.

Nos encontros para a formação de formadores das LEdoCs percebemos que tínhamos, na LEdoC da Universidade Federal do Recôncavo da Bahia (UFRB), campus Feira de Santana, muitas experiências interessantes para compartilhar[1] com nossos pares de outras universidades. Ouvimos muitas soluções interessantes também, pois fazemos parte dessa comunidade composta por sujeitos que fazem a Educação do Campo através de erros e acertos. Buscando construir e reconstruir. As discussões dentro desse ímpeto de construir uma educação minimizando os

---

[1] Nas reuniões regionais compartilhamos uma minuta que tínhamos acabado de construir sobre o que seria o regime de alternância dentro da UFRB, assim como nossas estratégias de luta para garantir algum fundo orçamentário para a realização dos acompanhamentos no Tempo Comunidade (TC). De contrapartida, temos tentado organizar as visitações do TC em núcleos regionais nos territórios da Bahia, estratégia que assimilamos de outros LEdoCs. Apenas para exemplificar algumas das positivas trocas mútuas de experiências.

equívocos nos levou a reconsiderar e reformular muitos dos direcionamentos do nosso PPC e incluir os longos conteúdos presentes nas ementas de Matemática e Ciências da Natureza.

Após minha participação nesses encontros, fui convidado a compor o Fórum Estadual de Educação do Campo (FEEC – BA), o que me causou muita satisfação, pois, assim, tenho tido a oportunidade de estar ainda mais próximo dos movimentos sociais de base para a Educação do Campo, colocando-me à disposição para contribuir de diversas formas para o fortalecimento das ações do fórum. Após o último curso de formação de formadores, compartilhei com o FEEC os documentos criados em nossas últimas discussões, que se perpetuaram nos espaços virtuais.

Os encontros para a formação de formadores das LEdoCs foram de grande valia para que eu e outros professores da UFRB, do campus de Feira de Santana, encontrássemos nosso lugar dentro dos espaços de debate e reflexão sobre as práticas dos cursos de Licenciatura em Educação do Campo no Brasil. Durante nosso último encontro, alguns professores decidiram realizar um intercâmbio entre as LEdoCs do Brasil, oferecendo oficinas e palestras que possam contribuir em temas que podem ser de interesse na formação dos estudantes em nossos cursos. O intercâmbio teve início em junho deste ano entre a Universidade Federal dos Vales do Jequitinhonha e Mucuri (UFVJM) e a UFRB, quando recebemos a visita da companheira de luta Ofélia Ortega Fraile para participar do I Colóquio Internacional sobre História e Filosofia da Ciência e Tecnologia na América Latina: Os desafios das soberanias nacionais nos trópicos americanos.[2] Portanto, alterno propositalmente, neste texto, o uso dos pronomes em primeira e terceira pessoa porque é impossível separar as contribuições individuais e para o grupo trazidas pelas experiências vividas no curso de formação de formadores. Particularmente, cheguei de peito aberto para aprender coisas novas, e encontrei um espaço frutífero e generoso para o debate dialógico, de tal maneira, que saí com o peito ainda mais aberto para aprender mais.

---

[2] Disponível em: <https://www.coloquiocetal.com/>.

CAPÍTULO 22

Reflexões sobre o Seminário de Formação Continuada de Professores das Licenciaturas em Educação do Campo – 2017-2018

Igor Simoni Homem de Carvalho

O Seminário de Formação Continuada de Professores das Licenciaturas em Educação do Campo no Brasil foi realizado em três etapas entre agosto de 2017 e abril de 2018, na Faculdade de Educação da Universidade Federal de Minas Gerais, em Belo Horizonte. Ele foi de grande importância para o nivelamento de informações sobre o histórico e os marcos conceituais da Educação do Campo, e sobre a concepção do projeto e política pública das Licenciaturas em Educação do Campo (LEdoCs). Mas, principalmente, o ciclo de encontros foi fundamental para a articulação dos docentes e o intercâmbio de experiências das mais de 40 LEdoCs espalhadas pelo Brasil. A enorme diversidade que caracteriza os estados e as regiões brasileiras refletem-se também na grande diversidade com a qual as universidades e institutos federais vêm absorvendo o projeto das LEdoCs, o que tornou o seminário extremamente rico e de enorme valor para o fortalecimento dos cursos, desde os mais consolidados até os que ainda estão no início de sua implantação.

Na diversidade observada, até mesmo a abreviação utilizada pelas diferentes Licenciaturas em Educação do Campo varia. Algumas utilizam "LEdoC", enfatizando a preposição "do", considerada fundamental nos debates travados no Movimento da Educação do Campo, em contraposição a "no" ou "para" o campo, que não contemplaria o protagonismo dos sujeitos do campo. Outras usam "Lecampo", enfatizando, assim, a ideia de campo como central na concepção do curso e do próprio movimento. Algumas, como a Universidade Federal Rural do Rio de Janeiro (UFRRJ), preferem resumir a abreviação às iniciais e cada palavra – "LEC".

O primeiro tema que se destaca nas múltiplas possibilidades encampadas nas LEdoCs é o da alternância. Sendo o público-alvo prioritário desses cursos as(os) professores(as) de escolas do campo que ainda não possuem o ensino superior completo, a alternância aparece como ferramenta pedagógica que permite "não ter que sair do campo pra poder ir pra escola" – parafraseando uma das músicas do Movimento da Educação do Campo. Entretanto, nem todas as LEdoCs lançam mão de uma alternância que permita que os educandos possam cursar sem ter que se mudar. Tal situação suscita questionamentos pertinentes ao debate em torno das LEdoCs: qual o perfil atual dos educandos? Existe um número significativo de educandos que não estão cursando alguma LEdoC por esta oferecer aulas dentro do período letivo escolar?

Outra questão que deve ser mais bem compreendida e debatida é a inserção das LEdoCs na conjuntura perversa do progressivo fechamento de escolas do campo em todo o Brasil. Ao que parece, algumas LEdoCs dialogam pouco com as escolas do campo de sua região, enquanto outras parecem ter um vínculo muito forte. Esse vínculo é totalmente necessário, já que a relação das LEdoCs com as escolas do campo é uma via de mão dupla: o público-alvo prioritário das licenciaturas são professores das escolas do campo; e as escolas do campo se constituem no campo de trabalho prioritário para os egressos das LEdoCs. Dessa forma, é fundamental que docentes, educandos e egressos das LEdoCs se juntem a professores, diretores e movimentos sociais para lutar contra o fechamento das escolas do campo.

Os debates sobre formação por área de conhecimento foram particularmente esclarecedores no que tange ao projeto original da LEdoC. A formação por área nas LEdoCs tem origem na própria realidade das escolas do campo, nas quais boa parte dos(as) professores(as) é levada a lecionar diferentes disciplinas, muitas vezes sem contar com formação adequada. Portanto, cada uma das áreas de conhecimento contempla as diferentes disciplinas do ensino fundamental e médio, tendo como referência oficial a Nota Técnica do Ministério da Educação nº 3/2016,[1] que esclarece e orienta as Instituições Federais de Ensino Superior (IFES) quanto à oferta dos cursos de Licenciatura em Educação do Campo.

A organização e as temáticas do seminário foram muito interessantes, tornando possível revelar a enorme riqueza das experiências presentes, e também as semelhanças e diferenças na execução dos projetos. Ao final de cada dia de trabalho, sempre permanecia a impressão de que nem mesmo mais cinco ou dez dias seriam suficientes para dar conta de tanta riqueza e tanto debate possível e

---

[1] Nota Técnica Conjunta nº 3/2016, SECADI/GAB, Gabinete da SETEC, Secretaria de Educação Superior (SESU), Ministério da Educação.

368 Formação de formadores

necessário, em um nível satisfatório de detalhamento. O I Seminário (Concepção e institucionalidade da Educação do Campo e o projeto de campo) enfocou a discussão sobre as raízes do projeto; o II Seminário (Concepções e práticas nos diferentes espaços e tempos formativos característicos de cada território de inserção dos cursos) trouxe com mais força o tema da alternância e formação por área de conhecimento; enquanto o III Seminário abordou a Construção e/ou consolidação dos Projetos Pedagógicos de Curso (PPCs).

As questões orientadoras buscaram nortear os debates, com as perguntas: Quais os principais elementos que definem a formação de educadores do campo, a partir da luta histórica do Movimento da Educação do Campo no país? O que contém no PPC de seu curso que forma o educador do campo? O que unifica essa formação, considerando a diversidade dos contextos existentes nos cursos? É possível identificar estratégias em seu curso que tenham a intencionalidade de garantir a execução dos princípios do projeto original das LEdoCs? Seria possível desencadear ações para reforçá-las? Como tem se dado a institucionalização, a articulação e o protagonismo dos sujeitos do campo em cada LEdoC? Já as discussões e eixos temáticos, ora organizadas por área de conhecimento, ora por região, foram centrais na troca de experiências e articulação das LEdoCs presentes.

Um fato que chamou atenção foi a presença, durante as três etapas do seminário, da Coordenação-Geral de Políticas de Educação do Campo, que faz parte da Diretoria de Políticas de Educação do Campo, Indígena e para as Relações Étnico-Raciais da Secretaria de Educação Continuada, Alfabetização, Diversidade e Inclusão (SECADI), Ministério da Educação. Mesmo em um contexto adverso, em que o presidente da República chegou ao poder através de um golpe institucional-midiático, é reconfortante saber que profissionais sérios e comprometidos ainda resistem dentro da estrutura do governo federal.

E, finalmente, foi bastante animador saber que a articulação e o empoderamento propiciados pelo seminário acumulou forças políticas que impediram o fechamento da Licenciatura em Educação do Campo na Universidade Federal do Triângulo Mineiro (UFTM). Esta mesma potência está sendo utilizada para o caso da Universidade Federal do Mato Grosso do Sul (UFMS). Esperamos que as LEdoCs resistam e se fortaleçam, para que a educação, cada vez mais, seja um direito, e não uma mercadoria; e para que o povo do campo tenha, cada vez mais, acesso à educação pública, gratuita e de qualidade, sem que para isso necessitem sair do campo.

Educação do Campo quando? Já!

CAPÍTULO 23

Caminhos da Educação do Campo

Anderson Henrique Costa Barros

Minha inserção na Educação do Campo se deu mediante o edital de 2014, que selecionava candidatos habilitados em diversas áreas do conhecimento, entre elas, a Matemática. Ao ser aprovado no concurso, tive acesso ao Projeto Pedagógico do Campo (PPC), e me foi esclarecida a intencionalidade da criação da demanda no Maranhão, elencando a carência de professores nas áreas de Matemática, Física, Química e Biologia nas escolas do campo. Em posterior estudo do PPC, identifiquei a necessidade e a intencionalidade para as quais o curso foi criado, que nos remetem à formação específica de educadores para as escolas do campo. Após aprovação no concurso, passei por uma formação inicial sobre a realidade da educação no Maranhão, e posterior formação sobre os princípios da Educação do Campo, tendo como diretriz o PPC e um primeiro contato com textos das autoras Mônica Molina e Roseli Caldart.

A iniciação à docência em Matemática para os educadores do campo se deu primeiramente com a disciplina de Matemática Básica para a primeira turma, após a institucionalização do curso na universidade com 60 discentes da turma com a terminalidade Ciências da Natureza e Matemática e 60 discentes em Ciências Agrárias. Considerando o contexto histórico da educação brasileira, especificamente da realidade maranhense, os carenciados discentes foram informados quanto aos conhecimentos básicos em relação ao letramento e ao numeramento. Todavia, a análise da realidade, a investigação histórica e a fala dos(as) estudantes envolvidos nos remetem à conclusão de que o acesso à educação foi historicamente negado aos sujeitos do campo.

Diante da realidade posta, cabe a mim, como docente, a internalização dos desafios e dos caminhos a serem percorridos para a emancipação dos sujeitos. O trabalho coletivo, a apropriação do conhecimento científico e a valorização dos saberes populares são fundamentais para o sucesso da Educação do Campo. Ou seja, o docente deve ser capaz de relacionar o saber sistematizado acadêmico escolar com os saberes do campo, o que sabemos não ser fácil, devido a nossa formação acadêmica padronizada para o mercado de trabalho e não para a emancipação do homem. É necessário que o(a) professor(a) pense fora da sua restrita formação acadêmica, do pensamento disciplinar, e estabeleça relações com as demais áreas do conhecimento, objetivando a construção significativa do saber.

A participação dos docentes e dos discentes na organicidade dos tempos acadêmicos é de fundamental importância para o sucesso da Educação do Campo, sendo que este momento está sendo um dos desafios para o entendimento por parte de alguns docentes e discentes, seja por não terem identificação com o curso ou por não quererem cursá-lo. Sendo assim, a organização dos tempos acadêmicos, caracterizando a alternância, se construídos com a participação dos docentes, discentes e técnicos, pode incorporar nos participantes uma visão mais profunda dos princípios da Educação do Campo.

O campo acadêmico da Educação do Campo no Brasil nos possibilita o estudo das principais temáticas contemporâneas e enfrentamentos que assolam a comunidade camponesa nas suas diversas formas, seja em artigos, livros, grupos de pesquisa e grupos de estudo, e particularmente durante a participação em eventos científicos: o Seminário Nacional das Licenciaturas em Educação do Campo e o Seminário de Formação Continuada de Professores das Licenciaturas em Educação do Campo no Brasil.

A participação nos eventos citados nos possibilita ter a dimensão das possibilidades, limites e desafios da Educação do Campo, considerando as diversidades dos sujeitos e seus saberes, tendo em vista que durante os encontros anuais ocorre a integração das diversas experiências nas licenciaturas do Brasil. Apesar da distância geográfica que separa os cursos de Licenciatura em Educação do Campo, percebe-se as dificuldades orçamentárias geradas pelo vazio de políticas públicas voltadas para a educação superior e a real desvalorização da educação brasileira. Os desafios postos frente às limitações orçamentárias têm gerado diversos prejuízos à Educação do Campo como a desistência dos alunos, o não acompanhamento do Tempo Escola/Comunidade pelos docentes e as precárias condições dos alojamentos estudantis.

Entretanto, percebemos o esforço da comunidade acadêmica no sentido de minimizar os impactos das dificuldades financeiras das Instituições de Ensino Superior (IES) com o pleito de projetos nas agências de fomento para a garantia de bolsas de estudos, iniciação científica, iniciação à docência e recursos da assistência estudantil para alunos(as) quilombolas e indígenas.

A participação nos eventos tem sido gratificante, na medida em que se percebe a importância do trabalho coletivo em sala de aula, através da interdisciplinaridade e a valorização dos saberes dos sujeitos do campo para a organização do trabalho pedagógico. Nesse mesmo sentido, a organicidade durante o Tempo Universidade tem-se mostrado como a primeira etapa fundamental para o bom desenvolvimento das relações entre os sujeitos (discentes e docentes) e da dinâmica de funcionamento do curso.

As temáticas discutidas nos eventos nos ajudam coletivamente como pensar o trabalho de forma que contemple os princípios e intencionalidades da Educação do Campo, pois a partir de tais encontros, construímos pautas comuns entre as áreas. Nesse sentido, por exemplo, o processo seletivo vestibular especial (PSVE) de 2017 elencou, como eixo estruturante para a criação das questões, a agroecologia. Cada docente desenvolveu as questões da sua área articulando com os princípios agroecológicos, fato que considero um enorme avanço na realidade que vivemos enquanto colegiado, valorizando os saberes populares como ente formador do educando.

A agroecologia tem-se tornado um eixo transversal-estruturante na formação dos educandos e na formação dos formadores, pois tem-se iniciado discussões na tentativa de incorporar a temática em disciplinas e/ou projetos de ensino, pesquisa e extensão. Nesse sentido, a agroecologia, que é sempre discutida nos eventos, toma corpo com a sua implementação na prática docente identificando a agroecologia como tema integrado reestruturante. A dificuldade de formação em agroecologia dos docentes é uma realidade, particularmente das áreas de Química, Física, Biologia, Matemática, entretanto, é perceptível a potencialidade nos cursos onde a terminalidade "Agrárias" atua juntamente com outras terminalidades.

A interdisciplinaridade entre algumas disciplinas que se articulam por terem professores que são mais abertos a este tipo de trabalho e que estabelecem entre si uma relação de proximidade favorece também a inserção/incorporação das temáticas levantadas nos eventos no que se refere ao trabalho coletivo. Evidentemente, o trabalho interdisciplinar é um processo que ainda está em desenvolvimento da Educação do Campo. Entretanto, temos que considerar que há os professores com dificuldades com o trabalho interdisciplinar, tendo em vista que o professor está acostumado a pensar em sua "caixinha" e perceber que o ensino da fotossíntese, por exemplo, pode ser entendido como uma prática da biologia, sem perder o olhar – o que, muitas vezes, torna-se difícil.

Nesse sentido, a relevância dos seminários nos induz a perceber as diversas possibilidades que podem ser desenvolvidas no curso e que a nossa formação acadêmica disciplinar não nos permitiu visualizar o trabalho diferenciado interdisciplinar como proposta de ensino. A Educação do Campo nos proporciona a intencionalidade do Tempo Comunidade como potencialidade de ampliação da pesquisa acadêmica para conhecimento mais profundo da realidade dos sujeitos do campo em suas localidades e desenvolvimento de ações mais locais objetivando a aproximação entre a Academia e as comunidades e as reuniões por área de conhecimento. Ou seja, na Educação do Campo nos é dada a oportunidade de construção de uma aprendizagem significativa para a emancipação dos sujeitos camponeses, potencializando a práxis pedagógica como eixo estruturante do saber.

A articulação das disciplinas com o conhecimento local das comunidades dos discentes é de fundamental importância para a valorização dos saberes populares. Dessa forma, os docentes necessitam se apropriar, dentro das suas áreas de conhecimento, das principais teorias educacionais que conseguem estabelecer, identificar e valorizar o conhecimento local e o saber sistematizado acadêmico. Nessa perspectiva, a etnomatemática tem dado suporte ao trabalho docente em sala de aula e durante as atividades de pesquisa do Tempo Comunidade, pois esse programa, baseado na investigação temática com perspectiva freireana, identifica a realidade dos sujeitos valorizando a cultura local.

A participação na organização do Tempo Universidade pelo coletivo nos engrandece, pois é nesse momento que se internaliza o sentido de existência do curso com todas as suas particularidades. Desse modo, identifica-se a mística como princípio educativo, a vivência durante a etapa realça o sentimento de coletividade representado pelas atividades desenvolvidas em conjunto com alguns docentes nos grupos da organicidade, esporte e lazer, comunicação e memória, secretaria, e a noite cultural, que também configura um momento de reflexão das atividades desenvolvidas durante a etapa.

As reuniões de área (Ciências da Natura e Matemática, Ciências Agrárias e Educação) dão suporte ao professor no planejamento pedagógico das disciplinas para que o trabalho tenha uma característica interdisciplinar sem desconsiderar o conhecimento acadêmico abstrato necessário a todas as áreas de conhecimento.

As dificuldades de acesso e permanência dos discentes na LEdoC são amenizados mediante o desenvolvimento de projetos de extensão pleiteados na universidade pelos docentes. Em particular, o Programa Institucional de Bolsas de Iniciação à Docência para a Diversidade (Pibid Diversidade) e o Programa de Educação Tutorial (PET Conexões) têm possibilitado uma aproximação com as comunidades dos discentes, fato que ainda não pode ser concretizado pelo Tempo Comunidade devido às restrições orçamentárias.

Assim, os Seminários de Educação do Campo proporcionaram conhecer as teorias e práticas pedagógicas em curso nos demais estados, entender os desafios aos quais estamos inseridos no atual projeto de educação em curso no Brasil, compreender os limites da Educação do Campo e buscar possibilidades para o enfrentamento do desmonte da educação pública, manifestados pelos experiências enriquecedoras apresentadas em diversas IES, a fim de formar cidadãos críticos capazes de compreender e melhorar a realidade em que vivem.

CAPÍTULO 24

Aprendizado nas Ciências da Natureza: os modelos 3DR como possiblidade na Educação do Campo

Welson Barbosa Santos
Denise de Oliveira Alves

*Manuseando os animais que
matávamos no campo, desde pequeno vim
conhecendo a coluna vertebral.
Mas foi na faculdade que entendi que
todas as suas curvaturas são responsáveis pela
sustentação, estruturas que foram se diferenciando
e especializando evolutivamente. Aí, quando
tomei conhecimento dos escritos de Quintanilha
(2002), aprendi que a coluna vertebral, em toda
a sua estrutura pode ser comparada a um edifício
de ossos ilíacos, da bacia, os quais se articulam
nos seus respectivos andares e sequências de
vértebras. Esse princípio arquitetônico me ajudou
a entender melhor toda a estrutura de sustentação
do corpo humano e de demais vertebrados. Foi
na universidade, na disciplina de Fisiologia,
no VI período, que tive a oportunidade de ver
a imagem em 3DV (objetos tridimensionais
virtuais) mostrada pelo computador, a partir
das orientações de meu professor e orientador de*

*iniciação científica. Admito, foi fantástico ver todo
seu funcionamento e ampliar conhecimento sobre
hérnias de disco, bico de papagaio etc. O saber
deu-me novo sentido, alargando o que já conhecia
e valorizando ainda mais o que observava desde
a infância. Mas foi desafiado em construir um
modelo 3DR da coluna e medula que busquei nas
minhas memórias o como edificar uma coluna.
Nesse empreito eu utilizei sobras da madeira de
cedro da minha marcenaria doméstica e, após
várias tentativas, algumas sem sucesso, alcancei
meu objetivo. Nesse caminho de construção um
recurso foi fundamental para meu êxito: o uso
das tecnologias digitais e imagens em 3DV. Na
medida em que as imagens giravam sobre o
próprio eixo, eu tinha uma visão conclusiva do que
precisava fazer. O recurso foi fundamental porque
me permitiu transformar canudo de cola quente
em medula raquidiana e seus pares de nervos
raquidianos de ramificação. Entre as vértebras, foi
utilizado o E. V. A. branco e grosso, em dar forma
aos discos que separam os ossos da coluna. Usei
um pedaço da mangueira de ar-condicionado para
simbolizar a dura-máter – camada de revestimento
mais externa da medula – e gaze entre ele o tubo
de cola (medula raquidiana) representando a
camada intermediária de revestimento do sistema
nervoso central, denominada aracnoide. Outro
conhecimento novo e importante foi perceber que
dentre todas as colunas animais, a humana se
destaca por sermos bípedes. Por isso muito mais
frágil e propensa a sofrer lesões no decorrer da
vida. E o campo? Entendi que nós, sujeitos do
campo, precisamos cuidar de nossa coluna
e que vida, incapacidade ao trabalho e morte
andam lado a lado.*

Ao iniciar esta discussão, a partir do relato de experiência de um de nossos
alunos campesinos, justificamos que, assim como ocorre nas diferentes áreas

de formação de professores, as Licenciaturas em Educação do Campo (LEdoC) em Ciências da Natureza também apresentam desafios. Nisso, nossa proposta é compartilhar e problematizar experiências vivenciadas na LEdoC da Universidade Federal de Goiás (UFG) – Regional Goiás. No campo da regulamentação, o trabalho aqui apresentado está vinculado ao Projeto de Ensino, Pesquisa e Extensão "O Pedagógico, lúdico e Ensino de Ciências: recursos pedagógicos na licenciatura do campo e ensino escolar no Município de Goiás/GO", aprovado pelo Comitê de Ética (CEP), sob o parecer CAAE 57295716.0.0000.5083. Ele tem como foco a construção de saberes e práticas auxiliadoras de estágios nas escolas do campo. Nesse entendimento, a busca tem sido pelo aprendizado com sentido e vinculação para com o cotidiano campesino. Para isso temos produzido Modelos 3DR, referenciados nos trabalhos de Araújo Junior *et al.* (2014); Krause (2012); Maurel e Bertacchini (2008); Ceccantini (2006). Nossa motivação é socializar e problematizar as dinâmicas de trabalho que temos desenvolvido e que foram compartilhadas nos três Seminários da Educação do Campo, realizados em 2017 e 2018, na Universidade Federal de Minas Gerais (UFMG). Nos encontros, dialogando com outras LEdoCs do país, percebemos que o empreito compõe caminhos de superação aos desafios locais, sendo metodologia diferenciada que nos tem viabilizado o alcance de resultados significativos. Em comum, são tais motivações que nos têm auxiliado na formação de futuros docentes.

Como conceituação, os modelos tridimensionais reais (3DR) podem receber também a definição de modelos expressos ou didáticos. O conceito é dado por serem externados no domínio público e pela representação concreta em três dimensões que propiciam (De Paula *et al.*, 2017). Ainda, recebe a sigla 3DR por permitirem a percepção direta e multissensorial de símbolos, amenizando tarefas cognitivas envolvidas na aprendizagem. A sigla facilita a comunicação de ideias e estreitamento de relações interpessoais na expressão de conhecimento, sendo uma de suas maiores potencialidades (Maurel; Bertacchini, 2008). O método, nas ciências da natureza, tem permitido a materialização de uma ideia ou conceito, tornando- o diretamente assimilável. Como descrevem Araújo Junior *et al.* (2014), o desafio é favorecer a construção do conhecimento. Aos estudantes das LEdoCs, tem viabilizado a associação teórico-prática com conhecimento científico, conectando cotidiano no campo, educação e saúde do camponês (De Paula *et al.*, 2017).

Descrita no relato que inicia este artigo, a importância da construção de modelos 3DR nas LEdoCs torna visíveis os detalhes que as imagens das revistas ou livros didáticos não conseguem demonstrar e potencializa e valoriza saberes que antecedem e extrapolam a experiência escolar. Procedendo do cotidiano do campesino, são saberes que servem como "materiais introdutórios, em um nível mais alto de generalidade e abstração" e "cuja principal função é a de servir de ponte entre o que o aprendiz já sabe e o que ele precisa saber" (MOREIRA, 1999, p. 54). Mas historicamente, para Araújo Junior *et al.* (2014), embora tratar-se de ferramenta de aprendizado em diferentes formações acadêmicas no nosso tempo, é antiga, desde 500 a.C., na Grécia. Portanto, trata-se de

> [...] uma das mais antigas aplicações de modelos 3DR e está relacionada ao ensino de anatomia humana nas áreas da medicina, cirurgia, obstetrícia e belas artes. Ao longo dos séculos, técnicas sofisticadas para sua manufatura foram desenvolvidas, incluindo a utilização de materiais como cera, madeira, marfim, papelão, bronze, tecido, gesso, borracha e plástico (KRAUSE, 2012, p. 28-29).

No nosso tempo, tais procedimentos têm facilitado o processo de ensino e aprendizagem nas aulas de ciências da natureza, conforme afirmam Maurel e Bertacchini (2008), Ceccantini (2006), De Paula; Santos; Alvez (2017). Dessa forma, a busca por inovações de materiais e métodos na edificação de modelos 3DR tem viabilizado que futuros profissionais, incluindo professores, aprendam melhor e sejam também facilitadores do aprendizado de seus educandos, além de permitir a edificação de novos caminhos no seu ensinar. Auxiliando na formação, um desafio do 3DR é

> [...] que professores reconheçam que parte daquilo que os alunos aprendem informalmente pode estar errado, incompleto e deficiente, ou mal compreendido, podendo constituir formas alternativas de saber que são avessas à mudança. No entanto, a educação formal pode ajudar a reestruturar esses conhecimentos e a adquirir outros novos que se aproximem mais dos conhecimentos cientificamente aceitos (CACHAPUZ, 1995, p. 352).

Agindo assim, o professor poderá ter construções coletivas e orgânicas do conhecimento fundamentada no saber do educando ajustado ao científico. Nesse caminho, Rubba (1882) reforça que, consideradas vezes, o modo como se organiza o ensino, escolhe-se recursos ou se decide sobre que metodologias seguir, depende, em larga medida, das finalidades que nos propomos desenvolver. Diante dessa perspectiva, confirmamos que os modelos 3DR possuem consideradas potencialidades, enquanto recursos, tanto pedagógicos quanto metodológicos. Isso porque sua construção cria no alunado uma busca pelo aprendizado por possibilitar que seja dada uma forma, uma representação palpável e visível que auxilia aprendizados. Para Krause (2012), tal potencialidade deve-se à perspectiva linear que o estudante apresenta, ao usar da intuição de que quanto menor o objeto no campo visual, mais distante está de quem o olha e busca compreendê-lo.

Outras propriedades de considerado valor da modelagem 3DR são as noções de peso, de volume e de profundidade, que dão ao educando a noção real do tema a ser investigado, facilitando o aprendizado. Para Ceccantini (2006), o recurso revolucionou seu ensino de tecidos vegetais, por exigir conhecimentos aprofundados e pormenorizados da estrutura que empreendiam construir. No mesmo caminho, seu trabalho tem inspirado outras áreas, como as ciências da natureza nas LEdoCs. O autor ainda acrescenta que o aprendizado, quando se constrói um modelo, é inevitável porque não há como edificar algo sem conhecê-lo em todas as suas dimensões. Ampliando, Araújo Junior *et al.* (2014) considera que o uso da metodologia torna os custos de manutenção e produção dos laboratórios de anatomia consideravelmente baixos, se comparado aos modelos didáticos comerciais e peças do corpo humano mantidas em formol. Neste mesmo sentido, De Paula, Santos e Alvez (2017) reforçam que a utilização de modelos 3DR é recurso de considerado valor por diferentes razões como o baixo custo, a possibilidade de sempre se usar materiais alternativos, o ajuste da prática ao contexto em que ocorre e a incontável possiblidade de aplicabilidade e uso da metodologia, além de ajustar-se a qualquer nível de ensino e formação, seja escolar ou de graduações. Isso porque

> A modelagem científica é um processo de criação e facilita a compreensão ou o ensino de sistemas e estados físicos de objetos ou fenômenos físicos visando compreender a realidade. Não existem modelos corretos, mas sim adequados. Alguns modelos conceituais são mais adequados do que outros por enfatizarem certos aspectos negligenciados pelos demais (BRANDÃO; ARAÚJO; VEIT, 2008, p. 11).

Especificamente, Maurel e Bertacchini (2008) reiteram que "a utilização de modelos 3DR é eficiente devido à possiblidade de aprendizagem significativa de certas teorias ou leis científicas". Citemos nesse contexto a complexa nomenclatura biológica, a complexidade de processos biogeoquímicos, bioquímicos, biofísicos e físico-químicos. Para além de órgãos e estruturas teciduais, maiores entendimentos de sistemas humanos, animais e vegetais, consideremos processos que exigem conhecimento interdisciplinar como a fotossíntese – química, física e biologia e a respiração celular – da mesma forma. Portanto, afirmamos que o desenvolvimento da pesquisa aqui apresentada tem aproximado universidade e escola básica do campo (DE PAULA *et al.*, 2017) e, dessa forma, temos buscado contribuir na formação de professores, articulando teoria e prática.

Algumas considerações

Consideramos que participar dos debates desenvolvidos nos três Seminários de Educação do Campo na UFMG entre 2017 e 2018, na exposição dos diferentes desafios das LEdoCs em Ciências da Natureza, no descrevermos possíveis práticas para professores que atuam ou vão atuar em escolas do campo, reforçou que o investimento da UFG – Regional Goiás é de considerado valor. O debate reforçou nosso desafio de contribuir para a melhora no uso de diferentes fontes e recursos, voltados aos processos de ensinar e aprender do campo. Nisso, é possível considerar que é da criatividade, do uso de discursos bem articulados que se tornam possíveis, delineamentos de um processo educativo eficiente para o campo, principalmente quando debatido com nossos pares de diferentes regiões de nosso país.

Ainda, consideramos que o desenvolvimento deste trabalho pode contribuir na reflexão do que ocorre no cotidiano das aulas de ciências da natureza nos espaços campesinos e urbanos. Também, reforçamos o quanto a apropriação de diferentes fontes e linguagens, no processo de ensinar e aprender os conteúdos citados, pode favorecer ao aluno a fazer relações com sua vida cotidiana. Ainda, a partir do relato do estudante que aqui apresentado, é possível concluir que os modelos 3DR são ferramenta de trabalho para o educador, assim como, de forma lúdica, ajudam no aprendizado, tornando o conhecimento edificado, mais concreto e significativo. Arrazoemos também que, nas construções dos modelos 3DR, a troca de aprendizagem entre educador/educando e educando/educador acontece de forma ajustada. Percebemos que tal edificação só é possível a partir da valorização do saber do aluno. É assim que vamos valorizando o conhecimento de mundo que esses estudantes campesinos já possuem. Portanto, este trabalho visa incentivar professores do campo a tornar o ensino das Ciências da Natureza um campo de produção de arte científica, associada ao conhecimento científico. Esse, inclusive, é excelente caminho para se alcançar em laboratórios pedagógicos bem equipados, como temos buscado em Goiás.

Referências

ARAÚJO JÚNIOR, J. P. et al. Desafio anatômico: uma metodologia capaz de auxiliar no aprendizado de anatomia humana. *Revista da Faculdade de Medicina de Ribeirão Preto e do Hospital das Clínicas da FMRP*, v. 47, n. 1, p. 62-68, 2014.

BRANDÃO, R. V.; ARAÚJO, I. S.; VEIT, E. A. modelagem científica de fenômenos físicos e o ensino de física. *Física na Escola*, Porto Alegre: UFRS, v. 9, n. 1, p. 10-14, 2008.

CACHAPUZ, A. F. O Ensino das Ciências para a excelência da aprendizagem. In: CARVALHO, Dias de. (Org.) *Novas Metodologias em Educação*. Porto: Porto, 1995. p. 349-385.

CECCANTINI, G. Os tecidos vegetais têm três dimensões. *Revista Brasileira de Botânica*. São Paulo, v. 29, n. 2, p. 335-337, abr.-jun. 2006.

DE PAULA, G. X.; SANTOS, W. B.; ALVEZ, J. S. Licenciatura do Campo e seus enfrentamentos: o científico e o senso comum se conectando. In: SEMINÁRIO INTERNACIONAL, 1, 2017. SEMINÁRIO NACIONAL DE ESTUDOS E PESQUISAS SOBRE EDUCAÇÃO NO CAMPO, 4, 2017, São Carlos. *Anais*.

DE PAULA, G. X.; SANTOS, W. B.; ROCHA NETA, G. D.; ALMEIDA, J. S. M. Cotidiano e saber científico: fazendo para aprender e aperfeiçoar o que se pode ensinar. In: FALEIRO, W.; ASSIS, M. P. *Ciências da Natureza e formação de Professores, Jundiaí – SP.* São Paulo: Paco, 2017.

KRAUSE, F. C. Modelos tridimensionais em biologia e aprendizagem significativa na Educação de Jovens e Adultos (EJA) no Ensino Médio. Brasília: UnB, 2012. 186 f. Dissertação (Mestrado em Educação) – Universidade de Brasília, Brasília, 2012.

MAUREL, P.; BERTACCHINI, Y. Conception, Representation & Mediation in Participatory Land Planning Projects: 3D Physical Models Artefacts. 2008. Disponível em: <http://hal-agroparistech.archives-ouvertes.fr/docs/.../MT2008-PUB00025201.pdf>. Acesso em: 6 maio 2018.

MOREIRA, M. A. Teoria de aprendizagem. São Paulo: Pedagógica e Universitária, 1999.

QUINTANILHA, A. *Coluna vertebral segredos e mistérios da dor.* Porto Alegre: AGE; Fundação de Pesquisa e estudo em Traumato-Ortopedia, 2002.

RUBA, J. P. A. Scientific Literacy: The Decision Is Ours. In: J. STAVER, J. (Editor). *AETS Yearbook. Analysis of The Secondary School Science Curriculum And Directions For Action In The 80'.* Columbus, Ohio: AETS, 1982. p. 4-13.

CAPÍTULO 25

Vale que vale educar:
o fluxo do trabalho coletivo docente

Ofélia Ortega Fraile

Começa um dia de trabalho como professora na Universidade Federal dos Vales do Jequitinhonha e Mucuri (UFVJM), no interior de Minas Gerais. Depois de um café reforçado com saborosas quitandas mineiras, começa o cronograma de atividades da disciplina Práticas de Ensino. A sala de aula é o pátio da Escola Família Agrícola (EFA) Renascer, localizada no assentamento da reforma agrária Campo Novo, no município de Jequitinhonha. O tema das aulas é a educação contextualizada no Semiárido mineiro. Os trabalhos começam à sombra duma árvore. Primeiro, uma roda de apresentação com os estudantes e professores do ensino fundamental da EFA, os estudantes e professores do curso de Licenciatura em Educação do Campo (LEC) da UFVJM e os representantes de organizações locais como a Articulação do Semiárido Mineiro (ASA Minas), Caritas Minas, Fórum do Vale e do Assentamento Campo Novo. Depois começamos com o conteúdo da Educação do Campo e das nossas áreas de habilitação. Entre outras belas e animadas canções, cantamos a música "Jequitivale", de Verono.

O conteúdo trabalhado nessa canção abrange a mística com arte e cultura do Vale, representando narrativas próprias da área Linguagens e Códigos com a poesia cantada, que traz elementos constitutivos da cultura tradicional local concretizada na Festa da Nossa Senhora do Rosário. De forma interdisciplinar, a canção traz também elementos-chave da área das Ciências da Natureza, que estabelecem diálogos entre os contextos cultural, territorial e socioambiental, chamando a atenção sobre elementos da natureza e a exploração tradicional de recursos naturais na forma do garimpo de ouro. A música finaliza valorizando o sentimento de pertencimento ao Vale do Jequitinhonha, aproveitando a polissemia da palavra "vale", com seu sentido referido à extensão de terra banhada pelo rio Jequitinhonha e no sentido de "valor", nas suas múltiplas dimensões de importância, estima ou reconhecimento por um território que historicamente foi estigmatizado por meio do termo "Vale da miséria", que invisibilizou as riquezas culturais, naturais, humanas e de conhecimentos populares.

Outros conteúdos fluíram depois com o Jequitinhonha no fundo, o que é a educação contextualizada no Semiárido, como se configurou historicamente o território do Vale do Jequitinhonha e seus povos, quais são as bases teórico-metodológicas de uma educação contextualizada crítico-transformadora, o que é educação em alternância e seus instrumentos pedagógicos. As metodologias e as tecnologias usadas foram diversas e facilitaram o aprofundamento teórico; houve palestras com apresentações de slides, depoimentos sobre a história local, mesas de experiências com a brisa trazida pelo rio no fim de tarde; livros, cartilhas e um boletim acompanharam a formação; durante a noite cultural uma peça de teatro sobre a história da Pedagogia da Alternância no Brasil trouxe mais elementos para a aprendizagem.

A formação acadêmica se deu no fluxo do trabalho coletivo e da cultura popular, localizada no território de abrangência da universidade, especificamente num espaço formativo alternativo à escola tradicional, uma escola associativa do ensino fundamental fundada por campesinos, frequentada por filhos e filhas de campesinos, organizada em alternância em harmonia com os tempos do campo, da agricultura e do Semiárido; Tempo Escola e Tempo Comunidade marcam um compasso formativo tanto na EFA Renascer como no próprio curso da LEC.

Desde 2015 trabalho como educadora na LEC na UFVJM – sim, falei educadora e não professora, pois o trabalho realizado envolve o "educar", atribuído à figura do professor, mas também o "ser educado". Ou seja, somos educadores e educandos, integrando os conhecimentos docentes acadêmicos e os da educação popular que parte e tem como meta o trabalho coletivo, cooperativo e colaborativo. Retomando a imagem do rio Jequitinhonha, procuramos navegar no fluxo fluvial, a favor da corrente da cultura popular para chegar à desembocadura do rio, com sua mistura de conhecimentos populares e acadêmicos numa sutil mescla de terra e mar, água doce a água salgada, atravessando os territórios tradicionais, as chapadas e o cerrado que resistem ao projeto latifundiário da região, latifúndio de terras e saberes, porque o rio também cruza as grandes extensões de eucalipto, a usina hidrelétrica de Irapé e as minerações.

Nesse cenário, longe das grandes metrópoles e das mais velhas universidades, a UFVJM se configura como uma universidade jovem, rural e periférica que carrega todas as potencialidades e dificuldades por estar nas margens, num território de disputa de projetos de desenvolvimento, de sociedade, com possibilidades de ser uma universidade popular que dialogue com a riqueza humana, cultural e natural da região. Como é jovem, tem o grande desafio de pôr em marcha esse navio que às vezes navega contracorrente. Nesse contexto, aparece o convite no curso da LEC para fazer um parêntese, para respirar outros ares, para dialogar com as irmãs mais velhas e as mais jovens, as outras Licenciaturas em Educação do Campo das 29 universidades federais e quatro institutos federais do nosso país. Esse convite é o Seminário Nacional de Formação Continuada de Professores das Licenciaturas em Educação do Campo, que em três encontros durante os anos 2017 e 2018 reuniu em Belo Horizonte/MG um grande número de professores e professoras das diferentes áreas de habilitação das licenciaturas em Educação do Campo de todo o Brasil para compartilhar metodologias, referenciais teóricos, perspectivas locais/globais do curso, desafios, dificuldades, adversidades e diversidades.

Esses encontros começaram com conteúdos interdisciplinares e contextualizados nas místicas e, assim como aconteceu em Jequitinhonha, também aqui foram ministradas palestras magistrais com apresentações de slides, mesas de experiências, reuniões para o compartilhamento de metodologias de ensino-aprendizagem em regímen de alternância por regiões (Norte, Centro-Oeste, Nordeste, Sudeste, Sul) e para a análise dos desafios enfrentados por área de conhecimento (Linguagens e Códigos, Ciências da Natureza e Matemática, Ciências Humanas, Ciências Agrárias, Artes). Nas discussões intensas, os sotaques diversos trouxeram ventos e sabores de toda a geografia brasileira, da diversidade dos sujeitos do campo, olhares de realidades próximas, mas diferentes – algumas universidades traziam a brisa marinha dos caiçaras, ou o barulho das pedras no rio dos ribeirinhos, em outras, os batuques quilombolas, os indígenas, todos trazendo os temperos dos saberes ancestrais das comunidades tradicionais ou o aroma de emancipação nos assentamentos da reforma agrária. Porém, em todas ou quase todas, aparecia de forma incisiva a cadência acelerada do fechamento das escolas do campo, das dificuldades burocráticas de reconhecimento dos diplomas por parte das Secretarias de Educação ou os entraves burocráticos encontrados no tapete de entrada das nossas casas, as universidades, no processo de institucionalização dos cursos.

Em alguns momentos, ansiosos, buscávamos a solução ou a explicação mágica para superar as dificuldades: "Em tal universidade existe uma fundação com a qual foi mais simples a gestão das verbas para a implantação, mas em tal outra tem uma relação mais orgânica com os movimentos sociais", "[...] veja bem, na universidade X os concursos consideraram perfis profissionais mais interdisciplinares", "[...] olha só, lá não sei onde só tem uma habilitação" "[...] e claro, nessa universidade, que é das pioneiras, tem uma moradia que resolve todos os problemas", e assim por diante. Nessas horas, parecia que estávamos numa sessão de desabafo ou de terapia coletiva, compartilhávamos todos os muros que se levantam na nossa frente. Mas qual seria então a solução? Qual seria a ferramenta que derrubaria esses muros?

Bom, no meu modo de ver, ainda não achamos uma ferramenta ou máquina potente que acabe com os muros duma vez. Porém, nesses espaços de formação e trabalho coletivo, encontramos muitas maneiras para re-existirmos. O hífen de re-existir não é um erro ortográfico, é proposital e tem o objetivo de destacar um duplo sentido. Por um lado, o sentido de nos inventar de novo, de renascer, por outro, lembrar que essa recriação é também uma estratégia de resistir apesar de, muitas vezes, navegar contracorrente. Dessa forma, foram surgindo algumas escadas para escalar muros, algumas maneiras de cavar túneis ou criar rachaduras. Entre essas estratégias, destaco aquelas que hoje estão presentes na minha memória com maior força. A escuta, o acolhimento, a compreensão, o cuidado, a troca de e-mails para compartilhar materiais didáticos e bibliografia, a construção duma carta de apoio a uma licenciatura, o presente dum livro publicado pelos colegas, a chamada para escrever um artigo numa revista, mas também o bom humor e as reflexões profundas e filosóficas nas horas de trabalho e nos corredores.

Algumas questões que perpassaram as palestras, referências bibliográficas, experiências e discussões se fundamentam no desafio da interdisciplinaridade. Ela é uma meta que orienta práticas, porém revela as nossas limitações, que passam desde a formação acadêmica disciplinar e especializada até a ausência de estruturas formais que reconheçam o trabalho interdisciplinar, como o reconhecimento da carga horária de cada professor nas experiências de codocência de unidades curriculares. Nesse sentido, algumas experiências foram notáveis como a articulação entre componentes curriculares em função da proximidade epistemológica de algumas áreas de conhecimento e das afinidades profissionais e a implementação de disciplinas integradoras, como Práticas de Ensino, trabalhos e relatórios de Tempo Comunidade ou seminários articuladores. O Tempo Comunidade se materializou como um tempo-espaço que ainda poderia ser mais bem explorado na configuração de atividades de campo nos territórios que articulem ensino, pesquisa e extensão.

A agroecologia destacou-se como eixo transversal em muitas das licenciaturas, explicitamente, mas não exclusivamente nas áreas das Ciências da Natureza,

388 Formação de formadores

das Ciências Humanas e das Agrárias. Existe uma ampla diversidade de experiências, desde cursos que contam com a agroecologia como eixo estruturante até práticas pedagógicas e princípios da agroecologia que estão presentes, de forma tímida, em alguns componentes curriculares. Nos debates, identificou-se a complexidade de ter equipes de docentes com formação em agroecologia entendendo esta formação como um desafio a ser enfrentado nos desdobramentos do processo de formação permanente.

No plano de fundo das dúvidas e das divergências nos afazeres da formação inicial de educadores do campo, aparecem também tensões epistemológicas. Tais questões aparecem de forma interna nas equipes de docentes das licenciaturas e nas discussões por área de habilitação. Elas podem subjazer na diversidade de compreensão epistemológica de ciência e tecnologia, que transita desde a tensão dicotômica duma visão de ciência positivista e principalmente protagonizada pelas ciências exatas até uma visão construtivista mais pós-moderna. Em outras palavras, as nuances se expressam de forma mais prática nas concepções de neutralidade e não neutralidade do conhecimento científico-tecnológico, na visão de determinismo ou não determinismo tecnológico e na compreensão restrita da ciência nas suas especialidades na área das Ciências Exatas e da Natureza ou numa visão da ciência que abrange também as Ciências Sociais e da Linguagem. Tais tensões apenas são um reflexo das manifestações das tensões profundas que ainda estão presentes na Academia e na sociedade.

O perfil e as águas do rio começam nas partes mais altas da serra, com uma composição específica, arrastando um tipo de rochas mais grosseiras e com arestas que ao longo do caminho do rio vão mudando. As rochas vão sendo arredondadas, o tamanho delas vai homogeneizando-se, a composição química vai sendo cada vez mais rica em minerais, as paisagens por onde transita o rio mudam, o curso do rio fica mais sinuoso com meandros curvados que passeiam pelas planícies e o rio vai embebendo-se de histórias e estórias, inspirando poetas e cantores.

A trajetória da formação continuada também é mutável. Como as águas e as rochas do rio, nós, educadores-educandos, também vamos mudando, começamos dum jeito e desabamos no oceano diferentes. O Seminário Nacional de Formação Continuada de Professores das Licenciaturas em Educação do Campo nos permitiu conhecer diferentes paisagens do processo de institucionalização da educação pública, nos permitiu conhecer melhor e nos apropriar das histórias e estórias da teia das políticas públicas da Educação do Campo que conta com fios da reforma agrária, da agroecologia, da educação popular, da formação de professores e da cultura popular. Permitiu-nos conhecer melhor a linha do tempo, as redes de atores e as suas personagens. Toda a rede está permeada por institutos, secretarias, departamentos, faculdades, reitorias e demais instâncias institucionais, nas quais, atrás das políticas públicas, da legislação e das bibliografias, existem pessoas. Durante o processo de formação, nós nos conhecemos melhor, tivemos a oportunidade de descobrir o lugar de fala e as trajetórias dos profissionais envolvidos; tivemos a honra de cumprimentar nossos referenciais bibliográficos vivos e até colocar em diálogo, ao vivo, a teoria com a prática com o aroma do café de fundo nos inspirando. Não tem melhor receita para o trabalho coletivo e a formação continuada que o encontro pessoal, com a profundidade merecida que equilibra as dimensões acadêmica, pessoal e política. Agora nos cabe deixar que o tempo sedimente tudo o que foi estudado e vivenciado para que aflorem novas perspectivas de re-existência.

CAPÍTULO 26

Amanhec(ser) girassol:
narrativas de encontros com a esperança

Kyara Maria de Almeida Vieira

Quando já não sei qual é a direção
E tudo que posso é seguir meu coração
Então me viro e giro para onde gira o sol
Quando já não sei qual é a direção
E tudo que posso é seguir meu coração
É por instinto que eu encontro a luz,
sou girassol!
("Girassol", Kell Smith, 2018)

Imaginando o que nos levou até lá, quais as expectativas e vontades nos moveram para esses encontros, reencontros... O que nos tomou para que nos apartássemos de nossas famílias, de nossos afetos, acumulando atividades, enfrentando estradas e céus para lá estar?

Assim gostaria de começar essas narrativas sobre nossos encontros, reconhecendo-os enquanto um movimento incomum e talvez raro, quando docentes de várias áreas de conhecimento se encontraram, por três vezes, para pensar sobre a Licenciatura em Educação do Campo e suas maneiras de existir nos recantos de nosso país. Pela pouca idade do nosso curso, que ainda é uma criança se tomamos como referencial sua presença nas universidades do Brasil afora, já começo dizendo que foi um grande feito essas vezes em que Belo Horizonte ficou mais terra, mais diversa, mais multicolor, mais plural com nossas presenças.

Tivemos o privilégio de participar do I, II e III Seminários de Formação Continuada de Professores(as) da Licenciatura em Educação do Campo do

391

Brasil.[1] Cada evento se desenhou em sua singularidade, assim como nós que lá estivemos. Comum se tornou a partilha do que temos de angústias, de fragilidades, de potência, de positividade, de diferença, e de aproximações. Nos encontros intensos por três dias, em três momentos distintos, ocupando nossas manhãs e tardes (às vezes as noites) com discussões, contradições, consensos e dissenções, os encaminhamentos e proposituras que fomos capazes de construir nesses tempos iam dando o sentido ao que antes não tinha sentido algum, ou que parecia uma experiência isolada/solitária. Sucintamente iremos narrar algumas experiências, fazer um exercício de memória no embalo do afeto e da canção "Girassol".

No I Seminário, algumas falas chamavam a atenção para a necessidade de voltar ao que fora previamente estabelecido para discutir. As representações das regiões se reuniram, num encontro entre variadas áreas, para pensar a interdisciplinaridade, as políticas de permanência na universidade para estudantes LEdoC, práticas da alternância, as dificuldades/desafios que tínhamos que enfrentar em nossos cursos. É de se presumir que o encontro conjunto nos encaminhou para depoimentos sobre o quanto cada curso ali representado precisava lutar para continuar existindo.

O grande diferencial das nossas atividades naqueles dias foi perceber que tínhamos desafios semelhantes, dificuldades em comum, e que quando a gestão da universidade apoiava nosso curso, tudo se tornava menos complicado, menos difícil. Nas regiões, havia avanços e limitações em todos os cursos. E naquele momento foi preciso parar, rever a proposta de discussão e admitir que era urgente ouvir, e também aproveitar a oportunidade para falar. Poderíamos dizer, pedindo licença às demais pessoas que lá estiveram, que vivemos a catarse de compartilhar, entre pessoas que entendiam nossa língua, o que é/era ser docente da LEdoC nas cinco regiões do país.

No II Seminário, retomamos de forma mais diretiva, por áreas de conhecimento com representações no evento, as discussões já iniciadas no seminário inaugural. O encontro com pessoas que ali estavam pela primeira vez oxigenou as atividades. A demanda de explicar de novo, de retomar o já dito outrora, embora parecesse repetitiva às vezes, permitiu ampliar o debate, fortalecer os laços que já existiam e/ou aumentar as redes de nossas conexões. Já não havia tanto desconhecimento entre nós, seja enquanto pessoas ou de nossos cursos. A sensação de solidão, de estar remando contra a maré, ia se transfigurando em

---

[1] A partir de três mulheres aguerridas e afetuosas: as professoras Fátima Martins (UFMG) e Monica Molina (UnB) e Divina Bastos (SECADI-MEC), gostaria de agradecer a todas as pessoas que trabalharam para que esses encontros fossem possíveis.

392 **Formação de formadores**

força, em coragem compartilhada, em experiências exitosas no Norte, Nordeste, Centro-Oeste, Sudeste e Sul do país, que poderiam ser adaptadas para resolvermos demandas em nossas licenciaturas.

Nossos lanches ao sabor do café e do pão de queijo alimentava, no friozinho mineiro, a construção de tentativas para sairmos dos becos que muitas vezes freiam (ou tentam frear) o Movimento da Educação do Campo. E no III Seminário, as angústias tão presentes no seminário inaugural estavam mais leves, e as pessoas que pela primeira vez estavam conosco recebiam um alento mais intenso, múltiplo, tantas vezes ouvindo narrativas de outras experiências convocadas para tentar ajudar o(a) colega que não pôde se fazer presente nos seminários anteriores. As discussões separadas por regiões e por áreas permitiram um panorama mais amplo, detalhado e complexo dos cursos ali representados.

Certamente nossos encontros não estiveram isentos de disputas, de discordâncias ou dissenções; presenciamos e vivemos situações de desconforto, de incômodo, de tensão, de inconformismo. Tivemos vários momentos de falas atropeladas, de exposição raivosa, de hierarquias explicitadas. E não trazemos isso para o texto como algo que diminuiria a grandeza desses encontros. É inversamente proporcional o nosso intuito: reconhecer nossos limites, nossas fragilidades, nossas contradições nos tornam demasiadamente humanos(as) e nos distanciam da hipocrisia de pintar com passividade e total harmonia o mundo a nossa volta.

Trazer para o texto essas experiências escancara a potência criadora desses encontros, que nos permitiu, inclusive, a liberdade de expressarmos nossos sentimentos e atitudes sem as máscaras que podemos usar quando nossos encontros são aligeirados ou quando somos cerceados(as) de expor o que pensamos e sentimos.

Todas as pessoas participantes se sentiram contempladas? Não! Mas acreditamos que esse não era o principal objetivo dos seminários (nem poderia ser, por sabermos ser impossível). Independentemente da leitura e da experiência particular de cada docente ali presente, as várias narrativas ditas nas plenárias de socialização geral afirmavam que cada pessoa voltaria para sua casa, sua cidade, sua universidade de forma diferente da que chegou naquele auditório da Faculdade de Educação da Universidade Federal de Minas Gerais (FaE-UFMG). Pensamos que assim o foi porque acreditamos tanto na força da diferença quanto na força da semelhança! A liberdade e a democracia são fundamentais, e só elas permitem o exercício da diferença, a magia da multiplicidade de formas de ser e estar no mundo.

Dizemos isso porque, ao final, na avaliação geral, passados os três seminários previstos pelo audacioso projeto, este que possibilitou o encontro de mais de uma centena de docentes das Licenciaturas em Educação do Campo das cinco regiões brasileiras, as narrativas se repetiam: "Precisamos de mais encontros como esses". Seguir na luta em defesa de uma educação gratuita e de qualidade para as populações do campo traz desafios comuns às outras licenciaturas, mas também desafios muito específicos de nossos cursos (e às vezes, de cada região, estado, universidade). Todos os cursos estão em momentos diferentes, mas não nos vemos solitários(as) ou isolados(as).

E tivemos várias vitórias: a parceria diante da iminência do fechamento de uma Licenciatura em Educação do Campo na Universidade Federal do Triângulo Mineiro (UFTM), denunciado no depoimento comovido e comovente de nosso colega, que, além de evitar fechar o curso, possibilitou se reestruturarem bem melhor, conseguindo o direito aos ônibus da universidade, recurso para moradia etc.; os encaminhamentos com nossos posicionamentos diante do cenário catastrófico que vinha (e continua) se delineando desde agosto de 2016 deram a tônica da importância dos seminários. Colocar nossas assinaturas nos documentos com nossos encaminhamentos não foi um ato meramente formal: foi a materialização da percepção de que nossas diferenças e discordâncias não poderiam ser maiores que a necessidade de unirmo-nos na luta, e sermos sensíveis às necessidades que nem sempre são particularmente nossas.

Os seminários foram fundamentais não só para partilha das nossas angústias e vitórias, mas por reafirmar a importância da formação continuada de docentes que formam educadores(as) do campo como também de egressos(as) de nossas licenciaturas; por reforçar ainda mais o papel imprescindível da relação com as escolas, movimentos sociais e várias organizações atreladas com as populações do campo; por nos dar suporte para estimular as discussões nos nossos cursos, nos nossos centros e universidades; por possibilitar a construção de argumentos, estratégias, ações que fortaleceram a luta nos nossos cursos, as reconfigurações dos Projetos Pedagógicos e de nossas práticas docentes. Por nos dar a ver a força que temos no cenário nacional quando nos unimos!

Esses encontros se assemelham àquela chuva que cai quando o roçado está em seus últimos sopros diante da seca no Semiárido; aquele abrigo que acabou de ser construído e evitou que a geada destruísse os brotos que acabaram de sorrir; aquele composto feito com plantas da mata pelo indígena da aldeia vizinha que fez ressurgir a plantação maculada por um inseto da fauna estrangeira; aquela mão inesperada e desconhecida que levou consolo, entregou alimentos e roupas para quem teve sua vida destruída pela barragem que "estourou"; aquela catadora de marisco que, sabendo do adoecimento de sua companheira de ofício, dividiu com esta, sem avisar, o que conseguiu catar naqueles dias.

394 Formação de formadores

O que temos de memória (individual e coletiva), a despeito do que mobilizou cada docente para ali se fazer presente? Ouso afirmar que, independentemente das respostas para essa pergunta, não foi possível estar lá e passar incólume. A partir desses encontros, tornou-se possível uma profusão de narrativas sobre encontros com a esperança; a partir dessa experiência, tornou-se possível que a cada amanhecer, muitos(as) de nós, por mais cansados(as) e desapontados(as) que estejamos, queiramos ser girassóis, e busquemos nosso sol mesmo que estejamos a 93 milhões de milhas.

A frase tantas vezes ditas em nossas despedidas nos corredores da FaE-UFMG: – "Precisamos de mais encontros como esses" – soaram como a música que embalou a escrita deste texto: "Quando já não sei qual é a direção/ E tudo que posso é seguir meu coração/ É por instinto que eu encontro a luz, sou girassol!"

AMANHECER GIRASSOL

Gostaria de fazer um pequeno verso
Que juntasse café com pão de queijo
Fazendo rima sem métrica para os de longe ou de perto
Falando da Educação do Campo, cada curso com seu jeito.

Quero falar dos nossos três encontros
Marcados por afeto e intensidades
Unindo as cinco regiões de nosso Brasil
Pessoas vindas de inúmeras localidades.

O cantinho do aconchego foi a UFMG
Por manhãs, tardes e às vezes noite
Passamos a melhor nos (re)conhecer
Saber que luta exige mais que machado e foice.

Cada pessoa com sua formação
Foi deixando entre nós seu recado
Dividindo angústias e soluções
Aprendendo: conhecimento tem que se unir à inchada, à foice e ao machado.

Nesses dias de muitas narrativas
Fomos pensando na Educação do Campo
Nem sempre encontrávamos alternativas

Mas, agora sabemos: estamos em vários (re)cantos.

E no meio de tantas diferenças
Até parece que somos um furacão
Destruir o conservadorismo e suas crenças
Muitas vezes nos deixa sem chão.

Nas teias das áreas de conhecimento
Se concentra nosso referencial
Sair das caixas disciplinares, outro pertencimento
Voltar aos princípios do nosso projeto original.

De norte a sul, de leste a oeste, ocupamos o Brasil
E estamos construindo nossa história
Ensinando e aprendendo de jeito que nunca se viu
Junto aos povos do campo, movimentos sociais, já temos várias
vitórias.

Não é fácil para ninguém, nem para mim, nem para você
Algumas vezes até queremos desistir, fraquejar
Mas, quem se apaixonou não consegue se desprender
E aprende também que Educação do Campo é luta sem parar.

Gostaria de, com força, muito agradecer
Todos os saberes com vocês partilhados
Em especial a toda coordenação pela forma de nos acolher
Por possibilitar vivências que nunca tínhamos imaginado.

Como verso último, é preciso declarar
Que voltamos com esperança no viver
E precisamos em breve nos reencontrar
Porque Educação do Campo é ser girassol a cada amanhecer!

Kyara Maria de Almeida Vieira
(FaE-UFMG, 13 de abril de 2018, ao pôr do sol)

Posfácio

Resistências e desafios na formação continuada dos educadores

Helena Costa Lopes de Freitas

É uma grande alegria poder ser parceira deste momento de consolidação dos conhecimentos dos educadores do campo sobre seu trabalho e a luta coletiva do campo pela formação de sua infância e juventude.

A produção de posfácio a um livro sobre os desafios da Educação do Campo e a formação dos seus educadores nos últimos 20 anos não é uma tarefa fácil, ao considerarmos a profundidade e a densidade teórica dos textos apresentados. Neste momento, pós-eleição de um novo governo, torna-se urgente nos posicionarmos a cada aprofundamento dos conflitos vivenciados pelos educadores do campo em suas áreas de atuação e a cada agressão sofrida elos educadores, as escolas, as famílias, neste difícil período que se desenvolve em continuidade ao golpe de 2016.

A formação dos educadores do campo, formadores das novas gerações, desenvolvida nas Licenciaturas da Educação do Campo, construiu neste período de 20 anos importantes aportes práticos e teóricos que podem constituir-se referência para uma análise profunda da formação de professores para todas as áreas e etapas da educação nacional. A leitura dos vários textos do presente livro nos oferece um amplo e complexo quadro das potencialidades e possibilidades da formação omnilateral de nossa juventude que hoje, tendo optado pelas diferentes licenciaturas, abraça percursos curriculares bastante diferenciados em seus princípios e objetivos.

A Associação Nacional pela Formação dos Profissionais da Educação (ANFOPE), entidade caudatária do movimento nacional pela reformulação dos cursos de formação do educador em nosso país, desde a década de 1980, ainda na ditadura, vem firmando historicamente que uma sólida política nacional, global, de formação é condição para uma educação básica emancipatória, demandando trato prioritário à formação inicial, à formação continuada e às condições de trabalho, remuneração e carreira dos profissionais da educação. Uma política que defina as universidades como lócus da formação, que recupere a dignidade do trabalho docente pela superação das atuais condições adversas do trabalho docente, com o cumprimento do Piso Salarial Profissional Nacional, da carreira e da progressão profissional vinculada à formação continuada, como condição para aprimoramento e valorização dos profissionais da educação e para a elevação da qualidade social da educação básica.

Quando tratamos da Educação do Campo e da formação de educadores do campo, nos vem imediatamente à memória nossas lutas históricas por um projeto educativo de caráter elevado e que, em nosso país, certamente poderia construir-se para enfrentar, na positividade de suas contradições, a profunda crise estrutural da educação excludente que vem se arrastando há décadas, com períodos de algumas mudanças. A Educação do Campo evoca uma concepção de educação orientada por um projeto histórico e social emancipador dos povos do campo que poderia estender-se para toda a sociedade, articulado ao desenvolvimento econômico na perspectiva de independência e soberania e comprometido com a formação plena de nosso povo. Entretanto, neste momento atual, nós nos deparamos com condições políticas e sociais que colocam limites ao seu desenvolvimento.

As necessidades geradas pelo desenvolvimento econômico de um novo tipo, condição para construção de um novo projeto educativo articulado a um projeto de desenvolvimento social de caráter emancipatório, confronta-se, entretanto, com as exigências educacionais que atualmente engendra, dada a quase deterioração da capacidade de evolução técnico-científica da atual forma de organização escolar.

Nosso país vem enfrentando, há décadas, a contradição entre a luta pela democracia, pela inclusão e pela igualdade, para torná-lo uma sociedade efetivamente democrática, justa e igualitária, na qual o poder seja exercido pelas grandes maiorias do nosso povo que vive do trabalho, e um sistema educacional, em que pese a luta dos educadores, seja desenhado para reproduzir a sociedade de classes e seu consequente sistema de dominação das maiorias pelas minorias e de exploração do homem pelo homem.

Essa contradição se manifesta na presença da juventude das classes populares nas licenciaturas, na relação entre público e privado, particularmente na educação superior e pela desvalorização atual da profissão do magistério, que acaba retirando das licenciaturas grande contingente de jovens que aspiram a uma profissão.

É por essa razão que os processos de definição de políticas educacionais e de formação de profissionais do magistério da educação básica têm se revelado historicamente como momentos polêmicos, conflituosos, nos quais se defrontam diferentes concepções de formação fundadas em parâmetros teórico-epistemológicos distintos, mas, sobretudo, em projetos históricos e de sociedade, antagônicos.

Nesse processo, tensões e desafios na área de formação de professores se intensificam, aprofundando as contradições históricas e revivendo os embates entre projetos históricos de educação, escola e sociedade e seus dilemas práticos e teóricos ainda não enfrentados adequadamente pelas políticas públicas. A formação de professores, como área estratégica para o capital por agregar valor ao seu processo de exploração e acumulação, é o alvo principal das atuais políticas educativas no âmbito da união, estados e municípios, aumentando o interesse e a ingerência do empresariado nas questões educacionais principalmente na gestão escolar, currículo – com a aprovação da Base Nacional Comum Curricular –, avaliação e financiamento.

Como alertava a ANFOPE, desde a década de 1990, esse interesse do empresariado e seu assédio mercantil à educação e escolas públicas, em especial nas questões e nos "problemas" da educação básica e da formação dos professores, não permitirá enfrentá-los na direção que as forças progressistas esperam. As soluções liberais contêm seu próprio projeto político. Ainda que sua implantação não se dê sem algum grau de contradição, no geral, visa adequar a escola e os professores às necessidades do novo padrão de exploração da classe trabalhadora, como vem ocorrendo desde os anos 1980 e 1990, com as alterações no âmbito do desenvolvimento econômico e produtivo.

Tratar, portanto, da formação de profissionais do magistério da educação básica para atuação em todas as instituições escolares do campo, dos indígenas, quilombolas, populações ribeirinhas e das cidades é falar das contradições e dos desafios que se manifestam em cada um desses espaços da vida social. E, ao falar destes desafios, devemos caminhar na direção de encontrar os caminhos para materialização das proposições mais avançadas no âmbito da formação dos educadores, que estarão em confronto com as ideias mais retrógradas e atrasadas do ponto de vista pedagógico.

Quando nos referimos a proposições avançadas, estamos indicando aquelas formulações coletivas, como a produção científica da ANFOPE, que, a exemplo da Educação do Campo e suas licenciaturas, desde seu surgimento como movimento até os dias atuais, trazem contribuições de caráter cientificamente elevado e de conteúdo emancipatório. Assim, identificam, enfrentam e superam as dificuldades atuais para uma educação pública gratuita estatal e laica, de caráter unitário e articulado ao projeto histórico de transformação social que almejamos.

Os dilemas enfrentados hoje são marcados pela necessária opção política dos educadores, entre aprofundar e aprimorar o desenvolvimento do capitalismo de maneira a torná-lo palatável em suas constantes crises. Ou, em oposição, abraçar proposições nas quais possamos vislumbrar o que poderiam ser as novas formas de organização escolar e da educação emancipatória em uma outra sociedade, sem as marcas da exclusão, da opressão e da exploração do capital que aniquila nossa humanidade.

Acreditamos que a produção e a construção históricas da Educação do Campo e a formação dos educadores do campo têm contribuído de maneira significativa com os princípios de uma formação dos educadores de caráter só-cio-histórico voltada para as expectativas e necessidades dos trabalhadores, das classes populares para a construção de uma nova vida, uma nova humanidade. Como nos diz Molina em seu texto neste livro:

> Ao contrário da lógica da escola capitalista, a Educação do Campo tem se pautado por uma matriz formativa ampliada que comporta diferentes dimensões do ser humano. Nessa perspectiva, a escola deve desenvolver com extrema competência o intelecto dos sujeitos que educa, mas não pode se furtar a trabalhar igualmente a formação de valores, o desenvolvimento político, ético, estético e corpóreo de seus educandos. A matriz formativa da Educação do Campo parte do princípio da educação como formação humana, recusando a matriz estreita e limitada da escola capitalista, cuja lógica estruturante é a formação de mão de obra para o mercado (MOLINA, p. 196).

Tomo, portanto, como foco de discussão, neste posfácio, a possibilidade de problematização dos dilemas e possibilidades da formação continuada dos educadores nas Licenciaturas em Educação do Campo, à luz dos princípios construídos historicamente e defendidos pela ANFOPE.

Esta opção se justifica no contexto presente, com o entendimento de que as atuais políticas de formação para os educadores do campo encontram-se em risco, ameaçadas pela lógica do novo governo que já declarou sua intenção de implementar a Educação a Distância (EaD) para as escolas rurais, afastando, portanto, os professores do chão da escolas.

Nesse quadro, emergem várias questões que certamente direcionarão a discussão sobre a necessária formação contínua dos educadores do campo, entendida a formação contínua/continuada como aquela pós-formação inicial superior. Qual seu caráter? Como se desenvolve(rá)? Onde se dará? Quais as particularidades, considerando que a escola é também o lócus primordial da formação em seus vínculos com o trabalho pedagógico? Que dilemas enfrentará nesta nova realidade que anuncia a retirada de direitos e das condições do exercício profissional com liberdade e autonomia? Como materializaremos o direito dos professores à formação continuada, com a situação atual do campo e a distância entre os territórios, as universidades formadoras e as escolas?

Esta é uma discussão que demanda muito estudo e muitas mãos. Principalmen-te daqueles educadores do campo que vivem cotidianamente suas contradições.

Recuperando as concepções históricas
sobre formação continuada

Do ponto de vista da ANFOPE, somente em 1990, os educadores reunidos no V Encontro Nacional da ANFOPE apresentam, no documento final, a primeira referência ao tema da formação continuada, assim se expressando:

A formação de professores deve constituir-se num processo de educação continuada, de responsabilidade do indivíduo, do Estado e da sociedade. Esta continuidade do processo de formação de professores deve ser assumida pelos dois sistemas de ensino – estatal e particular – assegurando através de recursos próprios às estruturas necessárias para sua viabilidade e vinculando esta formação aos planos de carreira.

No VI Encontro, em 1992, a ANFOPE reconheceu não haver explorado a dimensão da formação continuada no que diz respeito à articulação de uma política global para formação e valorização dos profissionais da educação. Justificou-se, assim, a necessidade da continuidade da formação dos professores tanto na dimensão do aprimoramento pessoal e elevação da qualificação a patamares cada vez mais elevados e em sintonia com as necessidades objetivas e subjetivas, quanto pela impossibilidade de que a formação inicial esgotasse suas possibilidades de formação no tempo da graduação (ANFOPE, 1992).

A ANFOPE assumia, portanto, que "a melhoria da qualidade do ensino, no que diz respeito ao profissional da educação, passa por uma articulação entre formação básica, condições de trabalho e formação continuada" (Documento Final VI Congresso, 1992, p. 22).

Nessa direção, entendia-se que entre as diretrizes para uma política nacional de formação do educador, é prioridade o estabelecimento de "uma ação conjunta entre as agências que formam e agência que contratam de maneira a rever a formação básica assegurando as condições dignas de trabalho e formação continuada" (Documento Gerador do VII Encontro Nacional, 1994, p. 10).

Por *formação inicial* entende-se a preparação profissional construída pela agência formadora. É aquela formação que irá habilitar o profissional para seu ingresso na profissão.

Já a *formação continuada* trata da continuidade da formação profissional, proporcionando novas reflexões sobre a ação profissional e novos meios para desenvolver o trabalho pedagógico. Assim, considera-se a formação continuada como um processo de construção permanente do conhecimento e desenvolvimento profissional, a partir da formação inicial e vista como uma proposta mais ampla, de hominização, na qual o Homem Integral, produzindo-se a si mesmo, também se produz em interação com o coletivo.

A construção de uma concepção sócio-histórica de formação dos educadores se materializou no âmbito da ANFOPE, consolidando alguns princípios que vêm nos orientando cotidianamente nas lutas pela valorização dos profissionais da educação, no combate à desprofissionalização e à degradação da profissão.

Tal concepção sócio-histórica de formação dos educadores, entendida como direito de todos os profissionais da educação e dever do estado e das instituições contratantes, deverá estar associada ao exercício profissional dos educadores, que deverão ter as condições para seu desenvolvimento pessoal e profissional.

Considerando as necessidades objetivas da educação e formação da infância e da juventude no âmbito da educação escolar, é necessário enraizar nos objetivos do projeto pedagógico da escola, respeitar a área de conhecimento e de trabalho do professor e estar respaldada por um projeto político institucional (municipal, estadual e federal).

Como processo de interface dos educadores no exercício de seu trabalho, é fundamental que a dimensão teórica da formação esteja em estreita articulação com seus problemas concretos, com a identidade cultural da região onde se desenvolve, valorize as produções de saberes constituídos no trabalho docente, buscando desenvolver, nos educadores, as habilidades e competências de pesquisador em seu campo de conhecimento.

Considerando o caráter público da profissão e o compromisso político com a formação das novas gerações, a formação continuada deixa de ser uma questão de decisão e escolhas exclusivamente particulares, pessoais. Deve articular-se, ao contrário, de forma combinada, às necessidades da educação básica e do coletivo das escolas, e buscar também a elevação da consciência política dos profissionais frente às transformações sociais em contínuo movimento e às perspectivas de futuro da educação, da escola e da profissão.

Desde 2009, com a instituição da Política Nacional de Formação dos Profissionais do Magistério da Educação Básica, construída coletivamente pelas entidades e movimentos do campo da educação e da formação de professores, (Cf. Decreto nº 6.755 de 29 de janeiro 2009, posteriormente alterado pelo Decreto 8752 de 9 de maio 2016), os educadores vêm travando uma luta incessante pela incorporação dos princípios da *base comum nacional*[1] da ANFOPE às normativas dirigidas à formação de professores, tanto no que tange à formação quanto às dimensões fundamentais da valorização profissional da carreira, salários e condições de trabalho.

Assim, o desafio permanente e gritante diante do qual somos colocados cotidianamente em cada tempo histórico marcado por suas lutas e contradições que nos mobilizam é a construção e a consolidação de uma política que, considerando as condições territoriais e locais, contemple de forma articulada e simultânea a consolidação da formação inicial e continuada como responsabilidade das universidades públicas. Dessa forma, haverá a garantia da indissociabilidade

---

[1] Cf. Documento Final dos Encontros Nacionais desde 1992, no VI Encontro Nacional, quando foi elaborada a tentativa de sistematização das discussões no âmbito da Comissão Nacional pela Reformulação dos Cursos de Formação dos Educadores (CONARCFE).

entre ensino, pesquisa e extensão nos processos de formação dos profissionais da educação; a garantia da formação contínua como direito e dever dos professores e dever do estado; a implementação imediata do piso salarial profissional nacional, permitindo remuneração justa e adequada dos profissionais do magistério da educação básica e destinação de 1/3 do tempo de trabalho a atividades de planejamento, avaliação e a aprimoramento das discussões coletivas de estudo e formação; a aprovação e a implementação de planos de carreira, por parte dos estados e municípios, que contemplem de maneira inequívoca a implementação da jornada integral e dedicação exclusiva a uma só escola como já estabelecia meta do Plano Nacional de Educação (PNE) 2001-2010 e como estabelece, ainda que de forma tímida, o atual PNE em sua Estratégia 17.3.[2] Tais condições, aliadas à existência de planos de carreira que superem a mera titulação, potencializa uma articulação orgânica entre formação contínua e valorização profissional, contribuindo para superar a atual intensificação do trabalho docente, criando novas formas de organização do trabalho escolar que supere a lógica atual de mera adequação às exigências de provas nacionais e avaliações de desempenho dos estudantes.

Nossa luta por uma política global de formação e valorização do magistério, que trate de forma prioritária e articulada a *formação inicial e continuada, as condições de trabalho, salários e carreira* de todo o magistério em nosso país está hoje colocada em cheque pelos reformadores empresariais, pelas fundações e organizações sociais (OS) privadas, que disputam os recursos públicos para a formação continuada, e também inicial, retirando das universidades públicas e ainda das comunitárias a responsabilidade pela formação continuada de professores, e deslocando-a para fundações como a Lemman, Alfa e Beto, entre outras.

Construída de forma mais articulada desde 2004 como política pública no âmbito do MEC, a política de formação continuada envolvia ações da Secretaria de Educação Básica (SEB) e sua Rede Nacional de Formação Continuada e a Secretaria de Educação Continuada, Alfabetização, Diversidade e Inclusão (SE-CADI), abrangendo também ações no âmbito da educação indígena, educação especial e Educação do Campo, entre inúmeras outras.

No entanto, em que pese todo o esforço na direção de consolidarmos uma política nacional global de formação e valorização, ainda fica enorme dívida com as condições de vida e trabalho, salário e carreira dos educadores em nosso país.

---

[2] [...] implementar, no âmbito da União, dos Estados, do Distrito Federal e dos Municípios, planos de Carreira para os(as) profissionais do magistério das redes públicas de educação básica, observados os critérios estabelecidos na Lei nº 11.738, de 16 de julho de 2008, com implantação gradual do cumprimento da jornada de trabalho em um único estabelecimento escolar.

Formação continuada: resistências e lutas na atualidade

Observamos, portanto, os desafios com os quais nos defrontamos historicamente e que permanecem, travando a implementação e o desenvolvimento pleno de uma política nacional de formação e valorização do magistério da educação básica nos últimos anos.

Esses desafios nos colocam frente a dilemas que são insolúveis no âmbito das reformas educativas neoliberais em curso, indicando que vamos passar, nos próximos anos, por movimentos de resistência e lutas, nos quais os avanços serão mínimos, considerando que são acompanhados de aprofundamento da retirada de direitos sociais, a retomada da educação como mercadoria, abandonando a concepção de educação como bem público, entre outras concepções que julgávamos superadas e enterradas.

Recente Documento do Conselho Latino Americano de Ciências Sociais (CLACSO) analisa o caráter das reformas neoliberais em curso:

> Las propuestas gubernamentales de cambio educativo en el siglo XXI son fundamentalmente reformas laborales que forman parte de nuevos paquetes de ajuste estructural que se adelantan en correspondencia a la nueva generación de políticas neoliberales en curso. Algunas de sus expresiones más evidentes son la despedagogización del hecho educativo, el ataque a la profesión docente, la destrucción de la educación pública y las limitaciones para el desarrollo de formas organizativas autónomas de los y las trabajadoras de la educación (CLACSO, 2018).

A afirmação dessa característica das reformas educativas em curso como reformas "laborais", ou seja, no âmbito do trabalho produtivo que demandam políticas educativas fortes, contribui para entendermos a raiz do conjunto de políticas que ameaça a educação pública no país e que ameaça de maneira ainda mais profunda a Educação do Campo. Esse conjunto de políticas que se estrutura no tripé *meritocracia, avaliação e privatização,* como nos diz Freitas (FREITAS, 2014), objetiva não só criar as condições para a privatização das escolas públicas que não atingirem padrões predeterminados, como também objetiva aumentar o controle ideológico sobre o que e como se ensina nas escolas públicas.

Materialização desse controle é a privatização da educação pública em curso em vários estados e a tentativa de aprovação de leis como "Escola sem Partido", em tramitação na Câmara. A mais nova tentativa de controle do trabalho docente, também na mira do novo governo, é a instituição da delação estudantil e do assédio moral sobre o magistério, ação inconstitucional que vem motivando a demissão de professores principalmente nas escolas privadas.

Nessa direção, a nossa luta histórica pela formação de professores de caráter sócio-histórico emancipador deve ganhar novos contornos principalmente no interior das escolas, das universidades e em todos os espaços educativos e de ação política.

Aprofundar nossos estudos, rever os temas pesquisados, entender as contradições atuais no âmbito do capital e do trabalho são caminhos que nos ajudarão a enfrentar com firmeza períodos turbulentos de resistência e luta.

Apontamos algumas das perspectivas de ação que estarão em jogo, em disputa, nos próximos anos, no campo da formação dos educadores:

a) *Reafirmação do caráter sócio-histórico da formação, constituindo-se os educadores* como estudiosos do fenômeno educativo, comprometidos ética e politicamente com a escola e a educação públicas, com a transformação da escola tornando-a espaço de apropriação de conhecimento científico, da consciência crítica e do saber gestionário pelas classes populares; educadores comprometidos com a transformação das condições que geram uma sociedade injusta, desigual e marcada pela exclusão e exploração próprias do capitalismo.

b) Esta concepção se constrói com uma *sólida formação científica – teórica e prática – sobre a educação,* seus determinantes, apreendendo seus métodos de análise e investigação e com uma profunda atitude investigativa diante do real, identificando os problemas que emergem da relação pedagógica com os estudantes, entre os professores, profissionais, pais e comunidade, buscando novas interpretações a partir da crítica da educação atual em suas relações com a sociedade e com o trabalho.

c) *Construção do trabalho educativo sobre bases coletivas e solidárias,* compondo novas formas de desenvolvimento dos espaços coletivos dos profissionais da escola e dos Conselhos de Escola, espaço de gestão democrática da escola e da educação, com ampla participação dos pais e da comunidade em seu entorno.

d) *A leitura e o estudo individuais* como condição especial para a produção de novos conhecimentos, na direção da crítica ao trabalho educativo atual e da superação pessoal e do coletivo da escola.

e) *Incentivo à organização profissional e política dos professores,* criando condições para a intervenção nas políticas educativas e de formação do magistério, articulando-se aos movimentos sociais e às organizações sindicais em suas lutas mais gerais contra a retirada dos direitos, pela democracia e pela transformação social.

f) *Entendimento da formação continuada como direito dos educadores,* dever do estado e da sociedade, cabendo ao poder público oferecê-la, inclusive com licença remunerada, nos termos definidos pela Lei nº 9394/96 em seu Art. 67, inciso II.

A necessária transformação das bases
da atual educação escolar

A alteração das bases da educação escolar, uma demanda histórica dos educadores, encontra nas lutas dos educadores do campo uma possibilidade privilegiada, quando analisamos seus princípios e as raízes nas quais se ancoram, como nos explicam Arroyo, Caldart e Molina, entre outros educadores neste livro.

Sem poder me aprofundar nesta discussão, trago aqui as contribuições que a ANFOPE, ao longo de sua história de formulações e principalmente à luz dos princípios da nossa *base comum nacional* (que não se confunde com a BNCC dos reformadores empresariais em processo de implementação nos estados e municípios), vem construindo e ratificando a cada Encontro Nacional que se realiza desde 1983, quando ainda se constituía como Comissão Nacional Pró-Reformulação dos Cursos de Formação dos Educadores (CONARCFE).

Considerando as condições de trabalho e carreira como parte intrínseca da política de formação e valorização, destacamos como ações prioritárias de resistência e luta frente ao desmonte das políticas de formação, algumas questões para estudo e aprofundamento, neste momento que necessitamos acumular experiências, debates e socializações de diferentes formas para novas etapas de avanços e crescimento na organização dos educadores.

1. Necessidade de reafirmar compromissos dos sistemas de ensino, para incentivo e motivação dos profissionais do magistério da educação básica para sua inserção nos processos formativos oferecidos, em especial nos cursos e programas de formação inicial em nível superior, através de multiplicidade de ações que atenuem a extensiva jornada de grande parte dos docentes em exercício, impeditivas do estudo e da formação contínua;

2. Busca da consolidação de firmar compromissos para a criação de políticas municipais de formação que contemplem a mobilização da juventude para a carreira do magistério e o acompanhamento dos profissionais do magistério da educação básica iniciantes na carreira;

3. Ampliação das discussões sobre o caráter da organização da escola e a necessária transformação das bases da educação escolar, com a implementação da educação integral, enfrentamento da seriação[3]

---

[3] Seriação que retorna com força com a BNCC que estabelece objetivos por área/ano. Nosso instrumento de resistência é a luta pela organização por ciclos de formação humana, com experiências bem-sucedidas em vários municípios.

e criação de novas formas de avaliação institucional participativa com a participação dos estudantes, profissionais funcionários, professores e pais; de organização do coletivo de educadores e do trabalho docente em toda a educação básica; alteração gradativa da relação horas aulas – horas atividades dos profissionais do magistério da educação básica, elevando o tempo para o estudo, para a investigação, análise e interpretação do trabalho de forma individual e com o coletivo da escola;

4. Incentivo à auto-organização dos alunos na perspectiva de assumir diferentes dimensões na sua vida escolar: a gestão coletiva da escola, de sua formação integral e de sua vida;

5. Luta pelo estabelecimento de políticas de formação integral pelo acesso à leitura, à literatura, às artes, ao esporte, à organização nas entidades científicas e acadêmicas de sua área de ensino, e liberdade de organização sindical e política.

No que tange à formação continuada dos educadores do campo, no âmbito das instituições formadoras e das Licenciaturas em Educação do Campo (LEdoCs), penso que há desafios a serem enfrentados também. Faz-se necessário resistir e enfrentar a concepção de formação continuada como compensatória da formação inicial, hoje retomada com força por programas que pretendem vincular os currículos das licenciaturas exclusivamente à implementação da BNCC, rebaixando a sólida formação teórica nos fundamentos da educação. Resistir ainda à tentação de reduzir a formação continuada a cursos de especialização, mestrado e doutorado voltados exclusivamente para a formação nas metodologias de ensino especificas da área de ensino.

Entendemos que, do ponto de vista da concepção, a formação continuada dos educadores deve ser alçada a outro patamar, articulada à carreira do magistério e estreitamente vinculada à construção coletiva do projeto político-pedagógico da escola.

Associada ao exercício profissional, pode ser instrumento poderoso para elevar a formação a níveis superiores de compreensão dos processos educativos em que se inserem as crianças, jovens e adultos sob responsabilidade da escola, possibilitando aos educadores ocupar funções e assumir responsabilidades coletivas cada vez mais elevadas no coletivo escolar, contribuindo com a formação contínua dos seus pares, como parte de sua jornada docente, sem afastar-se da sala de aula. A necessidade de aprimoramento técnico-científico nas áreas de atuação e trabalho e a construção da identidade profissional deverá tomar o trabalho como princípio articulador e educativo, resguardando o direito ao aperfeiçoamento permanente, inclusive nos níveis de pós-graduação.

Consolidá-la nessa perspectiva supõe enfrentar *três dilemas básicos* que permanecem presentes nas políticas atuais e nas estruturas institucionais existentes particularmente nas universidades públicas, apesar dos intensos esforços que vêm sendo feitos atualmente na imensa maioria das Instituições de Ensino Superior (IES) para instituírem uma Política Institucional de Formação de Professores com a implementação das DCNs 2015 – Diretrizes Curriculares Nacionais para Formação dos Profissionais da Educação – aprovadas pelo Conselho Nacional de Educação (CNE).

a) Superar a atual fragmentação dos currículos das licenciaturas, hoje divididas entre pedagogia e demais licenciaturas – incluindo aqui as dirigidas à educação indígena e às LEdoCs, na direção de uma *formação unitária* de todos os educadores/professores/profissionais da educação, à luz dos princípios da base comum nacional da ANFOPE;

b) Enfrentar a dispersão atual dos diferentes programas e ações de formação nas IES, constituindo programas institucionais de formação de profissionais do magistério da educação básica e instituindo a formação continuada como política institucional e estruturante do trabalho docente universitário em cada IES pública, como instrumento privilegiado de aprimoramento das licenciaturas, de formação dos formadores de professores e da formação inicial com apoio de programas como o Programa Institucional de Bolsas de Iniciação à Docência (Pibid) e outros;

c) Articular os saberes e conhecimentos produzidos pelos profissionais do magistério da educação básica em seu trabalho pedagógico aos conhecimentos científicos das universidades, pela transformação e o fortalecimento dos vínculos da universidade com a educação básica, com a incorporação ao trabalho universitário, tanto na graduação quanto na pós-graduação, de professores da educação básica, mestres e doutores que possam constituir-se, em seu percurso profissional, co-formadores de professores nas licenciaturas e pós-graduação, criando novas relações entre profissionais do magistério da educação básica e das universidades.

Quando examinamos essas potencialidades em um quadro adverso para a educação e as políticas emancipatórias como o que estamos iniciando em nosso país, assumimos o desafio de oferecer, às novas gerações e aos nossos parceiros na formação, a possibilidade de vislumbrar como, neste processo de resistência, construímos as lutas e proposições para enfrentarmos de forma articulada e organizada as proposições que virão em um outro tempo mais favorável às ideias criativas e criadoras de uma educação emancipadora e uma nova humanidade.

Articulações como essas três iniciativas que elencamos, que aprofundam e ampliam, alteram e potencializam as relações entre educação básica e universidades para além de programas pontuais que nos dividem – pois são para poucos, muito poucos, quando temos que ser muitos –, nos abrem perspectivas inovadoras e criadoras para as ações de formação necessárias para toda a educação básica, mas especialmente para a Educação do Campo, hoje na mira destruidora do novo governo.

Uma das possibilidades é que dessas novas relações que se desenhem, possamos criar, junto a cada IES e futuramente, nos municípios, Centros de Formação Continuada geridos de forma tripartite por universidades, professores e seus sindicatos e sistemas de ensino. Esses centros, entendidos não como espaço de treinamento e cursos, como mostra a tendência atual, mas espaços de formação solidária e coletiva dos profissionais da educação – educação básica e superior – podem constituir-se em espaços de socialização das experiências docentes, de formação dos docentes universitários formadores de educadores, rumo a sua auto-organização em grupos de estudos e investigação sobre o trabalho educativo na educação básica.

Esse processo pode construir-se como caminho promissor para a elevação do trabalho dos educadores a outro patamar de compreensão e intervenção, além de aprimoramento e profissionalização do magistério, gerando condições especiais para superar o individualismo e produzir novas relações sociais e culturais na atividade docente e contribuir para o estudo e formação. É espaço privilegiado para o trabalho coletivo e solidário na produção de conhecimento novo sobre a escola e o trabalho pedagógico, fugindo à tentação de reproduzir, na educação básica, a forma de produção de conhecimento atualmente vigente na academia – o trabalho isolado, solitário e competitivo para fazer face às avaliações de programas e disputa de bolsas e financiamento. Ao colocar-se em sintonia com a realidade social onde está inserido, pode contribuir para transformar as condições atuais da escola pública e da educação na perspectiva das transformações sociais almejadas.

Este é um desafio que os educadores do campo podem enfrentar na direção de contribuir com o aprofundamento do questionamento sobre a atual forma de organização da escola.

Uma política de profissionalização e valorização do educador deverá estar fundada em outros referenciais para a formação continuada dos professores em nossos municípios, na possibilidade de construção de uma nova pedagogia nos processos educativos formadores de nossos alunos. A formação continuada de educadores entendida como de responsabilidade do poder público e dos educadores deve ser desenvolvida por nós, na perspectiva de um direito de todos os educadores e dever do poder público no oferecimento de possibilidades de formação e de *condições institucionais e pedagógicas* criadoras e de políticas globais inovadoras.

Por último, uma política de formação continuada deve garantir o direito do profissional da educação de intervir na definição das políticas de sua formação, nas instâncias institucionais e através de suas organizações associativas e sindicais, as quais deveriam ser conclamadas a participar da gestão dos processos de elaboração e desenvolvimento dos cursos formativos.

Nesse contexto, emergem indagações fundamentais aos estudiosos da temática da formação e que causam outros desconfortos: o que dizem e sentem os profissionais do magistério da educação básica sobre as ações e políticas docentes que pretendem incidir sobre seu trabalho? Como percebem e se mobilizam para a implementação de proposições e mudanças nas formas de condução do processo pedagógico? Como se apropriam das concepções que informam essas ações e como produzem a crítica da educação e do seu próprio trabalho? Como se constroem enquanto intelectuais de um novo tipo, no confronto com as adversas condições de produção da vida material e espiritual de seus alunos?

Como essas questões impactam a Educação do Campo e as LEdoCs?

Que outras indagações mobilizam e preocupam hoje os educadores do campo em seus espaços de vida e trabalho?

As tensões relacionadas às disputas entre projetos de educação e formação são permanentes, uma vez que, como vimos, refletem projetos de sociedade também em disputa na sociedade. Por essa razão, seu enfrentamento pelas políticas públicas é de difícil realização, tornando permanente e aceso, um debate de mais de 30 anos travado pelos educadores em sua luta por uma política nacional global de formação e valorização dos profissionais da educação, articulada às transformações sociais e à luta dos trabalhadores e dos movimentos sociais por uma sociedade justa, igualitária, livre da opressão, da exclusão e da dominação, com a superação do capitalismo.

Os enfrentamentos que emergem nos debates sobre a formação de professores evidenciam os limites e as potencialidades da política nacional de formação formulada pelos decretos, à qual, pela sua amplitude e complexidade, não logrou contemplar as múltiplas dimensões de uma política com essa feição, deixando de lado *a valorização profissional, carreira e elevação da condição do exercício do trabalho docente*, partes inerentes à luta dos professores e suas entidades de classe desde a década de 1970.

A articulação intrínseca entre concepções de educação, escola e sociedade coloca os educadores, em cada época histórica, frente a dilemas e contradições que devem ser enfrentados de maneira sábia e aguerrida, avaliando cotidianamente as dificuldades, restrições e censuras ao trabalho pedagógico de formação da infância e da juventude, como condição para a resistência, o enfrentamento e as lutas em defesa da educação pública, da democracia e de uma sociedade justa e igualitária.

Nesse processo, cabe a nós, educadores, nos contrapormos a toda forma de opressão e discriminação, exclusão e subordinação. Nesse processo, também é a voz dos educadores, neste particular, dos educadores do campo, que poderá anunciar o que pode vir a ser a escola pública, a educação e a vida social, uma vez superadas as amarras do capitalismo.

Minha saudação a todos aqueles que batalham cotidianamente para elevar a condição e a consciência dos educadores do campo, dos educandos e dos camponeses trabalhadores da terra.

Referências

ANFOPE. Documentos Finais dos VI, VII, VIII e IX Encontros Nacionais da Associação Nacional pela Formação dos Profissionais da Educação, 1992, 1994, 1996 e 1998.

BRASIL. Lei nº 9.394, de 20 de dezembro de 1996. Estabelece as Diretrizes e Bases da Educação Nacional. Diário Oficial da República Federativa do Brasil. Poder Executivo, Brasília, DF, 23 dez. 1996, Seção 1, p. 27.833.

BRASIL. Lei nº 10172, de 9 de janeiro de 2001. Presidência da República. Plano Nacional da Educação (2001 – 2011). Brasília, 2001.

BRASIL. Decreto Presidencial Nº. 6.755, de 29 de janeiro de 2009. Institui a Política Nacional de Formação de Profissionais do Magistério da Educação Básica, disciplina a atuação da Coordenação de Aperfeiçoamento de Pessoal de Nível Superior – CAPES no fomento a programas de formação inicial e continuada, e dá outras providências. Presidência da República. Brasília, 2009

BRASIL. Lei nº 13.005 de 25 de junho de 2014. Plano Nacional de Educação 2014- 2024. 2014.

BRASIL. Resolução n º 2 de 1º de julho de 2015. Diretrizes Curriculares Nacionais Para a Formação Inicial e Continuada dos profissionais do Magistério da Educação Básica. Ministério da Educação/Conselho Nacional da Educação. 2015.

BRASIL. Decreto Presidencial nº 8.752, de 9 de maio de 2016. Dispõe sobre a Política Nacional de Formação dos Profissionais da Educação Básica. Presidência da República. Brasília, 2016.

FREITAS, L. C. Os reformadores empresarias da educação e a disputa pelo controle do processo pedagógico na escola. *Educação & Sociedade*, Campinas, v. 35, n. 129, p. 1085-1114, out./dez. 2014.

MOLINA, M. C. Contribuições das Licenciaturas em Educação do Campo para as políticas de formação de educadores. In: MOLINA, M. C.; MARTINS, M. F. A. (Orgs.). *Licenciatura em Educação do Campo: reflexões para formação de educadores*. Belo Horizonte: Autêntica, 2019.

VILLARREAL. R. G.; FERREIRO, L. R.; MENDOZA, M. G. *Luchas por la reforma educativa en México: Notas desde el campo* Buenos Aires: Clacso, 2018. (Colección Grupos de Trabajo)

Sobre os autores

Álida Angélica Alves Leal

Professora da Faculdade de Educação da Universidade Federal de Minas Gerais (FaE-UFMG), Departamento de Métodos e Técnicas de Ensino – Geografia, nos cursos de Geografia, Pedagogia e Licenciatura em Educação do Campo. Doutora em Educação pelo Programa de Pós-Graduação Conhecimento e Inclusão Social na FaE-UFMG (2017), na Linha de Pesquisa Educação, Cultura, Movimentos Sociais e Ações Coletivas. Foi coordenadora de área do Pibid Diversidade do Curso de Licenciatura em Educação do Campo (Lecampo/FaE-UFMG, Capes) no período 2012/2017. Mestre pelo Programa de Pós-Graduação Conhecimento e Inclusão Social na FaE-UFMG (2009), na Linha de Pesquisa Educação Escolar: Instituições, Sujeitos e Currículos. Possui título de especialista em História da Cultura e da Arte na Faculdade de Filosofia e Ciências Humanas da Universidade Federal de Minas Gerais (FAFICH-UFMG, 2007), graduação em Geografia, modalidade licenciatura, pela UFMG (2006), além de curso técnico em Turismo e Lazer pelo Centro Federal de Educação Tecnológica de Minas Gerais (CEFET-MG, 2002). Temas de interesse em pesquisas: Vidas de Professores(as), Formação de Professores(as), Condição Docente, Profissão Docente, Juventude e Docência, Ensino-Aprendizagem de Geografia, Educação do Campo.

Aline Aparecida Angelo

Doutoranda em Educação pela Universidade de São Paulo (USP), com mestrado em Educação pela Universidade Federal de São João Del-Rei (UFSJ) e graduação em Pedagogia pela Universidade Federal de Viçosa (UFV). É Professora Assistente no curso de Licenciatura em Educação do Campo da Universidade Federal do Maranhão (UFMA). Tem experiência de pesquisa na área de Políticas de Formação de Professores da Licenciatura em Educação do Campo. Atua nas linhas de pesquisa de

Políticas de Formação de Professores, Educação do Campo, Trabalho Docente e Educação Popular.

Alisson Correia Dias

Graduado em Ciências Sociais pela Universidade Federal de Minas Gerais. Tem experiência na área de Educação, atuando como professor, pesquisador, entre outros.

Anderson Henrique Costa Barros

Possui graduação em Matemática pela Universidade Federal do Maranhão (UFMA, 2011). Mestrado Profissional em Matemática em Rede (PROFMAT) (2014). Trabalhou na Universidade Estadual do Maranhão (UEMA) pelo Programa Darcy Ribeiro. Atualmente é Professor Assistente da UFMA, atuando no curso de Licenciatura em Educação do Campo, Ciências Agrárias e Ciências da Natureza e Matemática.

Clarissa Souza de Andrade Honda

Possui graduação em Pedagogia pela Universidade Federal do Rio Grande do Norte (UFRN, 2004) e mestrado em Educação pela mesma instituição (2008). É professora do Instituto Federal de Educação, Ciência e Tecnologia do Rio Grande do Norte (IFRN /Canguaretama). Tem experiência na área de Educação, atuando principalmente nos seguintes temas: Formação de Professores, Educação do Campo e Educação em Ciências.

Celi Nelza Zulke Taffarel

Possui graduação em Educação Física pela Universidade Federal de Pernambuco (UFPE, 1976), especialização em Ciências do Esporte pela UFPE (1980), mestrado em Ciência do Movimento Humano pela Universidade Federal de Santa Maria (UFSM, 1982), doutorado em Educação pela Universidade Estadual de Campinas (Unicamp, 1993) e pós-doutorado na Universidade de Oldenburg, Alemanha (1999). Atualmente é Professora Titular da Universidade Federal da Bahia (UFBA), ex-presidente do Colégio Brasileiro de Ciências do Esporte (CBCE, Gestões 1987-1989 e 1989-1991). Ex-secretária geral do ANDES-SN (Gestão 2002-2004). Ex-diretora da Faculdade de Educação da UFBA (Gestão 2008-2012). Pesquisadora de Produtividade da UFBA. Tem experiência na área de Ciências do Esporte, com atuação nas problemáticas significativas, a saber: Formação de Professores, Produção do Conhecimento Científico, Políticas Públicas e Trabalho Pedagógico. A ênfase na Educação Física e Esporte se dá em sua atuação principalmente nas seguintes áreas: Ciências da Saúde com ênfase nas bases e fundamentos da Educação Física e

Esporte e nas áreas de Ciências Humanas com ênfase nos temas Trabalho Pedagógico, Formação de Professores, Produção do Conhecimento, Políticas Públicas de Educação Física e Esporte. A ênfase na Educação é em Currículos Específicos para Níveis e Tipos de Educação.

Daniele Cristina de Souza

Coordenadora de Curso (Gestão 2016-2018 e 2018-2020) e professora do curso de Licenciatura de Educação do Campo na Universidade Federal do Triângulo Mineiro (UFTM). Doutora em Educação para a Ciência no Programa da Faculdade de Ciências da Universidade Estadual Paulista (Unesp), Campus Bauru (2014), bolsista Capes de setembro 2011 a fevereiro de 2013. Professora substituta na Universidade Estadual Paulista Júlio de Mesquita Filho nos cursos de Ciências Biológicas e Pedagogia, 2011-2013. Professora colaboradora voluntária no Programa Institucional de Bolsas à Iniciação à Docência (Pibid), Unesp-Bauru, de 2011 a 2013. Desenvolveu atividades de formação inicial e continuada em Educação Ambiental no Programa Núcleo de Ensino, Unesp/Bauru, em 2011 e 2012. Membro da equipe técnica da revista Ciência e Educação, de 2011 a 2013. Mestre em Ensino de Ciências e Educação Matemática pela Universidade Estadual de Londrina (UEL, 2010). Graduação em Ciências Biológicas pela Universidade Paranaense (UNIPAR, 2006). Tem experiência na área de Ensino, com ênfase em Ensino de Ciências e Biologia e Educação Ambiental. Tem publicações em periódicos, em capítulos de livro e em anais de eventos. Atua principalmente nos seguintes temas: Educação Ambiental, Ensino de Ciências, Educação do Campo, Produção de Material Didático-Pedagógico, Divulgação Científica, História e Filosofia da Biologia.

Denise de Oliveira Alves

Doutorado em Educação pela Universidade de Brasília (UnB). Mestrado em Educação e graduação e especialização em Educação Especial pela Universidade Federal de Santa Maria (UFSM). Graduação em Pedagogia pela Faculdade Integrada de Araguatins (Faiara). Atualmente, Professora Adjunta da Universidade Federal de Goiás (UFG), Regional Goiás, onde ministra disciplinas no curso de Licenciatura em Educação do Campo e desenvolve as seguintes atividades: pesquisadora no Grupo de Pesquisa Educação no Cerrado e Cidadania, coordenadora do Núcleo de Acessibilidade, vice-líder da Extensão na Unidade Acadêmica Especial de Ciências Humanas e membro titular da Câmara de Graduação da Regional Goiás.

A defesa dos direitos humanos de grupos vulneráveis, em especial o direito à educação de pessoas com deficiência é estruturante de todo o seu desenvolvimento profissional e acadêmico. Suas principais áreas de interesse são: Educação Inclusiva e Acessibilidade, Educação do Campo e Representações Sociais.

Divina Lúcia Bastos

Possui graduação em História pelo Centro Universitário de Brasília (CEUB, 1985). Atualmente é técnica em Assuntos Educacionais do Ministério da Educação, e tem o cargo de técnico de nível superior no Fundo Nacional de Desenvolvimento Educacional e é professora da Faculdade JK – Gama, Unidade 1. Tem experiência na área de Educação, com ênfase em Educação e Sociedade, Formação de Professores, Experiência com Coleta de Dados e Conhecimento da Gestão de Políticas Públicas.

Dominique Michele Perioto Guhur

Mestre em Educação pela Universidade Estadual de Maringá (UEM, 2010), graduada em Agronomia pela mesma universidade (1998). Trabalha com Movimentos Sociais desde 1999, nas áreas de Agroecologia, Educação Popular, Educação do Campo, Metodologia da Pesquisa e Economia Política.

Frederik Moreira dos Santos

Possui graduação em Física (2006), mestrado em Filosofia Contemporânea (2009), e doutorado com ênfase em Ensino e Filosofia das Ciências (2016) pelo Programa de Pós-Graduação em Ensino, História e Filosofia das Ciências pela Universidade Federal da Bahia (UFBA) /Universidade Estadual de Feira de Santana (UEFS). Tem experiência em ensino de Física no nível médio e superior, em diversas universidades da Bahia, em escolas regulares, e na área de Educação Especial para Surdos. Atua principalmente nos seguintes temas: História e Filosofia da Física Contemporânea, mais especificamente relacionada ao Problema da Medição nos Fundamentos da Mecânica Quântica e da Mecânica Estatística. Atualmente, tem se dedicado a explorar as implicações de uma abordagem epistêmica, com inspiração no naturalismo pragmático de John Dewey, para lidar com certos problemas filosóficos contemporâneos. Um deles trata do papel da compreensão e dos conflitos entre diferentes crenças na formação de alunos e professores de ciências. Outro desdobramento investigativo se refere a certos problemas contemporâneos surgidos nos Fundamentos da Física. Realizou estágio de doutoramento no Departamento de Filosofia da Columbia University, nos

Estados Unidos, sob a orientação do professor Philip Kitcher, com auxílio financeiro da Capes. Membro da Associação Brasileira de Pesquisa em Educação em Ciências (ABRAPEC).

Geraldo Márcio Alves dos Santos

Possui formação profissional pelo Senai, torneiro mecânico (1985) e fresador mecânico (1992), técnico mecânico pelo CEFET-MG (1992). Tem graduação em História pelo Centro Universitário de Belo Horizonte (UniBH, 1998), mestrado em Educação pela Universidade Federal de Minas Gerais (UFMG, 2004) e doutorado em Educação pela Universidade Federal Fluminense (UFF, 2010). Atualmente é Professor Adjunto do Departamento de Administração Escolar da UFMG, atuando principalmente nas seguintes abordagens: Trabalho e Educação, Economia Política, Educação do Campo.

Helena Costa Lopes de Freitas

Possui graduação em Serviço Social pela Pontifícia Universidade Católica de Campinas (PUC-Campinas, 1968), mestrado em Educação pela Universidade Estadual de Campinas (Unicamp, 1979) e doutorado em Educação pela (Unicamp, 1993). Desenvolveu seu pós-doutorado junto à Universidade de São Paulo (USP), sob coordenação da professora Selma Garrido, com o tema Formação de Professores em Cuba e Rússia (1995). Professora aposentada da Unicamp, desenvolveu-se na área de Educação, atuando no campo da Formação do Educador, com ênfase principalmente nos seguintes temas: Formação de Professores, Políticas de Formação, Diretrizes Curriculares, Licenciaturas, curso de Pedagogia e Movimento dos Educadores. É membro da Associação Nacional pela Formação dos Profissionais da Educação (ANFOPE). Colaborou com a Capes no período de fevereiro 2008 a janeiro de 2009, como coordenadora geral de Programas de Apoio à Formação e Capacitação Docente da Educação Básica. De fevereiro de 2009 a agosto de 2011, colaborou com a Secretaria de Educação Básica do Ministério da Educação, na Coordenação-Geral de Formação de Professores, responsável pelos Programas de Formação Continuada de Professores da Educação Básica e pelo Programa Profuncionário. De janeiro a setembro de 2013, foi diretora do Departamento Pedagógico da Secretaria de Educação da Prefeitura Municipal de Campinas.

Igor Simoni Homem de Carvalho

Professor Adjunto na Universidade Federal Rural do Rio de Janeiro (UFRRJ) desde outubro de 2015, lotado no Departamento de Educação do Campo, Movimentos Sociais e Diversidade (Instituto de Educação). Leciona as disciplinas do campo da Agroecologia. Coordenador do curso de Licenciatura em Educação do Campo da Universidade Federal Rural do Rio de Janeiro (UFRRJ) desde agosto de 2016 (mandato até julho de 2018). Doutor em Ambiente e Sociedade (Unicamp, 2013), mestre em Política e Gestão Ambiental (UnB, 2007), bacharel e licenciado em Ciências Biológicas (UnB, 1998-2003). Entre 2004 e 2015, colaborou nos trabalhos de organizações com o Instituto Sociedade, População e Natureza (ISPN, Brasília-DF) e o Centro de Agricultura Alternativa do Norte de Minas (CAA-NM). Foi professor substituto de Sociologia Rural e Extensão Rural na Universidade Federal dos Vales do Jequitinhonha e Mucuri (UFVJM – Diamantina/MG, 2013-2014) e professor de disciplinas da área ambiental na Faculdade de Saúde Ibituruna (FASI, Montes Claros/MG, 2007-2008).

Irene Maria Cardoso

Possui graduação em Agronomia (1984) pela Universidade Federal de Viçosa (UFV), especialização em Ensino em Geociências pela Universidade Estadual de Campinas (Unicamp), mestrado em Solos e Nutrição de Plantas (1992) pela Universidade Federal de Viçosa (UFV) e doutorado em Ciências Ambientais pela Wageningen University (Holanda, 2002). Atualmente é professora associada da UFV, Departamento de Solos. Tem experiência na área de Agronomia, com ênfase em Ciências dos Solos, atuando principalmente nos seguintes temas: Agricultura Familiar, Agroecologia, Sistemas Agroflorestais e Meio Ambiente. Presidente da Associação Brasileira de Agroecologia (gestão 2013-2017). Bolsista de Produtividade em Desenvolvimento Tecnológico e Extensão Inovadora do CNPq.

João Batista Begnami

Mestre em Ciências da Educação, Formação e Desenvolvimento Sustentável pela Universidade Nova de Lisboa/Portugal, revalidado pela Universidade Federal Rural do Rio de Janeiro (UFRRJ). Especialista em Pedagogia da Alternância pela Universidade Federal do Espírito Santo (UFES)/ Movimento de Educação Promocional do Espírito Santo (ME-PES). Bacharel licenciado em Filosofia pela Pontifícia Universidade Católica de Minas Gerais (PUC MINAS). Teólogo pelo Instituto Santo Tomás de Aquino (ISTA, Belo Horizonte/MG). Doutorando em Educação pela Faculdade de Educação (FaE- UFMG, período 2015-2019). Assessor Pedagógico da Associação Mineira das Escolas Família Agrícola (AMEFA). Coordenador Pedagógico do curso de Licenciatura em Educação do

Campo, na área de Ciências Agrárias, em parceria com o Instituto Federal Sul de Minas (IFSULDEMINAS). Ex-consultor do Programa das Nações Unidas Para o Desenvolvimento (PNUD), na Secretaria da Agricultura Familiar (SAF) do Ministério do Desenvolvimento Agrário. Membro da Rede Mineira da Educação do Campo.

José Maria Tardin

É integrante do Conselho Gestor e Educador na Escola Latino-Americana de Agroecologia (ELAA), localizada no assentamento Contestado, Lapa, estado do Paraná, criada pela Via Campesina Brasil em 2005. Atua na formação em Agroecologia nas escolas técnicas do Movimento dos Trabalhadores Rurais Sem Terra no Paraná (MST), sendo a Escola Milton Santos em Maringá, CEAGRO em Rio Bonito do Iguaçu, Escola José Gomes da Silva em São Miguel do Iguaçu, e eventualmente em cursos de Especialização em Agroecologia organizados pelo MST em parceria com universidades federais, e cursos de Licenciatura em Ciências da Natureza com universidades federais e estaduais. Através da Via Campesina, tem atuado na formação em Agroecologia no Instituto Latino-Americano de Agroecologia (IALA), em Sabaneta, estado de Barinas, na Venezuela, no IALA Guarany, no Paraguai, IALA Amazônico, no assentamento Zumbi dos Palmares, em Paraupebas, estado do Pará, na Escola Nacional de Agroecologia, no Equador. Participa da coordenação da Jornada de Agroecologia, no Paraná, desde 2001, que anualmente realiza um evento de quatro dias com participação média de quatro mil pessoas.

Kátia Augusta Curado Pinheiro Cordeiro da Silva

Possui graduação em Pedagogia, mestrado em Educação Brasileira pela Universidade Federal de Goiás (UFG, 2001) e doutorado em Educação pela UFG (2008). É Professora Adjunto da Universidade de Brasília (UnB) no Departamento de Administração e Planejamento da Faculdade de Educação e no Programa de Pós-Graduação em Educação. Desenvolve e orienta pesquisas na área de Formação de Professores. Coordena o Grupo de Pesquisa sobre Formação e Atuação de Professores/Pedagogos (GEPFAPe). Tem pós-doutorado pela Faculdade de Educação da Universidade de Campinas (Unicamp) sob a supervisão do Prof. Dr. Luiz Carlos de Freitas.

Kyara Maria de Almeida

Possui graduação em História pela Universidade Federal da Paraíba (UNIP, 2003) e mestrado em Sociologia pela Universidade Federal de Campina Grande (UFCG, 2006). Doutora pelo Programa de Pós-

Graduação em História da Universidade Federal de Pernambuco (UFPE, 2014). Pós-doutora pelo Programa de Pós-Graduação de História da UFCG (2015). Professora Adjunto I (Dedicação Exclusiva) no curso de Licenciatura em Educação do Campo (LEdoC) e docente permanente do Programa de Pós-Graduação Interdisciplinar em Cognição, Tecnologias e Instituições, ambos da Universidade Federal Rural do Semiárido (UFERSA), Campus Mossoró. Pesquisadora do Grupo de Pesquisa Flor e Flor: Estudos de Gênero (CNPq), do grupo de pesquisa Núcleo de Investigações e Intervenções em Tecnologias Sociais/NINET (CNPq). Tem experiência no ensino básico, na graduação e pós-graduação, atuando nas áreas de História e Sociologia, nos campos de Teoria e Metodologia do Ensino de História, Teoria e Metodologia da Pesquisa em História, com trabalhos sobre Ensino de História, Literatura, Gênero, Sexualidades, Identidades, Práticas Culturais.

Manoel Fernandes de Sousa Neto

Possui licenciatura em Geografia pela Universidade Federal do Ceará (UFCE, 1992), bacharelado em Geografia pela UFCE (1993), mestrado em Geografia (Geografia Humana) pela Universidade de São Paulo (USP, 1997), doutorado em Geografia (Geografia Humana) pela USP (2004) e pós-doutorado pela Universidade do Porto (2013). Atualmente, é professor da USP. Tem experiência na área de Geografia, com ênfase em História da Geografia, Teoria e Método em Geografia e Ensino de Geografia.

Maria de Fátima Almeida Martins

Possui graduação em Geografia pela Universidade Federal do Ceará (UFCE, 1987), mestrado em Geografia (Geografia Humana) pela Universidade de São Paulo (USP, 1995) e doutorado em Geografia (Geografia Humana) pela USP (2002). Atualmente é professora associada da Universidade Federal de Minas Gerais (UFMG). Tem experiência na área de Geografia, com ênfase em Formação de Professores do Campo e da Cidade, e Ensino de Geografia, atuando principalmente nos seguintes temas: Geografia, Ensino de Geografia, Educação do Campo. Coordenou o Programa de Livro Didático do Campo (PNLD-Campo, 2013 e 2016). Atuou como coordenadora do curso de Licenciatura em Educação do Campo da UFMG no período de 2010 a 2015. Coordenou o curso de Especialização em Educação do e Alternância para professores das Escolas Família Agrícola no Brasil, bem como para profissionais que atuam em área de Reforma Agrária (Incra). Coordenou o curso de Formação Continuada de Professores das Licenciaturas em Educação do Campo no Brasil. É membro titular da Comissão Permanente de Educação do Campo na Secretaria de Educação de Minas Gerais.

Maria do Socorro Silva

Professora Adjunta da Universidade Federal de Campina Grande (UFCG), Centro de Desenvolvimento Sustentável do Semiárido, lotada na Unidade Acadêmica de Educação do Campo. Professora vinculada ao Programa de Pós-Graduação em Educação da UFCG. Possui graduação em Psicologia pela Universidade Estadual da Paraíba (UNIP, 1984), graduação em Pedagogia pela UNIP (1987), mestrado em Educação pela Universidade Federal de Pernambuco (UFPE, 2000) e doutorado em Educação pela UFPE (2009). Foi coordenadora da Licenciatura em Educação do Campo (2011-2015). Membro do Fórum Nacional da Educação do Campo e do Comitê Estadual de Educação do Campo da Paraíba. Membro da executiva da Rede de Educação Contextualizada do Semiárido e do Conselho Editorial do Caderno Multidisciplinar da RESAB. Foi coordenadora institucional do Pibid Diversidade da UFCG de 2013-2018. Membro do Conselho Editorial da Revista Interterritórios da UFPE. Líder do Núcleo de Estudos e Pesquisa do CNPq Educação do Campo, Formação Docente e Práticas Pedagógicas. Tem experiência na área de Educação, com ênfase em Educação do Campo e Educação Contextualizada, atuando principalmente nos seguintes temas: Formação de Professores, Práticas Pedagógicas, Políticas Educacionais, Processos Educativos nos Movimentos Sociais e Educação de Jovens e Adultos. Tem experiência com a construção da Licenciatura em Educação do Campo – Procampo/MEC/SECADI; no Programa Saberes da Terra-MEC e na educação popular, realizando assessoria aos movimentos sociais e organizações comunitárias do campo como Movimento de Organização Comunitária (MOC/BA); Serviço de Tecnologia Alternativa (SERTA/PE), com as Escolas Famílias Agrícolas/UNEFAB e com a Escola Nacional de Formação da CONTAG.

Maria Isabel Antunes Rocha

Graduação em Psicologia pela Universidade Federal de Minas Gerais (UFMG, 1983), mestrado em Psicologia pela UFMG (1995) e doutorado em Educação pela UFMG (2004). Pós-doutorado pela Universidade Estadual Paulista Júlio de Mesquita Filho, Campus Presidente Prudente. Professora Associada da Faculdade de Educação da UFMG. Coordenadora do Comitê Gestor Institucional de Formação Inicial e Continuada dos Profissionais da Educação Básica (Comfor/UFMG), do Núcleo de Estudos e Pesquisas em Educação do Campo (NEPCampo/FaE-UFMG) e do Grupo de Estudos e Pesquisas em Representações Sociais (GERES). Membro do Comitê Científico do Grupo de Trabalho Psicologia da Educação/Associação Nacional de Pesquisa e Pós-Graduação em Educação. Desenvolve projetos de Ensino, Pesquisa e Extensão com ênfase na Formação e Prática de Educadores, Psicologia da Educação e Educação do Campo.

Miguel Gonzalez Arroyo

Possui graduação em Ciências Sociais pela Universidade Federal de Minas Gerais (UFMG, 1970), mestrado em Ciência Política pela UFMG (1974) e doutorado (PhD em Educação) pela Stanford University (1976). É Professor Titular Emérito da Faculdade de Educação da UFMG. Foi secretário adjunto de Educação da Prefeitura Municipal de Belo Horizonte, coordenando e elaborando a implantação da proposta político-pedagógica Escola Plural. Acompanha propostas educativas em várias redes estaduais e municipais do país. Tem experiência na área de Educação, com ênfase em Política Educacional e Administração de Sistemas Educacionais, atuando principalmente nos seguintes temas: Educação, Cultura Escolar, Gestão Escolar, Educação Básica e Currículo.

Mônica Castagna Molina

Tem doutorado em Desenvolvimento Sustentável pela Universidade de Brasília (UnB, 2003) e pós-doutorado em Educação pela Universidade de Campinas (Unicamp, 2013). Professora Associada da UnB, da Licenciatura em Educação do Campo e do Programa de Pós-Graduação em Educação, em que coordena a linha de pesquisa Educação Ambiental e Educação do Campo desde 2013, além do Programa de Pós-Graduação em Meio Ambiente e Desenvolvimento Rural da Faculdade UnB Platina (PPGMA-DER – FUP). Coordenou o Pronera e o Programa Residência Agrária. Participou da I Pesquisa Nacional da Reforma Agrária (I PNERA) em 2003-2004, e coordenou a II Pesquisa Nacional da Reforma Agrária (II PNERA), financiada pelo IPEA, em 2013-2015. Coordenou a Pesquisa Capes/CUBA, no período de 2010-2014. Coordenou a pesquisa: A Educação Superior no Brasil (2000-2006): Uma Análise Interdisciplinar das Políticas para o Desenvolvimento do Campo Brasileiro, financiada pelo Observatório de Educação da Capes. Integra a pesquisa Formação Docente e a Expansão do Ensino Superior, na coordenação do Sub 07: Educação Superior do Campo pelo Projeto Observatório da Educação do Campo da Capes. Tem experiência na área de Educação, com ênfase em Sociologia da Educação, atuando principalmente nos seguintes temas: Educação do

Campo, Formação de Educadores, Políticas Públicas, Reforma Agrária, Desenvolvimento Sustentável.

Monik de Oliveira Lopes Neves

Formada em Pedagogia pela Universidade Federal do Rio Grande do Norte (UFRN, 2006) e mestra em Educação, com ênfase em políticas educacionais, pela mesma instituição (2009). É professora do Instituto Federal de Educação, Ciência e Tecnologia do Rio Grande do Norte (IFRN). Atua principalmente nas temáticas: Políticas Educacionais, Gestão da Educação, Educação de Jovens e Adultos, Educação do Campo e Formação Docente.

Natacha Eugênia Janata

Professora da Universidade Federal de Santa Catarina (UFSC), Departamento de Educação do Campo. Pós-doutorado em andamento junto ao Programa de Pós-Graduação em Educação da Universidade Federal da Bahia (UFBA). Doutora em Educação pela UFSC (2012), mestrado em Educação Física pela UFSC (2004) e Licenciatura em Educação Física pela Universidade Federal do Paraná (UFPR, 1999). Foi professora da Rede Estadual de Educação do Paraná nos períodos de 1997 a 2000, 2005 a 2008. Atuou como professora e coordenadora do curso de Formação de Docentes em escola de área de Reforma Agrária. Linha de extensão e pesquisa na área da Juventude, Educação e Trabalho; Escola do Campo, de Assentamentos e Acampamentos da Reforma Agrária. Líder do Grupo de Estudos e Pesquisas em Educação, Escola do Campo e Agroecologia (GECA-UFSC), o qual faz parte da rede de grupos de estudos e pesquisas em Educação do Campo da Região Sul.

Otávio Pereira Camargos

Graduando do curso de Pedagogia da Universidade Federal de Minas Gerais (UFMG). Estagiário do Núcleo de Estudos e Pesquisas em Educação do Campo da UFMG (NEPCampo/FaE-UFMG). Tem experiência na área de Educação, com ênfase em Educação do Campo, atuando principalmente nos seguintes temas: Comunicação, Ocupações, Inclusão Digital e Política.

Ofélia Ortega Fraile

Professora Adjunta na Licenciatura em Educação do Campo na Universidade Federal dos Vales do Jequitinhonha e Mucuri (UFVJM). Formada em Geologia pela Universidade Complutense de Madri (UCM, 2000), diploma validado pela Universidade Federal do Rio Grande do Sul (UFRGS); Master en Comunicación Científica (2003) pela Universidade Pompeu Fabra, com especialização em Museologia Científica. Doutorado no Programa de Pós-Graduação de Ensino e História de Ciências da Terra da Universidade Estadual de Campinas (Unicamp), com foco na formação de professores, na construção de currículos escolares contextualizados no lugar e na participação dentro da área de Educação em Ciência, Tecnologia e Sociedade. Atualmente coordena o curso de Especialização em Ensino de Geografia na UFVJM; foi formadora e orientadora no curso de Especialização Educação do Campo para o Trabalho Interdisciplinar nas áreas de Ciência da Natureza e Matemática, coordenado pela Universidade de Brasília (UnB, 2015-2016). Foi Professora Colaboradora do Mestrado de Formação de Professores em Ciências Naturais da Universidade Pompeu Fabra (2010-2012), assim como em outras instituições de Formação Continuada de Professores de Ciências (Unicamp e Universidade Federal de Santa Catarina, UFSC). Na sua experiência profissional destaca a publicação de sete obras de divulgação científica infantojuvenil (2004-2001), parte delas traduzidas para o português e o francês. Tem experiência na organização e implementação de atividades didáticas em museus de ciência, como o Cosmocaixa de Barcelona (2003-2005) e o Palais de la Découverte (2000-2001), e na exposição itinerante Observar e Experimentar, realizada por meio da parceria Oficina do Aprendiz/ SESC-SC. Vem participando de atividades de extensão universitária no Núcleo de Estudos e Pesquisa em Serviço Social e Organizações Populares da UFSC como formadora desde 2011. Foi coordenadora dos processos educativos/comunicativos do projeto de extensão universitária A Astronomia e a Física Vão à Escola e à Comunidade (AFEC) do Planetário de Observatório da UFSC, aprovado na chamada 85/2013 do CNPq. Na atualidade, coordena a adaptação do projeto à Educação do Campo nos Vales do Jequitinhonha e Mucuri (AFEC-VJM). Atua principalmente nos seguintes temas: Educação do Campo, Formação Inicial e Continuada de Professores, Ensino da Ciência e Tecnologia, Educação CTS, Educação para a Participação, Popularização da Ciência, Educação a Distância.

Paulo Roberto Raposo Alentejano

Possui graduação em Geografia pela Pontifícia Universidade Católica do Rio de Janeiro (PUC-Rio, 1989), mestrado em Ciências Sociais em Desenvolvimento, Agricultura e Sociedade pela Universidade Federal Rural do Rio de Janeiro (UFRRJ, 1998) e doutorado em Ciências Sociais em Desenvolvimento, Agricultura e Sociedade pela UFRRJ (2003). Atualmente é Professor Associado da Faculdade de Formação de Professores da Universidade do Estado do Rio de Janeiro (UERJ), na qual integra o corpo docente dos cursos de Graduação em Geografia, Especialização em Educação Básica/Modalidade Ensino de Geografia, Especialização em Dinâmicas Urbanoambientais e Gestão do Território, Mestrado em Geografia e Mestrado em Ensino de Ciências, Ambiente e Sociedade. Faz parte ainda do corpo docente do Programa de Pós-Graduação em Desenvolvimento Territorial na América Latina e Caribe da Cátedra Unesco de Educação do Campo e Desenvolvimento Territorial da Universidade Estadual Paulista (Unesp). Integra desde 2012 a Comissão Pedagógica Nacional do Programa Nacional de Educação na Reforma Agrária (Pronera). Tem experiência na área de Geografia, com ênfase em Geografia Agrária, atuando principalmente nos seguintes temas: Reforma Agrária, Assentamentos Rurais, Conflitos no Campo, Impactos Territoriais dos Grandes Projetos de Desenvolvimento, Educação do Campo e Ensino de Geografia Agrária.

Rodrigo Simão Camacho

Possui graduação em Geografia pela Universidade Federal de Mato Grosso do Sul (UFMS, 2005), mestrado em Geografia pela UFMS (2008) e doutorado em Geografia pela Unicamp, Campus de Presidente Prudente (2014). Foi professor efetivo da Rede Municipal de Educação de Pauliceia/SP de 2001 até 2010; professor contratado do Centro de Ensino Superior de Tupi Paulista (CESTUPI) de 2008 até 2010. Professor efetivo da Rede Estadual de Educação do Estado de São Paulo em 2008. Foi bolsista do Programa Nacional de Pós-Doutorado (PNPD) pela Capes na UFMS, Campus de Três Lagoas, de 2014 a 2015. Atualmente é professor do Magistério Superior na Faculdade Intercultural Indígena (FAIND) da Universidade Federal da Grande Dourados (UFGD). Docente do Programa de Pós-Graduação em Geografia na Faculdade de Ciências Humanas (FCH) da Universidade Federal da Grande Dourados (UFGD). Professor Orientador do Subprojeto de Educação do Campo no Programa Residência Pedagógica (PRP). Membro dos grupos de pesquisa do CNPq: Estudos Agrários (CPTL-UFMS), Núcleo de Estudos, Pesquisas e Projetos de Reforma Agrária (NERA, FCT-Unesp), Grupo de Estudos e Pesquisa em Educação Inclusiva (GEPEI, FAED-UFGD). Membro do Laboratório de Estudos sobre Democracia e Marxismo (LEDEMA, FCH-UFGD). Atuou como coordenador da área de Ciências Humanas no Programa

Institucional de Bolsa de Iniciação à Docência (Pibid Diversidade/UFGD, 2015-2018). Tem experiência na área de Geografia, com ênfase em Geografia Agrária, Prática de Ensino em Geografia e Educação do Campo, atuando principalmente nos seguintes temas: Ensino de Geografia nos Anos Iniciais do Ensino Fundamental, Educação do Campo, Questão Agrária, Territórios Camponeses, Movimentos Socioterritoriais Camponeses, Disputas Territoriais no Campo e Territórios Paradigmáticos da Geografia Agrária Brasileira.

Roseli Salete Caldart

Possui graduação em Pedagogia pela Universidade Regional Integrada do Alto Uruguai e das Missões (1982), mestrado em Educação pela Universidade Federal do Paraná (UFPR, 1986) e doutorado em Educação pela Universidade Federal do Rio Grande do Sul (UFRS, 1999). Atualmente é assessora pedagógica do Instituto Técnico de Capacitação e Pesquisa da Reforma Agrária e coordenou o curso de Licenciatura em Educação do Campo, parceria Iterra-UnB-MEC. Tem experiência na área de Educação, com ênfase em Filosofia da Educação, atuando principalmente nos seguintes temas: Movimentos Sociais do Campo, Educação, Escola, Pedagogia do Movimento, Educação do Campo.

Welson Barbosa Santos

Pós-doutor em Educação Escolar pela Universidade Estadual Paulista (Unesp, 2018), doutor em Educação pela Universidade Federal de São Carlos (UFSCar, 2015), mestre em Educação pela Universidade Federal de Uberlândia (UFU, 2010) e graduado em Ciências Exatas e Naturais pela Universidade de Uberaba (Uniube, 1990) e em Pedagogia pela Faculdade Integrada de Araguatins (Faiara, 2017). Professor Adjunto da Universidade Federal de Goiás (UFG), Líder do Grupo de Pesquisa Educação no Cerrado e Cidadania, Coordenador de Pesquisa e Extensão da Unid. Acad. Esp. Ciências Humanas na *Universidade Federal de Goiás* (UAECH-UFG), Consultor do Núcleo de Acessibilidade da UFG, Regional Goiás, membro da Câmara de Pós-Graduação e Pesquisa da Regional Goiás e vice-coordenador de Estágio Docência na Licenciatura em Educação do Campo (LEdoC). Como pesquisador, tem como referência Michel Foucault e estuda vulnerabilidade e risco de suicídio entre adolescentes do sexo masculino e subjetividades da formação docente para a escola campesina.

Este livro foi composto com tipografia Minion Pro e impresso
em papel Off-White 80g/m² na gráfica Rede.